胡適年譜長編

"十四五"國家重點出版物出版規劃項目

宋廣波 著

第六卷

1942—1946

長江出版傳媒
湖北人民出版社

目 录
第六卷 1942—1946 年

1942 年　壬午　民国三十一年　51 岁 ………………………… 1
　1 月 ………………………………………………………………… 1
　2 月 ………………………………………………………………… 13
　3 月 ………………………………………………………………… 25
　4 月 ………………………………………………………………… 38
　5 月 ………………………………………………………………… 49
　6 月 ………………………………………………………………… 59
　7 月 ………………………………………………………………… 65
　8 月 ………………………………………………………………… 68
　9 月 ………………………………………………………………… 80
　10 月 ……………………………………………………………… 97
　11 月 ……………………………………………………………… 104
　12 月 ……………………………………………………………… 113
1943 年　癸未　民国三十二年　52 岁 ………………………… 124
　1 月 ………………………………………………………………… 124
　2 月 ………………………………………………………………… 132
　3 月 ………………………………………………………………… 143
　4 月 ………………………………………………………………… 149
　5 月 ………………………………………………………………… 157
　6 月 ………………………………………………………………… 164
　7 月 ………………………………………………………………… 168
　8 月 ………………………………………………………………… 174
　9 月 ………………………………………………………………… 177

	10月	181
	11月	185
	12月	198
1944年 甲申 民国三十三年 53岁		205
	1月	205
	2月	216
	3月	224
	4月	233
	5月	238
	6月	249
	7月	256
	8月	261
	9月	264
	10月	269
	11月	275
	12月	280
1945年 乙酉 民国三十四年 54岁		299
	1月	299
	2月	308
	3月	315
	4月	324
	5月	338
	6月	344
	7月	347
	8月	351
	9月	356
	10月	372
	11月	377
	12月	386

1946年　丙戌　民国三十五年　55岁 …………………………………… 392
　1月 ……………………………………………………………………… 392
　2月 ……………………………………………………………………… 399
　3月 ……………………………………………………………………… 403
　4月 ……………………………………………………………………… 410
　5月 ……………………………………………………………………… 417
　6月 ……………………………………………………………………… 423
　7月 ……………………………………………………………………… 425
　8月 ……………………………………………………………………… 435
　9月 ……………………………………………………………………… 442
　10月 …………………………………………………………………… 448
　11月 …………………………………………………………………… 465
　12月 …………………………………………………………………… 475

1942年　壬午　民国三十一年　51岁

自1月始，胡适旅行37000英里，"作二百次演讲"。
9月，胡适卸任驻美大使。重新开始"中国思想史"的研究与著述。

1月

1月1日　胡适日记有记：

从V.处到旅馆，赶十点半车子回京。

今夜外长打电话来说，那个廿六国共同宣言，今夜先由美、英、苏、中四国签字。那时我正在外次Welles家，后来外长又打电话给T. V.，T. V. 说他有权可以签字，外长叫他九点去白宫。我七点回家，知道此事，叫我的车子送T. V. 去白宫，刘锴陪他去。

十一点刘锴打电话来，说已签了。他拟了一电报告蒋先生，我同意发出。

总统说，可告知蒋先生，我们欢迎中国为"四强"之一（Four Powers）。

S. K. H. 打电话来谈。

按，本年引用胡适日记，均据《胡适的日记》手稿本第15册，以下不再特别注明。

同日　胡适在 *The American Language: An Inquiry into the Development of*

English in the United States（by H. L. Mencken. 纽约，1936）一书扉页题记："张泰浩、张泰真两女士送给我的。1942年新年。"此书胡适还有一本，有钢笔签注："Hu Shih, Jan. 1937."（《胡适藏书目录》第3册，2141页）

1月2日　胡适得蒋介石复电：共同宣言，请即签字。胡适到美国务院与霍恩贝克谈，渠赞成胡适31日的演说。与 Max Hamilton、Ray MacKay 谈。得知马尼拉已陷落。白宫发表26国共同宣言。（据《日记》）

同日　Dale Carnegie 赠其 *Lincoln the Unknown* 一部与胡适，并题曰：

My dear ambassador Shih Hu: Abr. Lincoln used to say: may you pluck a thistle and plant a flower wherever you feel a flower will grow.（《胡适藏书目录》第4册，2423页）

同日　哥伦比亚大学出版社电邀胡适撰写一本关于确保远东和平的书。（中国社科院近代史所藏"胡适档案"，卷号 E-322，分号1）

按，是年向胡适邀稿的还有：Edward Weeks、Ruth E. Campbell、C. H. Spencer、Bertram Lippincott、Gilbert E. Collyer、James V. Toor、C. Halliwell Duell、Quincy Howe、Harley Farnsworth MacNair、Francis Brown、Walter H. Mallory、Mrs. Alfred A. Knopf、Bernard Smith、John Farrar、Helen McCormick、Bruce Bliven、Rollin D. Hemens、Charles G. Proffitt、John Tebbel、Leland D. Case、Ruth Cranston、秦挺生、William G. Carr、Richard J. Walsh、Charles E. Martin、Joseph B. Lippincott、Nicholas Murray Butler、Edwin G. Flemmin、C. Chia-I Cheng、Nancy Parker 等。（据中国社科院近代史所藏"胡适档案"不完全统计）

同日　Chu Hung-ti 致函胡适，自述学习经历，期望能为中国驻美大使馆服务。（中国社科院近代史所藏"胡适档案"，卷号 E-157，分号2）

1月3日　郁曼陀（华）的儿子兴民来吃中饭。"高丽独立领袖"李承晚夫妇来谈，感谢胡适在演说中提出"高丽复国"一条。（据《日记》）

同日　胡适函谢 Michael Francis Doyle 之1月2日来函（中国社科院近

代史所藏"胡适档案",卷号 E-179,分号 4)。又告:F. T. Cheng 目前在日内瓦。辞谢 1 月 17 日访问费城时到中国罗马天主教教堂参访的邀约(因有其他行程)。期望下周 F. T. Cheng 访问华盛顿时能见面。(中国社科院近代史所藏"胡适档案",卷号 E-92,分号 14)

同日　郑天挺日记有记:钱端升谈,胡适恐不久将调回。(《郑天挺西南联大日记》〔上〕,502 页)

1 月 4 日　胡适到 George Hewitt Myers 夫妇家晚饭,客人为 Mrs. Margaret Sanger。(据《日记》)

1 月 5 日　故人 Dr. Frank Rawlingson 之子 John L. 来访。巴拿马大使 Guardia 来访。加拿大的 Kenneth Wilson 来谈。旧同学 Elting 来谈。到 Justice Wm. O. Douglas 家吃饭。(据《日记》)

同日　胡适致函李国钦,寄上 2 张面额 100 美元的支票,一张来自 Mrs. Henry S. Glazier,另一张是胡适自己提供的,请代为捐赠给美国医药助华会。并云:我们的支票将使"12 月 17 日"捐赠的总额达到 1200 美元。这都缘于 1938 年我在您的午餐会上不经意的一句话。这些捐助将会使至少几百位遭受苦难的中国人受益。这可以说是"社会不朽"观念的最好证明。(中国社科院近代史所藏"胡适档案",卷号 E-100,分号 14)

> 按,胡适等这一善举又见当日他致 Donald D. van Slyke & Frank Co Tui 函。(中国社科院近代史所藏"胡适档案",卷号 E-112,分号 2)
>
> 又按,1 月 8 日,李国钦复函胡适云,已将胡适、Mrs. Henry S. Glazier 每人各捐的 100 元的支票寄给美国医药助华会的 Van Slyke 主席以及 Co Tui 副主席。(中国社科院近代史所藏"胡适档案",卷号 E-269,分号 1)
>
> 再按,1 月 15 日,Donald D. van Slyke 函谢胡适捐款,这些捐助将以"Henry S. Glazier Memorial Contribution"为名。2 月 14 日,Donald D. van Slyke 致函胡适,谈及"Henry S. Glazier Memorial Contribution"的应用形式,决定发行一册纪念医学书,组织红十字会的急难训练学校。

（中国社科院近代史所藏"胡适档案"，卷号 E-364，分号 4）

1月6日　胡适访苏联驻美大使。夏小芳（夏瑞芳之子）、Archie Lochhead 来吃饭，谈甚久。红十字会 Mr. Mitchell、Mr. Wesselius、Hubbell、Major Bassett 来吃茶，谈中国红十字会应改组事。（据《日记》）

1月7日　Mount Holyske College 的政治学班学生 18 人来吃茶。出席英使馆招待"United Nations"代表的茶会。读 Sir George Sansom 的《日本文化史》。（据《日记》）

　　按，此次胡适与 Mount Holyoke College 政治学班学生茶会之时间安排，可参考 1 月 5 日胡适致 Victoria Schuck 电。1 月 21 日，Victoria Schuck 复函胡适为这次会面致谢。（中国社科院近代史所藏"胡适档案"，卷号 E-461，分号 1；卷号 E-336，分号 11）

同日　胡适分别函寄 12 月 19 日的广播演说稿与 Leo S. Rowe、Justin Miller：感谢来函对于胡适之赞赏，如您所要求，寄上演讲稿。（中国社科院近代史所藏"胡适档案"，卷号 E-108，分号 17；卷号 E-103，分号 13）

同日　胡适函谢 Edward E. Watts, Jr. 之 1 月 5 日的来函确认 Committee of the University Club 为胡适举办的致敬午宴将在 2 月 7 日举行（中国社科院近代史所藏"胡适档案"，卷号 E-372，分号 5）。知道 Time 的职员 Theodore H. White，很高兴加入他的节目，愿参加非正式的讨论并答问。（中国社科院近代史所藏"胡适档案"，卷号 E-113，分号 11）

1月8日　上午会客。下午，John Fairbank & Grummon 来谈。读 Sansom 书 25 页。读 Mrs. Eastman "Stalin's American Power" 一文。郭任远来谈。（据《日记》）

1月9日　访客有朱学范、Life 编辑 Thorndike、金陵大学前副校长 Wheeler。与 Prof. R. H. Tawney & Mrs. T. 吃饭，同席有霍恩贝克夫妇。（据《日记》）

同日　胡适致函 Alan Valentine：关于 4 月由重庆发表广播演说之事受

到干扰。因原外交部长郭泰祺离职，改由宋子文接任。昨日接到郭泰祺来电，他希望我向您表达对您邀请蒋夫人做广播演讲的感谢。同时通知您：因为他已离任，无法再继续推动此事。蒋夫人的广播演讲因为通讯原因，及时送到这里广播可能有一定困难。倘您仍希望继续这一安排，我将很高兴代为转达您的任何建议。（中国社科院近代史所藏"胡适档案"，卷号E-112，分号1）

1月10日 胡适到纽约。与Mrs. Alfred A. Knopf共进午餐。到American Educational Policies Commission的聚餐会，在Waldorf-Astoria。有哈佛大学校长Conant、康奈尔大学校长Day，主席为Dr. Stoddard。胡适应邀为他们演说"The Odyssey of a Chinese University"。（据《日记》。中国社科院近代史所藏"胡适档案"，卷号E-256，分号9；卷号E-351，分号2；卷号E-339，分号10）胡适在演讲中说：

> We began the 1931 term of the University of Peking with feelings of unusual satisfaction…
>
> …
>
> When at last the inevitable occupation of Peking came, we lost almost every volume in the library, every bit of scientific apparatus, every picture, every art object that the university owned. We moved to Changsha, a thousand miles away, and thus became the first of many universities in exile. Later, when the enemy took Changsha, we were forced to move again, another thousand miles, this time to Kumming.（《胡适未刊英文遗稿》，561～562页）

1月11日 胡适召集清华特别委员会，到会者赵元任、孟治、侯德榜、顾临，都是梅贻琦校长电派的。（据《日记》；中国社科院近代史所藏"胡适档案"，卷号E-458，分号1）

　　按，关于此次会议的开会时间之商定，可参考顾临1月2日致胡适函，1月6日胡适致孟治电，1月7日孟治复胡适电。（中国社科院

近代史所藏"胡适档案",卷号 E-214,分号 1;卷号 E-103,分号 8;卷号 E-458,分号 1)

1 月 12 日　胡适函谢参议员 Carter Glass 之 1 月 8 日来函邀请出席 The Virginia State Chamber of Commerce 于 4 月 9 日举办的年度宴会(中国社科院近代史所藏"胡适档案",卷号 E-209,分号 2),同意接受此邀约。(中国社科院近代史所藏"胡适档案",卷号 E-95,分号 5)

1 月 13 日　中基会董事孟禄、顾临、贝诺德、施肇基、胡适 5 人在胡适家开谈话会。得翁文灏电,说国内的董事预备在重庆开会。胡适将今日五董事所谈电告翁文灏。(据《日记》)

同日　胡适电辞 J. M. Smith 在 1 月 19 日共进晚餐之邀约,因当天要搭乘 5 点的火车前往明尼阿波利斯。(中国社科院近代史所藏"胡适档案",卷号 E-460,分号 1)

1 月 14 日　Malcolm MacDonald 来谈。与 Edgar Mowrer 谈。(据《日记》)

同日　胡适电谢 Dorothy Thompson & Alma Clayburgh 之 1 月 14 日来函。由于要在 The Harvard Club 演讲,出席 Freedom House 当天的开幕式并不容易,但会努力在参加完 The Harvard Club 的晚宴后出席 Freedom House 的开幕式。(中国社科院近代史所藏"胡适档案",卷号 E-111,分号 6)

同日　胡适电谢 Mrs. Homer Ferguson 之 1 月 8 日来函:曾允诺在访问底特律时到您处做客,然而因要前往明尼阿波利斯,只停留底特律几小时,敬请原谅无法晤面。(中国社科院近代史所藏"胡适档案",卷号 E-460,分号 1)

同日　Leland D. Case 函请胡适为《扶轮社人》撰文,建议参与"World to Live in"之系列文章,并列出 12 个建议的题目。(中国社科院近代史所藏"胡适档案",卷号 E-147,分号 2)

1 月 15 日　胡适到纽约,赴 Mrs. Wm. H. Moore 的晚餐,席上有林语堂夫妇,有美术批评家 Cortissoz、Yale 的 Dean Micks、Prof. & Mrs. Sizer。(据《日记》)

1月16日　胡适在纽约出席宋子良婚礼。（据《日记》）

1月17日　胡适自华盛顿出发，开始6日旅行。到费城，赴Philadelphia Real Estate Board第三十四届年宴，演说的人有Senator James J. Davies（Pa.）、Senator Alexander Wiley（Wis.）和胡适。（据《日记》；又可参考：中国社科院近代史所藏"胡适档案"，卷号E-293，分号2；卷号E-459，分号1；卷号E-102，分号10；卷号E-323，分号4；卷号E-256，分号7；卷号E-130，分号7）

> 按，1月3日，Philadelphia Real Estate Board行政副主席John F. McClarren函邀胡适出席该组织的年度会议晚宴并发表演说，胡适答应了这一邀约。（中国社科院近代史所藏"胡适档案"，卷号E-293，分号2；卷号E-459，分号1）

> 又按，1月20日，National Association of Real Estate Boards主席Philip W. Kniskern函赞胡适今日的演说，认为这个演说可以让美国人了解到中国的处境。（中国社科院近代史所藏"胡适档案"，卷号E-256，分号7）

同日　胡适日记又记：

> 今晚听报馆中人说孙科在重庆发表谈话，说："若英美不注意远东战局，中国之继续抗战是否不智，实可疑问。"
>
> 我向本地记者发表谈话，谓中国方面最近之言论只是一个苦战五年的民族当然焦急之表示，其中并不含非友谊的批评。至于中国放弃抗战，这是绝不可想像的事。

1月18日　胡适约徐大春、胡思杜来晤谈。离开费城继续西行。（据《日记》）

1月19日　胡适抵底特律，应The Economic Club of Detroit主席Allen B. Chow之邀，出席该俱乐部为胡适举办的致敬午宴并应邀演讲。密歇根大学校长Alexander G. Ruthven担任主持人。胡适演讲的题目是"Introducing

China-old Friend and New Ally"。(据《日记》。又可参考：中国社科院近代史所藏"胡适档案"，卷号 E-460，分号 1；卷号 E-167，分号 2；卷号 E-507，分号 1；卷号 E-503，分号 1) 胡适在演说中说：

> ...
>
> Briefly speaking, there are five factors, five main factors, which have made up China's sustaining power during these fifty-five months:
>
> (1) Large space.
>
> (2) Large numbers.
>
> (3) Historical unity.
>
> (4) Internal reconstruction.
>
> (5) External international assistance.
>
> ...
>
> What I said in December, 1938, has come true. China has fought four years and a half before she found new allies. Now we are fighting together.(中国社科院近代史所藏"胡适档案"，卷号 E-40，分号 1)

同日 下午 5 点，胡适乘火车继续西行。9 点多到芝加哥，换车去明尼阿波利斯。(据《日记》)

1月20日 胡适到明尼阿波利斯。陈亦与其妻董梅丽来接。与 Mrs. John Pilsbury、Mr. Thomson、Mr. Tearse 同早饭。胡适出席 Minneapolis Civic & Commerce Association 为其举办的午宴，有演说。到 Nankin 饭馆，与中国学生谈话，Walter James 作东道主人。赴 United China Relief Committee 的宴会，有演说。晚，登车赴芝加哥。(据《日记》；中国社科院近代史所藏"胡适档案"，卷号 E-491，分号 1)

按，关于胡适应邀出席 Minneapolis Civic & Commerce Association 的午宴并演说，可参考 1 月 6 日 Alfred D. Lindley 致胡适函，1 月 9 日胡适复 Alfred D. Lindley 电，1 月 15 日 Alfred D. Lindley 复胡适函。(中

国社科院近代史所藏"胡适档案",卷号 E-273,分号 5;卷号 E-461,分号 1）

又按,关于胡适应邀与明尼苏达大学中国学生谈话的安排,可参考 1941 年 12 月 26 日明尼苏达大学中国学生会主席 Ching Fan Luh 致胡适函,1942 年 1 月 6 日胡适复 Ching Fan Luh 电,1 月 9 日胡适复 Walter James 电,1 月 6 日 J. Cameron Thompson 复胡适函,1 月 8 日 J. Cameron Thompson 致胡适电,1 月 9 日胡适复 J. Cameron Thompson 电。（中国社科院近代史所藏"胡适档案",卷号 E-280,分号 4;卷号 E-459,分号 1;卷号 E-359,分号 6;卷号 E-461,分号 1）

同日　胡适的私人秘书代胡适函谢 The Woman's National Democratic Club 教育委员会主席 Mrs. W. Meade Fletcher, Jr. 之 1 月 16 日来函,并告:胡适将接受邀约出席 2 月 9 日的午宴。（中国社科院近代史所藏"胡适档案",卷号 E-459,分号 1）

同日　*Vital Speeches* 杂志总编辑 George W. Lobey 函谢胡适提供 1941 年 12 月 31 日在 The Meeting of the American Political Science Conference 上演讲的 "American Society for Public Constitution" 在他们的杂志上发表。（中国社科院近代史所藏"胡适档案",卷号 E-491,分号 1）

1 月 21 日　胡适自芝加哥换乘飞机抵纽约。看牙医。看哈德曼夫人。（据《日记》）

同日　王世杰致电胡适:

华侨团体上总统电,未审系何方主动。愚意党部不当出名。哲生谈话亦过火。惟此间美馆日前接情报局电,谓盼望中国对诺氏演说有强烈反响。兄能探明其用意否?（《中华民国史资料丛稿》专题资料选辑第三辑《胡适任驻美大使期间往来电稿》,115 页）

1 月 22 日　J. P. McEvoy 的儿子来谈。到 Mrs. Erdman 家吃午饭,她发起一个 Bridge for China 的运动,要朋友打牌捐款给 United China Relief。胡

适演说"桥"（Bridge）的桥柱石是"同情心"。晚胡适应 The Harvard Club of New York City 主席 Eugene H. Pool 之邀，在该俱乐部的年度晚宴上发表演说，题目是"Our Honorable Enemy"，是 1941 年 12 月 19 日稿本的略加修改本。（据《日记》。又可参考：中国社科院近代史所藏"胡适档案"，卷号 E-318，分号 7；卷号 E-158，分号 7；卷号 E-461，分号 1；卷号 E-148，分号 1；卷号 E-36，分号 96；卷号 E-197，分号 2；卷号 E-459，分号 1）

1月23日　胡适回到华盛顿。与 Dr. Zook、Prof. Howard Wilson（Harvard）谈。当日日记又记：

> Canada 政府要我二月廿日去 Vancouver 演说。又有美国学校行政联合会要我二月廿二去 San Francisco 演说。我颇感为难。

1月24日　Mr. Abernethy 来谈，代表 Federal Council of Churches 约 3 月初去 Delaware, O. 演说。与《纽约时报》的 Reston 谈；与方柏容夫妇谈。在荷兰使馆 Baron van Boetzelaer 家吃饭，会见荷印副总督 Dr. Hubertus J. van Mook。印度代表 Sir Girja Shankar Bajpai 来谈；Harry Luce 来谈；高宗武夫妇来谈。（据《日记》）

同日　胡适函寄自己论中国绘画的文章的浓缩本与 Royal Cortissoz。（中国社科院近代史所藏"胡适档案"，卷号 E-91，分号 27）

同日　外交部宣传部复电胡适：

> 居里女士如来华，当予以接洽旅行之便利。但如尊处无其他特殊原因，拟不自行去电欢迎。又据爱斯加拉氏言：居女士为极左分子。（《中华民国史资料丛稿》专题资料选辑第三辑《胡适任驻美大使期间往来电稿》，115 页）

同日　Frank Thayer 函邀胡适为 1942 年 3 月 23 日的第十八届年度 Sigma Delta Chi Gridiron Banquet 演说。（中国社科院近代史所藏"胡适档案"，卷号 E-358，分号 3）

1月25日　胡适读 Beecher 传。Lilian Taylor 来吃午饭。到 Stuart E.

Grummon 家，会见 Miss Helen Keller。(据《日记》)

1月26日　外交部致电胡适：

现泰国已对美宣战，美政府对此持何态度？是否亦拟对泰宣战？希探询美政府意见。并告以苟能暂缓宣战，俾泰国军民明了此次泰方被迫卷入战争，同盟国对泰国军民原具同情，以减少敌力宣传煽动之作用，于将来我军进攻泰境时，或能减少其反抗作用也。(《中华民国史资料丛稿》专题资料选辑第三辑《胡适任驻美大使期间往来电稿》，115页)

1月27日　外交部致电胡适：

据驻英大使馆十一日来电称：晚报载 Chicago Daily News(《芝加哥每日新闻》)驻渝记者 Leland Stowe 电称"由缅运华军火，常被勾结营私者侵夺。美方赠给药品多被私卖。毡毯、汽车等物黑市获利甚厚，尤以汽油为优"等语。经查美国租借法案援华物资，除最近始有少数由缅运华外，以往根本无之。其他运华武器、弹药、被服、毡毯、药品亦无被盗卖情事。上年起，军用汽车加染红色，稽查甚严，更无盗卖可能。美报如有此项记载，希据此予以否认更正。(《中华民国史资料丛稿》专题资料选辑第三辑《胡适任驻美大使期间往来电稿》，115页)

同日　中国驻美大使胡适致美国国务卿备忘录：

The Chinese Ambassador presents his compliments to the Secretary of State and has the honor to submit for his consideration a request of the Chinese Government contained in a telegram from Chungking as follows:

Since the outbreak of the war in the Pacific, the U. S. S. *Tutuila* has been left unmanned and anchored at Chungking. The Chinese Ministry of War feels that, in view of the increasing volume of war transport on the rivers and the inadequate supply of vessels, it would be a valuable contribution to China's war effort if the United States Government could agree to the temporary use by the Chinese Government of the above-mentioned vessel for transport purposes during the present emergency.

For the information of the United States Government, it may be mentioned that two British gunboats, the *Falcon* and the *Gannet*, have been assigned to the Chinese Government for similar purposes.

The Chinese Ambassador will be grateful if the Secretary of State will be so good as to refer the matter to the appropriate branch of the United States Government for their consideration.（*FRUS*, 1942, Vol. V: *The Far East*, pp.10-11）

1月28日　Springfield Young Men's Christian Association 总书记 Charles E. Lee 函邀胡适于11月22日、11月29日或12月13日为该组织发表演说。（中国社科院近代史所藏"胡适档案"，卷号E-263，分号10）

同日　胡适致电 Mrs. Henry S. Glazier：辞谢2月18日的晚宴邀约，因为其时有太平洋海岸的旅行，为延复致歉，也为上周在 Mrs. Erdman 的派对与您见面感到高兴。（中国社科院近代史所藏"胡适档案"，卷号E-404，分号1）

1月29日　胡适电辞 Mrs. H. V. Kaltenborn 于2月11日为纽约 Civitas Brooklyn Leading Women's Club 会议发表演说的邀约，因为有北卡罗来纳的约会。（中国社科院近代史所藏"胡适档案"，卷号E-460，分号1）

同日　胡适复电鲁温斯坦亲王：

你说你愿为中国服务，参加抗战工作，并听中国安排，很令我感动……

在目前，我一时还想不出一个有效的方法可以利用你丰富的经验和卓越的才能。我二十多年来曾经在大学里教过书，以我的经验，认为你现在从事种种与阐扬自由和平及卫护国际正义有关的讲授及写作，对全人类爱好自由与和平的奋斗，都直接有莫大的裨益。这个受益者，当然包括了我们中国在内。

在拿破仑战争达到高潮时，歌德却专心研究中国语文及探讨光能对植物的影响。他这种有意置身于当时大事之外的态度，在现今一般人看来，可能不易了解，但"站着等，也是帮助"这句话也的确有相当的道理。你目前从事的讲授和写作，无论对中国对自由德国，甚至对整个人类来说，你的贡献要比一个真正拿枪杆在中国国土上作战的士兵还要大。

听说你现在正在瑞勃莱学院（Sweet Briar College）教书，这所学校和华盛顿距离不远，倘路有径由，能过我一谈，我将感到很大的荣幸。（《胡适之先生年谱长编初稿》第五册，1756页）

按，胡适英文原函现存台北胡适纪念馆，档号：HS-NK05-157-025。

同日 全美助华联合总会的 Speakers and Entertainment Department 主任 Marian Cadwallader 期望胡适有时间能为该会演说。（中国社科院近代史所藏"胡适档案"，卷号 E-143，分号 2）

2月

2月1日 美国政治科学学会财政委员会主席 Leon Fraser 函催胡适缴纳年费。（中国社科院近代史所藏"胡适档案"，卷号 E-202，分号 4）

2月2日 看 Dr. Cooper，作全面体检。"夜读《南史》本纪五卷。"（据《日记》）

2月3日 Gordon Canfield 向胡适授予 The International Association of Y's Men's Club 荣誉终身会员资格。胡适向该俱乐部的 Charles L. Miller 致电道谢。（中国社科院近代史所藏"胡适档案"，卷号 E-460，分号 1）

按，台北胡适纪念馆藏有次日报道此事的两份剪报。第一份剪报（出自 *Northern Jersey's Greater Paper*）说：

Dr. Hu Shih, Ambassador extraordinary and plenipotentiary from China, will visit Paterson next month or April to thank the Paterson Y's Men's Club for making him an honorary life member.

Representative Gordon Canfield called on Dr. Hu at the Chinese embassy to present a red leather-bound certificate of membership and told the ambassador:

This is in recognition of your contribution to better international understanding and your untiring efforts to establish a better world order for all peoples regardless of race, creed, or political affiliation. I do not have to tell you that the American people stand shoulder to shoulder with the Chinese in their fight for liberty and humanity. I am not sure, however, that you realize how much you, as China's representative, have won your way into the hearts of Americans.

"In Paterson, young men associated with the Y's men's club following your progress and beliveing that you are really a part of America, have translated into this definite from their strong feelings of kinship."

...

The representative recalled that he once resided in. Binghamton, N.Y., not far from Cornell University where Dr. Hu studied and where Dr. Hu's son is now a student.

"I'll bet I could sing, 'far above Cayuga's waters' for you just as good as any graduate Cornell." Canfield said.

"I'll bet you could—but let's sing it together, right now." Dr. Hu came back.

Together, in the embassy, they sang all verses of the Cornell song. Then Dr. Hu said he expected to have some free time the next two months and would visit Paterson to personally thank the club members...（台北胡适纪念馆藏档，档号：HS-NK05-332-005）

第二份剪报说：

REP. GORDON CANFIELD presents to Dr. Hu Shih（right）, Chinese Ambassador to the United States, a testimonial award from the Paterson "Y's Men's Club" in tribute to Dr. Hu's efforts to better relations between his country and the U. S. The ceremony took place at the Chinese Embassy in Washington. Dr. Hu announced that he will visit Paterson in March or April to thank the club for its presentation.（台北胡适纪念馆藏档，档号：HS-NK05-332-006）

又按，3月12日之 *Alumni News* 也作了如下报道：

Dr. Hu Shih, Chinese Ambassador, was recently presented a certificate of membership in the Paterson（N. J.）Y's Men's Club in recognition of his "contribution to better international understanding and untiring efforts to establish a better world order for all peoples regardless of race, creed, or political affiliation." The presentation was made at the Chinese Embassy by Congressman Gordon Canfield.

同日　胡适复电 The Contemporary Club of Philadelphia 主席 Thomas Raeburn White：遗憾不能在2月16日或3月16日为该俱乐部演说，但4月20日可以。（中国社科院近代史所藏"胡适档案"，卷号 E-462，分号1）

同日　International House of Chicago 主任 Ernest B. Price 函谢胡适1月30日来电，International House of Chicago 的中国学生因此获得进一步帮助以及在找得工作前可获得 The Immigration and Naturalization Service 的承诺。但现在的问题是，在获得工作之前该如何去做。附寄中国学生成员不期望获得资助者的报告以及中国学生的详细分析。又云：当我与财长及国务卿提及此问题时，他们均要我咨询您的建议。（中国社科院近代史所藏"胡适档案"，卷号 E-321，分号3）

按，1月3日，Ernest B. Price 致函胡适，谈 International House of Chicago 中国学生成员的困境：返回中国以及由中国获得资金资助的中断。而战争扩展到太平洋后，募款活动已不足以处理此事，因此请问您，中国政府对此持何种态度？询问您与宋子文的意见。建议调查中国学生的财政情况、请 The Immigration and Naturalization Service 担任救济侨民的角色等三项做法，以设法为中国学生成员找寻全职工作以资助 1942 年的生活。（中国社科院近代史所藏"胡适档案"，卷号 E-321，分号 3）

同日　外交部致电胡适：

关于我国参加南太平洋战事会议事，奉委员长谕："我国凡可参加者，皆应参加。"……（《中华民国史资料丛稿》专题资料选辑第三辑《胡适任驻美大使期间往来电稿》，115 页）

2 月 4 日　律师 Harold Riegelman & Morris Cooper 来，结束了 Carl Byoir 一案，共计费了 74000 元。Professor Ralph W. Chaney 来谈。到 Mrs. Harriman 家吃饭，主客为挪威的太子与太子妃。（据《日记》）

同日　胡适电谢哥伦比亚大学哲学系教授 Herbert W. Schneider 之 1 月 30 日来函（中国社科院近代史所藏"胡适档案"，卷号 E-336，分号 7）。由于 2 月 19 日将参加 The Pacific Coast 的会议并演讲，故不能参加哲学俱乐部 2 月 20 日的会议以及 2 月 25 日 The Central New York Committee for China Relief 的会议，但会出席 3 月初的会议。（中国社科院近代史所藏"胡适档案"，卷号 E-109，分号 5）

同日　美国众议院通过向中国贷款 5 亿美元案，无一票反对，只用了 7 分钟。（据《日记》）

2 月 5 日　美国副总统 Henry Agard Wallace 约胡适与宋子文午饭，并告知 5 亿美元借款在参议院通过了。Wallace 说，他对王安石特别感兴趣。胡适答应把《王莽》一文送给他看看。在宋子文家午饭，客人为荷兰外长、

1942年　壬午　民国三十一年　51岁

荷印副总督 Hubertus van Mook。（据《日记》）

按，2月12日，胡适函寄其研究王莽的文章与 Henry Agard Wallace，并说王莽是古代中国的改革家，是比王安石早1000年的改革先驱者。感谢上周的午餐会。（中国社科院近代史所藏"胡适档案"，卷号 E-113，分号3）

2月6日　傅斯年复函胡适，谈及胡去年给傅两信，对自己勉励再大不过，"此次生病，未濒于死，赖药者少，赖师友之鼓励者多，而尤以先生之两信，使我转有求生之念"。又谈及傅太夫人患病、治疗、病故及葬事。谈及一年多以来自己的病情，谈及国内政情，甚感经济情形实在不太妙等。又谈及：

先生对于我的希望，其诚意至感无极，但这是做不到的事了。其实我也并无领袖才，许多毛病，自己知道。并且因为多事，害了自己的事。我想若是这二年不管别人的事……我总写成了几部书，或者尚不至于生这场大病也。病中想来，我之性格，虽有长有短，而实在是一个爱国之人，虽也不免好名，然比别人好名少多矣。心地十分淡泊，欢喜田园舒服。在太平之世，必可以学问见长……只是凡遇到公家之事，每每过量热心，此种热心确出于至诚，而绝非有所为，遇急事胆子也很大，非如我平常办事之小心……平日好读老庄，而行为如此……我本心不满于政治社会，又看不出好路线来之故，而思进入学问，偏又不能忘此生民，于是在此门里门外跑去跑来……今遭此病，事实上不能容我再这样，只好从此以著书为业……目下求先生三事：1. 有一书，名 *Darwin*, *Marx*, *Wagner*, by Jacques Barzun, Atlantic, $2.75，看书评，知此书中有若干"日期"，我在"文化斗争"中可用……寄时须写"Surface transport to Calcutta and thence by air mail"……2. 第二是买药，此事要紧，生命所系也。详另页。（《胡适遗稿及秘藏书信》第37册，458～459页）

2月7日　The University Club 为中国驻美大使胡适举行致敬午宴，胡适在宴会上发表演说。（中国社科院近代史所藏"胡适档案"，卷号 E-489，分号 1）

2月9日　胡适致电 Canadian Institute of International Affairs 的荣誉秘书 E. W. Rhodes，感谢 2 月 3 日来函，因必须在星期六下午之前于加州大学演说，故与 Canadian Institute of International Affairs 的会员聚会很难安排。（中国社科院近代史所藏"胡适档案"，卷号 E-108，分号 6）

同日　胡适致电中国驻旧金山总领事冯执正，请其安排自己在湾区的行程，确保自己于 2 月 24 日乘飞机或火车前往洛杉矶。请帮忙预定三天的旅社。（中国社科院近代史所藏"胡适档案"，卷号 E-94，分号 3）

同日　胡适复电北卡罗莱纳大学 International Relations Club 主席：感谢 2 月 6 日来电。由于尚未准备演讲稿，请取消宴会之后的 WPTF 的广播会谈。（中国社科院近代史所藏"胡适档案"，卷号 E-460，分号 1）

2月10日　胡适应北卡罗莱纳大学 International Relations Club 主席 Roger C. Mann 之约，在该俱乐部发表演说。（中国社科院近代史所藏"胡适档案"，卷号 E-460，分号 1；卷号 E-102，分号 9；卷号 E-286，分号 6）

同日　R. T. Elson 函复胡适询问有关 British Columbia Chinese、The Vancouver Chinese Community to the Community Chest Campaign 等战争借贷捐款问题。（中国社科院近代史所藏"胡适档案"，卷号 E-188，分号 5）

2月11日　宋子文令胡适：

Please request the U. S. Treasury through the State Department to unblock the accounts in my name at the following banks: Riggs National Bank, Wash. D. C., Irving Trust Co., N. Y. C., Bank of Canton, San Francisco.（据《日记》）

按，宋子文原函现存台北胡适纪念馆，档号：HS-US01-043-002。

又按，胡适为此事致函宋子文云：自己曾试着拟一请求稿，但都未写成。我考虑的结果，要使这个请求既正式又有效率，应得到政府

1942年　壬午　民国三十一年　51岁

方面对于所提之事相合的授权。故草拟了一份电报给孔祥熙，如果你看了同意，我将寄出去。次日，宋子文复函云：不敢偏劳，将自行处理。（台北胡适纪念馆藏档，档号：HS-US01-043-003，HS-US01-043-004）

2月14日　胡适应邀出席俄亥俄州Antioch College第十二次年度会议，会议主题是"生命的意义——一个关于信念和希望的会议"。下午2点30分，胡适发表演说，题目是"A Philosophy of Life"。（中国社科院近代史所藏"胡适档案"，卷号E-460，分号1；卷号E-41，分号102；卷号E-500，分号1；卷号E-354，分号7；卷号E-224，分号9）胡适在演说中说：

...

The philosophy of life which I am going to present to you is my religion. It gives me faith in life and work.

Briefly stated, it is a religion based upon my own conception of Immortality, — not of immortality in the sense of personal survival after death, but of the social immortality of human worth and work. I believe that what we are, what we think or say and what we do, lives on and leaves some lasting mark for good or evil, on the sum-total of our collective life and effort. I believe that no human effort is ever without effect, and that therefore we should reverently hold ourselves morally responsible for what we do, what we think or say, and what we are, for good and for evil.

This I call the religion of Social Immortality.

...

...The individual self owes a tremendous debt to the greater Social Self, and it is his duty to hold himself responsible to it for everything he does or thinks or is.

This is especially true in social and political thinking which, as I understand it, is thinking or planning for a nation, for a society, for a world, and for

19

generations to come. (《胡适未刊英文遗稿》，552～558 页)

按，《胡适未刊英文遗稿》收入此讲演时，编者加了如下摘要：

这篇演讲……基本上与前收《不朽》一文相同。在文前加了一个小故事，颇有趣味：

大约 20 年前，我和一个在北京女青年会工作的普林斯顿大学毕业的美国朋友在北京街上走路。突然他拍着我的肩膀停下来问我："像你这样一个没有宗教信仰的人，怎么竟有这样无私的热诚来为社会工作，并进行社会改革。"

我笑着告诉他："杰克，你错了。我是有宗教信仰的，只是我的宗教和你的宗教是如此不同，你不认为那是宗教。"

接着胡适谈他的"社会的不朽论"。(《胡适未刊英文遗稿》，550 页)

同日 程士范致函胡适，告：珍珠港事变发生后，沪上租界未乱。江冬秀夫人为避麻烦，在程等劝说下搬入程治平的店里。自己与石原皋会照应江冬秀，请胡适放心。又告自己将携眷回内地，江冬秀夫人同行，自己会照料一切。沪上已不通赴美邮件，若有信请寄金华经纬书局程士范收转。冬秀夫人去内地一切费用，自己当能负责，请放心。(《胡适遗稿及秘藏书信》第 37 册，280 页)

2 月 15 日 程沧波致函胡适，告：重庆物价高涨，"真是了不得"。香港陷落后，许多友人没有消息，幸王徵早出来，郑铁如已被幽禁。希望劝高宗武多读书，多多修养。经常见到郭泰祺。自己读书时间甚多。拜托胡适代购二三件 Arrow 牌子淡青色衬衫。(《胡适遗稿及秘藏书信》第 37 册，304 页)

2 月 17 日 胡适复函赵元任，告此次匆匆出门，作 7000 英里的旅行，动机是加拿大政府邀请在温哥华帮他们作一次 Victory Loan 的演说。商讨波斯诗人 Omar 一首诗的翻译问题，又谈及《豆棚闲话》里一首革命歌。(周法高编：《近代学人手迹》(三集)，文星书店，1966 年，1～3 页)

2 月 18 日 中国驻美大使馆复电 F. E. Winslow，辞谢其邀请胡适于次日到 Victoria Rotary Club 演说之邀约（中国社科院近代史所藏"胡适档案"，卷号 E-295，分号 2），因行程已排满。（中国社科院近代史所藏"胡适档案"，卷号 E-386，分号 7）

同日　胡适令秘书代为辞谢 Frank Thayer 于 3 月 23 日举行的第十八届年会演说的邀请，因演说行程过满。（中国社科院近代史所藏"胡适档案"，卷号 E-358，分号 3）

2 月 19 日　胡适抵西雅图，应华盛顿大学 Charles E. Martin 教授之约，出席 The Pacific Coast 的会议并发表演说。胡适演说的题目是 "China as a Fighting Ally"，指出支持中国抗战力量的 5 个主要因素：空间、数量、历史性的关系、内部的重建、外援。胡适说：

> The tide has now turned, but final victory is not yet in sight. A long hard war faces your nation and all our allies. But we shall now fight on with new courage and new strength which come of the new comradeship. And we have not the slightest doubt as to the final outcome, which is, of course, complete victory of the "United Nations". (《胡适未刊英文遗稿》，286～298 页）

> 按，关于此次演讲的邀约、行程之商定等细节问题，可参考：中国社科院近代史所藏"胡适档案"，卷号 E-102，分号 10；卷号 E-288，分号 1；卷号 E-461，分号 1；卷号 E-460，分号 1；卷号 E-254，分号 3。当日晚间，胡适还出席了 Charles E. Martin 教授在其寓所为其举办的晚宴。

同日　Henry A. Wallace 函谢胡适函寄讨论第一次的社会经验的专著，将认真拜读。（中国社科院近代史所藏"胡适档案"，卷号 E-367，分号 5）

2 月 20 日　应加拿大政府邀请，胡适出席于温哥华旅社举行的加政府的第二次 Victory Loan Campaign，午宴时发表题为 "Canada and China as Comrades in War（加拿大和中国是战时的伙伴）"的演说（中国社科院近代史所藏"胡适档案"，卷号 E-94，分号 3）。胡适说：

…

…I have cancelled all my February engagements in the East and have travelled 3,000 miles to reach here, because I want very much to have this opportunity to pay my tribute to Canada, not only as China's old friend and new ally, but as China's first ally.

…

There are many other things for which my people are equally grateful to the government and people of Canada.

…

I have mentioned these facts to show that China and Canada are in a real sense allies and comrades in a common war.（《胡适未刊英文遗稿》，311～315页）

按，《胡适未刊英文遗稿》收入此讲演时，编者加了如下摘要：

珍珠港事变之后，加拿大在1941年12月7日当天就向日本宣战，比美国还早了半天。胡适在这篇讲稿中简述了加拿大在二次大战期间如何支援中国抗战，同时说明中国抗战之艰苦，并对加拿大人民和政府表示感谢。

胡适指出，当时加拿大人口虽仅一千一百五十万，是中国人口的百分之二点五，但却有四万两千人的陆军，两万八千人的海军，十万人的空军。这是一个庞大的军力。同时加拿大也生产大量的军用物资，成了同盟国之间的一个军火厂。

胡适将中国之所以能持久抗战，分析归纳为五点原因：幅员广大；人口众多；两千多年来，中国始终是一个统一的国家；中国人刻苦勤劳；盟邦的协助。（《胡适未刊英文遗稿》，312页）

又按，1942年1月17日，Leighton McCarthy为这次演讲向胡适发出正式邀请。1月24日，胡适复函接受了此邀约。之后，胡适的私人秘书和会议组织者相关人士，中国驻美大使馆和驻温哥华总领馆之间

1942年　壬午　民国三十一年　51岁

也不断函电往来。可参考：中国社科院近代史所藏"胡适档案"，卷号 E-464，分号 1；卷号 E-324，分号 4；卷号 E-99，分号 5；卷号 E-404，分号 1；卷号 E-508，分号 1。

又按，《大汉公报》、*The Vancouver Sun* 也对讲演有报道，可参考：中国社科院近代史所藏"胡适档案"，卷号 E-508，分号 1。

2月21日　上午10点，胡适离开温哥华，前往旧金山。（中国社科院近代史所藏"胡适档案"，卷号 E-404，分号 1；卷号 E-94，分号 3）

2月22日　胡适应邀在旧金山的 School Administrators' Conference 演说 "How to Understand the East"。（中国社科院近代史所藏"胡适档案"，卷号 E-42，分号 105）

按，1月24日，George F. Zook 为这次演说向胡适发出邀请函。1月28日，胡适函复 George F. Zook 接受邀请。而在此之前的1月19日费正清为这次会议也曾向胡适发出邀请。之后，就演讲的细节问题，George F. Zook 也与胡适有联络。（中国社科院近代史所藏"胡适档案"，卷号 E-394，分号 6；卷号 E-116，分号 1；卷号 E-194，分号 3）

2月23日　胡适出席旧金山市和旧金山商会为其举办的晚宴。（中国社科院近代史所藏"胡适档案"，卷号 E-504，分号 1）

同日　黄炎培致函胡适，告沦陷区友人谈日寇纪律之坏等情，又谈及现在是美、苏合作的良机等。（《胡适遗稿及秘藏书信》第37册，36页）

2月24日　胡适应邀在 Palace Hotel 为 The Commonwealth Club of California 发表演说，演说题目是："China, Old Friend and New Ally"。（中国社科院近代史所藏"胡适档案"，卷号 E-370，分号 3；卷号 E-94，分号 3）

同日　The Federal Council of the Churches of Christ in America 秘书 B. S. Abernethy 函询胡适何时会抵达 Delaware，期待胡适的演讲题目。（中国社科院近代史所藏"胡适档案"，卷号 E-119，分号 3）

同日　Winnipeg Free Press Company Limited 主席兼编辑 John Wesley

Dafoe 向胡适函介 The Free Press。（中国社科院近代史所藏"胡适档案"，卷号 E-170，分号 1）

同日　Academy of Motion Picture Arts and Sciences 主席 Walter Wanger 函邀胡适出席该组织的年度颁奖晚宴。（中国社科院近代史所藏"胡适档案"，卷号 E-460，分号 1）

2月25日　胡适应邀出席全美助华联合总会南加州委员会的会议以及 The Kiwanis Club in the Biltmore 的会议，并发表演讲。在 Kiwanis 的午宴上，南加州大学校长 Rufus B. von KleinSmid 介绍胡适。Robert L. Smith、张紫常、Miss Anna May Wong 也有演讲。（中国社科院近代史所藏"胡适档案"，卷号 E-507，分号 1）

同日　晚，胡适应邀在 The Claremont Colleges 为 California Club 发表演讲"The Fundamental Issue in the Pacific Conflict"。（中国社科院近代史所藏"胡适档案"，卷号 E-351，分号 9；卷号 E-460，分号 1；卷号 E-507，分号 1）

同日　翁文灏致电胡适：中基会紧急会等办法前已电达。又周寄梅有函上月已寄出，甚盼早商，约驻美诸董事同意电示，俾可报告政府。（《胡适遗稿及秘藏书信》第 32 册，373 页）

2月26日　晚，胡适应邀出席在 The Biltmore Hotel 举行的 Academy of Motion Picture Arts and Sciences 年度颁奖晚宴，并发表演说。（中国社科院近代史所藏"胡适档案"，卷号 E-460，分号 1；卷号 E-507，分号 1）

2月　胡适在 Free World 第 2 卷第 1 期发表"For a Just Peace in the Pacific"。其中说道：

> ……
>
> In specific application, this first condition therefore means the complete restoration to Chinese sovereignty and government of all the territories of Manchuria, Jehol, Chahar, Suiyuan, as well as the occupied parts of North, Central and South China.

……

The second principle I have proposed—namely, that a durable peace must satisfy the legitimate demands of the Chinese people for an independent, unified and strong national state—needs no detailed explanation.

……

An independent, unified, modernized and strong China is therefore an indispensable condition for an enduring peace in the Pacific area. A China strong enough to resist unprovoked aggression and defend her own territory and political independence,—such a China can and will serve as the most reliable and effective guarantee of the peace and prosperity of the Far East.

……

The third condition necessary for a durable peace in the Pacific area, I believe, is the restoration, strengthening and reinforcing of the international order for the Pacific area and for the world in general so that orderly international relationships may always prevail and recurrence of aggressive wars may no longer be possible. This newly restored international order must have overwhelming power for the enforcement of peace.（《胡适英文文存》第2册，远流版，935～941页）

3月

3月1日　下午1点30分，胡适抵达芝加哥，即与中国社团及Dr. Chen见面。（中国社科院近代史所藏"胡适档案"，卷号E-465，分号1）

3月2日　晚上11点10分，胡适离开芝加哥，前往俄亥俄州的哥伦布市。（中国社科院近代史所藏"胡适档案"，卷号E-465，分号1）

同日　梅华铨夫人致函胡适，再度恳请胡适帮忙将其子Lincoln从所在的军营调到史迪威将军麾下做事（原因是遭遇种族歧视）。渠上通来函作于

2月4日。(中国社科院近代史所藏"胡适档案",卷号 E-297,分号 6)

3月3日　早 7 点 35 分,胡适抵达哥伦布市。胡适此行,是应邀出席在俄亥俄州 Wesleyan University 举行的 The National Study Conference on the Bases of a Just and Durable Peace 会议并发表演说。(中国社科院近代史所藏"胡适档案",卷号 E-465,分号 1;卷号 E-489,分号 1)

同日　太平洋国际学会总书记 Edward C. Carter 致函胡适:欣闻刘驭万将来美,期望他的到来可以推动中国太平洋国际学会与太平洋国际学会的工作。4月3日,Edward C. Carter 再度来函,询刘来美的详细情形(传闻刘是自行来美),并表欢迎之意。(中国社科院近代史所藏"胡适档案",卷号 E-146,分号 1)

3月4日　赛珍珠(Pearl S. Buck)函邀胡适出席 Chinese Indians and Americans Under Sponsorship of East and West Association 在 3 月 14 日——中国印度友好纪念日举行的庆祝会并发表演说。(中国社科院近代史所藏"胡适档案",卷号 E-140,分号 2;卷号 E-460,分号 1)

同日　H. B. van Dyke 函邀胡适到罗格斯大学演说时来做客。(中国社科院近代史所藏"胡适档案",卷号 E-364,分号 2)

3月5日　胡适应邀出席哥伦比亚大学出版社助理主任 Charles G. Proffitt 在 The Men's Faculty Club 为他举办的午宴。(中国社科院近代史所藏"胡适档案",卷号 E-322,分号 1;卷号 E-465,分号 1)

同日　下午 3 点 30 分,胡适应邀于 Brander Matthews Hall 举行的 Columbia University Committee for United China Relief 会议上发表演说。(中国社科院近代史所藏"胡适档案",卷号 E-461,分号 1;卷号 E-194,分号 5)

3月6日　胡适返回华盛顿,结束 3 周的旅程。(中国社科院近代史所藏"胡适档案",卷号 E-460,分号 1)

同日　外交部致电胡适:

> 美大使照称:驻华海军武官,奉美总统令,即将 Tutuila 炮舰移交我国。除请美大使馆转向美总统致谢外,特闻。(《中华民国史资料丛稿》

1942年　壬午　民国三十一年　51岁

专题资料选辑第三辑《胡适任驻美大使期间往来电稿》，117页）

3月7日　胡适应邀为 The Contemporary Club of Baltimore 发表演说，并应邀与 J. G. D. Paul 母子共进晚餐。（中国社科院近代史所藏"胡适档案"，卷号 E-461，分号 1；卷号 E-139，分号 8）

同日　胡适函谢 The Presbyterian Social Union of Philadelphia 主席 Allan D. Wallis 之 2月25日来函（中国社科院近代史所藏"胡适档案"，卷号 E-367，分号 9）邀请他于 3月23日或 3月27日参加他们的晚宴并演说中美关系。遗憾已有约会，无法接受邀请。4月20日将在宾州的 The Contemporary Club 发表演说，敬请联系 The Contemporary Club 的副主席 T. R. White，也许可以在 4月20日那天为其演说。（中国社科院近代史所藏"胡适档案"，卷号 E-113，分号 4）

3月9日　胡适函谢 Dartmouth College 院长 Ernest M. Hopkins 3月4日来函（中国社科院近代史所藏"胡适档案"，卷号 E-397，分号 1）邀请于 1942年5月10日参加 Dartmouth College 的毕业典礼并授予荣誉博士学位。期望得到毕业典礼的相关细节以及旅程时刻表。（中国社科院近代史所藏"胡适档案"，卷号 E-96，分号 23）

同日　胡适致电冯执正：感谢访问旧金山期间尊伉俪给予的友善招待以及您与总领馆职员们协助安排行程，请代向朋友们致谢。（中国社科院近代史所藏"胡适档案"，卷号 E-94，分号 3）

同日　胡适致电张紫常：感谢尊伉俪在自己访问洛杉矶时的友善招待以及贵馆职员协助安排行程。（中国社科院近代史所藏"胡适档案"，卷号 E-460，分号 1）

同日　胡适致电江易生：感谢尊伉俪在自己访问西雅图时的友善招待以及贵馆职员协助安排行程。（中国社科院近代史所藏"胡适档案"，卷号 E-461，分号 1）

3月10日　美国历史学会1942年会议委员会主席 Stanley Pargellis 致函胡适云，该学会的年度会议将在12月举行，主题是"Civilization in Crisis"。其中一场讨论的主题是"The Fate of the Idea of Progress"，已邀请汤因比宣读论文，也邀请胡适宣读论文。（中国社科院近代史所藏"胡适档案"，卷号 E-312，分号 10）

3 月 11 日　胡适应邀在 The Canadian Club 的午餐会发表演说，胡适演说的题目是"China's Fighting Strength and Fighting Faith"。（中国社科院近代史所藏"胡适档案"，卷号 E-30，分号 88；卷号 E-42，分号 103；卷号 E-352，分号 1；卷号 E-126，分号 15；卷号 E-460，分号 1）胡适在演讲中说：

……

As we now look back, we can see there are many factors which have enabled us to fight on so long and, on the whole, so well.

First, there is the factor of large space…

Second, there is the factor of large numbers…

Thirdly, there is our age-long sense of national unity…

Fourthly, there is our capacity for hard work…

And fifthly, there is the factor of friendly assistance by all our friends abroad…

But, above all these, and behind all these, there was another and the most essential factor, namely, China's patient and unfaltering faith in the ultimate triumph of her just cause…（中国社科院近代史所藏"胡适档案"，卷号 E-42，分号 103）

同日　晚，胡适应 Chamber of Commerce and Civics of the Oranges and Mapelwood 主席 George E. Stringfellow 之邀在 The Montclair Golf Club 为该组织的年度晚宴发表演说。（中国社科院近代史所藏"胡适档案"，卷号 461，分号 1；卷号 E-352，分号 1；卷号 E-124，分号 4；卷号 E-336，分号 4）

同日　哥伦比亚大学出版社的 Charles G. Proffitt 函谢胡适答应周四（3 月 12 日）与其共进午餐。（中国社科院近代史所藏"胡适档案"，卷号 E-322，分号 1）

1942年　壬午　民国三十一年　51岁

3月12日　胡适复函 The Rotarian 杂志编辑 Leland D. Case，为迟复邀稿函致歉。有兴趣的主题是"A World to Live in"，会寄上短文。感谢国际扶轮社举行的中国日活动以及在救济中国方面所做的努力。（中国社科院近代史所藏"胡适档案"，卷号 E-91，分号 7）

3月13日　胡适复电 Oklahoma 大学政治系的 Cortez A. M. Ewing（来函作于本年 2 月 14 日，中国社科院近代史所藏"胡适档案"，卷号 E-193，分号 5）：将接受在 6 月 19 日 Oklahoma 大学第五届 Oklahoma Institute of International Relations 会议上发表演说的邀约。3 月 26 日，胡适又复电 Cortez A. M. Ewing 云，将出席 6 月 20 日上午的圆桌会议。（中国社科院近代史所藏"胡适档案"，卷号 E-465，分号 1）

同日　胡适致唁函与 Mrs. J. Fred Essary，吊唁其夫之丧。（中国社科院近代史所藏"胡适档案"，卷号 E-93，分号 10）

同日　胡适致函 Jerry Voorhis，向其介绍 Miss Freda Utley，因知道 Jerry Voorhis 对 Miss Freda Utley 感兴趣。她的著名的作品是 Japan's Feet of Clay，此书有助于了解日本的真实实力和弱点。（中国社科院近代史所藏"胡适档案"，卷号 E-112，分号 3）

3月14日　中午，胡适应 The High School Teachers Association of New York Incorporated 主席 Frank J. Arnold 之邀，在该组织于纽约举行的年度午餐会上发表演讲，演讲的题目是"China too is Fighting to Preserve a Way of Life"。（中国社科院近代史所藏"胡适档案"，卷号 E-121，分号 7；卷号 E-386，分号 5；卷号 E-461，分号 1；卷号 E-461，分号 46）

按，次日之 New York Herald Tribune 以"Hu Shih Cites China's Aid in War to Halt Aggression"为题对胡适的讲演作了如下报道：

Dr. Hu Shih, Chinese Ambassador to the United States, was the principal speaker yesterday at the annual luncheon of the High School Teachers Association and the High School Principals Association at the Astor. Speaking to 1,200 members, in a speech broadcast over WABC, Dr. Hu Shih said that the battle China is waging against Japan is an important part of the worldwide struggle which all democracies are waging against oppression and aggression.

"The fundamental issues in the Pacific conflict," he said, "are the same issues over which nations are fighting throughout the world. The struggle is to protect the democratic way of life—freedom and peace—against the totalitarian beliefs of oppression and aggression. The war in the Pacific is an integral part of the world struggle for the democratic way of life."

Other speakers included Dr. Harold G. Campbell, Superintendent of Schools; Dr. Frederic Ernst, assistant superintendent in charge of high schools, and James Marshall, president of the Board of Education. Dr. Frank J. Arnold, president of the High School Teachers Association, was chairman. Charles E. Springmeyer, president of the High School Principals Association, was toastmaster.

又按，3月16日，胡适致函 Frank Arnold & Charles E. Springmeyer，提出将此次演讲的报酬，作为提供在美国就读人文学科或历史学科的中国留学生的战时维持生计之奖学金来源。（中国社科院近代史所藏"胡适档案"，卷号 E-89，分号 4）

同日　胡适应邀出席 The East-West Association Dinner for India，并发表演讲。胡适说：

…

It is a well-known historical fact that India conquered and dominated China culturally and, [through] China, conquered and dominated other Asiatic countries culturally for 20 centuries without ever having to send a single soldier across her borders…

The real explanation was that the great religion of Buddhism satisfied a need keenly felt by all the Asiatic peoples of the time.

…

1942年　壬午　民国三十一年　51岁

China has never been able to fully repay for this cultural indebtedness...

...

My people, therefore, enthusiastically welcome India as an old teacher, an old friend and a new comrade in arms...(《胡适未刊英文遗稿》，301～303页)

按，《胡适未刊英文遗稿》收入此讲演时，编者加了如下摘要：

胡适指出，过去两千年来，印度没有用一兵一弹，在文化上不但征服了中国也征服了亚洲其他国家。这个文化上的征服不只是宗教上的，随着宗教而来的哲学、文学、艺术、建筑和音乐，对中国和其他亚洲人的生活都有极深远的影响。

中印之间的文化交流几乎完全是单向的。连中国的造纸和印刷，这两个对人类文明最大的贡献也不曾引起印度人的兴趣。只有中国的丝和茶进入了印度的寻常百姓家。(《胡适未刊英文遗稿》，300页)

同日　胡适电请 Lota Lois Ing 以特别传送的方式寄来 Elizabeth 和 Plainfield 的档案。(中国社科院近代史所藏"胡适档案"，卷号 E-456，分号1)

3月16日　应 The Economic Club of New York 主席 Allen B. Chow 的邀请，胡适在该俱乐部的晚餐会上发表演讲。(中国社科院近代史所藏"胡适档案"，卷号 E-43，分号107；卷号 E-460，分号1；卷号 E-355，分号5；卷号 E-461，分号1；卷号 E-222，分号4；卷号 E-188，分号7)胡适说：

...

Let me take this opportunity to express the gratification of my government and my people in the historic fact that China is now no longer fighting alone but is fighting on the same side with 25 allied nations including three of the greatest powers in the world. Let me assure you that to us in China this is a great dream come true, a great faith tardily but at last fully vindicated!(《胡适英文文存》第2册，远流版，966页)

按,"外研社版"《胡适英文文存》(三)收入此文时,编者所加中文提要说:

胡适认为:胡适在纽约经济俱乐部的演讲中,回溯了1940年以来德、意、日等轴心国的侵略事实和中、美、英、苏等国联合反对法西斯侵略的努力,肯定了《大西洋宪章》《联合国家宣言》等对团结世界反法西斯力量的重要作用,指出中国不再孤军奋战,中国军民对取得最后胜利充满信心。(该书182页)

3月17日 胡适应 Elizabeth Teachers' Association 校长 John E. Dwyer 之邀,乘火车来到 Elizebeth,出席 Elizabeth Teachers' Association 的年度教育会议(会议主题是"Building Democracy Though Education")并发表演说。胡适抵达 Elizabeth 时,Elizabeth 市长与 Elizabeth Teachers' Association 的成员前来迎接。午间,胡适又出席会议方举办的午宴。(中国社科院近代史所藏"胡适档案",卷号 E-183,分号 2;卷号 E-461,分号 1)

同日 胡适出席毕 Elizabeth Teachers' Association 的午宴,即驱车前往 Francis de L. Hyde 寓中做客。再前往出席 The Plainfield Musical Club 的会议并发表演说,胡适演说的题目是"China Fights for Freedom"。胡适又请 The Plainfield Musical Club 邀请 Mrs. Francis de L. Hyde 出席会议。(中国社科院近代史所藏"胡适档案",卷号 E-93,分号 1;卷号 E-184,分号 6;卷号 E-240,分号 7;卷号 E-456,分号 1)

同日 The Northwestern Ohio Teachers' Association 的行政秘书 J. W. Whitmer 再度函询胡适可否于1942年10月29日或10月30日为 The Northwestern Ohio Teachers' Association in Toledo 发表演说。(中国社科院近代史所藏"胡适档案",卷号 E-375,分号 1)

3月19日 中国驻美大使馆代胡适电辞 Chinese Emergency Relief Society 之次日会议的邀约。(中国社科院近代史所藏"胡适档案",卷号 E-456,分号 1)

3月20日 早晨6点15分,胡适抵达俄亥俄州首府哥伦布市。胡适

1942年　壬午　民国三十一年　51岁

此行，是受俄亥俄州州长 John M. Bricker 与俄亥俄州州立大学校长 Howard L. Beris 的邀请前来访问。下午，俄亥俄州州立大学授予胡适荣誉博士学位，在仪式上胡适有演说。胡适的演说获得普遍好评，Eagleson & Laylin 的 Committee on Arrangements 主席 Clarence D. Laylin 说，胡之演讲，增进了美国人民对中国的同情及两国之情谊。午间，胡适应邀出席俄亥俄州首府为其举办的例行午宴。晚间，胡适应邀出席俄亥俄州州立大学为其举办的晚宴。事后，胡适赠送一部《胡适留学日记》与俄亥俄州州立大学图书馆收藏。（中国社科院近代史所藏"胡适档案"，卷号 E-456，分号 1；卷号 E-461，分号 1；卷号 E-263，分号 1；卷号 E-90，分号 13；卷号 E-182，分号 10。台北胡适纪念馆藏档，档号：HS-NK05-332-010）

同日　Augustine B. Kelley 函邀胡适为 Pennsylvania Bar Association 的年度会议发表主题演说，时间可由胡适在 3 月 27 日、28 日或 30 日任选。（中国社科院近代史所藏"胡适档案"，卷号 E-251，分号 5）

3 月 21 日　美国财政部新闻稿称：参议院通过给予中国 5 亿美元财政援助，并由摩根索与宋子文一同签署。（中国社科院近代史所藏"胡适档案"，卷号 E-461，分号 1）

3 月 22 日　胡适应邀在 Mutual Network 广播。胡适说：

> Tonight I am going to talk to you on China and the United Nations in the Second World War.
>
> The Second World War did not begin in the first days of September, 1939, when Hitler invaded Poland... The Second World war began over ten years ago when Japan invaded Manchuria on September 18, 1931.
>
> Japan's invasion of Manchuria was the first assault on the world order which had prevailed after the First World War...
>
> ...
>
> ...On Janurary 1 and 2, 1942, a joint declaration was signed in Washington by the representatives of the 26 United Nations.

The United Nations comprise the United States, 9 countries of Central America and the Caribbean Sea, 6 members of the British Empire including India, the Soviet Union, China, the Netherlands and 7 other European nations whose territories have been overrun by the Axis Powers.

By the terms of our joint declaration, the United Nations have solemnly pledged to employ our full resources, military or economic, in our common fight, and not to make a separate armistice or peace with the enemies. (《胡适未刊英文遗稿》，306～310 页）

按，《胡适未刊英文遗稿》收入此讲演时，编者加了如下摘要：

胡适在这篇演讲稿中特别强调 1931 年 9 月 18 日，日本炮击沈阳是第二次世界大战开始的日子。九一八事件是日本对当时世界秩序严重的挑衅。而日本并没有因此得到应得的惩罚。

到了 1941 年的夏天，世界上只有两个国家还在与侵略者战斗，英国在欧洲和非洲与德国战，中国在亚洲与日本战。最后，胡适指出中国的反侵略战争将继续进行，并深信最后的胜利必然属于中国。(《胡适未刊英文遗稿》，305 页）

3 月 23 日　胡适应邀为 The Benefit of the Scholarship Fund of the Radcliffe Club of Washington 的会议演讲 "中国抗战也是要保卫一种文化方式"。胡适的讲演共分四部分，胡适在第一部分中说：

今天，太平洋区域问题的关键，和西方世界所面临的，毫无二致。那便是极权统治下的生活方式，与民主生活方式的对垒。换句话说，也就是自由与和平对压迫与侵略的斗争。

西方问题的焦点，在于纳粹的德国对西欧与英美民主国家间的冲突。而太平洋区域的问题，在于中日间的冲突。两方面战争的目标是一致的。

基本上说，中日冲突的形态乃是和平自由反抗专制、压迫、帝国主义侵略的战争。

为求彻底了解太平洋区域冲突的本质,我们必须就中日历史事实,作一对照性的分析。

(一)中国在两千一百年前,即已废弃封建制度,成为一个统一的大帝国。当时的日本,尚在军国封建(幕府)制度的巅峰时期。自那时起,幕府制度,代代相袭,延续至十九世纪中叶,派瑞(Commodore Perry)迫其开放门户,始告终止。

(二)两千一百年来,中国发展成为一个几乎没有阶级的社会组织。政府官吏的产生,都是经由科举考试的竞争选拔出来的。但日本呢?至少在近八百年来,都是武人政治。他们这个统治阶级的地位,一直是不容许他人问鼎的。

(三)中国在权威鼎盛时期,也从不鼓励武力侵略,而且一向厌弃战争,谴责帝国主义的领土扩张行为。相反的,军国主义的日本很久以前沿袭而来的国家理想一直都是向大陆作领土的扩张,和妄图征服世界。

胡适在第二部分回顾了中国自由、民主、和平生活方式发展的过程。在第三部分,胡适论述的焦点是:"日本历史,在政治组织上,一直是集权统治;在学术上,是愚民政策;在教育上,是军事化训练;其抱负则是帝国主义的思想。"在第四部分,胡适总结道:

由于上述两种截然不同的历史背景,而产生了两种根本上对立的生活方式。今天,中国人民的自由、民主、和平方式,正面临着日本独裁、压迫、黩武主义方式的严重威胁。

中国对日抗战的第一个理由是,我们不仅反对日本帝国作风的重振,不仅反对日本在中国领土上推行其君主政体,而更是反对它雄霸亚洲和征服世界的野心所谓"神圣的使命"。

中国对日抗战的第二个理由是,我们中国人把怀疑看做一种美德,把批评看做一种权利。因此我们不愿意让一个"视一切思想均有危险

性"的民族所统治。

中国对日抗战的第三个理由是，中国人民一向爱好和平，厌弃战争。因此我们不愿意在一个黩武好战、梦想征服世界的民族奴役之下苟生。(《胡适之先生年谱长编初稿》第五册，1767～1775页）

同日　赛珍珠致电胡适，谈听完胡适今晚广播演说后的感想。（中国社科院近代史所藏"胡适档案"，卷号 E-140，分号2）

同日　Union College 院长 Dixon Ryan Fox 致函胡适云，胡适的"The Conflict of Ideologies"一文，是一篇关于20世纪政治思想的歧异点的最好的文章。（中国社科院近代史所藏"胡适档案"，卷号 E-201，分号6）

3月24日　胡适电谢 Harry Miles 之3月4日来函（中国社科院近代史所藏"胡适档案"，卷号 E-299，分号7）及3月21日来电，将出席在 Rutgers 大学会议之后的午宴。（中国社科院近代史所藏"胡适档案"，卷号 E-456，分号1）

同日　Memorandum of Conversation，by the Acting Secretary of State:

The Chinese Ambassador called to see me this afternoon and left with me a copy of a message received from his Minister of Finance stating that the Universal Trading Corporation of New York had been instructed to complete in full the repayment of the Wood Oil Loan of February 8, 1939, although full liquidation was not required, under the terms of the contracts, until 1944.

The Ambassador stressed the fact that the funds utilized in the repayment of this loan had come solely from funds derived from the tung oil contracts themselves.

The Ambassador spoke with great feeling of the fact that this loan, which was now repaid, had come at the darkest moment in the history of the Chinese struggle against Japan, right after the evacuation of Hankow by the Chinese forces, and that the effect of the loan had been tremendous and stimulating to the resistance of the Chinese people.

I expressed very deep gratitude to the Ambassador for his statements and told him that I would send a copy of this message to the President for his information.（*FRUS*, 1942, Vol. V: *The Far East*, pp.501−502）

同日　T. F. Joyce 函邀胡适出席 4 月中旬为全美助华联合总会募捐举行的 Community Rice Dinner。（中国社科院近代史所藏"胡适档案"，卷号 E-249，分号 11）

3 月 25 日　The Brooklyn Institute of Arts and Sciences 主席 P. U. Proseray 函邀胡适于今秋为 The Brookly Institute of Arts and Science 在 The Brooklyn Academy of Music 的 6 场系列演讲作一次演讲，主题为 "The Winning of Peace"。此系列演讲将从 10 月 21 日开始。（中国社科院近代史所藏"胡适档案"，卷号 E-322，分号 3）

3 月 26 日　胡适致函美国国务卿：

MY DEAR MR. SECRETARY: I take pleasure in transmitting to you a telegram from Dr. H. H. Kung, Minister of Finance and Vice-President of the Executive Yuan, under date of March 25 as follows:

I wish to express the deep appreciation of the Chinese Government and people for all you have done in helping the consummation of the recent American loan to China. The speed and unanimity with which the loan was adopted are a tribute to your statesmanlike grasp of our position and needs and a magnificent illustration of fighting democracy in action which will hasten our common victory over aggression.（*FRUS*, 1942, Vol. V: *The Far East*, pp.491−492）

3 月 27 日　胡适应 *Columbia Law Review* 主编 Rudolf B. Schlesinger 的邀请，为该杂志的年度宴会发表演说。胡适演说的题目是 "Law and Lawyers in Historic China"。出席宴会并发表演说的还有 Herbert F. Goodrich、Frederic R. Coudert, Jr. 等人。（中国社科院近代史所藏"胡适档案"，卷号

E-462，分号 1；卷号 E-336，分号 15；卷号 E-45，分号 110）胡适在演讲中说：

> ...The prejudice against government by law was overcome, at least partially, quite early in the history of China. China began to have laws published and codified as early as several centuries before the Christian era. The development of a system of codified law continued throughout these last twenty-five centuries. Somehow for twenty-five centuries China has had no lawyers—no lawyers in the sense that you have them. Of course we had jurists, judges—great judges, but no lawyers as a profession of pleaders, defenders of the litigants.（中国社科院近代史所藏"胡适档案"，卷号 E-45，分号 110）

4月

4月1日 胡适复电 Governors' Conference 的秘书兼财务长 Frank Bane：为迟复3月13日的来函（中国社科院近代史所藏"胡适档案"，卷号 E-124，分号 1）致歉，将接受邀请出席州长会议于6月22日在 Grove Park Inn 举行的伊利诺伊州晚宴并发表演说。请提供宴会的相关信息。（中国社科院近代史所藏"胡适档案"，卷号 E-90，分号 5）

同日 胡适答谢并电辞 The Squibb Institute 的 H. B. Vandyke 之做客邀约，因停留在 New Brunswick 的时间极为短暂。（中国社科院近代史所藏"胡适档案"，卷号 E-456，分号 1）

4月2日 上午10点10分，胡适搭乘火车离开宾州前往 New Brunswick，应 Rutgers 大学校长 Robert C. Clothier 的邀请前往演说。中午，胡适应邀出席全美助华联合总会 New Brunswick 分会总书记 Harry Miles 为其举办的午宴。（中国社科院近代史所藏"胡适档案"，卷号 E-462，分号 1；卷号 E-159，分号 5；卷号 E-299，分号 7；卷号 E-456，分号 1；卷号 E-241，分号 3）

同日　下午，胡适搭乘火车离开 New Brunswick 经纽约往纽黑文，应大学校长 James L. MacConaughy 之邀请前往演说。当晚即住 James L. MacConaughy 家。（中国社科院近代史所藏"胡适档案"，卷号 E-462，分号 1；卷号 E-293，分号 6；卷号 E-456，分号 1）

同日　Topeka Chamber of Commerce 执行秘书 Mark W. Drehmer 函寄一张剪报与胡适，以让胡适知道该组织在救济中国方面所做的努力。（中国社科院近代史所藏"胡适档案"，卷号 E-181，分号 2）

4月3日　Mount Holyoke College 校长 Roswell G. Ham 致函胡适云，读罢胡适的"Historical Foundations for a Democratic China"，相信中国最终会赢得胜利。（中国社科院近代史所藏"胡适档案"，卷号 E-219，分号 1）

同日　王世杰日记有记：今午接鲠生自华盛顿来信，谓宋、胡仍不融洽。（《王世杰日记》上册，422页）

4月4日　胡适复电外交部：

> 合众社所称美方拟组织外籍志愿兵团一节，未尽确实。二月间陆长曾语记者谓：此次斐列滨兵士，抗日英勇可佩。将来似可组织斐列滨部队，由斐军官指挥。至其他联合国（似应为各国）在美侨民，现均被征入伍，当亦可分别组织部队云云。惟闻因美国法律禁止外人充任军官，故此项提议，一时未能实行。（《中华民国史资料丛稿》专题资料选辑第三辑《胡适任驻美大使期间往来电稿》，118页）

4月5日　晚上8点30分，胡适乘坐火车离开华盛顿，前往奥克兰。（中国社科院近代史所藏"胡适档案"，卷号 E-456，分号 1）

4月6日　上午，胡适抵达奥克兰。胡适此行，是应奥克兰商会、全美助华联合总会以及 The Firestone Tire and Rubber Company 成员 C. B. Ryan 的邀请，来出席奥克兰商会举办的午宴（地点在 The May Flower Hotel）并发表演说。此次宴会，邀请了所有全美助华联合总会的主席参加，旨在获得50万美元的捐款。（中国社科院近代史所藏"胡适档案"，卷号 E-456，分号 1；卷号 E-510，分号 1；卷号 E-506，分号 1）

同日　晚，胡适应邀在 Timken Vocational High School 发表演说，他认为，在未来 14 个月同盟国能够获得胜利，并强调中国对日本的奋斗。(中国社科院近代史所藏"胡适档案"，卷号 E-510，分号 1)

4月7日　胡适应 Paul F. Douglass 的邀请，出席 The Institute of National Government for Social Studies Teachers 的领导讨论会并发表演说。(中国社科院近代史所藏"胡适档案"，卷号 E-179，分号 2；卷号 E-180，分号 6；卷号 E-510，分号 1；卷号 E-320，分号 5)

同日　胡适将昨日收到的来自重庆的文件转给美国国务卿。这份文件说：

"National Health Administration Director-General Dr. P. Z. King's statement on Japanese attempt at bacterial warfare against China and reports submitted by Chinese and foreign medical experts definitely prove that at least on five occasions Japan has resorted to ruthless bacterial warfare on China.

"In the first instance, a quantity of wheat grains was dropped by Japanese planes over Ningpo on October 27th, 1940. An epidemic broke out soon after and lasted thirty-four days claiming ninety-nine victims. Diagnosis of plague was definitely confirmed in laboratory test. On October 4th, 1940, a Japanese plane scattered rice and wheat grains and fleas over Chusien, Chekiang. Bubonic plague appeared thirty-eight days later causing twenty-one deaths. Kinghwa was attacked by three Japanese planes on November 18th, 1940, dropping a large quantity of translucent granuleslike shrimp-eggs. Microscopic examination revealed the presence of plague bacilli though no epidemic resulted. On November 4, 1941, a Japanese plane visited Changteh, Hunan, dropping rice, paper and cotton wads on which bacilli were found. Later nine cases of plague were reported. Numerous circumstantial evidences including infected rats proved beyond doubt the origin of the epidemic. Lastly, a serious attack of plague has broken out in Suiyuan, Ninghsia, and Shensi. Six hundred cases were reported. A recent communiqué from local military authorities stated that a large number of sick rodents was set free by the enemy there." (*FRUS*, 1942, Vol. V: *The Far East*, pp.30-31)

The Secretary of State to the Chinese Ambassador (Hu Shih): The Secretary of State presents his compliments to His Excellency the Chinese Ambassador and has the honor to refer to the Ambassador's communication of April 7, 1942 with which there was transmitted, under instructions from his Government, the text of a telegram dated April 6, 1942 received by the Ambassador from the Ministry of Foreign Affairs at Chungking in regard to the resort to bacteriological warfare by Japanese military forces in China.

Copies of the Ambassador's communication in question together with copies of its enclosure have been forwarded by the Department of State to the appropriate authorities of the Government of the United States.

WASHINGTON, April 21, 1942. (*FRUS*, 1942, Vol. V: *The Far East*, p.34)

同日　胡适函谢赵元任托周鲠生带来唱片。《老天爷》已听了好几次，音调很好，重复唱的几句也都比原文单句更有力。认为这曲子可以从此流传人间了。"反面你替我谱的那几首诗，我都喜欢。那首《也是微云》，上月我曾听 Wyant 夫妇弹唱，是另一只谱……我觉得你这谱好的多。"（《鲁迅研究月刊》2020 年第 2 期，57 页）

同日　胡适的私人秘书代胡适函谢 Edward Weeks 4 月 2 日来函邀请于 4 月 9 日共进午餐或 4 月 10 日短暂会晤，又告：胡适期望能改约 4 月 14 日上午 10 点于双橡园会晤。（中国社科院近代史所藏"胡适档案"，卷号 E-372，分号 9）

同日　The Minnesota Education Association 的行政秘书 Walter E. Englund 函邀胡适于 1942 年 10 月 29 日或 30 日在 Minneapolis 举行的 The Minnesota Education Association 的州立会议上进行演说。（中国社科院近代史所藏"胡

适档案",卷号 E-190,分号 3)

4月9日　上午9点,胡适离开华盛顿,前往 Roanoke。此行是应邀出席 The Virginia State Chamber of Commerce 的第十八届年度晚宴并发表演说。

按,1月7日,The Virginia State Chamber of Commerce 主席 James S. Easley 函邀胡适出席该组织于1942年4月9日举行的第十八届年会并发表演说(题目可由胡适自定)。胡适接受了这一邀约。后来,该组织又提出请胡适做广播演说,并提供中国国歌,胡适均答允上述要求。(中国社科院近代史所藏"胡适档案",卷号 E-184,分号 5;卷号 E-462,分号 1)

同日　朱家骅致电宋子文、胡适:辅仁大学沈兼士称:在 Rev. Father 176 W Adams Chicago Ⅲ 有辅仁校款,敬请代收,设法汇弟,以便转平。(《中华民国史资料丛稿》专题资料选辑第三辑《胡适任驻美大使期间往来电稿》,118页)

4月10日　孔祥熙致电胡适:

美国五万万美元借款协约,业经签字。兹为手续完备起见,特电达吾兄,转达美外部,我政府特派宋外长子文代表签字。希照办,并复。(《中华民国史资料丛稿》专题资料选辑第三辑《胡适任驻美大使期间往来电稿》,118～119页)

同日　王重民致函胡适,转孙楷第一函,又待收到罗振玉汇印其所藏敦煌卷子后当与所借之胡适藏《降魔变文》对校,然后再拜谒请教。又谈及英国大英博物馆所藏之有关卷子与胡适所藏之异同。(《胡适遗稿及秘藏书信》第24册,138页)

4月11日　应全美助华联合总会 The Corporation 办公室主席 W. R. Herod 的邀请,胡适为该会的活动开幕发表广播演说。胡适云:I only wish to take this opportunity to thank the thousands of friends who during the last year have worked so successfully for United China Relief and who are now launching this new campaign。（中国社科院近代史所藏"胡适档案"，卷号 E-45，分号 111；卷号 E-224，分号 14；卷号 E-456，分号 1）

同日　胡适主办 The Literary Society 的会议。（中国社科院近代史所藏"胡适档案"，卷号 E-485，分号 1）

4月13日　晚上8点，胡适应 The Federal Bar Association 年度会议委员会主席 Emery J. Woodall 的邀请，在其年度会议上发表演说。（中国社科院近代史所藏"胡适档案"，卷号 E-462，分号 1）

4月14日　应 Temple Isaiah of Kew Gardens 主席 Nathan H. Seidman 的邀请，胡适在该组织举办的 The Forum of Temple Isaiah 上发表演说，演讲题目是"China's Fight for Freedom"。事后，胡适将 Temple Isaiah of Kew Gardens 副主席 David Weiss 赠予的100美元，与收到的其他捐款109美元悉数捐赠与全美助华联合总会。（中国社科院近代史所藏"胡适档案"，卷号 E-338，分号 11；卷号 E-463，分号 1）

> 按，International Mutoscope Reel Co. Inc. 主席 William Rabkin 听了胡适的这个演讲后，特捐助50美元以援助中国。（中国社科院近代史所藏"胡适档案"，卷号 E-463，分号 1）

4月15日　胡适应邀出席 The Paterson Y's Men's Club 的午宴，并发表演说。出席午宴的，有 *Paterson Evening News* 发行人 Harry B. Hames 等。（中国社科院近代史所藏"胡适档案"，卷号 E-462，分号 1；卷号 E-460，分号 1；卷号 E-300，分号 3；卷号 E-103，分号 11；卷号 E-397，分号 1）

同日　晚7点，胡适应全美助华联合总会的 The Corporation 办公室主席 W. R. Herod 之邀，出席该组织举办的晚宴并发表演说。（中国社科院近代史所藏"胡适档案"，卷号 E-462，分号 1；卷号 E-224，分号 14）

同日　全美助华联合总会主席 Paul G. Hoffman 电复胡适4月11日来电，邀请胡适出席全美助华联合总会芝加哥委员会举办的午餐会，并发表演说，期望下午能与胡适一同前往 South Bend。（中国社科院近代史所藏"胡适档案"，卷号 E-227，分号 4）

同日　Solomon Landman 函谢胡适昨天傍晚为 The Kew Gardens 的住民——Forest Hills Community 发表演说。（中国社科院近代史所藏"胡适档案"，卷号 E-261，分号 7）

4月16日　胡适应罗斯福总统夫人的邀请，出席全美助华联合总会 Washington Committee 的会议，并发表谈话。（中国社科院近代史所藏"胡适档案"，卷号 E-224，分号 7）

同日　胡适赠书与刘锴作为生日礼物，并题道：

古人说："入则无法家拂士，出则无敌国外患者，国恒亡。"我们国家这几十年来，"敌国外患"是够多的啦，只是"法家拂士"还没有出现。锴兄在我的朋友之中最有"法家拂士"的风度，我送他这本书，贺他的生日，并且预祝他做我们国家的"法家拂士"。（台北胡适纪念馆藏档，档号：HS-NK04-005-017）

4月17日　胡适应邀出席 American Society of Newspapers Editors 的年度晚宴并发表演说。（中国社科院近代史所藏"胡适档案"，卷号 E-502，分号 1；卷号 E-462，分号 1；卷号 E-200，分号 8）

同日　胡适电辞 Charles G. Proffitt 本周六中午的午餐邀约，因与《纽约时报》的朋友会面，故无法共进午餐。（中国社科院近代史所藏"胡适档案"，卷号 E-462，分号 1）

同日　胡适令秘书函辞 Richard Corsa 于 4 月 20 日出席 The Wharton 午餐会并演说的邀约，因行程已排满且时间有限。（中国社科院近代史所藏"胡适档案"，卷号 E-163，分号 5）

同日　胡适的私人秘书代胡适函谢 Mrs. Herbert S. Warren 之 4 月 14 日来函。又云：胡适对他的中国收藏品很感兴趣，但遗憾由于停留费城的时间过短无法观看，因此建议他请城市的博物馆或大学的博物馆为这些藏品做评估。（中国社科院近代史所藏"胡适档案"，卷号 E-371，分号 5）

同日　Walter A. Lindell 函谢胡适出席 The Young Men's Christian Association of Paterson 的会议，为战争期间中美两国增进对于彼此的了解而欣

慰，期望和平与幸福再度到来。（中国社科院近代史所藏"胡适档案"，卷号 E-273，分号 2）

同日　胡适复电 Stanley Acton，关于 The Tri-State College 的 Aeronautical Scientists 演讲邀约，请他与 Chamber of Commerce Fort Wayne 的执行秘书 Norbert B. Knapke 和 The Studebaker Corporation 的主席 Paul Gray Hoffman 商议。（中国社科院近代史所藏"胡适档案"，卷号 E-456，分号 1）

4月19日　胡适出席 Sulzberger 夫妇家中的聚会。（中国社科院近代史所藏"胡适档案"，卷号 E-352，分号 10）

4月20日　应宾州大学 Wharton School of Finance and Commerce 院长 C. Canby Balderston 的邀请，胡适前来演说。演讲题目是 "China's Place in the Present World Struggle"。（中国社科院近代史所藏"胡适档案"，卷号 E-123，分号 8；卷号 E-463，分号 1）胡适说：

> …The Second World War did not begin in the first days of September 1939, nor did it begin in July 1937. The Second World War began——and I am sure that historians will agree——over ten years ago. It began in September 1931, when Japan first invaded Manchuria. That was the first assault, the first deliberate attack on the world order which had prevailed after the First World War…
>
> …
>
> Let me take this opportunity to express the gratification of my government and my people in the historic fact that China is now no longer fighting alone, no longer fighting an isolated war, but is fighting on the same side with twenty-five United Nations, including three of the greatest powers in the world…
>
> …
>
> …My people had to fight four years and five months single-handed before this stupid and treacherous act of Japan forced you and the other An-

glo-Saxon democracies to fight on our side. Victory, as I said, is not yet in sight, but my people, let me assure you, have not the slightest doubt of the ultimate and not too distant victory for our common fight against our common foes, and let me assure you that my people will not quit the war, will not cease fighting, will not desert you until that common victory is finally won. (《胡适全集》第 38 卷，573～588 页)

同日　胡适应 The Contemporary Club of Philadelphia 主席 Thomas Raeburn White 的邀请，为该俱乐部的第五十六届会议发表演说，演说的题目是"China Is Also Fighting to Preserve a Way of Life"。此前，胡适辞却该俱乐部邀胡适于下午 4 点 30 分至 4 点 45 分进行广播会谈之请。(中国社科院近代史所藏"胡适档案"，卷号 E-491，分号 1；卷号 E-374，分号 6；卷号 E-462，分号 1；卷号 E-114，分号 1；卷号 E-235，分号 11)

同日　晚间，胡适应邀出席 Thomas Raeburn White 夫妇为其举办的晚宴。(中国社科院近代史所藏"胡适档案"，卷号 E-374，分号 6；卷号 E-114，分号 1)

4 月 21 日　胡适应全美助华联合总会华盛顿委员会的邀请，出席 Washington Trade Executives Association 的午宴并发表演说。(中国社科院近代史所藏"胡适档案"，卷号 E-462，分号 1)

同日　胡适函谢普林斯顿大学校长 Harold Willis Dodds 4 月 17 日来函邀请出席该校毕业典礼并授予胡适荣誉法学博士学位(中国社科院近代史所藏"胡适档案"，卷号 E-178，分号 7)。暂定接受 6 月 15 日的晚宴邀约，因还要参加韦斯利学院纪念宋美龄毕业 25 周年纪念会并发表演说，若赶得及，将出席晚宴。(中国社科院近代史所藏"胡适档案"，卷号 E-92，分号 9)

同日　胡适函谢 Richard J. Walsh 之 4 月 13 日、4 月 17 日来函以及 4 份 5 月号的 *Asia* 杂志，为有两篇文章刊载在此杂志上深感荣幸。关于来函转达伦敦方面为 *World Review* 杂志撰写 2000 字论中国思想的文章的邀请，在 5 月初沉重的演说行程结束后，将会从事。(中国社科院近代史所藏"胡

适档案",卷号 E-113,分号 5)

同日 W. Hobart Little 致函胡适:向胡适介绍其友 J. Usang Ly、其姐妹 Esther L. Little 以及 The de Tocqueville Club of Washington,附寄该俱乐部的成员名单,又邀胡适参加 5 月 20 日在 The Army Navy Country Club 举行的聚会。(中国社科院近代史所藏"胡适档案",卷号 E-274,分号 7)

4 月 22 日 上午 9 点 15 分,胡适抵达罗彻斯特。(中国社科院近代史所藏"胡适档案",卷号 E-462,分号 1)

同日 宋子文致电蒋介石,Harry L. Hopkins 坚邀宋子文一同回重庆,当面请示一切。但宋子文认为,Harry L. Hopkins 为罗斯福总统最为亲信之人,此举固甚重要,但宋在此洽办各事,无人继续进行,势恐停顿,故未肯定答复。(《蒋中正先生年谱长编》第六册,85 页)

4 月 23 日 胡适应罗彻斯特大学校长 Alan Valentine 的邀请,在该大学发表演讲并接受该大学授予的荣誉法学博士学位。当天在该大学演讲的还有 Wendell Willkie。(中国社科院近代史所藏"胡适档案",卷号 E-462,分号 1;卷号 E-363,分号 8;卷号 E-507,分号 1)

4 月 25 日 胡适致电 Omaha Chamber of Commerce 主席 A. H. Clarke,取消本已经答应的出席 4 月 28 日在 Omaha Chamber of Commerce 举办的午宴并就公共事务发表演说之邀约,因 4 月 27 日傍晚在 Topeka,而隔天要到 Omaha 是困难的。(中国社科院近代史所藏"胡适档案",卷号 E-462,分号 1;卷号 E-464,分号 1)

4 月 26 日 下午 1 点 15 分,胡适乘火车抵达 Topeka,住 Jayhawk 旅社。应约与 Karl A. Menninger 晤面。(中国社科院近代史所藏"胡适档案",卷号 E-462,分号 1;卷号 E-298,分号 3)

4 月 27 日 上午 10 点,胡适应堪萨斯大学校长 Deane W. Malott 的邀请,在该校发表演说。(中国社科院近代史所藏"胡适档案",卷号 E-462,分号 1)

同日 中午,Deane W. Malott 设午宴招待胡适。(中国社科院近代史所藏"胡适档案",卷号 E-462,分号 1)

同日 晚 6 点 30 分,胡适应邀出席 The Topeka Chamber of Commerce

的晚宴（地点在 Jayhawk 旅社），并演说"China's Fight for Freedom"。出席的嘉宾还有堪萨斯州州长、州立大学校长、Topeka 市长以及 The Topeka of Commerce 的行政官员。（中国社科院近代史所藏"胡适档案"，卷号 E-462，分号 1；卷号 E-181，分号 2；卷号 E-508，分号 1）

4月29日　中午12点15分至12点30分，胡适应邀在芝加哥的 NBC 发表广播演说。（中国社科院近代史所藏"胡适档案"，卷号 E-462，分号 1）

同日　应 The National League of Women Voters 主席 Marguerite M. Wells 的邀请，胡适出席该组织在芝加哥举行的两年一度的会议（会议的主题是"The Freedom We Are Fighting for"），并发表演说。（中国社科院近代史所藏"胡适档案"，卷号 E-373，分号 5；卷号 E-462，分号 1；卷号 E-456，分号 1）

4月30日　宋子文致电蒋介石，因 Harry L. Hopkins 坚邀宋子文一同回重庆，再度提出撤换驻美大使：

……惟文离美期间，工作难免停顿；且两年来之经验，实无法与适之合作，是以屡次请求调整驻美使节，并非个人意气之争，亦非为位置植之。今魏道明在美，较植之熟悉国内情形，并与党及钧座有历史关系。若蒙派充驻美大使，则各种困难，可以渐谋克服，文处境亦稍可舒展。（周美华编辑："蒋中正'总统'档案：事略稿本"第49册，台北"国使馆"印行，2011年，228～229页）

同日　蒋介石复电宋子文：

胡大使（适）先使之归国为宜，故乘霍普金斯君来华之机，嘱其陪来最宜。此时兄实不可离美，无论何人皆不能代理也。至于大使问题，待胡回国后再商可也。（台北"国史馆"藏"蒋中正'总统'文物"，典藏号：002-010300-00047-073）

5月

5月1日　上午10点15分，丹佛大学举行第九届年度会议，胡适应邀发表演说。（中国社科院近代史所藏"胡适档案"，卷号E-503，分号1）

按，1942年1月19日，胡适的私人秘书致函丹佛大学Foundation for the Advancement of the Social Sciences主任Ben M. Cherrington，告胡适请秘书为迟复1941年10月30日与11月19日来函致歉，并云胡适在1—3月无法往访丹佛，但4月1日之后应可以。之后，Ben M. Cherrington就胡适的访问时间多次函商。4月6日，胡适确定5月1日访问丹佛。以后，双方又就具体行程密集协商。（中国社科院近代史所藏"胡适档案"，卷号E-463，分号1；卷号E-154，分号4；卷号E-91，分号13）

同日　哥伦比亚大学出版社助理主任Charles G. Proffitt致函胡适：Mr. Coykendall与他本人都很遗憾无法在18日与胡适共进午餐，但能理解。期待与胡适讨论"Peace in the Pacific"出版文稿的可能性，附寄一份出版契约，望胡适感到满意，请签署之后寄还。（中国社科院近代史所藏"胡适档案"，卷号E-322，分号1）

5月4日　胡适应中央广播电台约请，在华盛顿发表广播演说。胡适演讲的大意是：这次大战的最后胜利一定属于我们和同盟国；战后，我们必定可以期望一个新的世界和平；中国民族经过多年的抗战，取得了受世界敬仰的地位，以后我们的责任也就更加重大。由于胡适先已答应为Office of Coordinator of Information进行广播演说，故这两场广播演说合二而一。（《胡适遗稿及秘藏书信》第12册，140～144页。中国社科院近代史所藏"胡适档案"，卷号E-404，分号1；卷号E-456，分号1）

同日　Mrs. W. B. Sullivan函邀胡适能在秋天前来演讲"The Significance of Developments in the Far East"。（中国社科院近代史所藏"胡适档案"，卷

号 E-353，分号 1）

同日　岑春煊之女岑德美致函胡适，恳请胡适在自己申请华美协进社资助之事上帮忙。（中国社科院近代史所藏"胡适档案"，卷号 E-361，分号 10）

5 月 5 日　胡适的私人秘书函辞 Richard E. Stockwell 之 5 月 2 日来函请胡适于 Wisconsin Network 作广播演说之邀约。（中国社科院近代史所藏"胡适档案"，卷号 E-351，分号 1）

同日　The Chicago Sinai Congregation 的行政秘书 S. D. Schwartz 代表他们的董事会致函邀胡适于 11 月 16 日为 The Chicago Sinai Temple Forum 的成员进行演说。若此时间不合适，建议改选在 11 月 23 日、12 月 7 日、1 月 4 日、1 月 11 日或 1 月 18 日，会致赠酬金。（中国社科院近代史所藏"胡适档案"，卷号 E-337，分号 7）

5 月 6 日　胡适致函 Paul G. Hoffman：

>It affords me great pleasure to transmit to you the following message from President Lin Sen of the Republic of China which I had the honor to broadcast on the opening of the United China Relief Campaign, April 11, 1942:
>
>"We in China are proud to be united with America in a fighting partnership against a common foe.
>
>"We are proud as a partner who is giving to the common cause all we have to give. We are grateful for the ever-increasing support from your Government to our Government because we know that you are helping China because China too is helping you.
>
>"But beyond such Government to Government transactions we sincerely appreciate the desire of the American people to make an individual contribution to the help of China as an expression of their personal sympathy for the individual men, women and children of China who together constitute this sworn ally of yours.

1942年　壬午　民国三十一年　51岁

"The warmth of that sympathy will bind us together for generations when the transactions of governments are only history.

"I extend my best wishes to the United China Relief on the occasion of its 1942 campaign, in the realization that its success will also be a definite contribution to winning the war for the United Nations."（中国社科院近代史所藏"胡适档案"，卷号 E-96，分号 19）

5月9日　上午10点16分，胡适抵达 White River Junction，以出席次日 Dartmouth College 的毕业典礼。在此期间，胡适曾应邀到 C. R. Bennett 宅做客。（中国社科院近代史所藏"胡适档案"，卷号 E-463，分号 1；卷号 E-223，分号 8）

5月10日　胡适出席 Dartmouth College 的毕业典礼，并接受该学院授予的荣誉文学博士学位。当日下午2点55分，胡适搭车离开。（中国社科院近代史所藏"胡适档案"，卷号 E-463，分号 1；卷号 E-223，分号 8）

同日　吴健雄复函胡适，定于5月30日与袁家骝结婚，婚后将出去旅行等。（《胡适遗稿及秘藏书信》第28册，516～517页）

5月11日　胡适致唁函与 Herbert Moore，吊唁其父之丧。（中国社科院近代史所藏"胡适档案"，卷号 E-103，分号 19）

5月12日　应 The Institute on World Organization 理事会的邀请，胡适在该组织于 The Cosmos Club 举办的以"Intellectual Freedom and World Understanding"为主题的晚宴上发表演说，演说的题目是"The Struggle for Intellectual Freedom in Historic China"。（中国社科院近代史所藏"胡适档案"，卷号 E-125，分号 5；卷号 E-46，分号 112；卷号 E-491，分号 1；卷号 E-265，分号 1。台北胡适纪念馆藏档，档号：HS-US01-037-002）胡适说：

…
Intellectual freedom, therefore, is the freedom to tell the truth even though the telling of it hurts the feelings of the guardians of the sacred tradition or public morals or common welfare of society…

......

Broadly speaking there were three periods of struggle for intellectual freedom under the Empire. The first period, from the 1st century A. D. to the 3rd century, was a period in which courageous thinkers sought to criticize and overthrow the ideas and beliefs of the religious and philosophical tradition of the Han Empire...

The second period of the Chinese struggle for intellectual freedom covered the medieval period during which the doctrines and practices of the great medieval religions of Buddhism and Taoism were subjected to severe criticism and courageous doubt...

The third period of struggle for intellectual freedom included the long period of Rational philosophy from the 11th century to the 19th century...（台北胡适纪念馆藏档，档号：HS-US01-037-002）

同日　Bradley W. Tyrrell 函邀胡适来 Beloit College 演说中国古典哲学，时间大约在 10 月。（中国社科院近代史所藏"胡适档案"，卷号 E-363，分号 3）

同日　W. R. Herod 致电胡适：波士顿市民在 6 月 7 日将举行一场大型集会，全美助华联合总会波士顿委员会主席 Allan Forbes 有意邀请胡适参加，期望胡适能接受此邀约。（中国社科院近代史所藏"胡适档案"，卷号 E-464，分号 1）

5 月 13 日　胡适复电 William Leland Thompson：乐意于 5 月 15 日下午 4 点到 6 点在纽约大使旅社与纽约州立大学会议委员会的成员会面。（中国社科院近代史所藏"胡适档案"，卷号 E-466，分号 1）

5 月 14 日　傍晚，Supreme Court of the State of New York 法官 Edwin L. Garvin 前来大使旅舍接胡适到 Bossert 旅社，出席 The First Presbyterian Church of Brooklyn 在这里举行的晚宴，胡适应邀在晚宴上发表演说。（中国社科院近代史所藏"胡适档案"，卷号 E-187，分号 7；卷号 E-207，分号 6；

1942年　壬午　民国三十一年　51岁

卷号 E-463，分号 1）

同日　Malcolm Johnson 致函胡适云，关于 Doubleday, Doran and Company, Inc. 拟出版新的《孙中山传记》事，原属意的作者 Owen Lattimore 不克撰写，故期望获得胡适对于新撰写者的建议，希望 5 月 19 日能面谈此事。胡适如约与其见面，并建议其征求郭斌佳的意见。（中国社科院近代史所藏"胡适档案"，卷号 E-247，分号 4）

5 月 15 日　M. W. Wallace 函邀胡适于 10 月或 11 月前来为 University College 演讲孔子。并云：您若无法前来，则请推荐合适的中国学者。（中国社科院近代史所藏"胡适档案"，卷号 E-367，分号 6）

5 月 16 日　胡适应邀出席 The Westmoreland County Bar Association 的年会并发表广播演说，并接受由 The Chinese Relief Committee 所募集资金的支票。胡适的演讲被收入 Westmoreland 郡的纪录中。The Westmoreland County Bar Association 的 Mr. Marsh 主席也将请法院将胡适的演讲内容收入法院纪录中。（中国社科院近代史所藏"胡适档案"，卷号 E-361，分号 3；卷号 E-456，分号 1；卷号 E-465，分号 1）

5 月 17 日　胡适致函翁文灏、王世杰：

> 我在这四年多，总为诸兄说"苦撑待变"一个意思。去年十二月七日，世界果然变了。但现在还没有脱离吃苦的日子。还得咬牙苦撑，要撑过七八个月，总可以到转绿回黄的时节了。
>
> 眼前第一要义，在于弘大度量，宽恕待朋友，体谅朋友在大患难之中，有时顾不到我们，切不可过分责备朋友。英美大强国，岂自甘心情愿失地丧师？岂不关心我们的痛痒？我们总得体恤朋友，朋友明白我们够得上做患难朋友，将来才有朋友永远和我们同安乐。
>
> 近来我国人士颇说，"此时作战，人尚不能'平等'待我，将来战事完了，我们怎能希望平等！"此论似是而非。我们的国际地位是五年苦撑的当然结果，并非"赵孟之所贵"，故赵孟亦不能贱之。
>
> 今日我们所受困难，只是因为英美自己也受更大困难，更大耻辱。

他们顾不到我们，他们的领袖心里实在认为最大耻辱。

　　但他们日夜图谋雪耻，嘴里说不出，只是咬牙苦干。我们必须体谅他们的苦衷，才够得上患难朋友。

　　两兄与廷黻、复初诸兄都是洞悉世界形势的，此时务必要主持正论，维护领袖，认清步骤。此时步骤一乱，以后全盘皆错了。

　　古人说："入则无法家拂士，出则无敌国外患者，国恒亡。"我们这十年，敌国外患够多了，所以有抗战的兴国气象。但是"拂士"还太少，不够兴国。我（盼）（原文作"够"字，疑系笔误）望两兄自任"拂士"，要多多主持正论。

　　某公在此，似无诤臣气度，只能奉承意旨，不敢驳回一字。我则半年来绝不参与机要，从不看出一个电报，从不听见一句大计，故无可进言，所以我不能不希望两兄了。

　　去年十二月八日我从国会回家，即决定辞职了。但不久即有复初之事，我若求去，人必以为我"不合作"，对内对外均须费解释。故我忍耐至今。我很想寻一个相当机会，决心求去。我在此毫无用处，若不走，真成"恋栈"了。两兄知我最深，故敢相告，不必为他人道也。

　　今年体气稍弱，又旅行一万六千英里，演讲百余次，颇感疲倦。六月以后，稍可休息；我在此三年不曾有一个 Weekend，不曾有一个暑假，今夏恐非休息几天不可了。（《胡适之先生年谱长编初稿》第五册，1776～1777页）

同日　胡适复函傅斯年，谈及为傅买药事，谈到傅太夫人之死，又嘱傅十分保重身体等：

　　她老人家辛苦一生，对老兄属望最大。所以今后吾兄更宜十分保重身体，以慰死者。一切纷纷扰扰，都不足置怀。得一个有用之身，为学术效劳，这是第一大事。

　　老兄病中读《老》《庄》，未必是对症良药。我想老兄还是读读山东土产《论语》《孟子》，想想那"发愤忘食，乐以忘忧，不知老之将至","不怨天，不尤人"的通达人情、近乎人情的风度，似乎比那似达观而实偏激的庄生，或更可以减低几十度血压。

这不是笑话，是我近年体念得来的一个感想。

孔子的伟大处正在平平无奇，却又实在近情近理。

近来读《孟子》，也觉得此公可爱。

中国两千多年的士大夫风度，其中比较积极，比较有作为的，都是受《论语》《孟子》的好影响。

我在此实在无善状可告朋友。

"不眠忧战伐，无力正乾坤。"

这两句杜诗，时时在哼着。

千言万语，不如用我们徽州的一句俗话奉寄：

"徽州朝奉，自家保重。"（《大陆杂志》第93卷第3期，3页）

5月18日 中午，胡适搭机离开华盛顿，前往 Trenton。胡适此行，是应新泽西州州长 H. E. Charles Edison 的邀请，前往出席全美助华联合总会在此间举行的晚宴与聚会。（中国社科院近代史所藏"胡适档案"，卷号 E-456，分号 1）

5月19日 胡适日记有记：

自从宋子文做了部长以来（去年十二月以来），他从不曾给我看一个国内来的电报。他曾命令本馆，凡馆中和外部，和政府，往来的电报，每日钞送一份给他。但他从不送一份电报给我看。有时蒋先生来电给我和他两人的，他也不送给我看，就单独答复了。（他手下的施植之对人说的。）

昨天我复雪艇一长电，特别钞了送给子文看，并且亲笔写信告诉他，意在问他如何答复。他今天回我这封短信，说，"I replied much in the same vein"。他竟不把他的电文给我看！

记此一事，为后人留一点史料而已。

5月20日　Cornell United Religious Work 助理主任 Wesley L. Hershey 函邀胡适于1942年10月至1943年3月某个合适的时间演讲"Chinese and American Youth Facing the Present and the Future"。是为该组织过去10年举行的系列公共事务演讲的一场。请胡适回复方便的时间。（中国社科院近代史所藏"胡适档案"，卷号E-224，分号16）

5月21日　Cornelius Vander Starr 函寄一张江冬秀夫人的照片与胡适（整理照片时检出的），并向胡适函索 Brewster 的照片。（中国社科院近代史所藏"胡适档案"，卷号E-348，分号1）

5月22日　晚上11点，胡适离开费城，前往绮色佳。胡适此行，是应康奈尔大学校长 Edmund E. Day 之邀，出席母校的毕业典礼并发表广播演说，并以私人资格到 Edmund E. Day 府上做客。（中国社科院近代史所藏"胡适档案"，卷号E-463，分号1）

5月23日　上午6点50分，胡适抵达绮色佳。Edmund E. Day 校长迎接胡适于车站，并与胡适共进早餐。出席康奈尔大学毕业典礼，并发表广播演说。晚6点，胡适应邀出席康奈尔大学1917年级晚宴，Edmund E. Day 校长与胡祖望均受邀出席。（中国社科院近代史所藏"胡适档案"，卷号E-463，分号1；卷号E-248，分号1）

5月25日　Ward M. Canaday 函邀胡适于6月8日至9日到其寓做客，并出席8日的私人晚宴。（中国社科院近代史所藏"胡适档案"，卷号E-144，分号2）

5月26日　上午，胡适抵达 Oberlin College。应该院院长 Ernest H. Wilkins 之邀，出席该校的毕业典礼，并发表演说。胡适演说的题目是"China Too is Fighting a War to Preserve a Way of Life"。下午4点，胡适前往匹兹堡。（中国社科院近代史所藏"胡适档案"，卷号E-463，分号1；卷号E-376，分号4）

5月27日　应 The Kansas State Teachers College of Pittsburg 校长 Rees H. Hughes 的邀请，胡适出席该校的毕业典礼并发表演说。当晚，胡适出席该校举办的晚宴，出席晚宴的还有 Payne Ratner 州长、Clyde M. Reed 参议员

等各界知名人士。(中国社科院近代史所藏"胡适档案",卷号 E-464,分号 1;卷号 E-463,分号 1;卷号 E-184,分号 1;卷号 E-236,分号 10;卷号 E-169,分号 3)

同日 The Woman's Club 会议主席 Mrs. Michele Fiore 函询胡适能否出席星期五下午举行的 1942—1943 年度会议并发表演说。(中国社科院近代史所藏"胡适档案",卷号 E-268,分号 7)

5月28日 陈布雷致电胡适：以贺耀组[祖]名义汇美金 4000 元,系蒋介石发给高宗武之学费,请转交。(《中华民国史资料丛稿》专题资料选辑第三辑《胡适任驻美大使期间往来电稿》,121 页)

5月29日 胡适致电 Lota Lois Ing：正在芝加哥的 Drake Hotel,将在星期六(5月30日)中午抵达 Madison,请协助确认保留住宿的房间,6月2日返回华盛顿。当本人抵达 Baltimore 时,请通知 Goucher College 的 David Allan Robertson 校长。(中国社科院近代史所藏"胡适档案",卷号 E-464,分号 1)

同日 陈布雷电告胡适：陈独秀 27 日病逝。(《中华民国史资料丛稿》专题资料选辑第三辑《胡适任驻美大使期间往来电稿》,121 页)

5月30日 中午,胡适抵达 Madison。胡适此行,是应威斯康辛大学校长 C. A. Dykstra 的邀请,前来出席威斯康辛大学第八十九届毕业典礼并接受该大学授予的荣誉法学博士学位,同时作为 C. A. Dykstra 校长的私人客人到其寓做客。(中国社科院近代史所藏"胡适档案",卷号 E-462,分号 1;卷号 E-183,分号 3;卷号 E-491,分号 1)

5月31日 下午,胡适应邀在威斯康辛大学演讲"Looking Forward"。(中国社科院近代史所藏"胡适档案",卷号 E-375,分号 10;卷号 E-183,分号 3)胡适以此题目演讲多次。在后面的演讲中略有修改。这里据后来的定本略作节录：

...

From this historical view, I have formed my personal belief that we have a better chance to win a just and effective peace this time than the last time.

In the first place, there are no aggressor states among the allied and associated nations on our side.

...

In the second place, there exist among the United Nations no secret treaties of territorial aggrandizement or division of spoils.

...

In the third place, I believe the world has learned much in these terrible years and may be more ready to recognize the need for a better and more effective peace.

...

We must learn to think that there is nothing essentially evil in force which is but another name for the power or energy necessary for doing work or achieving ends; that force is only an instrument which, if properly controlled and directed, can become the very cornerstone of justice and order; and that all law, all peace and order, internal or international, are empty words if they cannot be effectively enforced by the organized power of the community...（《胡适全集》第 38 卷，619～625 页）

5 月　胡适在 Asia 杂志第 42 卷第 5 期发表 "Peace Has to Be Enforced"。胡适说：

...

...The moral of this tragic historical lesson should be plain to all who can read: it is that peace must presuppose an effectively maintained order or rule of law; and that law and order do not mean the absence of force but are always dependent upon some effective form of organized force for their maintenance and enforcement. Peace, in short, must have power to enforce itself.

...

…It will help us to realize that probably the most efficient and economical use of force in human society is to socialize and internationalize it — to place overwhelming force behind the maintenance of international peace and order. (《胡适全集》第 38 卷，589～602 页)

按，"外研社版"《胡适英文文存》（三）收入此文时，编者所加中文提要说：

一战之后，新的世界秩序得以建立却并不稳固，最终毁于一旦。胡适剖析个中原因：和平必须以法治和有效维持的秩序为前提。法治和秩序并不意味着放弃武力，相反却依赖武力的维护而存在。和平必须依靠武力来加以实施。

胡适引用老子、耶稣和杜威等的思想学说，对上述观点做了论述。（该书 192 页）

6 月

6 月 1 日　胡适应邀出席威斯康辛大学第八十九届毕业典礼，并接受该校授予的荣誉法学博士学位。（中国社科院近代史所藏"胡适档案"，卷号 E-594，分号 1；卷号 E-201，分号 2；卷号 E-374，分号 3）

6 月 2 日　胡适抵巴尔的摩，应 Goucher College 院长 David Allan Robertson 的邀请，出席该校的毕业典礼，并发表演说"Looking Forward"。胡适接受了该校授予的荣誉博士学位，又代宋美龄领取了该校授予的荣誉博士学位。当日，返回华盛顿。（中国社科院近代史所藏"胡适档案"，卷号 E-328，分号 3；卷号 E-464，分号 1；卷号 E-108，分号 1；卷号 E-348，分号 1）

6 月 3 日　George S. Counts 函邀胡适于哥伦比亚大学师范学院在 10 月 10 日举办的讨论远东文化和教育的会议上发表演说。会议的主题是"Conditions of Freedom in the Post-War World"，题目可自定。（中国社科院近代史所藏"胡适档案"，卷号 E-164，分号 6）

同日　王世杰致电胡适、顾维钧、宋子文，列举日寇在华使用毒气情形；并告蒋介石盼其提出太平洋军事会议，以期同盟国或美国能作一种表示。(《王世杰日记》上册，435页）

6月4日　胡适致函W. R. Herod：在The High School举行的一个援助中国的会议上演讲所得2700元支票，已转交给全美助华联合总会地方委员会。5月16日在Westmoreland County Bar Association的年度晚餐会上演说所得300元支票，也计划捐赠给全美助华联合总会。（中国社科院近代史所藏"胡适档案"，卷号E-96，分号14）

6月8日　胡适抵多伦多，住Ward Canaday家中。上午，胡适出席Denison大学的毕业典礼并发表演说，演说的题目是"Looking Forward"。胡适在典礼上接受该大学授予的荣誉博士学位。中午，Denison大学校长Kenneth I. Brown为胡适举办午宴。晚，Ward Canaday为胡适举办晚宴。（中国社科院近代史所藏"胡适档案"，卷号E-139，分号2；卷号E-464，分号1；卷号E-463，分号1；卷号E-307，分号4；卷号E-120，分号2；卷号E-507，分号1）

6月9日　应全美助华联合总会多伦多委员会主席H. E. Allen的邀请，胡适出席该会为胡适举办的午宴，并发表演说。（中国社科院近代史所藏"胡适档案"，卷号E-307，分号4；卷号E-120，分号2；卷号E-120，分号2；卷号E-104，分号1；卷号E-456，分号1）

同日　下午，胡适出席多伦多大学的毕业典礼，并发表演说。多伦多大学校长Philip C. Nash授予胡适荣誉法学博士学位。（中国社科院近代史所藏"胡适档案"，卷号E-463，分号1；卷号E-507，分号1；卷号E-221，分号2）

同日　吴光清、王重民致函胡适，谈北平图书馆藏善本书摄影事：此事已经进行四个多月。摄影所用胶片，每卷长百尺。现在已摄112卷，共摄制16箱。照此摄制，恐须两年。书箱无损坏，箱内书籍可借此一通空气。凡有纸质腐朽，不耐玻璃版压者，只抄不照。又如《四部丛刊》或他处已有影印本者，亦不再照。凡所照之书，皆另纸记名行板刻，以及图章题识等，遇有应加说明之处亦稍参考他书，作为短记，其最要目的，在记明缺卷缺叶，俾阅者得知非影片有误。每卷胶片制讫后，再持原书校对，有误再改，改正后方可作为定片。依此定片，为我方共加印3份。装书所用书箱，运回国之前必须换新箱，而此次摄制装箱，恰好是换新箱之机会，希望胡适能与恒慕义洽商换新箱事。(《胡适遗稿及秘藏书信》第24册，171～173页)

6月10日　胡适致电普林斯顿大学教授Edward S. Corwin：由于飞行计划不确定，故取消了参加6月15日Harold W. Dodds校长夫妇为荣誉博士接受者举行的晚宴，但可以在当晚停留尊宅。次日，胡适又电告Edward S. Corwin，将由Pilgrim抵达。(中国社科院近代史所藏"胡适档案"，卷号E-464，分号1)

同日　胡适的私人秘书代胡适函辞A. Merle Hooper于10月的某个星期六中午为The City Club of Cleveland发表演说的邀请。(中国社科院近代史所藏"胡适档案"，卷号E-230，分号7)

同日　W. A. Loar函邀胡适今秋来俄亥俄州参加Motorists Mutual Insurance Co.的开幕会议，并发表演说。(中国社科院近代史所藏"胡适档案"，卷号E-276，分号4)

6月11日　胡适电谢William Ernest Hocking之6月9日来函：将在13日晚上前往波士顿，无法与您在一起，已接受联合国委员会举行的午宴邀约。(中国社科院近代史所藏"胡适档案"，卷号E-464，分号1)

6月14日　胡适抵波士顿，下榻The Copley Plaza旅社。中午，应马萨诸塞州州长Leverett Saltonstall的邀请，胡适出席United Nations Flag Day Benefit在这间旅舍举办的午宴。(中国社科院近代史所藏"胡适档案"，卷号E-199，分号5；卷号E-464，分号1；卷号E-334，分号3)在宴会上，胡适有演说，他说：

> For the sake of the United Nations, China must be speedily aided and Japan's new offensives must be broken.
>
> China has the man power; she has the leadership; she has the fighting

morale. Give us 100 transport planes and 1000 bombers and fighters, and we will turn the tide of the Pacific War for the United Nations.（中国社科院近代史所藏"胡适档案",卷号 E-47,分号 117）

同日　晚,胡适应邀出席 Northeastern University 校长 Carl S. Ell 在 The University Club 举行的晚宴。该校授予胡适荣誉法学博士学位。（中国社科院近代史所藏"胡适档案",卷号 E-464,分号 1;卷号 E-187,分号 2）

6月15日　胡适应邀出席韦斯利女子学院的毕业典礼（是年恰逢宋美龄1917级毕业班的25周年纪念）并发表演说。胡适又出席该校授予宋美龄荣誉博士学位仪式并发表演说。校长 Mildred Helen McAfee 在毕业典礼上宣布成立宋美龄基金。胡适在讲词中称扬韦斯利学院为中国教育出了几个杰出的女子,尤其是宋美龄。胡适说:

> Through her activities and writings, Madame Chiang has so much endeared herself to Wellesley Alumnae and to the American people in general that it is unnecessary for me to sing her special praise to this assembly. But I do wish to point out that her Wellesley training, her American education in general and her understanding and appreciation of the American ways of life have made her an important force for the development of democratic institutions in China....（《胡适未刊英文遗稿》,321～324页）

按,本年2月2日,胡适复电韦斯利学院院长 Mildred H. McAfee（来函作于1月28日）:因今年恰逢宋美龄毕业25周年纪念,故贵院邀请蒋宋美龄和宋子文参加毕业活动并且发表演说是最恰当的。若您同意此建议,建议联系现在华盛顿的宋子文。倘宋子文不能来,本人会接受邀约参加6月15日的毕业典礼并发表演说。Mildred H. McAfee 于次日电谢胡适的建议,表示已经向宋子文发出邀请,但也希望胡适能一同参加。2月4日,Mildred H. McAfee 又致函胡适云,宋子文表示6月15日就离开美国了。胡适乃允出席典礼。4月11日,Mildred

1942年　壬午　民国三十一年　51岁

H. McAfee致函胡适云，今年毕业典礼上将授予蒋宋美龄荣誉博士学位。（中国社科院近代史所藏"胡适档案"，卷号E-102，分号14；卷号E-464，分号1；卷号E-463，分号1；卷号E-292，分号7）

6月16日　胡适出席普林斯顿大学第一百九十五届毕业典礼，并接受该大学授予的荣誉法学博士学位，在学位授予仪式上发表演说。（中国社科院近代史所藏"胡适档案"，卷号E-178，分号7；卷号E-464，分号1；卷号E-562，分号1）

6月19日　胡适应邀出席奥克拉玛大学第五届Oklahoma Institute of International Relations会议并发表演说。次日，又出席圆桌会议。在奥克拉玛期间，胡适曾应邀到奥克拉玛大学校长Joseph A. Brandt寓所做客。（中国社科院近代史所藏"胡适档案"，卷号E-465，分号1；卷号E-136，分号8）

6月22日　胡适乘火车抵Asheville。（中国社科院近代史所藏"胡适档案"，卷号E-465，分号5）

6月23日　胡适应约在纽约参加美国第四十三届州长会议，并出席为特别客人英国大使哈利法克斯举行的午餐招待会。（耿云志编：《胡适和他的朋友们（1904—1948）》，中华书局，2011年，123页）

6月24日　胡适返抵华盛顿。（中国社科院近代史所藏"胡适档案"，卷号E-100，分号16）

同日　胡适为其在1931年到1932年时在北大讲授的"中古思想史"讲义作一前记，其中说：

> 初稿用"提要"体，文字太简单。后来我放手写下去，故改用"中古思想小史"的题名。原拟写十四章，只写成了十二章。应补最后两章。（全稿印成的部分约有两万八千字。）（台北胡适纪念馆藏档，档号：HS-NK05-176-001）

同日　Vera V. Barger致函胡适，介绍自己是Youngstown的The Young Women's Christian Association（Y. W. C. A）的总书记（General Secretary），

目前在 The Program Committee for the American Association of University Women 工作，问可否邀请胡适于4月来发表演说。（中国社科院近代史所藏"胡适档案"，卷号 E-124，分号6）

6月25日　胡适电贺 Harold Riegelman 晋升为陆军上校，期望7月时能与他在华盛顿见面。（中国社科院近代史所藏"胡适档案"，卷号 E-108，分号9）

6月27日　胡适致电宋美龄：

United China Relief Campaign aiming at goal seven million dollars already raised nearly five million with 400 cities well beyond assigned quota. Campaign still in progress and planning nationwide drive July Seventh. National chairman Paul Hoffman and his staff have worked most unselfishly for many months and are confident attain seven million objective before year ends. A message of appreciation and encouragement from Generalissimo and yourself to national committee for quotation on July Seventh will be deeply appreciated and will greatly aid campaign. Kindly wire text early for release before Seventh.（《胡适中文书信集》第3册，269页）

6月28日　胡适有一篇题名为"Marmontel"的读书笔记，说道：偶看 Great Short Stories of the World，有一篇"Lausus and Lydia"，是从 J. F. Marmontel 的 Moral Tales 里选出的。忽想起从前读 John Stuart Mill 的自传，提及他在20岁时经过一场绝大的思想难关，后来读 Marmontel's Mémoires，忽然感动下泪，竟解悟。"我想这个 Marmontel 就是这个小说家（1723—1799）。我起来查书，果然是此人……"（《胡适遗稿及秘藏书信》第10册，97页）

6月29日　胡适有《邢昺〈论语注疏〉引"琳公"》一篇读书笔记。（《胡适遗稿及秘藏书信》第10册，98页）

7月

7月1日 王世杰日记有记：

胡适之来信，力称我政府领袖对于盟邦务取大度，不可因其一时不能充分顾及我之需要，而多所责难，并以政府中无人为诤言为可虑。彼于大使职甚消极，并谓数月来未接政府一电。故其辞意渐决。（《王世杰日记》上册，441页）

7月2日 胡适复电于焌吉：遗憾由于先已接受 Drs. Landau 与 Waldmans 在7月8日举行的晚宴邀约，故无法接受 Mr. Clark 的邀约。（中国社科院近代史所藏"胡适档案"，卷号 E-404，分号1）

同日 《大公报》的重庆版转载了一则《华盛顿邮报》的消息：

中国驻美大使胡适，最近六个月来曾遍游美国各地，行程达三万五千里，造成外国使节在美旅行之最高纪录。胡大使接受名誉学位之多，超过罗斯福总统；其发表演说次数之多，则超过罗斯福总统夫人；其被邀出席公共集会演说之纪录，亦为外交团所有人员所不及。

7月3日 胡适收到外交部来电：

政府决发动"七七"五周年扩大纪念。驻外各使领馆应即策动当地党部、侨团，联合盟国援华团体举行纪念会及广播、展览、祈祷等节目，并电我将士致敬，以激励士气，加强盟国联系。宣传纲要如下：（一）强调我国为联合国反侵略先锋，及抗战五年来对于世界反侵略之伟大贡献；（二）说明联合国人力、财力、物力之强大，坚定最后胜利之信心；（三）分析远东战局之重要，要请美、英从速加强飞机及重兵器之援华，击溃暴日，提早共同胜利。以上希斟酌当地实情，切实办理。（《中华民国史资料丛稿》专题资料选辑第三辑《胡适任驻美大使期间往来电稿》，123页）

7月4日　胡适致电蒋介石，居里先生奉罗斯福之命赴我国当面来接洽，闻于日内搭机起程。居里之助手 Franklin Pay 对我国极表同情，现在印度，一二日内赴华。(《胡适中文书信集》第 3 册，269 页)

7月7日　胡适在华盛顿向国内广播"抗战五周年纪念"。胡适说：

第一，我们的长期抗战，是现代民族起来抵抗侵略最早，又最长久的一段光荣历史。

第二，我们这十年的努力，五年的苦斗，在国内方面，在国际方面，都已经有了很大的成功。

第三，我们的抗战事业，不但必定可以得到最后的胜利，还可以帮助全人类建立一个有力量而可以永久的世界新秩序。(《胡适遗稿及秘藏书信》第 12 册，145～151 页)

7月8日　胡适致电外交部：转达 Quezon 总统致蒋介石的讯息：祝福中国人民抵抗日本的侵略攻击将获胜利之结果。(中国社科院近代史所藏"胡适档案"，卷号 E-403，分号 1)

同日　胡适将蒋介石昨日致美国国务卿赫尔的电报转给国务卿。(*FRUS*, 1942, Vol. V: *The Far East*, p.103)

7月11日　胡适在 A. J. Cronin 著 *The Keys of the Kingdom* 一书扉页上作有题记：

Hu Shih. This work is good in the first half, down to p.145. The China part is very poor—very poor in geography, history and sociology. Apparently the author has no real knowledge of China at all. But the first part is as good as his "Citadel". This whole work would have been far better if the hero had been allowed to struggle along in some locale well known to the author... (《胡适藏书目录》第 4 册，2402 页)

7月13日　上午，胡适会见了 Bertram Lippincott。(中国社科院近代史所藏"胡适档案"，卷号 E-274，分号 3)

7月17日 晚上9点30分，胡适离开波士顿前往加拿大New Brunswick的Campobello，以为The International Student Service Camp for Student Leaders演说。（中国社科院近代史所藏"胡适档案"，卷号E-281，分号4；卷号E-102，分号2；卷号E-465，分号1）

同日 胡适在旅行途中致函韦莲司小姐，重述13日所发电报内容：7月22日早上到绮色佳，住到7月26日晚，27日在纽约检查身体，28日去华盛顿演讲。希望在绮色佳期间，前两天住在Mrs. Sampson家，后几天住在韦莲司小姐家里，或者顺序倒过来。又谈及在绮色佳的任何一天都愿意参加毕格斯特夫博士（Dr. Biggerstaff）的讲习班等。（《不思量自难忘：胡适给韦莲司的信》，248页）

7月22日 王世杰日记有记：今日函覆胡适之，劝其勿消极。王函云：翁文灏现尚未返。依现在局势，惟有自己苦撑。来示所言，绝对同情。对于胡适个人处境之苦，近来彼此虽无通信，弟亦未尝不知。惟有以"苦撑"与"大度"相勉。又谈及太平洋学会事。（《王世杰日记》上册，445页；《胡适遗稿及秘藏书信》，第23册，586～587页）

> 按，王氏此函，胡适9月9日始收到，即转示周鲠生。并复函云：自去年12月以来，无日不勉为"苦撑"与"大度"。今年1月10日以后，行37000英里，作200次演讲亦为此耳。太平洋学会事，能不派到我最好。（《大陆杂志》第93卷第3期，15页）

7月23日 Rabbi Harold H. Gordon & B. James Short函邀胡适参与United Service Organizations for National Defense, Inc.（USO）的"The United Nations Speak"系列演讲，期望胡适能接受此邀约并请尽早予以回复。（中国社科院近代史所藏"胡适档案"，卷号E-462，分号1）

同日 郑天挺日记有记：

> 余与今甫长谈：北大国文系自适之师以文学史研究为倡，若石君、膺中、莘田及余皆以史的研究相随，遂成风气。比年后进较少，莘田

主持系务，仍循此以进。今甫颇以为疑，以为由文学以入文学史，其势顺，其功易，由史以入文学史，终属隔膜。故必于文学有认识、有素养始能研究文学史，否则难成功。今甫主张国文系仍就语言文字发展，文学史研究可让之清华，因一多、佩弦于文学素养甚深也。其言深有识见，可令人深省并加以勉励，然不足为外人道也。今甫亦云此语惟可吾二人言之。(《郑天挺西南联大日记》〔上〕，583～584 页)

7月31日 胡适致函韦莲司小姐，告：在炎热的华盛顿，时常想起在韦莲司小姐那个清凉下雨的星期天。又告：健康检查结果不错，刚刚结束的 Campobello 和绮色佳的旅行很顺利，8 月 15 日到纽约州的 Chatauqua 湖。胡祖望来信说，他在那边又寂寞又想家。(《不思量自难忘：胡适给韦莲司的信》，249 页)

8月

8月2日 胡适致函赵元任，为能在波士顿一起吃早餐、闲谈，感到幸运。又云：

关于译名，周公另拟一纸。

我以为 Dominion 应依历史上演变程序，译如下：

一、领土，属地。

二、〔自 1867 七月一日以后，用于 Canada〕自治领土，省称"自治领"。自治邦。（我提议）

三、〔自 1907 九月以后，用于 New England〕同上（二）

关于 Commonwealth，亦可依历史演变程序，如下：

一、共和国。

二、联邦。联合国。

三、The Commonwealth（英史）英国革命时期（1649—1659）施行的共和政治。

四、American Commonwealth，即美国。James Bryce 著书述美国政治，用此为书名。

五、The Commonwealth of Australia，澳洲自治邦；澳洲联邦。

六、The British Commonwealth of Nation=Great Britain and the Dominions，〔自一九二六年的帝国会议以后，英帝国的自治邦与母国的总名；一九三一年的 Statute of Westminster 正式用此名。〕大英共和联合国。（我提议）

以上说的，你看如何？（《鲁迅研究月刊》2020年第2期，57～58页）

8月3日　Julius Rosenwald Fund 主席 Edwin Rogers Embree 函邀胡适出席一个讨论肤色与民主发展的关系的会议。8月11日，胡适的私人秘书复函 Edwin Rogers Embree：在行程未冲突的情况下，胡适将接受此邀约。（中国社科院近代史所藏"胡适档案"，卷号 E-189，分号1；卷号 E-465，分号1）

8月5日　威斯康辛大学校长 C. A. Dykstra 函请胡适推荐讲授中国语言、中国历史和中国文化的好人选。（中国社科院近代史所藏"胡适档案"，卷号 E-183，分号3）

8月6日　胡适的私人秘书代胡适函谢 Julius Schreiber 之7月28日来函，遗憾因有他约，无法在10月20日 Men's Club of Temple B'Nai Jeshurun 的中国晚宴上发表演说。（中国社科院近代史所藏"胡适档案"，卷号 E-336，分号8）

8月7日　胡适复电 The Commission to Study the Bases of a Just and Durable Peace 的秘书 Bradford S. Abernethy：不了解来函所谓"原稿"是指什么，寄上3月3日会议上发表之后的演讲稿。尚未收到校正过的样本。（中国社科院近代史所藏"胡适档案"，卷号 E-465，分号1）

同日　王重民转寄向达给胡适的一封信。（《胡适遗稿及秘藏书信》第24册，174页）

8月8日　9点45分至10点，胡适在华盛顿接受 The Board of Education of the City of New York 的 James G. McDonald 之广播访问。胡适说：

...

... "...Briefly, I think China has at least a two-fold role to perform."

In the first place, China will be a great force for peace in Asia and in the whole world...

"In the second place, I believe China will be a leader in the spread and development of democratic institutions in Asia..."（《胡适未刊英文遗稿》，325～328 页）

按，《胡适未刊英文遗稿》收入此讲演时，编者加了如下摘要：

胡适指出中国的战争此时已经成了美国的战争，而美国的战争也已成了中国的战争，美国人民帮助美国也正是帮助中国。

中国之所以能持久抗战，主要是因为有广大的空间，众多的人口，历史上大一统的传统，人民勤奋耐劳和国际上对中国的援助。（《胡适未刊英文遗稿》，326 页）

又按，关于此次广播访问之邀约、洽商情形，可参考：中国社科院近代史所藏"胡适档案"，卷号 E-294，分号 4；卷号 E-465，分号 1。

8 月 11 日　胡适电谢科罗拉多大学 Earl Swisher 之 6 月 12 日和 8 月 7 日来函（中国社科院近代史所藏"胡适档案"，卷号 E-354，分号 6），同意在 12 月末举行的 American Historical Association 的年度会议之远东午宴上发表演说。（中国社科院近代史所藏"胡适档案"，卷号 E-466，分号 1）

8 月 13 日　胡适致函王世杰、董显光，介绍在康奈尔大学的同班同学兼好友 Harold Riegelman，说他不仅是军官，还是一名律师，曾协助大使馆解决了一些法律上的困难案子。现在 Harold Riegelman 在军中担任特殊的化学战之职务。（中国社科院近代史所藏"胡适档案"，卷号 E-113，分号 6）

8 月 14 日　胡适致电外交部长、次长：

今午访外次，ACHESON 面告电意，外次对我政府赞同十项原则

1942年　壬午　民国三十一年　51岁

甚感欣慰,但云,约章经外长研究后,最近又经英、美代表商讨数次,现写成拟约第二章。其第一、三、四等章颇有改动,望转达贵政府此第二章日内审定后当提交美、苏各国政府,当此研究时期贵国如对第二章有何意见,甚听乐闻云。第二章与原章不同处另用英文电陈,对素兹洛斯亦面告以尊电大旨。(《胡适中文书信集》第3册,269～270页)

同日　胡适致函Harold Riegelman:若您离开之前想在华盛顿碰面,请联系刘锴参事,接下来两周会在华盛顿。(中国社科院近代史所藏"胡适档案",卷号E-108,分号9)

同日　陈布雷日记有记:

八时卅分谒见委座,报告数事……嘱致胡大使等电,拟以魏伯聪接替美使也。(《陈布雷从政日记(1942)》,129页)

同日　王世杰日记有记:

今晨蒋先生嘱布雷告我,谓将解胡适之使职,以魏道明继其任;其议来自宋子文。予以宋与胡既不相融洽,原议势难变更,遂未争持。且适之蓄意去职已久,其心脏病近虽未发,亦须休养。(《王世杰日记》上册,450页)

8月15日　蒋介石致电胡适:

兄使美五载,勋绩卓著,中枢同仁无不感佩。惟积年辛劳,闻去岁以来,心脏衰弱,时殷系念。兹拟在国内另有借重,俾兄得稍纾繁剧,并拟以魏伯聪(道明)君接替兄之职务。除另由外交部电达请征美方同意外,特电致意。(《蒋中正先生年谱长编》第七册,187页)

同日　陈布雷日记有记:

发胡适大使电一件,以其心脏衰弱,拟予调任,以魏大使继任,

故先以委座名义电告之。(《陈布雷从政日记（1942）》，130 页)

同日　蒋介石致电外交部次长傅秉常、钱泰：

驻美胡大使积年辛劳，闻其心脏衰弱，兹拟在国内另畀任务，其驻美大使拟以魏大使道明调充。希由部依照手续电由大使馆征求美方同意为盼。(台北"国史馆"藏档，档号：0003009)

同日　胡适应邀出席 Chautauqua Institution 的第六十九届年会，并发表演说。

按，1942 年 4 月 15 日，Chautauqua Institution 主席 Arthur E. Bestor 函邀胡适于 7 月或 8 月之间前来就战争或 Chautauqua Institution 与中华民国的关系演讲。4 月 21 日，胡适复函应允。5 月 6 日，Arthur E. Bestor 致函胡适，建议胡适演讲的日期选在 8 月 15 日或 8 月 22 日。胡适选的时间是 8 月 15 日。其间，又就诸多细节问题进行函商。(中国社科院近代史所藏"胡适档案"，卷号 E-129，分号 1；卷号 E-465，分号 1；卷号 E-90，分号 11)

8 月 16 日　胡适复电蒋介石：

删电奉悉。适奉命使美，四年以来常感任大力薄，深负国家重寄。兹蒙中枢垂念病躯，解除职务，十分感激。此后当理旧业，专力教学著述，以报国家。敬复。适。咸印。(台北"国史馆"藏档，档号：002020300029012)

8 月 17 日　Memorandum by the Adviser on Political Relations (Hornbeck) of a Conversation with the Counselor of the Chinese Embassy (Liu Chieh)：

Yesterday (Sunday) afternoon the Counselor of the Chinese Embassy called on me at his request. The Counselor stated that he was bringing "bad news". He said that the Embassy had received from Chungking a telegram stating that the present Chinese Ambassador to this country is recalled and is to be replaced by Dr. Wei Tao-ming. The Counselor continued, saying that the Ambassador is out of town, the Minister for Foreign Affairs (Dr. Soong) is out of town, he, Dr. Liu, had telephoned to the Ambassador, and the Ambassador had asked that he informed me of the message. Continuing, Dr. Liu said that this message from Chungking would be followed within two or three days by an instruction to the Embassy to inform the American Government officially and to ask for an agreement.

There followed some conversation in the course of which I asked Dr. Liu whether he would feel free to tell me whether Dr. Soong was in any way responsible for this action on the part of the Chinese Government. Dr. Liu replied that he was confident that Dr. Soong had nothing to do with it either as to initiative or as to being consulted. He said that Dr. Soong has been well satisfied with the existing set-up wherein both the Minister for Foreign Affairs and the Ambassador are in Washington, each representing China but operating more or less in separate fields and cooperating effectively without crossing wires. He said that the Ambassador has extraordinary qualifications for understanding this country as well as China and for interpreting this country to his own Government and interpreting China to this country. The Ambassador, he said, has constantly sent to his Government thoughtful and carefully prepared messages dealing with fundamentals in the world situation and explaining the workings of the American democracy and the difficulties which have attended the evolution of our policy and action in relation to the war and the United Nations' military effort. The Ambassador has also interpreted and explained many things to Dr. Soong and has been very helpful in counseling exercise of patience and pointing out errors to be avoided. On not a few occasions, the Ambassador's messages to Chungking have evoked expressions of impatience from Chungking; but the Ambassador has always tried all the harder to cause

Chungking to look at the world picture in its entirety and to understand the difficulties which confront the American Government and the considerations which determine its action. The Chinese Government, Dr. Liu said, is confronted with many and great difficulties, and it naturally is impatient of delays, feels keenly its desperate needs, and becomes provoked at its representatives because they do not seem to get the results for which it hopes. Of late, he said, the Chinese Government has been critical even of its new Foreign Minister (Dr. Soong) because materials expected from the allies do not reach China.

Dr. Liu made no mention of India. I inferred from this that the message which the Ambassador had received from Chungking made no mention of the India question. I deliberately refrained from trying to draw Dr. Liu out on the subject of the Chinese Government's reasons for the action which it was taking.

Dr. Liu indicated, though he did not say so expressly, that he felt that withdrawal of Dr. Hu Shih at this time would have a most unfortunate effect—both as regarded Chinese interests and as regarded American interests. I inquired whether there was anything that the Embassy or the Minister for Foreign Affairs or certain prominent Chinese in this country could do toward causing the matter to be reconsidered. I said that the matter was one in which I did not see how the American Government could in any way intrude. Dr. Liu said that he doubted whether there was anything that could be done: the decision had apparently been made by highest authority in Chungking; the naming of a successor implied that the decision was final and not to be questioned. Dr. Liu doubted whether anything could be done by anybody.

I then asked Dr. Liu to tell me what he could about the named successor. Dr. Liu said that Dr. Wei Tao-ming had been educated in France or under French influence; that he became active in China politics; while still comparatively young he became Minister of Justice, that having been about ten years

1942 年　壬午　民国三十一年　51 岁

ago; that about a year ago he came to this country en route to France where he was to be China's Ambassador, but was stopped because the Vichy Government preferred not to receive at that time a new Ambassador from China; that he has been in this country ever since; that he has a house in Washington; that he has with him some of the members of the staff which he was taking to France; and that he is married to Dr. Soumay Tcheng (who has been a prominent figure in Chinese political and legal circles); and that he does not have any intimate knowledge of the United States and is not as proficient in the use of the English language as he is in use of the French.

I asked Dr. Liu whether he thought there would be anything to be gained from a possible conversation between an officer of the Department and the Chinese Minister for Foreign Affairs. Dr. Liu said that he did not think so and repeated that he thought the decision had been made irrevocably in Chungking.

I asked whether the present Ambassador would be expected to return to Chungking. Dr. Liu replied that he might or he might not, and that in any case he probably would not leave the United States immediately.

I inquired when would Dr. Soong return to Washington. Dr. Liu said that he was expected on Monday evening (today). (*FRUS*, 1942, Vol. V: *The Far East*, pp.132-134)

8 月 18 日　胡适致电外交部：

Waichiaopu Chungking, No. 358/Aug. 17.

Paragraph 4. The Council established such standing committee as it considered desirable to advise it and in interval between session of Council to advise policy committee. Members of such committee shall be appointed by policy committee with approval of the Council if it be in session and otherwise subject to its ratification from members of the Council or alternate nominated for the purpose. Among these committee the Council may establish regional committee to advise it on making plan and get in touch with policy for relief and rehabilitation of Europe and Far East and any other areas where such committee may be found desirable. Regional committee shall normally meet within the area and shall be included members of Council or their alternative representing directly concerned with problem of relief and rehabilitation in that area. Regional committee on European relief when so constituted shall take over and carry on work of interallied committee on European post-war relief established in London September 24,1931. For such technical standing committee as may established in respect particular problem such as nutrition, health, agriculture, transport of material and supplies of repatriation and finance members may be members of the Council or alternate nominated because special adviser competency in their respective field work. Should a regional committee so desire subcommittee these technical standing committee shall be established to advise regional committee.

Paragraph 5. Travel and other expense members of the Council and its committee shall be borne by government whom they represent. Article 4, Director-General, Paragraph 1. Executive authority united nations relief and rehabilitation administration shall be in Director-General who shall be appointed by Council on the nomination policy committee. Paragraph 2. Director-General shall have full power and authority for carrying out relief operation contemplated by Article 12 section 2A within the limits of available resource and broad policies determined Council or its policy committee. Immediately upon taking office he shall in conjunction with military and other appropriate authority united nations prepare plan for emergency relief civilian population in any members occupied armed force any united nations arrange for procurement and assembly necessary supplies and create or select emergency organization required for this purpose. In arranging for procurement of transportation and distribution supplies and political control he and his representative shall consult and collaborate with appropriate authorities united nations and shall wherever practicable use facilities made available such authorities.

Foreign voluntary relief agency may not engage in activity in any area receiving relief from administration without consent and unless subject to regulation Director-General (paragraph 3) shall also be responsible organization and Director function contemplated by article 1 section 2B and 2C. Paragraph 4. Director-General shall appoint such deputy director other officers of expert personnel and staff at his head-quarters or elsewhere including staff field mission and secretarial and other necessary staff for the Council and its committee and may be delegate to them such of his powers as have may deem appropriate. Paragraph 5. Director-General shall make periodic report to Council covering progress administration activity. These report shall be made public except for such portion as Director-General material competency it necessary in the interest of united nations to keep confidential until end of war. Full text airmailed today.（据原件）

同日　Clark Howell、Herbert D. Oliver 分别函邀胡适于 10 月的前两周来 Atlanta 访问。(中国社科院近代史所藏"胡适档案"，卷号 E-233，分号 4；卷号 E-311，分号 2)

8 月 20 日　胡适函谢 Arthur E. Bestor 之 8 月 17 日的来函以及附寄旅费 50 元支票（中国社科院近代史所藏"胡适档案"，卷号 E-129，分号 1），并感谢在访问 Chautauqua 时的友善招待。(中国社科院近代史所藏"胡适档案"，卷号 E-465，分号 1)

8 月 21 日　胡适复电外交部：15 夜旅途奉委座电，蒙垂念适积年辛劳，令得解职休养，当即于 16 日覆谢。20 日回华盛顿，奉读四八四号电，敬悉一切，即已用书面向美政府征求继任同意，俟得覆即电告。(台北"国史馆"

藏档，档号：0003011）

8月23日　蒋介石致电孔祥熙：我国驻美大使拟调魏伯聪接充，已由此电征其本人同意，并已由外部正式向美征求同意中，想兄必赞成也。特电知照。（台北"国史馆"藏档，档号：001066220008025a）

8月24日　顾临致函胡适云：得知胡适卸任大使，请问是否可以以美国大学访问学人的身份继续留美？并送上祝福。（中国社科院近代史所藏"胡适档案"，卷号E-214，分号1）

按，胡适卸任中国驻美大使的消息传出后，各界友人纷纷来函来电，对胡适的卸任表示遗憾，对胡适在大使任上的业绩给予充分肯定，有的则送上祝福。据中国社科院近代史所藏"胡适档案"不完全统计，发来这类函电的有：Co Tui、Paul G. Hoffman、Donald D. van Slyke、Elbert D. Thomas、Carl W. Ackerman、R. B. Beal、W. B. Scott、Lenning Sweet、B. Cohn、C. Telford Erickson、Arthur W. Hummel、Benjamin H. Kizer、Helena Kuo、Frederick Pope、John F. Rich、Peter I. Wold、Joseph D. Adams、W. B. Bizzell、James G. Blaine、B. Brewer、Mortimer J. Brown、Harry Woodburn Chase、Allan Forbes、L. Carrington Goodrich、Boies C. Hart、W. R. Herod、Harold K. Hochschild、F. C. Hockema、Roy W. Howard、T. Hsieh、Edward H. Hume、Bill Hunt、Edwin Carlyle Lobenstine、Hiram A. Matthews、Clark H. Minor、John D. Nichols、Ernest Minor Patterson、Mrs. Harry B. Price、Joseph W. Rowe、L. S. Rowe、Nathan H. Seidman、Adelaide Stedman、Lothrop Stoddard、Harry E. Ward、Lewin S. Gamens、Nill M. Bludliwn、William Benton、William H. Kilpatrick、Paul Monroe、Robert F. Moorison、Frank K. Nebeker、J. Cameron Thompson、Robert E. Ely、Peter Grimm、Herbert H. Lehman、Helen M. Loomis、Helen Parkhurst、James G. McDonald、Anson Phelps Stokes、Charles E. Martin、Harley Farnsworth MacNair、Lord Davies、Joseph P. Chamberlain、Charles A. Sprague、Francis S. Hutchins、

Albert E. Kane、Monroe E. Deutsch、Edward Mead Earle、Hans Kohn、David E. Lilienthal、H. W. Peters、Phillips Elliott、Bernard Lichtenberg、Roderic Olzendam、James P. Pope、C. L. Teey、H. H. Love、Edward Bruce、Albert W. Clurman、Richard J. Walsh、Helen Kennedy Stevens、William M. McGovern、Herbert Bratter、R. L. Wilbur、Preston Delano、F. E. Titus、Bruce Bliven、W. J. Gifford、F. J. Timmens、F. A. Delano、D. P. Hawley、Harold G. Moulton、F. Maloney、John L. Collyer、Leon Augustus Hausman、J. W. Decker、Esson M. Gale、George F. Zook、Harold Brayman、Winifred Holt Mather。

8月26日　胡适电谢顾临来函，又告已遵医嘱数月未高空飞行。已与律师Cooper商量过，决定发出12月9日在纽约召开中基会的会议通知，预计明天邮寄。（中国社科院近代史所藏"胡适档案"，卷号E-95，分号14）

同日　胡适电复C. A. Dykstra，为迟复来函致歉，介绍了陈受颐的研究与教学经历。（中国社科院近代史所藏"胡适档案"，卷号E-183，分号3）

同日　胡适电谢China Medical Board, Inc. 主席Edwin Carlyle Lobenstine来电。（中国社科院近代史所藏"胡适档案"，卷号E-276，分号5）

同日　任嗣达致函胡适，对胡适卸任大使的消息大为震惊，认为这是中国很大的损失，送上祝福。（中国社科院近代史所藏"胡适档案"，卷号E-325，分号5）

8月27日　汪敬熙致函胡适，云：国内学术的低落是由于大学过多以及中国本位文化。强调不能以中国古代之事硬套现代科技。请胡适代转家书给汪敬煦。（《胡适遗稿及秘藏书信》第27册，625页）

8月29日　美国驻华大使高斯致函国务院，其中说道：

Embassy has received clear indication from Chinese officials that replacement of Hu Shih by Wei Tao-ming as Ambassador is contemplated, but there is believed to be undercurrent of opposition to the appointment of Wei as unsuitable for the position.（*FRUS*, 1942, Vol. V: *The Far East*, p.146）

同日　Henry G. Richards 电邀胡适于 9 月 14 日在 Negley 旅社为 The Florence Rotary Club 发表演说。（中国社科院近代史所藏"胡适档案"，卷号 E-326，分号 6）

8 月 31 日　胡适致函 Dean of Admissions of Wellesley College 云，向其推荐的，正准备向韦斯利学院申请于下年度入学的 Pearl Sun，是孙科的女儿，孙中山的孙女。（中国社科院近代史所藏"胡适档案"，卷号 E-89，分号 2）

同日　恒慕义致函胡适云：王重民告知我，您希望将您的手稿、日记暂存于国会图书馆。本馆的 David Mearns 已同意此事，我们也已做好准备随时接收您寄来的资料。（台北胡适纪念馆藏档，档号：HS-NK05-152-043）

同日　赵元任致函胡适，告美国国务院要请胡适去演讲。次日又来函谈此事。（《胡适遗稿及秘藏书信》第 38 册，442～443 页）

8 月　胡适为 Tagore 的 *Sādhanā* 作 A Foreword. 其中说道：These letters were exchanged between Tagore and Noguchi from July to October, 1938, —during the first part of the second year of "The China Incident". They first appeared in the *Visva-Bharati Quarterly*, Santiniketan, Bengal; and were reprinted in *The Living Age*, April, 1939.（中国社科院近代史所藏"胡适档案"，卷号 E-48，分号 118）

9月

9 月 2 日　胡适在 Fernand Grenard 著 *Barber: First of the Moguls* 一书上作有题记：

这是已故 Admiral Huse 的藏书。今天我去见他的夫人辞行，他送我这本书留作纪念。Huse 夫人虽老了，还能背诵 Browning 的长诗和古英文的长诗，使我惊叹。（《胡适藏书目录》第 3 册，2161～2162 页）

1942 年　壬午　民国三十一年　51 岁

　　按，1942 年 9 月胡适离开华府之前，容揆先生来话别，赠送 Andrew Dickson White 著 *Autobiography of Andrew Dickson White* 与胡适，以为留念。(《胡适藏书目录》第 3 册，2158 页）

　　同日　胡适电谢 Helena Kuo 提供的讯息，期望能在纽约见面。(中国社科院近代史所藏"胡适档案"，卷号 E-260，分号 3）

　　同日　《华盛顿邮报》有题名为"Dr. Hu Shih Is Recalled to Chungking"之报道。报道说：

　　Dr. Hu Shih, Chinese Ambassador to the United States, has been recalled by his Government and will leave to return to Chungking as soon as he has wound up his private affairs. It was learned yesterday.

　　He will be succeeded by Wei Tao Ming, former Chinese Ambassador to the Vichy Government, who is now in New York.

　　Hu Shih, who has served here for four years as Ambassador, has been one of the most popular Chinese envoys ever accredited here. He has been tireless in his activities on behalf of embattled China and has lectured throughout the country. He traveled in the United States last year more than 37,000 miles on a lecture tour which took him to all the principal cities.

　　He has been the recipient of more academic and other honors than any other envoy to this country.

　　…

　　Dr. Hu Shih was born at Shanghai December 17, 1891, and came from an old Anhwei family. His father was a scholar and explorer. In 1910 he passed the government examination for a scholarship and was sent to the United States, where he entered the college of agriculture at Cornell University. (《华盛顿邮报》，1942 年 9 月 2 日）

　　按，当日之 *New York Herald Tribune* 也有与此内容大同小异之报道。

报道题目是"Hu Shih Called Home by China; Wei New Envoy"。

同日　赵元任致函胡适，谈及：Horking 教授希望胡适来哈佛研究。周鲠生如果暂不回国，不知洛克菲勒基金会可以提供调查的工作吗？（《胡适遗稿及秘藏书信》第 38 册，444 页）

9月4日　胡适致电外交部傅秉常、钱泰两位次长：

今晨谒总统辞行，下午谒外长辞行，均蒙深致惜别之意。馆中事务已饬清结，准备交代，三五日内即离京。俟检查身体后即作归计。四年奉使，至此结束。从此可努力读书，续成两部未完之书，幸何如之。年来多蒙两兄及部中同仁先后匡助，得免陨越，无任感激。

胡适又请将此电抄送孔祥熙、王宠惠、郭泰祺、翁文灏、王世杰。又告：离开华盛顿后馆务拟请饬刘锴暂代。（台北"国史馆"藏档，档号：0003014）

同日　郑天挺日记有记：

英文广播，据华盛顿消息，适之师将返国，魏道明继美大使任，其事甚怪。抗战以来，武人而外，功最大者莫逾于师，而师最忠且最宜于现职，今忽召还，而易以不学无术声名狼藉之魏道明，岂不将贻笑天下后世？……晚饭后谒孟邻师，以适之师回国事为问，始而疑，继而信，终以魏继为疑，谓或属之施肇基。且谓胡师名声太盛，遂为人忌耳。今之主事者不愿他人过之，故甲起则拔乙以敌之，乙起复拔甲、丙以敌之，终不使一人独擅盛名也。（《郑天挺西南联大日记》〔上〕，601 页）

同日　胡适电谢 William Hunt 寄送之道别讯息。因期望能留在纽约一段时间，回纽约后可与其见面。（中国社科院近代史所藏"胡适档案"，卷号 E-97，分号 6）

同日　胡适电辞 Robert G. Spivack 星期六晚上在 Atlantic Coast Network

作广播演说之邀约。（中国社科院近代史所藏"胡适档案"，卷号 E-404，分号 1）

同日　胡适复电 Mrs. Emma M. McLaughlin：没有机会可以访问太平洋海岸。感谢太平洋国际学会朋友的关爱。（中国社科院近代史所藏"胡适档案"，卷号 E-404，分号 1）

同日　陈布雷致电蒋介石，转陈胡适9月4日来电内容。重点谈道：

> 惟忠心耿耿，不能不向公作最后进言者，即继任人之声名庸劣，其妻事迹尤为前驻京沪使领馆旧人所习知，恐将使美国朝野轻视。美国开拓百五十年，未尝拒绝外交使节之同意，此次彼之复文，其为难情况甚明。今日消息发表以后，下午美京报纸已登载此次魏某之得选任，由于其妻之势力，并声言此次更动，宋外长事前并未与闻云云。此种消息，将来必层出不穷，于国家名誉损害非小。适前次所以隐忍不言者，以事涉本人去留，故先将本人使事赶办结束，始敢以国民资格，以朋友之谊，向公进言。为今挽救之计，最好由政府电召新任夫妇飞回受训，俟其在途，然后再选继任之人。适知美国朝野情形较深，不敢避嫌不言……（台北"国史馆"藏档，档号：001066220008021a，001066220008022a）

同日　陈布雷致电蒋介石，转陈胡适来电报告美国总统对中国更换驻美大使态度："美政府及人民对阁下奉召返国，表示深切惋惜，因其对阁下甚具信心，且阁下使美国人民澈底了解中国故也。……贵国政府既已决定将阁下召回，美国政府对魏道明博士继任，表示同意。"陈电又云："更换驻使，中央社待行政院决议，未发中文消息，顷与秉常、雪艇商洽，已发一简单新闻，因英美报纸均有登载也。"（台北"国史馆"藏档，档号：001066220008023a）

同日　陈布雷致电蒋介石：胡大使为国服务，备著辛劳，宜畀以名位。可否由行政院聘为高等顾问？（台北"国史馆"藏"蒋中正'总统'文物"，档号：002-090103-00004-101）

同日　Bradley Polytechnic Institute 校长 Frederic R. Hamilton 致胡适的备忘录中称：赫尔国务卿对于胡适卸任中国驻美大使的响应是：胡适是在华盛顿最有影响力的公共使者。（中国社科院近代史所藏"胡适档案"，卷号 E-219，分号 3）

同日　王世杰日记有记：

> 美国政府对于以魏道明继任中国驻美大使事，虽照例表示同意，实则颇感不满，美国舆论亦然。适之已向国务院及白宫辞行，并一面以上述情形报告蒋先生。……当三星期前，蒋先生嘱（陈）布雷向予言驻美使节更动问题，予曾力称魏君不适宜于此职。（《王世杰日记》上册，454页）

同日　郑天挺日记有记：

> 端升来，谈及适之师事，以为师在美不敷衍人，故为人所中，如颜骏人、李石曾、宋子文、顾少川诸要人往来美国者，师均未尝待以上宾之礼，故诸人亦有后言。一年来与宋尤隔膜，宋与李近，故魏继之说颇可信。端升意胡师卸职不如留美讲学，归国无事可做，在中央未必能舒展，回北大则更遭人忌，以为负气。其说甚是。（《郑天挺西南联大日记》〔上〕，602页）

9月5日　胡适应邀出席 International Student Service of the United States 举办的 The United Nations 并发表演说。出席的嘉宾还有 Mrs. Roosevelt、Mrs. Henry A. Wallace 等人。会议共分三大主题："The End of Imperialism" "The People's Century" "The Peace of Interdependence"。（中国社科院近代史所藏"胡适档案"，卷号 E-320，分号 8；卷号 E-466，分号 1；卷号 E-160，分号 3）胡适演讲的题目是 "Why, What and How?" 胡适说：

> ...
> ...In other words, the minimum objective we hope to achieve shall be a

1942年　壬午　民国三十一年　51岁

world order which will afford to all nations the freedom from fear of aggression and the means of dwelling in safety within their own frontiers...

...

...As one of you, I want to offer a few ideas as intellectual preparation for your task.

First of all we must rid ourselves of the prejudice that force is something inherently evil and to be avoided in any idealistic scheme of world reconstruction...

Secondly, we must learn that the old idea of balance of power will never work again, and must be replaced by a new concept of overwhelming power behind law and order...

And thirdly, we need not be alarmed by the idea of enforcing peace by a common pool of forces...

And lastly, my friends, we must not belittle the power of ideas in international reconstruction...（中国社科院近代史所藏"胡适档案",卷号E-49,分号122）

同日　赵元任致函胡适,云:叶理绥与霍金决定请胡适到哈佛研究。（《胡适遗稿及秘藏书信》第38册,446页）

9月6日　王宠惠复电胡适:

违教数载,想念为劳。吾兄使美有年,卓著勋绩,中美邦交,相得弥彰。一俟尊体检查完毕,盼即兼程返国,俾得畅聆教益。（《中华民国史资料丛稿》专题资料选辑第三辑《胡适任驻美大使期间往来电稿》,124页）

同日　《华盛顿邮报》刊登 Carolyn Bell 的"Diplomatic Circling":

"I HAD MY demotion—and now I am reinstated," says the retiring Chinese Ambassador, Dr. Hu Shih, in between packing to return to his native

China and his first love—teaching.

But not having quite that philosophic approach, Washington is chagrined that the humorous envoy, who has written such a colorful page into the town's diplomatic history, should be departing. And when he leaves, Dr. Hu will take a little bit of China back with him, and a great deal of these United States.

No, he has not missed a visit to one of the 48 States. But under the heading of unfinished business, the poet-lecturer-diplomat has 17 States yet to live in and to lecture in. When Dr. Hu Shih accepted his post as ambassador to this country some five year ago, he made it quite clear to the "powers that be" that he would not be a "begging" ambassador. And he has stuck to his guns. Instead of demanding money, supplies, etc., for China he has traveled 37,000 miles (on one lecture tour alone) speaking, in China's behalf. His approach to diplomacy has been revolutionary—and highly successful.

ASKED FOR a comment on his most pleasant memory of this country, Dr. Hu, with true Oriental politeness, said "the press". Unlike many of his diplomatic colleagues, he is fond of publicity, as befits an ambassador who has received the best press of any foreign diplomat to come to this country. And that goes for his trips to Canada as well.

But now Hu Shih must pack up his belongings and go home. And those belongings are causing no little trouble. "I came to your country with one book and am returning with 3000," he said with a chuckle. "My only luxury" added the gentleman who is looking forward, once again, to his days as a professor of Chinese philosophy.

HE HAS HIGH hopes of returning now that he has been "restored" to professional rank, to the National University of Peking which is now in exile in South Western China. In a world aflame with battle, Hu Shih feels that his pet subject, philosophy, is more important than ever before. However, he shall

1942年　壬午　民国三十一年　51岁

probably remain in this country a while getting a much needed rest before starting off on the difficult trek back to the Land of the Dragon.

Although he goes, the man who has probably told more Americans about China than any other, will leave his two sons behind. Hu Tsu Wang, just like any other American boy, has put his shoulder to the wheel to make the American effort a success. A graduate in mechanical engineering from Cornell University, he is working in the Studebaker plant in South Bend, Ind. Meanwhile, Hu Ssu Tu is a student at Haverford College and will remain here to continue his studies.

Ambassador Hu has not heard from his wife since February and consequently does not know what part of China she is in. He has not seen her since leaving his homeland in 1937.

ALTHOUGH Dr. Hu's stupendous number of honorary degrees—received in universities all over the country—are, by now, legendary, he says his dissertation on "The Development of Logical Method in Ancient China" is the only doctor's degree he ever worked for. But that is far from truth—no diplomat has rendered his country greater service than has this scholarly little man with a ready smile.

During his stay here the ambassador has indulged in a number of hobbies, so-called... he still takes great delight in writing poetry and recalls the ancient days when a requirement for a diplomatic post was a good sonnet... he fell victim, shortly after his arrival, to that good, old American custom of collecting match covers... he likes to feed the gold fish in the pool at Twin Oaks... and take long hikes over the countryside.

Now maybe he will send me a cup of tea. (《华盛顿邮报》，1942年9月6日）

9月7日　翁文灏致电胡适：

兄任使职四年，鼓吹正义，联固邦交；与美国当局之方针既能谊切同舟，为吾国抗建之前途实基奠磐石；功在国家，为外交史中难得可贵之成绩。值兹积劳暂退，弥切仰佩。何时返国，抑暂仍留美，尚盼赐示为幸。(《中华民国史资料丛稿》专题资料选辑第三辑《胡适任驻美大使期间往来电稿》，124页)

9月8日 行政院会议决议：胡适另有任用，应予免职，遗缺以驻法大使魏道明调任。同日，蒋介石电聘胡适为行政院高等顾问。(台北"国史馆"藏"蒋中正'总统'文物"，档号：002-090106-00016-123)

同日 蒋梦麟致电胡适，请其返校。(《郑天挺西南联大日记》〔上〕，103页)

同日 胡适函谢 W. R. Schubart 之9月2日的来电告知 The Bank of the Manhattan Company 的 Goodhue 总裁邀请在9月17日或9月24日共进午餐(中国社科院近代史所藏"胡适档案"，卷号 E-336，分号9)，因卸任大使之后期望能获得较长的休息，故辞谢此邀约。(中国社科院近代史所藏"胡适档案"，卷号 E-109，分号4)

同日 王世杰日记有记：

政府发表以魏道明继胡适之为驻美大使，中外均感触望。适之于向美国务院及总统辞行后，致电蒋先生，力称魏甚庸劣，美报已有指摘，并谓宜设法另易他人。电中并推荐郭复初与蒋廷黻。(《王世杰日记》上册，455页)

9月9日 The Commonwealth Club of California 的行政秘书 Stuart R. Ward 致函胡适：确认昨天下午与 Victor Kwong 的谈话，关于 The Commonwealth Club of California 邀请胡适于适合的日期为成员们进行演说之事。(中国社科院近代史所藏"胡适档案"，卷号 E-370，分号3)

同日 美国之"中国救济赈灾委员会"致电蒋介石云，胡适大使之工作非常成功，美国人民对其因钦仰而显示十分好感，同人等希望其回国后

能有更重大之位置安插也。(台北"国史馆"藏"蒋中正'总统'文物",档号:002-090103-00004-105)

9月10日　胡适致函王世杰、傅斯年、钱端升、翁文灏、周炳琳、张忠绂,云:

> 我出国五年,最远因起于我写给雪艇的三封长信(廿四年六月),尤其是第三封信(廿四·六·廿七);次则廿六年八月尾蒋先生的敦促,雪艇的敦劝;但最后的原因是廿六年九月一夜在中英文化协会宿舍孟真的一哭。
>
> 孟真的一哭,我至今不曾忘记。五年中,负病工作,忍辱,任劳,都只是因为当日既已动一念头,决心要做到一点成绩,总要使这一万三千万人复认识我们这个国家是一个文明的国家,不但可与同患难,还可与同安乐。四年成绩,如斯而已。
>
> 当四年前我接受使命时,老妻冬秀曾写信来痛责我。我对他说:我们徽州有句古话"留得青山在,不怕没柴烧"。青山就是我们的国家,我们今日所以能抬头见世人者,正是因为我们背上还有一个独立的国家在。我们做工,只是对这个国家,这青山,出一点汗而已。
>
> …………
>
> 我的使命已完全结束。今寄上"尾声"文件若干,以代报告:
>
> 1. 介公八月十五电
>
> 2. 答介公八月十五电
>
> 3. 外部八月十七日电
>
> 4. 答外部电(八月廿一日)
>
> 5. 美代外长私函(八月廿八日)
>
> 6. 美政府答复征求同意函(九月一日)
>
> 7. 美外长回京后私函
>
> …………
>
> 我的计划是先往纽约受医生详细检验,然后决定何时归来。我在

廿七年十二月四夜得心脏病，曾住医院七十七天。三年半以来，虽未曾复发，但医生不许我高飞，前年三月，今年二月，曾飞过八千尺，但医生甚虑我不能飞万尺以上。一年中体重减去十四磅，医生要我休息几个月，先把身体养好了，再作归计。九月十五日离美京，一星期内身体检查定可有报告。

有几个大学，纷纷邀我去教书，都已谢却，告以三五个月内不能考虑此事。实因急须绝对休养，并须绝对学做哑巴也。(《大陆杂志》第 93 卷第 3 期，14～15 页）

同日　胡适复电蒋介石：

适自民国二十三年第一次致公书以来，每自任为国家作诤臣，为公作诤友。此吾国士大夫风范应尔，正不须名义官守。行政院高等顾问一席，敬乞准辞，想能蒙公鉴原。顷得西南联大梅、蒋两校长电，令适回校教书。一俟医生检查身体后，倘能胜高飞，当即作归计。(《胡适、叶公超使美外交文件手稿》，220 页）

同日　胡适在友人所赠的 Biography of Ezra Cornell, Founder of the Cornell University 一书上有题记：

Mrs. Charles J. Bell, a daughter of Mr. Hubbard and owner of Twin Oaks, gave me this volume as a souvenir of my four years' residence at Twin Oaks, Hu Shih, Sept. 10, 1942。(《胡适藏书目录》第 3 册，2170 页）

同日　陈仪致电胡适：奉院长谕，敦聘先生为本院高等顾问。(《中华民国史资料丛稿》专题资料选辑第三辑《胡适任驻美大使期间往来电稿》，124 页）

同日　哥伦比亚大学中国与日本系教授 L. Carrington Goodrich 函邀胡适来哥伦比亚大学任教。(中国社科院近代史所藏"胡适档案"，卷号 E-210，分号 6 ）

同日　Quincy Wright 致函胡适：若您有意教书，邀请您前来芝加哥大学担任教职。（中国社科院近代史所藏"胡适档案"，卷号 E-390，分号 2）

同日　明尼苏达大学植物学教授 W. S. Cooper 致函胡适云：遗憾您卸任驻美大使即将离开美国。收到汤佩松自昆明的来函以及他的有关农业哲学的手稿，汤佩松望此稿能在美国出版。汤佩松也期望能回美国继续研究。（中国社科院近代史所藏"胡适档案"，卷号 E-163，分号 3）

9月11日　胡适飞抵田纳西州纳什维尔，到 Peabody College 为 Chinese Students Association of the South 第六届年会发表演说，同时受邀为 The Nashville Chamber of Commerce 发表演说。胡适演讲的题目是"To Win and Keep the Peace"。胡适说：

> ...We are all confident that the United Nations will come out completely victorious in our common war against our common enemies. But we are also interested in the kind of peace, the kind of future world, that will come after this war.
>
> ...
>
> In short, we want a new world order which will devote its first efforts to the organization of the economic and military power of the post-war world for the effective enforcement of international peace and order...（《胡适全集》第 38 卷，676～687 页）

按，3月28日，Peabody College 的 Chinese Students Association of the South 主席 Alice Wong 函邀胡适于9月10日至12日出席该组织的第六届年会。5月9日，胡适的秘书复函 Alice Wong，接受这一邀约。George Peabody College for Teachers 校长 S. C. Garrison 得悉胡适接受这一邀约之后，乃于5月22日函邀胡适作其嘉宾，胡适亦接受这一邀约。The Nashville Chamber of Commerce 主席 T. Graham Hall 从 S. C. Garrison 处得知胡适的这一行程后，乃于7月22日函邀胡适为 The Nashville Chamber of Commerce 发表演说，胡适亦接受这一邀请，于7

月28日分别致函T. Graham Hall、Alice Wong，谈自己此行的演说安排意见。其后，胡适又就具体行程与以上相关人士函电往还不断。可参考：中国社科院近代史所藏"胡适档案"，卷号 E-387，分号 1；卷号 E-466，分号 1；卷号 E-207，分号 4；卷号 E-96，分号 4；卷号 E-114，分号 11。

又按，"外研社版"《胡适英文文存》（三）收入此文时，编者所加中文提要说：

世界反法西斯战争的目标，可以用《大西洋宪章》的八大准则来概括。借鉴威尔逊总统世界和平计划失败的教训，胡适对世界反法西斯联盟实现世界和平的方案充满信心。以下三大因素确保世界和平的实现：（1）反法西斯联盟内部没有侵略国；（2）联合国家当中不存在领土扩张和利益分赃的秘密条约；（3）世界各国在战争中更清醒地认识到有效维护和平的意义。

同时，胡适也告要警惕过分乐观主义和顽固成见的阻碍。胡适引用帕斯卡尔的名言结尾：没有武力保障的和平无能为力。非正义的武力将沦为暴政。因此，我们必须把正义和武力联合起来。（该书215页）

同日　Louise Wright致函胡适，期望胡适能至 The Chicago Council 演讲国际关系以及战后的中国。（中国社科院近代史所藏"胡适档案"，卷号 E-390，分号 1）

9月13日　国民政府令："驻美大使胡适、驻法大使魏道明，另有任用，均应免职。又令：任魏道明为中华民国驻美利坚合众国特命全权大使。"（《中华民国史资料丛稿》专题资料选辑第三辑《胡适任驻美大使期间往来电稿》，124页）

同日　孙观汉致函胡适，赞颂胡适在太平洋战争以前主持的"正义外交"在世界和我国的外交史上是不朽的，尤可于本周的《时代》杂志上得之。打胜仗易，打胜和平难，希望胡适放眼于将来的和平问题上。（《胡适遗稿及秘藏书信》第32册，696～697页）

9月14日 胡适致电翁文灏云，江冬秀夫人二月来函告将去金华，函到时金华已陷落，后再无续讯，拜托翁设法询问竹垚生或程士范得一确耗电示。（中国社科院近代史所藏"胡适档案"，卷号2029，分号1）

同日 胡适复电孔祥熙：

承问需助否，至感。弟到任之日，即将公费与俸给完全分开，公费由馆员二人负责开支。四年来每有不足，均实报请部补发。弟俸给所余，足敷个人生活及次儿学费。归国川资已请部照发，乞释念。前经管之宣传费项下，亦尚有余款，俟将未了各项结束后，当详报。（《中华民国史资料丛稿》专题资料选辑第三辑《胡适任驻美大使期间往来电稿》，125页）

按，9月7日，孔祥熙致电胡适，询"有何需助"。（《中华民国史资料丛稿》专题资料选辑第三辑《胡适任驻美大使期间往来电稿》，124页）

同日 William Benton 函邀胡适来芝加哥为 Oriental Institute 的成员们发表演说。（中国社科院近代史所藏"胡适档案"，卷号E-127，分号5）

同日 南加州大学哲学系主任 Ralph Tyler Flewelling 函邀胡适来该校任教。（中国社科院近代史所藏"胡适档案"，卷号E-198，分号5）

9月15日 霍恩贝克致函胡适：对胡适的卸任表示遗憾。总统、国务卿等重要政府官员都称许您在任时的贡献，祝福您未来之发展。（中国社科院近代史所藏"胡适档案"，卷号E-231，分号2）

9月16日 胡适致电徐培根：

族侄胡思涛，因事被株连，其事始末，略详附件中。此事拟烦兄便中代为托人一查问。如系无辜，甚盼主管机关能准其保释。如已释放，亦乞便中见示，以便放心。（《胡适遗稿及秘藏书信》第19册，368页）

同日 胡适电谢杜威9月11日来函（中国社科院近代史所藏"胡适档

案"，卷号 E-177，分号 1）：将在 9 月 17 日抵达纽约，应可与其见面。（中国社科院近代史所藏"胡适档案"，卷号 E-92，分号 7）

同日　胡适函谢 Gordon Canfield 之多年协助，并请代向 Y's Men's Club of Patterson 致谢，将会珍惜荣誉会员资格。（中国社科院近代史所藏"胡适档案"，卷号 E-91，分号 3）

同日　胡适复电科罗拉多大学的 Earl Swisher：感谢 8 月 13 日与 9 月 14 日的来函（中国社科院近代史所藏"胡适档案"，卷号 E-354，分号 6），遗憾由于不确定的行程使我必须取消在 12 月末举行的 American Historical Association 的远东午宴上发表演说的邀约，致以诚挚歉意。（中国社科院近代史所藏"胡适档案"，卷号 E-466，分号 1）

9 月 17 日　胡适致电外交部：

> 昨已正式通知美政府，适定本月十七日离馆，已嘱刘（锴）代办移交手续，并拟请电令刘公使于魏大使未接任以前暂代馆务。（台北"国史馆"藏档，档号：0003016）

同日　胡适又致电外交部：适明日离华盛顿赴纽约检查身体，4 年使事幸告结束。临行有两事奉陈：一为刘锴增加薪俸事，一为请求授权购买双橡园以作永久馆社（前为租借，将到期）。（台北"国史馆"藏档，档号：0003017）

9 月 18 日　胡适离开华盛顿的驻美大使馆，迁住纽约。同事诸人都到站送行。（据《日记》）

9 月 19 日　Northwestern 大学政治科学系教授 Kenneth Colegrove 致函胡适：该大学的 The Harris Lecture Committee 邀请您于 1942 年 11 月为 Northwestern 大学进行 6 场演说，并期望您能提供手稿给 Northwestern 大学出版。拟邀请您演讲有关中国民主对于新的世界秩序以及远东的未来发展的贡献，附寄 1940 年 André Géraud 的演说稿供参考。（中国社科院近代史所藏"胡适档案"，卷号 E-161，分号 2）

同日　Edith W. Phillips 致函胡适：新大使将在 21 日抵达，您的个人档案以及演讲之档案将放在 Mr. Liu 的房间，也会将信件寄给 C. K. Leith。（中国社科院近代史所藏"胡适档案"，卷号 E-317，分号 2）

9月24日　胡适复函韦莲司小姐，为告大使卸任后，18日离开华盛顿，以及将搬入纽约的公寓，住址是东81街104号。另及辞谢出任内阁高级顾问事及数个美国大学聘请教书事。（《不思量自难忘：胡适给韦莲司的信》，250～251页）

9月25日　美国国务卿赫尔函谢胡适提供照片，以及胡适在1942年3月23日在华盛顿发表的演讲稿，有助于对远东事务的了解。（中国社科院近代史所藏"胡适档案"，卷号 E-398，分号 1）

9月27日　胡适致函赵元任，告前晚才搬定房子，这一个月忙得头昏脑乱。现在没有什么计划，多睡觉，少说话，少见客。又云：

> 请我教书的有 Harvard，Cornell，Columbia，Univ. of Chicago，Univ. of Wisconsin，Barnes Foundation（Where Bertrand Russell is teaching）etc. 但我此时都没有决定。心里颇这么想：若公开教书，似宜远离东部大城市，故 Wisconsin 似最适宜？ Barnes Foundation 只须每周一次讲演，一切自由，其地在 Philadelphia 的乡下，地名 Merion，Pe.，颇僻静，主人是 Dewey 的学生，Dr. A. C. Barnes，发明"argyrol"而发大财，也颇能容人。故此地也有特别 attraction——尤其是"自由"与"闲暇"。但别地如 Harvard 等，因书籍多，当然也有大引诱力。
>
> 但这种种，现在我都不想，也等我把觉睡够了，然后想他！
>
> …………
>
> 在哈佛的余博士，忽然官兴大发，要去帮郑博士的忙。我正色劝他，"不要玷辱牛津与哈佛！"他居然不很生气，还对人说，"胡先生说的有理"。他居然离开华府，回哈佛去了。（此段请勿示人，亦不必告人。）
>
> 我自己觉得这回"退休"，真是我个人万分侥幸！此时若不走，三五年中怕走不掉。我是五十一岁的人，有几个"三五年"可以浪费？所以我对刘锴诸友说："我一生真是运气好。最好的运气有三个时期：（1）

辛亥革命我不在国内，而在外国求学。（2）国民革命（1926—27）我又不在国内。（3）国人抗战五年，我又得跑来外国，毫没吃着苦，反得了绝大的荣誉。现在好像我交第四个好运气了！"

我的书籍给我不少累赘！我离家时，只带一册石印的《孟子》上飞机，此时有三千册书了！……

State Department 的 Cultural Relations 有一张名单，是"中国学者"，他们想请出来。我特别推荐丁声树了。那个清华算学家，我一时没寻着他的原信。你若有钞本，可否寄一份给 Mrs. John Fairbank，请他们特别加入此人？（《鲁迅研究月刊》2020 年第 2 期，58～59 页）

9 月 28 日　E. J. Tarr 致函胡适，遗憾胡适卸任中国驻美大使；仍期望胡适能参加 12 月的太平洋国际学会的会议。（中国社科院近代史所藏"胡适档案"，卷号 E-356，分号 11）

9 月 30 日　戴笠致电宋子文，其中提道：

吾驻美大使易胡（适）为魏（道明），国内各方感想不佳，美国旅华人士，闻亦有不满表示，乞公注意及之。（转引自林博文：《张学良、宋子文档案大揭秘》，上海人民出版社，2010 年，176 页）

9 月　胡适在 Asia 杂志发表 "India Our Great Teacher" 一文。在文章最后，胡适说：

My people, therefore, enthusiastically welcome India as an old teacher, an old friend and a new comrade in arms. May this new comradeship lead us into another long period of new cultural relationship in which we may march hand in hand in receiving from and contributing to the new civilization which shall be neither eastern nor western but truly universal. India and China should work together, fight together and rebuild our cultural life together...（中国社科院近代史所藏"胡适档案"，卷号 E-47，分号 114）

1942年　壬午　民国三十一年　51岁

10月

10月2日　美国驻华大使高斯致电国务院，其中说道：

I learned a few days ago that at a recent meeting of the Executive Yuan the matter of articles unfavorable to China appearing in the American press was discussed, and it has also been intimated to me that at this meeting there was comment on American press editorials regarding the retirement of Dr. Hu Shih as Ambassador at Washington, there being some inclination to believe that these editorials commendatory of Dr. Hu Shih and expressing regret at his replacement were in fact intended to be critical of the Chinese Government.

While I have been seeing the Political Vice Minister of Foreign Affairs recently—and since the date of the reported meeting of the Executive Yuan—he has not mentioned the subject to me in any way. If he had done so, I should have taken occasion to explain to him in the usual formula the matter of freedom of press in the United States.

The Chinese Government and the Kuomintang are supersensitive to all criticism or comment in any way unfavorable to China, notwithstanding that some such criticism may at times be well deserved and perhaps may even be beneficial.

I have suggested in my telegram that the Department of State may wish to indicate the reply, if any, to be made to the representations of the Chief of the Information Department of the Ministry of Foreign Affairs.（*FRUS*, 1942, Vol. V: *The Far East*, p.157）

10月4日　王毓铨致函胡适，讨论《秦汉史料初稿》中的换算与翻译问题。(《胡适遗稿及秘藏书信》第24册，452～454页）

10月6日　郭泰祺致函胡适，云：

兄持节四年，誉满寰瀛，功在国家，一旦去职，中外同深惋惜。其难进（弟所知）易退（亦弟所知）有古人风，尤足为士林矜式。而弟于惋惜之余，颇有吾道不孤之感……

友好中谓此次之事"其戏剧性不减于去冬十二月之事"。弟意二者固不可相提并论，然国人之骇异可见一斑矣。

近阅报载言美各大学纷纷请兄留美讲学。鄙意兄若能勉徇其请，似较"即作归计"之为愈。因在目前情况之下，兄果返国，公私两面或均感觉困难，于公于私，恐无何裨益。因爱兄之深，故冒昧直言之，兄其不以我为多事乎！？（据胡适10月28日《日记》）

同日 王世杰告外交次长傅秉常：胡适任大使时，殆毫无积蓄。外交部于其回国旅费应从优拨给，俾勉艰窘。傅以为然。（《王世杰日记》上册，460页）

同日 Benjamin H. Kizer 函告胡适：您被邀担任华盛顿大学冬季的 Walker-Owen 讲座教授，希望能接受此邀约。Benjamin H. Kizer 又拜托 Edward C. Carter 劝胡适接受此邀约。（中国社科院近代史所藏"胡适档案"，卷号 E-255，分号 9；卷号 E-146，分号 1）

同日 Evalyn McLean 电邀胡适出席在10月25日欢迎菲律宾总统以及 Madame Quezon 的晚宴。（中国社科院近代史所藏"胡适档案"，卷号 E-317，分号 2）

10月10日 胡适在其著《颜李学派的程廷祚》一文的抽印本上题道：

此篇大体不错。其中论绵庄中年以后态度转变处，似太偏重他的表面变节，可以改正。材料大致不错，编制可以改定。大概传记部分可以改简单些，把几件重要文件（如与鱼门书等）抽出留在下半篇。陈援庵藏有绵庄《与袁随园札》，可以采入。（《胡适藏书目录》第1册，449页）

10月15日 罗斯福总统函谢胡适赠送3月23日在华盛顿发表的演讲

稿"China, Too, is Fighting to Defend a Way of Life",已经由国务院转交。(中国社科院近代史所藏"胡适档案",卷号 E-329,分号 10)

同日 Northwestern 大学政治科学系教授 Kenneth Colegrove 复函胡适:已收到 10 月 15 日的电报,得悉您无法在 1942 年为 Northwestern 大学的 The Harris Lecture Committee 进行演说,期望 1943 年您可以。感谢您对于 Evelyn Yuen 小姐攻读硕士学位的建言,建议对于 Evelyn Yuen 小姐可以"The Chinese Foreign Office"做题目。(中国社科院近代史所藏"胡适档案",卷号 E-161,分号 2)

10 月 16 日 胡适接受纽约州立大学授予的荣誉博士学位,又应 George Stoddard 之邀出席 The 78th Convocation of the University of the State of New York 的晚宴。(中国社科院近代史所藏"胡适档案",卷号 E-466,分号 1)

同日 Phi Beta Kappa of the United Chapters 的秘书兼编辑 William Allison Shimer 致函胡适:得知您不能接受邀请于 11 月 10 日进行演说。我再代表 The Executive Committee of the United Chapters 邀请您于 12 月 30 日在 The American Association for the Advancement of Science 纽约市举行的冬季会议上发表演说,您可自定题目,演讲会刊登在 *The American Scholar* 杂志上,也会致赠酬金,期望您能接受此邀约。(中国社科院近代史所藏"胡适档案",卷号 E-342,分号 3)

10 月 17 日 蒋介石在其《上星期反省录》中记道:

> 胡适乃今日文士名流之典型,而其患得患失之结果,不惜借外国之势力,以自固其地位,甚至损害国家威信而亦所不顾。彼使美四年,除为其个人谋得名誉博士十余位以外,对于国家与战事毫不贡献,甚至不肯说话,恐其获罪于美国,而外间犹谓美国不敢与倭妥协,终至决裂者是其之功,则此次废除不平等条约以前,如其尚未撤换,则其功更大而政府令撤更为难矣!文人名流之为国,乃如此而已。

10 月 19 日 Raymond Sanford 来访。胡适送花与 Dr. John Dewey,贺

其 83 岁生日。请李国钦一家吃饭，贺其夫人生日。复电威斯康辛大学校长 C. A. Dykstra：

> Hesitation due to (1) strong desire to avoid teaching altogether and to resume my own historical research work, and (2) my serious doubt as to usefulness of my brief sojourn to Wisconsin.
>
> For these reasons I again recommend my esteemed friend Dr. Chen Shouyi about whom I wired you in August. In him you will find a first-class scholar, teacher, and organizer. Kindest regards.（据《日记》）

按，C. A. Dykstra 分别于 9 月 17 日、10 月 5 日、10 月 19 日致函胡适，希望与胡适讨论有关威斯康辛大学建立 Institute on Far Eastern Affairs 的计划。（中国社科院近代史所藏"胡适档案"，卷号 E-183，分号 3）

同日 The Literary Society 主席 Thomas M. Spaulding 函邀胡适参加 11 月 7 日举行的 The Literary Society 的会议，会上将由 Mr. O'Brien 担任演讲者。（中国社科院近代史所藏"胡适档案"，卷号 E-347，分号 4）

10 月 20 日 胡适与洛克菲勒基金会的 Dr. David Stevens 及 National Council of Learned Societies 的 Dr. Waldo Leland 同饭，他们要胡适谈将来的计划。胡适表示：想不教书，只想动手写"中国思想史"。Dr. David Stevens 表示，洛克菲勒基金会愿意供给胡适费用，专做此项工作。Dr. Waldo Leland 希望胡适不时指导美国方面想做的文化沟通工作。（据《日记》）

10 月 21 日 Gustare Joseph Noback 邀胡适到 New York Univ. 吃饭。他要给胡适塑像（Noback 专治解剖学，以余力作雕刻，成绩颇好），故邀胡适前去量全身尺寸，照了许多相片。又谈论画家与发明家的关联性等。（据《日记》）

同日 John Kirkland Clark 函邀胡适出席 The American Association for the Advancement of Science 的会议并发表演说。（中国社科院近代史所藏"胡适档案"，卷号 E-158，分号 4）

1942年　壬午　民国三十一年　51岁

10月22日　斯坦福大学校长R. L. Wilbur致函邀胡适于1942年冬季至1943年春季（1943年1月至6月）担任斯坦福大学的访问教授，参与由洛氏基金会所支持的斯坦福大学New School of Humanities的活动。（中国社科院近代史所藏"胡适档案"，卷号E-375，分号9）

同日　Claude C. Bowman函询胡适何时可到Temple大学访问以及对学生演说。（中国社科院近代史所藏"胡适档案"，卷号E-134，分号20）

同日　William Draper Lewis致函胡适，为胡适将接受邀请参加美国法律学会于11月5日至7日举行的聚会而感到高兴。（中国社科院近代史所藏"胡适档案"，卷号E-267，分号9）

10月24日　Charles E. Martin电告胡适：胡适的研究计划符合华盛顿的访问学人计划。（中国社科院近代史所藏"胡适档案"，卷号E-288，分号1）

10月26日　Claremont Colleges的Robert J. Beruard函邀胡适在明年1月或2月初来就国际事务发表演讲，题目可由胡适自定；并邀请在晚宴上为Claremont Colleges的朋友演说。（中国社科院近代史所藏"胡适档案"，卷号E-128，分号3）

同日　王世杰日记有记：晚间蒋介石宴全体参政员，宋子文亦被邀参加。宋演说：中美外交形势之完满，与胡适或其他任何人无关。宋氏此言，颇为教育界人士所轻，盖胡使之去职由于宋之排斥，久为外间所知也。（《王世杰日记》上册，464页）

同日　王景春函谢胡适寄赠照片。并云：很遗憾得知您卸任大使离开华盛顿。认为胡适担任大使的4年期间贡献良多。期待胡适更健康以更好地为中国服务。（中国社科院近代史所藏"胡适档案"，卷号E-369，分号1）

10月27日　Charles E. Martin电告胡适：Walker Ames基金会邀请胡适从1月4日至3月9日担任访问教授，期望胡适能接受。（中国社科院近代史所藏"胡适档案"，卷号E-288，分号1）

10月28日　恒慕义函寄8册 *Bulletin of the American Association of University Professors* 给胡适，内有氏著 *China and the Democratic Way*。（中国社科院近代史所藏"胡适档案"，卷号E-237，分号2）

10月30日　American Institute for Iranian Art and Archaeology the Architectual Survey 主任 Arthur Upham Pope 致函胡适，希望会面。并希望胡适对该组织的工作提出建议。（中国社科院近代史所藏"胡适档案"，卷号 E-318，分号 8）

10月　胡适在 Asia 杂志发表 "Chinese Thought"，大要是：

……中国思想史的历史，可以分为三个主要时期。耶稣纪元前的一千年为上古时期。伟大的中古佛教及道教时代，以及一直通过了纪元后一千年的全部时间，都为中古时期。而近世这一时期，则为中国理智复兴期；这一时期，远从第十世纪大规模的刊印书籍，以及第十一世纪、第十二世纪新孔子学派起来的时代起，一直延长到我们这个时代。每一时期，都占了将近千年的光景。

中国思想史的上古时期，可说是古典时代。从那时传下了一些前于孔子的古典作品，诗歌的，历史的，关于行为轨范的，关于宗教崇拜的；此外当然还有许多大哲学家的作品，如老子及孔子、墨翟，一直到孟子、庄子及韩非——这可称之为中国学术的"旧约全书"时代。这个上古时期，不独为所有后来各时代的中国思想史确定了一个主要的模型，而且也提供了许多灵感和智慧的工具，使中国中古及近世思想家们，可以用来做凭藉，去为哲学及文化的复兴而努力工作。简单说来，古典中国的理智遗产，共有三个方面：它的人文主义，它的合理主义，以及它的自由精神。

其所以成为人文主义的，是为了它始终而且明显的注意人类的生活，人类的行为，以及人类的社会。……

其次，中国古典思想之所以成为合理，成为唯理智主义的原因，是由于他对于智识、学问和思想的重视。……

……注重程度，各有不同。这一类的差别，在两种不同的性情之间，本是些很自然的差别。这两种性情，威廉詹姆斯氏曾把一个称之为"软心肠的性情"，把另一个称之为"硬心肠的性情"。中国思想从未诉之于超自然的或神秘的事物,以作为思想或推理的基础。从这一点看,一般说来,中国思想是始终唯理的。而且,它的所有正统学派,对于知识和考察,都十分重视。再从这一方面看,它确是偏重于唯理智主义者的态度。

人文主义者的兴趣,与合理及唯理主义者的方法论结合起来,这一结合,就给予古代中国思想以自由的精神。而且对于真理的追求,又使中国思想本身得以自由。……

…………

这个古典时代三重性质的遗产,就成为后来中国各时代文化与理智生活的基础。……

虽然当中曾经有过一千年的时光,一般人都集体改信佛教,也还并没有能够根除这个遗产。……

中国反抗佛教的最大代表,及大声疾呼得最厉害的领袖,是韩愈。……

…………

十二世纪中,朱熹学派曾特别注重对于知识采取唯理主义的态度。这一派的口号是"致知在格物"。主张"今日格一物,明日格一物","主于用力之久,而一旦豁然贯通焉,则众物之表里精粗无不到,而吾心之全体大用无不明矣。"

这种严格唯理主义者的精神及方法论,在中国思想里,就产生新的唯理主义。可是因为没有对于自然本身实验及处理的传统和技术,终至于,这种科学的思想,并没有能够产生一种自然科学,可是它的精神,却渐渐在历史及哲学的研究中被觉察出来了。……

……中国现存的最老哲学家吴敬恒,曾经告诉我一个故事。他早年的时候,去见江阴南菁书院的山长黄以周。当他走进山长室时,他看见墙上挂着山长自己用大字泼笔写着的对联。那对联上八个字说:"实事求是,莫作调人"。

数年前,当我浏览我父亲未刊行的著作时,我寻到七十年前他在

上海龙门书院所做的许多卷札记。每页顶上都用红字印着一段格言。其中一部分说:"学生研究任何题目时,都必须有先用怀疑的精神。"

以怀疑态度研究一切:实事求是,莫作调人。这就是那些中国思想家的精神,他们曾使中国理智自由的火炬,永远不熄。也就是这个精神,方使中国的思想家们,在这个新世界上,新时代中,还觉应完全的自如与合适。(《胡适之先生年谱长编初稿》第五册,1785～1791页)

11月

11月2日　Arthur Linz 函寄1份 The Pirotechnia of Vannoccio Biringuccio 的翻译本与胡适,并期望能与胡适再会面。(中国社科院近代史所藏"胡适档案",卷号 E-274,分号2)

11月3日　胡适托刘诒谨带礼物与赵元任,祝贺赵之整50岁生日。(《鲁迅研究月刊》2020年第2期,59页)

11月5日　L. Carrington Goodrich 函谢胡适为哥伦比亚大学的 The Chinese Relief Party 赠送亲笔签名书,已把此书和《纽约时报》的评论一同转给委员会。期望能与胡适见面。(中国社科院近代史所藏"胡适档案",卷号 E-210,分号6)

同日　Joseph P. Chamberlain 函邀胡适出席11月23日在 The Cosmopolitan Club 举行的庆祝 The Survey Associates 30周年晚宴。(中国社科院近代史所藏"胡适档案",卷号 E-148,分号4)

11月6日　Stephen C. Clark、Frederick H. Wood 分别函邀胡适出席于11月10日在现代艺术博物馆举行的"Art of Fighting China"开幕仪式。(中国社科院近代史所藏"胡适档案",卷号 E-158,分号5;卷号 E-388,分号3)

11月8日　李约瑟函谢胡适昨日与其谈话,并询胡适可否写信给叶企孙(Yeh Chih-Sun)以及中研院史语所的所长傅斯年介绍自己,并随函寄上

1942年　壬午　民国三十一年　51岁

他研究中国科学史与中国科学思想史（The History of Science and Scientific Thought in China）的笔记给胡适，欢迎胡适提供意见与批评。（中国社科院近代史所藏"胡适档案"，卷号 E-308，分号 1）

11月10日　应 Phi Beta Kappa Associates 主席 Dave Hennen Morris 的邀请，胡适出席该组织在纽约的世界学生会举行的晚宴并担任主题演讲者。（中国社科院近代史所藏"胡适档案"，卷号 E-304，分号 5）

11月11日　C. A. Dykstra 电询胡适可否下星期二后在纽约的 Rockefeller Center 共进早餐，敬请告知确定时间和地点。（中国社科院近代史所藏"胡适档案"，卷号 E-183，分号 3）

11月12日　杜克大学校长 R. L. Flowers 电邀胡适出席该校于 12 月 1 日举办的 James A. Thomas 纪念室开幕式，并发表演说。（中国社科院近代史所藏"胡适档案"，卷号 E-198，分号 7）

11月13日　刘驭万致胡适函：没有在中国的社论看到对于您卸任中国驻美大使的意见，目前正在 Bureau of Commodity Control 以及中国太平洋学会工作。（中国社科院近代史所藏"胡适档案"，卷号 E-275，分号 7）

11月16日　Northwestern 大学的政治科学系教授 Kenneth Colegrove 复函胡适：接到您 11 月 14 日的电报后，Arthur E. Case 教授召开 Northwestern 大学 The Harris Lecture Committee 的会议讨论您莅临演讲之事，建议以"Reconstruction of Asia"或您有关中国历史研究的题目为题。（中国社科院近代史所藏"胡适档案"，卷号 E-161，分号 2）

11月17日　The China Society of America 副主席 Mrs. Owen Roberts 函邀胡适作为嘉宾出席 12 月 3 日该组织在 The Waldorf-Astoria 举行的向中国驻美大使魏道明致敬的晚宴。（中国社科院近代史所藏"胡适档案"，卷号 E-328，分号 2）

11月19日　霍恩贝克备忘录：

It appears that late in February or early in March 1942, in the course of a conversation between the President and Dr. T. V. Soong there came up a

105

suggestion that Chiang Kai-shek send to this country a highly qualified military representative; and that the President expressed to T. V. Soong a desire that that action be taken. Thereupon T. V. Soong apparently informed Chiang Kai-shek of this conversation and urged that such a military representative be sent at once. [At that time the Chinese Ambassador informed Mr. Hornbeck of those developments, saying that he, the Ambassador, felt that this was not a desirable course but that he understood that the President had indicated that he especially desired that this be done, under which circumstances, he said, he and his associates could not oppose it.]

On March 11 the American Ambassador at Chungking telegraphed the Department that announcement of the personnel of the Chinese Military Mission which was to go to Washington had been made on the previous day at a press conference and the Embassy, upon request from the Foreign Office, had issued diplomatic visa for eight persons named. In that telegram there followed brief sketches, with comments, of the members of the Mission. With regard to General Hsiung Shih-hui, Mr. Gauss stated, "It appears that his place in the confidence of the Generalissimo rather than ability as a military man determined his selection". [The fact that General Hsiung has the confidence of the Generalissimo has been affirmed and emphasized by several persons, including Dr. Hu Shih and Dr. George Shepherd (a Canadian national who has long resided in China and who is known to have been for a long time a close confidant and adviser of the Generalissimo and Madame Chiang)].

General Hsiung and his staff arrived in Washington in early April. It apparently was General Hsiung's concept that his business was with military authorities and that he need not concern himself regarding other possible contacts. He did not call at the State Department or upon any officer thereof. Late in May or early in June the Chinese Ambassador informed Mr. Hornbeck that General Hsiung had been in Washington for some weeks and had been shown

1942 年　壬午　民国三十一年　51 岁

little or no attention by anyone and was becoming discontented and restless. At about that time there appeared in the New York press a story apparently based on an interview or a press conference in which emphasis was laid upon the desirability of better coordination of action among the Allies and an account was given of General Hsiung's mission to and presence in this country and of the fact that no attention had been paid him and no use been made of him. The Chinese Ambassador said to Mr. Hornbeck that this situation was unfortunate in as much as General Hsiung had come to this country on invitation of the President, and the Ambassador hoped that something might be done to improve the situation. Mr. Hornbeck asked the Ambassador to give him an informal memorandum stating the facts as the Ambassador understood them. The Ambassador undertook to do this. Several days later, no memorandum having arrived, Mr. Hornbeck repeated his request for a memorandum. The memorandum never came. It was obvious that the Ambassador did not wish to be involved. In that same connection, Mr. Hornbeck suggested that the Ambassador bring General Hsiung to call on Far Eastern officers of the Department and indicated that in due course he would try to arrange for the Secretary to receive General Hsiung. The Ambassador did not follow up on this suggestion.

　　Some weeks later, Mr. Lattimore talked to Mr. Hornbeck about General Hsiung's discontent. Mr. Hornbeck informed Mr. Lattimore briefly of antecedents in the situation and told Mr. Lattimore that officers in the Department would be more than glad to receive General Hsiung. Mr. Lattimore said that General Hsiung felt that officers of the Department should call on him first. Mr. Hornbeck then took the matter up with the Chinese Ambassador and through the Chinese Ambassador invited General Hsiung to meet him and the Chief of the Far Eastern Division, Mr. Hamilton. That meeting took place within a few days, and shortly thereafter Mr. Hornbeck and Mr. Hamilton called on General Hsiung at General Hsiung's residence in Chevy Chase.（*FRUS*, 1942, Vol. V: *The Far East*, pp.175-177）

11月20日　应 Institute of International Education 主任 Stephen Duggan 的邀请，胡适出席该组织在 The Century Club 为 Alexander Lindsay 举行的晚宴。（中国社科院近代史所藏"胡适档案"，卷号 E-181，分号 2）

11月22日　王重民、刘修业致函胡适，希望12月5日能在纽约拜会胡适。（《胡适遗稿及秘藏书信》第24册，145页）

11月25日　胡适复函 Waldo Gifford Leland，云：

I must apologize most humbly for my long delay in replying to your very kind letter of October 26th in which you made a definite proposal to me. My delay has been largely due to my inability to organize my new life and to settle down to my work. I am now definitely decided to accept your proposal along the following lines:

1. I am now prepared to start to work on the "History of Chinese Thought", or as you seem to prefer to call it, an "Intellectual History of China". This work will be in Chinese, covering a revision of a first volume published first in 1919, and the completion of a second volume covering the medieval period, and the writing of a third volume on the modern period dating from the eleventh century to the nineteenth. In addition to these Chinese volumes, I agree to write one volume in English covering the whole historical development of Chinese thought. I also agree to prepare one or two volumes of selected illustrative materials, also in English, with biographical comments and footnotes.

2. I shall be glad to serve as special consultant or adviser to the American Council of Learned Societies in matters concerning Chinese studies in America and intellectual relations between China and the United States. I hope the Council will feel free to ask my opinion by correspondence, or to dis-

cuss matters with me in person or to invite me to meet in conference with its committees.

3. I sincerely appreciate the kind offer of the American Council of Learned Societies to provide for me a "grant in aid of research" in the amount of $6, 000 to be turned over to me in twelve monthly instalments of $500 each. I shall be glad to accept this grant in aid beginning with January 1943.

I appreciate your statement that this arrangement would leave me absolutely free with respect to university or other lecturing. At present I have declined all invitations from a number of universities for teaching and lecturing. But, as I have told you at our last meeting, I may decide to do some teaching or giving a series of lectures at some future time when I may need such an occasion to force me to start writing the English version of my work.

I deeply appreciate your interest in my proposed work, which seems so useless in a time like this. I hope you will convey my appreciation to Dr. David Stevens for his interest and support of this work. My work may take a longer time than I now contemplate; but with my newly acquired freedom and leisure and with the library facilities at Washington, Cambridge, Princeton and New York City, I think I can finish the Chinese version in less than two years.（中国社科院近代史所藏"胡适档案",卷号 E-100,分号 10）

按,12 月 4 日,Waldo Gifford Leland 建议胡适可自由选择"Chinese Intellectual History"或是"History of Chinese Thought"等名称,并述对于胡适的头衔的意见。将由 1943 年 1 月 1 日开始每月提供 500 元资金协助胡适的作品的完成。（中国社科院近代史所藏"胡适档案",卷号 E-265,分号 1）

同日　胡适函谢亚洲学会秘书 John B. Chevalier 之 10 月 26 日来函传送的 The American Asiatic Association 第四十五届年度会议纪要（中国社科院近代史所藏"胡适档案",卷号 E-154,分号 5）,迟复为歉,请代向学会成

员致谢。然由于健康状况不允许飞，决定留在纽约全力完成尚未完成的中国哲学史以及为演说做准备，日后再与学会的成员会晤。（中国社科院近代史所藏"胡适档案"，卷号 E-91，分号 14）

  同日 胡适致函 Herbert H. Lehman：感谢在上次访问 Albany 时尊伉俪给予的友善招待。祝贺其荣任 International Relief and Rehabilitation 主席，相信其能力足以胜任。（中国社科院近代史所藏"胡适档案"，卷号 E-100，分号 8；卷号 E-264，分号 6）

  同日 胡适感谢并婉辞 Mrs. Evalyn McLean 11 月 18 日来函邀请于某个周末共聚的邀约。（中国社科院近代史所藏"胡适档案"，卷号 E-103，分号 2）

  同日 胡适函谢 The University of the State of New York 的州教育部 J. Hillis Miller 之 10 月 19 日与 10 月 30 日的来函（中国社科院近代史所藏"胡适档案"，卷号 E-300，分号 6）以及访问 Albany 期间受 The University of the State of New York 的州教育部成员们给予的友善招待，将会珍惜 The University of the State of New York 授予的荣誉。附寄典礼当天致辞的副本。（中国社科院近代史所藏"胡适档案"，卷号 E-103，分号 12；卷号 E-300，分号 6）

  同日 胡适感谢 Helen K. Stevens 之 11 月 20 日的来函（中国社科院近代史所藏"胡适档案"，卷号 E-350，分号 5）邀请参加 12 月 6 日的茶会，然遗憾因为该周末有两个演讲，无法参加。（中国社科院近代史所藏"胡适档案"，卷号 E-110，分号 12）

  同日 胡适致函 Emery J. Woodall：感谢 10 月 14 日与 11 月 18 日的来函与寄赠的阁下研究中国语音的文章（中国社科院近代史所藏"胡适档案"，卷号 E-388，分号 7）。因目前尚无暇阅读，故无法做回应。得知您也寄给耶鲁大学的 Kennedy 教授，Kennedy 教授是这个主题的专家。会将此文交给赵元任看。刘复也曾写过讨论中国语音的文章，若找到会寄给您。（中国社科院近代史所藏"胡适档案"，卷号 E-114，分号 13）

  11 月 26 日 胡适有读书笔记《钟伯敬评本〈水浒传〉》。（《胡适遗稿及秘藏书信》第 10 册，96 页）

同日　The New Commonwealth 主席兼荣誉财务长 Lord Davies 函邀胡适担任国际会议的副主席，又告顾维钧也是副主席之一。（中国社科院近代史所藏"胡适档案"，卷号 E-172，分号 3）

11 月 27 日　American Council of Learned Societies 的行政秘书 Mortimer Graves 致函胡适：期待您的学术作品，并祝福您担任顾问的新工作。（中国社科院近代史所藏"胡适档案"，卷号 E-212，分号 9）

11 月 28 日　胡适应邀出席 The Society of Medical Jurisprudence 的董事会在 The Yale Club 举行的晚宴，并为 The American Association for the Advancement of Science 的会议发表演说。（中国社科院近代史所藏"胡适档案"，卷号 E-158，分号 4）

同日　胡适函谢 Richard J. Walsh 之 11 月 20 日来函以及 11 月 23 日其秘书函寄的 Arthur Waley 译的《西游记》（中国社科院近代史所藏"胡适档案"，卷号 E-366，分号 4）。将撰写介绍文，并将与中文本的原本查对。（中国社科院近代史所藏"胡适档案"，卷号 E-113，分号 5）

同日　胡适函谢 W. Frank McClure 之 10 月 30 日来函（中国社科院近代史所藏"胡适档案"，卷号 E-293，分号 5），自从外交服务生涯退休后，决定专力从事历史研究工作，辞谢公开演说的新邀约。因此，敬请原谅无法出席 1 月 27 日在芝加哥举行的晚宴。（中国社科院近代史所藏"胡适档案"，卷号 E-102，分号 16）

同日　胡适函谢 Hoh-Cheung Mui 之 11 月 19 日来函（中国社科院近代史所藏"胡适档案"，卷号 E-306，分号 3）邀请参加 The Graduate History Club of Columbia University 的圣诞午宴。自己对此虽甚有兴趣，但由于得专注于新的生活，今年无法参加，期望下一年可以参加。（中国社科院近代史所藏"胡适档案"，卷号 E-103，分号 25）

同日　胡适函谢 Alfred M. Bingham 之 11 月 19 日来函：现在纽约休养以恢复健康并写作一些历史文章，期待能与之见面。胡函又云：But I must warn you that I cannot be persuaded to write anything on current topics for you, as I am now not interested in anything after 200 A. D.（中国社科院近代史所藏"胡

适档案",卷号 E-90,分号 14)

同日　胡适函谢 J. Hutton Hynd 之 11 月 21 日来函(中国社科院近代史所藏"胡适档案",卷号 E-240,分号 8)邀请前往 Ethical Society of St. Louis 演说,然由于从外交服务工作退休后,已取消所有原先接受的演讲邀约,目前不再接受新的演讲邀约,故婉辞之。(中国社科院近代史所藏"胡适档案",卷号 E-97,分号 12)

同日　胡适函谢 Marion E. Murphy 之 11 月 21 日来函(中国社科院近代史所藏"胡适档案",卷号 E-306,分号 11)邀请于 1943 年 1 月 30 日举行的 The Cornell Women's Club of New York 的第四十七届午餐会上担任嘉宾并发表演说。然由于从外交服务工作退休后,已取消所有的演说并不接受新的演说邀约,敬请原谅无法接受此邀约。建议可以邀请施肇基担任演讲人。(中国社科院近代史所藏"胡适档案",卷号 E-103,分号 27)

同日　胡适函谢 Mrs. David M. Freudenthal 之 11 月 25 日来函邀请参加 12 月 15 日或 12 月 28 日的晚餐会,拟接受 12 月 15 日这天的邀约。(中国社科院近代史所藏"胡适档案",卷号 E-94,分号 15)

同日　胡适函谢 Mrs. Richard J. Walsh 夫妇致赠之美国朋友的来函,会将其作为短暂政治和外交生活的纪念加以珍惜。(中国社科院近代史所藏"胡适档案",卷号 E-113,分号 5)

同日　胡适函谢 Morris Cooper, Jr. 之 11 月 24 日来函,将愉快地在 12 月 9 日与其在 The Harvard Club 共进午餐。(中国社科院近代史所藏"胡适档案",卷号 E-304,分号 4)

11 月 29 日　胡适致函王重民,告:"我现在开始写汉代思想,必须常备的书,我都没有。"希望王帮忙从国会图书馆借阅全两汉文、全三国文、潮州郑氏刻的《龙溪精舍丛书》全部、巾箱本的《汉魏丛书》。又云:

> 我想在短时期中重读《道藏》一遍,预备把我的"道教史"写出来,先作长编,次摘要作为我的"思想史"的一部分。最可惜的是去年我不曾托你代我买一部《道藏》来。……我预备先在哥大借读。如兄等

见有近代学者读《道藏》或研究道教的文字（例如《聚德堂丛书》的"长春道教源流"），乞便中代为记出一个目录，以便检阅。（《胡适遗稿及秘藏书信》第18册，39页）

按，12月1日王重民复函胡适云，所嘱借之书，当于谒见时带上，若需参考其他书，请随时示之。又云："先生决意发掘《道藏》之秘，若许重民持书于后，窃引为大幸。前在欧洲携来敦煌道书数十种，正可在先生指导之下，与《道藏》本校其存佚异同也。"（《胡适遗稿及秘藏书信》第24册，178页）

12月

12月3日　胡适在 The Sayings of Lao-Tzǔ（translated by Lionel Giles）一书签注："Hu Shih New York City Dec. 3, 1942."（《胡适藏书目录》第4册，2892～2893页）

12月5日　胡适应 The Alpha of Virginia Phi Beta Kappa 的邀请，出席弗吉尼亚州的 The College of William & Mary 的 Phi Beta Kappa 大楼举行的166周年纪念活动，并演说 "China Too Is Fighting to Defend a Way of Life"。（中国社科院近代史所藏"胡适档案"，卷号 E-499，分号1；卷号 E-113，分号1；卷号 E-90，分号27；卷号 E-139，分号9；卷号 E-256，分号8）

12月7日　胡适致函翁文灏、王世杰、蒋梦麟、傅斯年、汤用彤、罗常培，谈近期计划：不教书，而专心完成《中国思想史》全部；又谈及国内汉简、善本书运美情形等：

……所以如此决定，有三原因：1. 内人冬秀于廿六年七月北平沦陷时，把我的稿子、笔记，全带出来了；廿八年儿子祖望来美时，带了这箱稿件给我。凡我的《哲学史》旧稿（北大铅印两汉部分；北大铅印《中古思想史提要》；民十八年我在上海放大写的《两汉思想史》长

编原稿，及《禅宗小史》稿，《近三百年思想史》杂稿等等）都保存未失。有此基本，不难继续。2. 此邦有几个中国藏书的中心，一为国会图书馆，一为哈佛，一为 Columbia，一为 Princeton 收买的 Gest Collection，皆允借书给我。其地皆相去不远，其书很可够我借用。……3. 当我四年前此日……卧病医院时，明知未脱危险，心里毫无惧怕，只有一点惋惜。所惋惜的就是我的《中国思想史》有了三十年的经营，未能写定，眼里尚无人可作此事，倘我死了，未免有点点可惜！现在可谓"天假"以年，岂可不趁此精力未衰，有书可借之时，用一两年的全功，把我的书写出来，以完此一件大事？

主计已定，故决定不教书，决定靠薄俸所余及部发川资作一年半的生活费，努力写此书。但最近 American Council of Learned Societies 知道此事，愿意给我一种 Grant-in-aid-of-research（研究补助金）每年六千元，供我生活及助手之费。我因这数目比各大学年俸较低……故决定接受……

此时我正准备开始重写我的两汉三国部分，已重读《后汉书集解》，并已借得《全两汉三国文》《龙溪精舍丛书》等等，此五百年文献大致具备，可以开始做工了。我的《中古思想史》分两大部分：1. 汉魏（古代思想在统一帝国的演变）；2. 印度化时期（A. D. 三〇〇—一〇〇〇）。我预备一年内写成这中古部分。次写《近代思想史》，也分两期：1. 理学时代；2. 反理学时代（一六〇〇—一九〇〇）。我想两年的专功可以写成全书，包含《古代思想史》的重写。

我常说，我一生走好运，最幸运有四：1. 辛亥革命，我不在国内，得七年的读书。2. 国民革命，我又不在国内，后来回上海住了三年，得一机会写我的文学史第一册及《两汉思想史》的长编。3. 抗战最初五年，我得一机会为国家服务，大病而不死。4. 今得脱离政治生活，使我得一正当的名义，安心回到学问的工作。

附带报告诸兄的有这几件事：

1. 汉简全部寄存美京国会图书馆。（收条，锁钥均存弟处）

2. 北平图书馆善本书百零贰箱……现均存一块。由弟特许该馆将全部摄影Micro-film三份，一份赠与该馆，二月［份］将来于全书运回中国时，一并归还中国，以便分存各地图书馆。

3. 叶玉虎（注七一）先生去年十二月初拟运美保存之善本书，未及运出，故均陷在香港。(《大陆杂志》第93卷第3期，15～16页)

按，次年，罗常培复函胡适，希望胡适能在美为其谋一个访问教授的职位：

……从您把我叫回北大来，扪心自问，我不算不努力的一个，可是从您出国，渐渐失去了学术重心，专以文科而论，如锡予、如觉明，都是想做些事的，一则限于经费，一则限于领导者的精力，处处都使工作者灰心短气。……觉得由您领导的北大文学院战时不能如此消沉下去，所以我做一事，为北大，写一文，为北大，绝没有为个人争名夺利的念头！可是得不到鼓励与同情，如何不教我伤心、烦闷？第三，自从给您代理系务以来，忽已八九年；到联大后事更琐碎，孟真骂我恋栈，实在是无法摆脱。公共宿舍毫无门禁可言，整天应付客人学生……如何不感焦躁？再这样下去，没有进修的机会，不能改善环境，深恐要落伍了！因此我恳求您替这看了10年家的老伙计换一换空气。明年可以休假一年，如再请假一年，便可以在国外住两年。我不希望有元任和方桂那样崇高的地位，我只希望有一个较好的Fellowship……让我可以自赡和赡家。……(《胡适来往书信选》中册，565～566页)

12月8日 王重民、刘修业致函胡适，云：

……此次谒见，获窥先生读书生活，弥深仰望。今年七月间，重民敬询先生旅行里数，曾谓："先生做官，是牺牲自己以为国家"，而今复献身学术，开来阐往，不但今人后人要感谢先生，古人因先生阐发而始明，更要感谢先生。……关于道家参考书目，已开始采辑，容

稍后奉上。又从国会图书馆借书，并不费事，望勿客气……（《胡适遗稿及秘藏书信》第 24 册，146 页）

同日　恒慕义致函胡适，告：14 箱汉简安全。又谈及胡适对戴震、颜元、阎若璩及崔述等人的研究。（中国社科院近代史所藏"胡适档案"，卷号 E-237，分号 2）

同日　Houston Peterson 函邀胡适于 2 月 12 日为 "The Annual Lincoln Lecture" 演讲，胡适辞谢了这一邀约。（中国社科院近代史所藏"胡适档案"，卷号 E-316，分号 7；卷号 E-182，分号 6）

12 月 9 日　Memorandum of Conversation, by the Assistant Chief of the Division of Far Eastern Affairs（Atcheson）：

（There is attached a copy, as furnished Mr. Hornbeck by Mr. Liu Chieh of the Chinese Embassy, of a telegram from the Chinese Minister of Education at Chungking to Dr. Hu Shih, former Chinese Ambassador and a member at present of the Board of Trustees of the China Foundation for the Promotion of Education and Culture. In furnishing this copy, Mr. Liu, and it is believed that Dr. Hu Shih, had some preliminary discussion of the question raised in the telegram with Mr. Hornbeck who subsequently sent it to FE for consideration and action.）

During the course of a call at the Department on another matter on December 8, Mr. Liu mentioned Dr. Wong's telegram, stated that the Board of Trustees of the China Foundation was to meet this morning in New York, and requested that, if possible, he be furnished the Department's opinion on the questions whether（1）there would continue, upon the going into effect of the proposed treaty on extraterritoriality, to rest upon the Chinese Government an obligation to pay to the China Foundation the remitted sums, amounting to about $5,000,000, payment of which had been held in suspense; and（2）whether, in such case, payment would continue to be made by the

1942 年　壬午　民国三十一年　51 岁

Chinese Government to the American Government for transfer to the China Foundation (it is understood that under procedure existing before the war the Foreign Office delivered to the American Consulate General at Shanghai a check and the Consulate General endorsed the check over to the China Foundation so that as far as this Government is concerned, the transaction was purely a paper one) .

I discussed this matter with Mr. Hiss of PA/H and subsequently with Mr. Hackworth, and as a result of that discussion telephoned Mr. Liu and stated that I was able to give him an informal opinion based principally upon the language of the Executive Order (No. 4268) of July 16, 1925, whereby the President authorized and directed the Secretary of the Treasury to remit to the Board of Trustees of the China Foundation, as the agent designated by the Chinese Government to receive them, all payments of the annual installments of the Chinese indemnity made subsequent to October 1, 1917, et cetera. I said that it appeared that such authorization and direction was given by the President in the light of various considerations, as follows: that a Joint Resolution of Congress approved May 21, 1924, authorized the President in his discretion to remit to China all future payments of the annual installments of the Chinese indemnity; that the Chinese Minister informed the Secretary of State on June 14, 1924, that the Chinese Government proposed to devote the funds thus made available to educational and cultural purposes and to entrust the administration of the funds to a Board composed of Chinese and American citizens; that the Chinese Minister on September 16, 1924, forwarded to the Secretary of State a copy of the constitution of the Board which he stated had been designated "The China Foundation for the Promotion of Education and Culture"; and that the Chinese Minister on June 6, 1925, informed the Secretary of State that the Board was a corporate body instituted by a mandate of the President of China on September 17, 1924, for the custody and control of the remitted indemnity funds.

I went on to say to Mr. Liu that it accordingly seemed that, although the proposed treaty on extraterritoriality would terminate any rights of this Government in regard to Boxer Indemnity funds (whether future funds or whether past funds due but not yet paid) and would therefore eliminate this Government as an agency in any transaction involving the paying of such funds from the Chinese Government to the China Foundation, the treaty would not *ipso facto* affect the relations of the Chinese Government with the Board and would not affect any obligations of the Chinese Government to the Board such as those indicated in the Executive Order above mentioned. I added that accordingly it seemed to me that there rested on the Chinese Government some legal as well as moral obligation to pay to the Board the sums due but not paid up to the time of the coming into effect of the treaty.

At Mr. Liu's request I told him that we would send him a copy of the Executive Order in question and subsequently did so. (*FRUS*, 1943, Vol. V: *The Far East*, pp.701-703)

12月11日　*Star* 报道：

Dr. Hu Shih...has accepted an offer to be a research associate and consultant for the American. Council on Learned Societies, 1219 Sixteenth Street N. W., it was learned today. The retired envoy is expected to assume the post early next year. (胡适《日记》，1943年8月28日)

同日　密歇根大学校长 G. Ruthven 函邀胡适于1月23日出席密歇根大学的毕业典礼，并发表演说。(中国社科院近代史所藏"胡适档案"，卷号 E-332，分号9)

12月14日　胡适有 "Asia and the Universal World Order" 一文，胡适说：

...

　　The first and greatest concern of Asia and of mankind, after this terrible war, will be security and order...

　　The first problem, therefore, is the establishment of a world order which will afford to all nations some effective form of collective security and will aim at making aggressive wars impossible...（台北胡适纪念馆藏档，档号：HS-US01-029-001）

　　按，"外研社版"《胡适英文文存》（三）收入此文时，编者所加中文提要说：

　　亚洲和世界在世界大战之后所关注的首要问题将是安全和秩序。胡适重点谈到以打败日本军事力量、疏解其尚武传统、建立国际安全架构等措施来实现对日本的非军事化。胡适结合国际关系背景，对战后亚洲和世界的形势作了展望：联合国家对德、意、日作战的胜利以及保障和平和普遍安全的世界新秩序的建立，将极大地促进战后亚洲民主运动的发展壮大。（该书225页）

12月15日　王重民、刘修业将《清代文集篇目分类索引》一书送给胡适，给胡适庆生。书前有王、刘题签：

　　民国二十三年春，持是编稿本，谒适之先生于米粮库，蒙向北京大学设法，津助千元，始获复印。兹逢先生五十晋二寿辰，敬以为祝。回忆往事，谨志是书与先生关系如此。（北京大学信息管理系、台北胡适纪念馆编：《胡适王重民先生往来书信集》，国家图书馆出版社、安徽教育出版社，2009年，20页）

12月17日　胡祖望、胡思杜、刘锴、游建文夫人、高宗武夫妇都来为胡适庆生。(《鲁迅研究月刊》2020年第2期，59页)

　　同日　赵元任一家电贺胡适生日快乐。（中国社科院近代史所藏"胡适档案"，卷号E-404，分号1）

按，在此前后向胡适致函致电祝贺生日的个人和组织还有：朱士嘉、Richard C. Patterson, Jr.、马如荣、王重民、刘修业、Hweiru & Kwangtsing Wu、Shiuli & Su An、Charles G. Proffitt、James L. McConaughy、Kao Ling-pai、Florence Smith、北京大学。（据中国社科院近代史所藏"胡适档案"不完全统计）

又按，徐耀明函寄 50 元与胡适。胡适收下 5 元，归还 45 元。（中国社科院近代史所藏"胡适档案"，卷号 1728，分号 9）

又按，陈鸿舜、尤桐、傅安、朱士嘉、胡敦元、柯德思、王毓铨代表全家，以及吴光清、王重民、李辛之、丁声树、朱寿恒、刘修业、全汉昇、徐伯訏、韩寿萱、冯家昇等合赠一册 A History of Economic Thought（by Eric Roll）与胡适作寿礼。（《胡适藏书目录》第 4 册，2350 页）

再按，刘廷芳夫妇赠胡适一册 Ernest Barker 著 Reflections on Government 作寿礼。并在扉页上有题记："若为此地今重过，得水难留久卧龙。适之吾兄五十晋一寿辰，集长庆集句奉贺。抗战第六冬，时同客纽约，此 28 年前同留学地也。刘廷芳，刘吴卓生。"（《胡适藏书目录》第 4 册，2552 页）

同日 胡适与 Mrs. Clazier、李国钦仍各捐 100 美元与美国医药助华会。（中国社科院近代史所藏"胡适档案"，卷号 E-362，分号 5）

12 月 19 日 Temple 大学校长 Robert L. Johnson 函邀胡适于 2 月 18 日至 20 日在 Temple 大学讨论战后问题的会议上演讲。（中国社科院近代史所藏"胡适档案"，卷号 E-247，分号 6）

12 月 22 日 胡适函谢芝加哥大学校长 Robert M. Hutchins 提供一个薪资极高的东方语文学系教席机会（11 月 18 日来函），然遗憾由于目前决定将之后的时间用于完成《中国思想史》上，因此必须推辞所有的教学和演说计划至少 1 至 2 年，只能婉拒此邀约。（中国社科院近代史所藏"胡适档案"，卷号 E-97，分号 10）

同日　The John Day Company, Inc. 主席 Richard J. Walsh 函谢胡为 Arthur Waley 翻译的《西游记》撰写介绍文。30 日，他又函谢胡适为这个译本提供的更正意见等。（中国社科院近代史所藏"胡适档案"，卷号 E-366，分号 4）

12 月 23 日　胡适函谢 The American Council of Learned Societies 主任 Waldo Gifford Leland 之 12 月 10 日来函（中国社科院近代史所藏"胡适档案"，卷号 E-265，分号 1）以及获该组织全体投票通过任命为该会进行学术研究并担任顾问。自己将会尽最大的努力回报此荣誉。自己将出席 The American Council of Learned Societies 的年度会议与 1 月 28 日的晚餐会。（中国社科院近代史所藏"胡适档案"，卷号 E-100，分号 10）

12 月 27 日　胡适函谢赵元任夫妇寄赠"照相和照相架"。又谈及：

> 关于我个人的计画，现在决计接受了 The American Council of Learned Societies 的提议，做了他们的"Research Associate and Consultant"。Research 是我做我的《中国思想史》；Consultant 是备他们计画 Chinese Studies 的顾问。从明年起，The A. C. L. S. 每月送我五百元，作为"grant-in-aid-of-research"。这个办法的好处是①没有教书讲演的必要，②我可以自由写我二十多年想写成的书，③钱数比大学讲座较少，又尽够用，心里比较安一点。听说这星期他们要公布此事了。不知国内对此事作何反响，我也不管了。（《鲁迅研究月刊》2020 年第 2 期，59～60 页）

12 月 29 日　朱家骅电贺胡适新年快乐。（中国社科院近代史所藏"胡适档案"，卷号 E-157，分号 1）

按，在此前后向胡适发来新年祝福的还有：Charles K. Edmunds、Max Epstein、Richard C. Patterson, Jr.、C. C. Zeng。（据中国社科院近代史所藏"胡适档案"不完全统计）

12 月 31 日　胡适到 China Town 买到《鲁迅三十年集》全部 30 本，价

20元。(据次日《日记》)

是年，胡适有"Values to Be Cherished"。其中说道：

> ...
>
> The important fact to be noted is that it may take a very long time to find out our real interests and talents, and that it may even be necessary to explore into many new and strange fields before we can actually find our true self... It is in this constantly enlarging and deepening one's interests that one may hope to find one's true self and achieve self-realization, —which is one of the great values to be cherished.
>
> Next, allow me to offer a word of warning on the ability to think clearly and independently, —the other great value to be cherished.
>
> ...
>
> Thinking is a technique, an art, and a carefully cultivated habit...
>
> ...
>
> In order to be able to think well, it is therefore necessary to cultivate early the habit of painstaking search for details, for materials of knowledge, for evidence... (《胡适未刊英文遗稿》，569～573页)

按，《胡适未刊英文遗稿》收入此讲演时，编者加了如下摘要：

胡适特别强调两点:(1)清楚而独立的思考;(2)发展自己的兴趣。这两点都不是能轻易达到的。

许多人往往把幼时的一些喜好误以为是自己兴趣之所在，其实，那只是阻力最小的方向。有些兴趣需要适当的环境才能引发出来；有些兴趣则需要经过严格的训练和考验才能发现。

兴趣是需要经过长时期摸索才能找到的，有时还需要到一个新的领域中去探险才能发现自己真正的喜好之所在。

思考是一种技术，一种艺术，也是一种由培养训练而获致的习惯。就技术而言，它需要对有关的资料进行仔细的观察、分类、严格的测试假设、小心翼翼的求证和实验。就艺术而言,思考是大胆的假设,小心的求证。就习惯而言,思考必须不受成见、情绪和传统的影响。(《胡适未刊英文遗稿》,568页)

1943年　癸未　民国三十二年　52岁

> 是年，胡适专力从事"中国思想史"研究。
>
> 是年，The American Council of Learned Societies 通过洛克菲勒基金会向胡适提供每月 500 美元的研究补助金。
>
> 是年，美国国会图书馆聘请胡适为该馆荣誉顾问。
>
> 11月8日，胡适开始考证《水经注》整理史上的所谓"赵一清窃戴震""戴震窃全祖望"案。

1月

1月1日　胡适读鲁迅的《华盖集》《华盖集续编》《而已集》《三闲集》。与 Rily 午饭。朱士嘉来谈。北大同学胡先晋、王毓铨、韩寿萱、张孟休来谈。到 George Rublee 夫妇家茶会。到 Louis Slade 夫妇家晚饭，见着 Col. & Mrs. I. Newell、Gen. & Mrs. Frank McCoy。（据《日记》）

　　按，本年引用胡适日记，均据《胡适的日记》手稿本第 15 册，以下不再特别注明。

同日　高宗武致函胡适，向胡适贺年。又告自己拟在金融界做事，希望胡适能为其在美国的工商界的朋友中做点先容的工作。(《胡适遗稿及秘藏书信》第 31 册，248～250 页)

1月2日　Campobello Island 的 9 位青年来谈。胡思杜从剑桥赵元任家回来。与周鲸生、徐大春谈。徐大春就自己的前途问题与胡适商量。胡适表示：

一个不很满意的计划，总胜于没计划。易卜生说得好，"你要想于社会有益，最要紧的莫如把你自己这块材料铸造成器"。（据《日记》）

同日　蒋梦麟致函胡适，建议胡卸任大使后"可在美任教，暂维生活，此时似可不必急于回国"，又谈及自己支撑西南联大及研究书法事，又谈及战后发展北大的设想，又谈及太平洋学会事。（《胡适遗稿及秘藏书信》第39册，489～492页）

1月3日　胡思杜、徐大春离纽约。National Institute of Arts & Letters Marquand 来访。卢芹斋夫妇来访。（据当日及次日《日记》）

同日　《纽约时报》有一则关于胡适的报道：

Dr. Hu Shih, recently Chinese Ambassador to the United States, was appointed today research associate and consultant of the American Council of Learned Societies. He will continue his research in the history of Chinese thought and advise the council's committee on the promotion of Chinese studies and respecting the development of intellectual regulations between the scholars and scientists of China and the United States. （据《日记》，1943年8月29日）

同日　《华盛顿邮报》有大体相同的报道：

Dr. Hu Shih, former Chinese Ambassador here, has been appointed research associate and consultant of the American Council of Learned Societies, it was announced yesterday.

Dr. Hu will continue his research in the history of Chinese thought, which he began before his appointment to Washington. He will advise the Council in the work of its Committee on the Promotion of Chinese Studies and toward the development of intellectual relations between the scholars and scientists of the United States and China.

He plans to remain in the United States for at least another year, staking

New York City his head-quarters.（此报道剪报被胡适粘贴在当日《日记》）

1月4日　燕京大学旧教员 J. Stewart Burgess 来邀胡适参加一个讨论会，胡适辞谢。读 Samuel Eliot Morison & Henry Steele Commager, et al. 的 *The Growth of the American Republic* 下册，甚感兴趣。但想到中国至今没有一部可读的本国通史，深觉惭愧。胡适日记又记：

> 凡著书，尤其是史书，应当留在见解成熟的时期。我的中国思想史，开始在 1915—1917 年，至今足足二十七年了。上卷出版在 1919，也过二十三年了。但我回头想想，这许久的担阁也不为无益。我的见解，尤其是对于中古一个时期的见解，似乎比早年公道平允多了。对于史料，也有更平允的看法。我希望这二十七年的延误不算是白白费掉的光阴。

同日　王重民致函胡适云：关于道教的参考材料，除胡适、陈寅恪、汤用彤的研究外，值得参考的材料不甚多。该教中著作，单刻本及传抄本很少，其中有大异同之处，必有关于"争教"或"禁教"等问题，殊为重要。附呈自作《唐晏传》一篇，请胡适指正。又希望胡适能为恒慕义主编之《清代名人传记》写一序文。（《胡适遗稿及秘藏书信》第 24 册，1～5 页）

1月5日　晚，胡适到 Thomas Lamont 家吃晚饭，见着英国人 Lord Hailey、Col. Cazalet，美国人 Charles Merz 夫妇、Hamilton Fish Armstrong，法国人 Ève Curie 等，谈印度问题。Col. Cazalet 谈 Stalin 的一些故事，颇有味。他说，Stalin 是今日全世界第一个 dictator，Hitler 不足比其残忍惨酷，然其人确有机智，能转变，故能久专权而不败。（据《日记》）

同日　Hamilton F. Armstrong 函邀胡适为 *Foreign Affairs* 杂志撰文。（中国社科院近代史所藏"胡适档案"，卷号 E-121，分号 4）

> 按，是年向胡适邀稿的还有：Harley Farnsworth MacNair、Arthur C. Walworth、Quincy Howe、P. Alston Waring、Hanson W. Baldwin、Harley Farnsworth MacNair、Helen McAfee、Frank Ross McCoy、Chung

Kei-won、Robert Vangelder 等。(据中国社科院近代史所藏"胡适档案"不完全统计)

1月6日　胡适读《史记》列传，用《汉书》参校。胡适访 Malvina Hoffman，见着 Dr. Dickinson and Mrs. Archibald。同 Rily 晚饭。(据《日记》)

同日　朱家骅致函胡适，详谈筹建西北科学考察团之经过及具体成绩，又述西北科学考察在未来建国大计的重要作用。因经费困难，希望胡适帮忙募款。(《胡适遗稿及秘藏书信》第25册，424～426页)

同日　Emily Everett 电邀胡适出席于1月20日在 Radcliffe College 举行的 The Foreign Affairs School of Massachusetts League of Women Voters 会议，并发表演讲"What Countries of the Pacific as of the Future World Order"。(中国社科院近代史所藏"胡适档案"，卷号 E-193，分号3)

1月7日　Morris Cooper 来访。方显廷、汤润德女士来访。写信与 Stanley and Vivienne Hornbeck。(据《日记》)

同日　The National Institute of Arts & Letters 主席 Arthur Train 函告胡适：胡适获选为该组织的荣誉会员，并附寄年鉴。(中国社科院近代史所藏"胡适档案"，卷号 E-361，分号1)

1月8日　胡适应邀到 Mr. Ben. Huebsch 家夜饭，在座有 Mrs. Blanche Knopf 等。Mrs. Blanche Knopf 劝胡适写一部记述中国人民日常生活的书。校读《孔丛子》，认定此书是一部伪书。(据《日记》；中国社科院近代史所藏"胡适档案"，卷号 E-235，分号10)

1月9日　方显廷、汤润德女士来谈。President James L. McConaughy 来谈。National Institute of Arts & Letters 选举吴稚晖和胡适为 Honorary Associates。卢芹斋邀吃饭，见着 Dr. & Mrs. Francis Taylor（Director of Metropolitan Museum）、Mrs. Otto Kahn、Mr. Alan Priest。"继续把《孔丛子》一案判决了。"(据《日记》)

1月10日　胡适到 Arthur Train 家午饭，又到 John P. Marquand 家吃茶。应哥伦比亚大学 The Women's Faculty Club 主席 Ida A. Jewett 的邀请，到该

俱乐部出席非正式晚宴，陪校长 Butler 略作演说。读《史记》，看西汉与佛教的关系。（据《日记》；中国社科院近代史所藏"胡适档案"，卷号 E-245，分号 2；卷号 E-141，分号 12）

1月11日　Gustare J. Noback 为胡适造像，是日最后一次改定。胡适很喜欢此像。（据《日记》）

1月12日　Bruce & Florence Smith 邀吃午饭。访 C. V. Starr，谈徐大春的事。到贝淞荪太太家吃饭，见着董显光等。写长信给徐大春，劝他回国。（据《日记》）

1月13日　王济远来邀胡适去 Metropolitan Museum 看布置"中国现代画家"展览（胡适作有 Introductory Note to an Exhibition of Modern Chinese Paintings；又有 Introductory Note to Paintings by Wang Chi-yuan。中国社科院近代史所藏"胡适档案"，卷号 E-48，分号 119）。与周鲠生、哈特曼夫人同饭。刘瑞恒来谈。（据《日记》）

1月14日　Mrs. Granville Smith（Evelyn Dewey）邀胡适与杜威同吃饭。到 Train 家，见着 Dr. Canby 等。买了两本短小的《美国史》：*A Brief History of the United States*, by Allan Nevins; *America, the Story of a Free People*, by Nevins & Commager。胡适认为此二书"都很可读，见解很平允"。（据《日记》）

1月15日　周鲠生来谈。与 Mrs. Newell、Mrs. Cathe Mowinckel 谈。Miss Helen Parkhurst（道尔顿制学校的创办人）请 Baron George Daubek 邀胡适去听 Opera——*La Traviata*。（据《日记》）

1月16日　徐大春从绮色佳来，谈他的前途计划。最后徐听胡适和 Starr 的劝告，决定回国和 Starr 的同事 Randall Gould 等人办《大美晚报》重庆版。读《南史》。（据《日记》）

1月17日　胡适在 Mrs. Marjorie Nott Morawetz 家午饭，见着 George & Juliet Rublee、Major Bodley 等。与周鲠生同吃茶。夏晋麟邀吃饭，有 Sir George Sansom、Sir John Pratt、Nash 夫妇、董显光等。Sansom 著有《日本史》，甚好。Elam J. Anderson 来谈。读《南史·谢灵运传》，用《宋书》校之，校

得百衲本《宋书》此传有脱文89字，张元济校记未提及此。胡适认为，百衲本的一个根本毛病是不曾记出第几卷用某种本子凑补。(据《日记》)

1月18日　Professor Philip Jessup邀胡适到Columbia同他的"训练班"同吃饭。此班100多人是准备在收复太平洋各地时做行政工作的。(据《日记》)

1月19日　National Institute of Arts & Letters发表他们选举的外国名誉会员。到Mrs. James E. Hughes家吃茶，他把他们（Miss Pearl Buck's）收集的美国朝野名人对胡适去任所发的信札一"函"送来，内有总统、阁员以及各邦总督、中央最高法院全体的信。虽可宝贵，但对于他们未得本人同意，擅自发函征求此项书信，胡适甚感不安。(据《日记》)

同日　汤用彤致函胡适，谈及近年来北大文科不振之原因，对胡适将为北大文科研究所及西北考察事业筹款感到欣慰，高度评价向达教授的研究能力，又提出"为西北调查所筹款，亦宜委托北大专管，务求用途得当"。(《胡适遗稿及秘藏书信》第36册，467页)

1月20日　美国国务卿赫尔致函美国驻华大使高斯：

>...The statement of October 26 by an officer of the Department to the Minister Counselor of the Chinese Embassy, mentioned in your telegram under reference, that "Article II made clear provision that any and all rights accorded to this Government under the Boxer Protocol and under agree‐ments supplementary thereto shall cease" was the considered opinion of the Department, formulated after consultation with the Treasury Department. The British Government was informed of this opinion and expressed concurrence therewith. The phrase "any and all rights" was intended to cover also the bond given by the Chinese Government pursuant to the Protocol, and the Depart‐ment will expect so to interpret Article II of the Chinese-American treaty of January 11 when the treaty is ratified and comes into effect.

>On December 9, 1942, the Minister Counselor of the Chinese Embassy

inquired, on the basis of a telegraphic inquiry from Dr. Wong Wen-hao to Dr. Hu Shih, whether under the new treaty there would continue any obligation on the part of the Chinese Government to pay to the China Foundation the remitted sums, payment of which had been held in suspense. In response, an officer of the Department stated as an informal opinion that although the treaty would terminate any rights of this Government in regard to Boxer Indemnity funds and would therefore eliminate this Government as an agency in any transaction involving payment of such funds from the Chinese Government to the China Foundation, the treaty would not *ipso facto* affect the relations of the Chinese Government with the Board of Trustees of the China Foundation; and that it seemed that there rested upon the Chinese Government some legal as well as moral obligation to pay to the Board the sums due but not paid up to the time of the coming into effect of the treaty. (A memorandum of this conversation went forward to you by mail and should reach you shortly.)

Upon the coming into effect of the treaty, the relationship between the Chinese Government and the China Foundation will, in the Department's opinion be a matter for determination by and between those entities—with due respect for the considerations advanced above. However, the Department feels that if representatives of the China Foundation for its part should request the Department's opinion as to the obligations of the Chinese Government to the Foundation, the Department's views as indicated above should be expressed informally to the inquirers. Similarly, if Chinese officials should raise the question, they also should be informally given our views and the inquirer be informed in addition that we would feel obligated to express the same opinion if inquiry should be made by representatives of the Foundation. You are accordingly authorized to speak for the Department along the lines indicated, if and when occasion therefor arises. (*FRUS*, 1943, Vol. V: *The Far*

East, pp.704–705）

1月21日　胡适收到四川岳池书画收藏家陈树堂先生信（1941年12月4日付邮），此君收藏书画万余卷，名"朴园书藏"。有陈独秀、沈尹默诸人题诗。胡适亦题小诗一首："海外欣闻有朴园，藏书万卷至今存。好为宗国留文献，岂但楹书贻子孙！"胡适复函陈树棠，除赠诗，又谈及："在海外借书读，除百衲本廿四史与铅印廿五史之外，所有旧书都是从各大学借来的。"（据《日记》;《胡适来往书信选》中册，554～555页）

同日　晚，胡适读《后汉书》，写《刘歆改名并非冀应符命》考证一篇。（据《日记》）

1月22日　顾维钧夫人送其自传来，胡适记道："写的出我意料之外的细密亲切，文字也很好。此是别人代笔，所谓'ghost writer'是也。"夏天长邀胡适吃饭，主客为加拿大第一任驻中国公使 Major General Victor W. Odlum。（据《日记》）

1月23日　读顾维钧夫人的自传，"的确很可读"。（据《日记》）

1月25日　胡适应邀去费城，到 The Philadelphia Club 出席 The Wistar Association 的晚宴。胡适在晚宴上有简单演说，题为"最低限度的最低限度"。The Wistar Association 的会员，限于 The American Philosophical Society 的会员，仅24人，故为此地最 exclusive 的社会，会员皆知名之士，如 Rolland Morris、Dr. Conklin、Prof. Lingelbach、President Gates。胡适抵达费城时，Charles J. Rhoads 来接，即住其家。（据《日记》;中国社科院近代史所藏"胡适档案"，卷号 E-325，分号 7）

同日　K. M. Parrikkar 函谢胡适寄给自己的 *The Ocean of Story*，也将寄上自己的书给胡适，期望在访问美国期间与胡适见面。（中国社科院近代史所藏"胡适档案"，卷号 E-313，分号 9）

1月26日　胡适到 Bryn Mawr 看新校长 Miss McBride，又到 Haverford 访 Dr. W. W. Comfort，又到 Haverford 宿舍看胡思杜。下午回纽约。（据《日记》）

1月28日　David E. Lilienthal 致函胡适：期待本周末 S. F. Hsiung 将军前来 Tennessee Valley Authority（TVA）访问，也希望不久的将来胡适能前来访问。（中国社科院近代史所藏"胡适档案"，卷号 E-270，分号 1）

同日　翁文灏就中基会的存废问题致电胡适、施肇基。稍后，胡适曾复电翁文灏、任鸿隽：

> 上次集会各董事均主张中基会仍宜继续存在。本会管理资金不限于本会基金，种类既多，法律手续甚繁。去年临时委员会与银行接洽，历时一年，直到修正细则手续完毕，始得银行律师承认。此诸兄所深知。此间同人均谓本会将来可依原议递减外国董事，由会中选补中国董事。但基本组织章程似不宜改变，以保存其法律持续性，并为中美教育文化保留一个历史的联系。关于以后庚款，美外部不曾有正式表示。但微闻其意颇盼我政府将来继续拨付清华基金及中基会。高思大使电询美政府意见，想能得比较正式的回答，甚愿知之。施董事在京，尊电已译送，但未得接谈。（《胡适遗稿及秘藏书信》第 20 册，404～405 页）

2月

2月1日　Annual Advertising Awards 的行政秘书 F. C. Kendall 函邀胡适在2月5日举行的该组织年度会议上发表演讲。（中国社科院近代史所藏"胡适档案"，卷号 E-252，分号 1）

2月2日　胡适到 Prof. Wm. H. Kilpatrick 家吃饭，"谈的很畅快"。（据《日记》）

同日　American Friends Service Committee 的助理秘书 John F. Rich 致函胡适：在几周前与您讨论前往中国的旅程时，得到您介绍中国领袖人物的函，尤其是您特别提到周诒春与蒋廷黻。前因为时间受限而迟未赴中国，现已有时间，前往中国时，将会携此函前往。若往中国时有可以为您效劳的地方，敬请告知。（中国社科院近代史所藏"胡适档案"，卷号 E-326，分

号 4）

　　同日　C. F. Yau 函邀胡适出席 2 月 10 日为 Mrs. William H. Moore 举办的晚餐会。（中国社科院近代史所藏"胡适档案"，卷号 E-391，分号 11）

　　2 月 3 日　读《汉书》。作《〈易林〉考》，意在介绍牟庭（陌人），并修改其论证。"这是我六年来第一次写成的一篇中文的考证文字"，日记又记：

> 我的结论大致与百年前牟陌人（庭）相同。牟庭的《崔氏〈易林〉序》（嘉庆二十一），知道的人甚少，故我作此文，意在介绍牟庭，并修改其论证。
>
> 《易林》一书，明人郑晓，顾炎武，《四库提要》，都曾考证过。牟庭始明白主张只有《崔氏〈易林〉》而无《焦氏〈易林〉》，作者为崔篆，其事实见于《后汉书·崔骃传》。
>
> 按，《〈易林〉考》（收入《胡适遗稿及秘藏书信》第 5 册，386～406 页）写成后，胡适又多次修改，1948 年 1 月 4 日修改定稿。

　　同日　The Cosmopolitan Club 艺术与文学主席 Mrs. Laurance P. Roberts 函邀胡适于 3 月 24 日或 3 月 31 日来谈论中国哲学与中国语言。（中国社科院近代史所藏"胡适档案"，卷号 E-328，分号 1）

　　2 月 4 日　胡适到 National City Bank of N. Y. 吃饭，同饭的有 Jas. A. Mackay、Hart & Burgess 3 人，"谈的很好"。（据《日记》）

　　同日　吴保安致函胡适，云：听赵元任说胡适将要经过剑桥，请求胡适对哈佛大学的中国学生会发表演讲。（中国社科院近代史所藏"胡适档案"，卷号 1344，分号 10）

　　同日　Mount Holyoke College 政治科学系主任 Ellen D. Ellis 函谢胡适寄赠一册收录胡适 "Asia and the Universal World Order" 一文的 *Contemporary China*，并为胡适不能前来该系的 "The Political Problems of the Peace" 课程进行演说表示遗憾。（中国社科院近代史所藏"胡适档案"，卷号 E-188，分号 2）

2月5日　赵元任致函胡适：听说王世杰与王云五到了纽约，不知要停留多少时间，住在哪里？会不会来剑桥？又与胡适讨论"一碗饭也没吃得完"的文法问题。(《胡适遗稿及秘藏书信》第38册，452页)

同日　Malcolm Johnson 函约胡适于2月17日在 University Club 会面。事实上，此约并未实现。(中国社科院近代史所藏"胡适档案"，卷号 E-247，分号4)

2月6日　Foreign Area Studies Graduate School of Yale University 教学主任 A. Whitney Griswold 函谢胡适同意为 The Woodward Lecture 讲演，建议选在2月16日至19日。2月9日，A. Whitney Griswold 又就演讲时间与胡适函商，建议在3月16日至18日或4月26日至29日来访，或是建议的2月16日至19日。(中国社科院近代史所藏"胡适档案"，卷号 E-216，分号4)

按，1月4日，A. Whitney Griswold 函邀胡适来耶鲁大学访问并担任 The Woodward Lecture 的讲授者，为学生们讲授关于现在的中国，以吸引学生投入 Foreign Area Studies。(中国社科院近代史所藏"胡适档案"，卷号 E-216，分号4)

同日　江泽涵致函胡适，谈及江冬秀身体很好，现住上海胡惠平家中，与石原皋夫妇住对门，颇不寂寞，只希望胡祖望、胡思杜常写信给她。自己与王湘浩合写了一篇文章寄给了普林斯顿大学的 Lefschetz，渠复函云，可在《符号逻辑杂志》发表，请胡适留意。(《胡适遗稿及秘藏书信》第25册，176页)

2月8日　任鸿隽致函胡适，主要谈中美新约签订之后，中基会的存废问题。任鸿隽等主张，中基会继续保存，又向胡询在美董事之意见。(《胡适遗稿及秘藏书信》第26册，636～639页)

同日　Mrs. Victor Morawetz 函邀胡适于3月23日来为其所参加的一个委员会的成员们谈话，此委员会试图影响公共观点以帮助中国。(中国社科院近代史所藏"胡适档案"，卷号 E-303，分号6)

同日　Elise E. Ruffini 函邀胡适出席2月15日在哥伦比亚大学师范学

院的美术系举行的 Wong Siu-ling 的油画与水墨画展的开幕式。(中国社科院近代史所藏"胡适档案",卷号 E-332,分号 3)

同日　Memorandum of Conversation, by the Chief of the Division of Far Eastern Affairs (Hamilton):

Dr. Sze called at his request on Mr. Hamilton this morning.

Dr. Sze stated that he and Dr. Hu Shih had recently received a telegram from Dr. Wong Wen-hao, Chinese Minister of Economics in Chungking, one of the trustees of the China Foundation, in regard to the question of the rights of the Foundation to Boxer Indemnity funds. It was stated in the telegram that Dr. Wong had mentioned this matter to Ambassador Gauss; that Mr. Gauss said he would refer it to Washington; that there had also been some discussion by Dr. Wong with Dr. T. V. Soong and Dr. Sun Fo; that Dr. Soong and Dr. Sun Fo had indicated that they felt that the work of the Foundation should go on; that Dr. Soong had said he would endeavor to obtain the Generalissimo's approval; that Dr. Soong had also stated, however, that payments to the Foundation would cease upon the coming into effect of the new treaty on extraterritoriality; and that certain influential people in the Chinese Government considered that the Chinese Government should take over the Foundation's fund.

Mr. Hamilton stated that Mr. Gauss had telegraphed the Department in regard to the question of what obligations might rest on the Chinese Government to continue paying to the Foundation remitted Boxer Indemnity funds. The Department had informally, in response to the inquiry, expressed the opinion that Article II of the new treaty made it clear that all of this Government's rights under the Boxer Protocol and under supplementary agreements thereto would cease upon the coming into effect of the new treaty on extraterritoriality; that this Government's rights in regard to the bond given by the Chinese Government pursuant to the Protocol would also cease; that although this Government's rights in regard to Boxer Indemnity funds would be terminated by the treaty and this Government would therefore be eliminated as an agency in any transaction involving payment of such funds to the China Foundation by the Chinese Government, it seemed to us that there rested upon the Chinese Government some legal as well as moral obligation to pay to the Foundation the remitted sums due but not paid up to the time of the coming into effect of the treaty. Mr. Atcheson went on to say that it is our opinion that the treaty will not itself affect the relationship between the Chinese Government and the Foundation; that such relationship will be a matter for determination by those two organizations, with due regard for the considerations mentioned above; but that, as Mr. Hamilton mentioned, the Chinese Government would, in the light of the considerations upon which the Boxer Indemnity payments had been remitted, seem to have legal as well as moral obligation to continue to hand over to the Foundation sums due but not paid up to the time of the coming into effect of the treaty.

Dr. Sze asked whether he could construe the informal expression of opinion given by the Department as meaning or implying that the Department expected that the China Foundation would continue in existence. Mr. Hamilton and Mr. Atcheson replied that the Department's comment carried with it, in their opinion, an assumption that the China Foundation would continue in existence as long as and in so far as that were made possible by the payment to it of payments in arrears up to the time of the going into effect of the treaty on extraterritoriality.

Dr. Sze had referred to the fact that he was in Washington as Chinese Minister at the time when there had been worked out the procedure under which this Government had in 1925 made remission of the remaining Boxer Indemnity funds. Dr. Sze said that the term "Foundation" had been used because there had been a desire to have the remitted funds constitute a permanent fund for the purposes mentioned, which fund would always be a memorial of the liberal and generous attitude of this Government. Dr. Sze indicated that he was of the opinion that remitted funds already paid to the Foundation were the property of the Foundation and constituted a direct gift to the Foundation from the American Government. Dr. Sze said that the China Foundation was a legal entity under Chinese law and that in his opinion the Chinese Government had no more right to take over the funds of the China Foundation than it would have to take over the funds of any other Chinese legal person. With regard to this last mentioned point, Mr. Hamilton stated that this question had not previously been raised with the Department. Neither Mr. Hamilton nor Mr. Atcheson gave any expression of opinion on the point.

After further informal discussion of various aspects of the Foundation's activities and problems, and thanking Mr. Hamilton and Mr. Atcheson, Dr. Sze departed.（*FRUS*, 1943, Vol. V: *The Far East*, pp.705-707）

2月9日　William H. Kilpatrick 函邀胡适出席哥伦比亚大学 Teacher College 于3月7日举办的关于战后世界的亚洲问题讨论会。（中国社科院近代史所藏"胡适档案",卷号 E-254,分号6）

同日　哥伦比亚大学出版社助理主任 Charles G. Proffitt 函寄昨日 *Time* 杂志刊登的 Brooks Atkinson 文章与胡适,并希望与胡适面谈。（中国社科院近代史所藏"胡适档案",卷号 E-322,分号1）

2月10日　Kirtley F. Mather 致函胡适:The Newton Community Forum 将在今冬或明春举行会议,邀请胡适于3月演讲战后的世界重建问题。3月2日,Kirtley F. Mather 再度来函相邀。（中国社科院近代史所藏"胡适档案",卷号 E-291,分号3）

2月11日　胡适到波士顿,Jerome D. Greene 来接。同他们夫妇去看一个影片,名为 *Harvard Goes to War*。到 Harvard Faculty Club 晚餐,并有演说,

题为"China Too Is Fighting to Defend a Way of Life",听众约有三百五六十人,为以往所未有。(据《日记》)

按,1月14日,The Faculty Club of Harvard University 主席 Julian L. Coolidge 函邀胡适于2月某个胡适适合的日期来该俱乐部演说。26日,渠又致函胡适,表示将为胡适安排一场晚宴,并述对此晚宴的种种安排。(中国社科院近代史所藏"胡适档案",卷号 E-163,分号 2)Jerome D. Greene 得悉胡适已接受 Julian L. Coolidge 的邀请于2月11日在 The Faculty Club 出席晚宴,于1月27日函邀胡适到其寓做客。2月5日,Jerome D. Greene 又函邀胡适于2月11日观看电影 Harvard Goes to War。(中国社科院近代史所藏"胡适档案",卷号 E-213,分号 3)

同日　威斯康辛大学校长 C. A. Dykstra 复函胡适,感谢胡适的回电,诚挚欢迎胡适出席威斯康辛大学举行的"Bases of World Peace"讨论会。(中国社科院近代史所藏"胡适档案",卷号 E-183,分号 3)

按,1月13日,C. A. Dykstra 致函胡适云,威斯康辛大学将于7月5日至10日那周举行"Bases of World Peace"讨论会,期望能在会上讨论中国与远东的问题,邀请胡适前来演讲并来威斯康辛大学和他家做客。2月8日,C. A. Dykstra 又电询胡适能否接受这一邀约。(中国社科院近代史所藏"胡适档案",卷号 E-183,分号 3)显然,胡适回电 C. A. Dykstra 答应了邀请。

同日　毛子水致函胡适云,闻胡适有留美完成《中国哲学史》计划,此自是好事。但希望胡适闭门户著书之暇,肯以我中华民族当今所最需要之事,内告同胞,外示友邦,庶几仁人之言,百世被其福利也!自己和江泽涵均甚平安。江泽涵说:胡太太住沪甚好,然极盼祖望、思杜二人常有信给她。又询陈受颐夫妇近况。(《胡适遗稿及秘藏书信》第24册,612页)

同日　凌叔华致函胡适,述近况,希望胡适能助其到美国教书。(中国社科院近代史所藏"胡适档案",卷号 E-1629,分号 4)

2月12日 Jerome G. 邀胡适去 Tavern Club 午饭。胡适在哈佛大学出席 Visiting Committee on Far Eastern Civilization 的会，Roger Greene 主席，出席者有 Sibley、Fairfield、Huggins，以及 Professor Eliséeff、Ware & Chao。会毕后，参观中日文图书馆，又同吃晚饭，仍继续谈话，加入者有 Dean Chase、Prof. Hocking、Prof. Clark。（据《日记》）

按，2月2日，Jerome D. Greene 致函胡适：已见到1月30日"Julian L. Coolidge 致胡适函"；其兄弟 Roger，现为 The Overseers' Committee on Far Eastern Civilizations 主席，将于2月12日举行一个会议，邀请您参加。（中国社科院近代史所藏"胡适档案"，卷号 E-213，分号3）

2月13日 赵元任夫妇接胡适去看波士顿的 China Center，看见 Wilckie 从重庆带来的现代中国画与木刻。与 Prof. Birkolf、Prof. Nock、Roger Greene、赵元任大谈。看中文图书馆。与赵元任同到 M. I. T. 宿舍，与 Harvard & M. I. T. 两个中国学生会的职员吃饭。胡适对他们说了一点钟的话：

1. 我自己的"象牙塔"；
2. 向塔外偷看来的感想；
3. 盼盼你们大家都有一个或多个"象牙塔"：做学问不光是为了救国，建国，等等；学问是要给我们一生一点无上的愉快享受。（据《日记》）

2月14日 胡适与 Jerome 谈。在赵元任家午饭，与 Hocking、Ralph Perry、Eliséeff 夫妇、Greene 夫妇、Paloroy 夫妇、Ware 夫妇谈。与中国学生谈；在裘开明家晚饭。（据《日记》）

2月15日 胡适回纽约，赵元任夫妇到车站送行。（据《日记》）

2月16日 胡适复函王重民云：道教研究中，陈教友之《长春道教源流考》可算是很好的一部书。这是因为长春道教起于近世，史料比较容易收集；又因为当金、元间大变乱之时，蒙古人颇尊礼道士，故士大夫阶级（尤其是遗老遗民）颇得其庇护，故教门碑版文字颇有大手笔的文章，容易保存。胡函又说，王重民著《唐晏传》很谨严，似可留为将来发表之用。认为唐晏做学问方法很谨严，见解也不固陋。胡适同意为恒慕义的《清代名人传记》写序。又请王帮忙借阅《皇清经解》、《二十二子》、周予同著《经学史》与《经今古文学》、《春秋繁露》等书。胡适又说，这几个月之中，重凑两《汉书》，用王氏补注作底子，颇有所得。这个月想开始写定《中古思想史》的第一期（两汉、三国）了。胡适又请王留意：若有中国朋友愿意出让中国旧书，无论大部小部，自己都愿意考虑收买，因用公家的书不好随笔标记、校勘、或注释，总感觉甚不方便。（《胡适遗稿及秘藏书信》第18册，40～46页）

同日　胡适、施肇基联合复电翁文灏、任鸿隽：

> Your radiogram of January 23 received. In Sao-Ke's opinion, it was the intention of both Governments, while the question of the 2nd Remission was being taken up for discussion between them, that the China Foundation should be of a permanent nature, hence the name Foundation instead of Committee of Management. All trustees here are of the opinion that the China Foundation should continue to exist, that its organization and constitution should remain unchanged, and that the terms of agreement between the two Governments on this 2nd Remission should be strictly adhered to so as to maintain its legalized continuity and preserve a historic link in Chinese-American educational and cultural relations. Regarding the balance of the Indemnity, we have learned from certain friends in the American State Department, in explanation of the new treaty, that Indemnity payments should cease as soon as the treaty goes into effect, but the Chinese Government seemed under moral obligation to continue to pay to the China Foundation and the Tsing Hua University the amount that was overdue under moratorium: as to the existence of the China Foundation, the American Government would say, when questioned, that it is always interested in the Foundation and would like to see it continue to exist.

（中国社科院近代史所藏"胡适档案"，卷号 E-114，分号 12）

同日　Ferris Greenslet 函邀胡适出席在 The Century Club 举行的午餐会。（中国社科院近代史所藏"胡适档案"，卷号 E-215，分号 7）

同日　Harvard College 的图书馆函谢胡适赠送"China, Too, Is Fighting to Defend a Way of Life"一文。（中国社科院近代史所藏"胡适档案"，卷号 E-491，分号 1）

2月18日　胡适函谢 U. S. Appraiser 第 2344 号通知，但自己尚未收到 The Ocean of Story 的收据；也由于自己尚未阅读 The Ocean of Story，因此无法告知对于版本的意见。（中国社科院近代史所藏"胡适档案"，卷号 E-56，分号 144）

同日　Roger Sherman Greene 函寄 The Harvard Overseers 关于远东文明学系的报告与胡适，请胡适提出意见。（中国社科院近代史所藏"胡适档案"，卷号 E-214，分号 1）

同日　The University of Pennsylvania Club of New York City 的主席 E. B. Landis 函谢胡适于 3 月 26 日出席他们的年度荣誉晚宴。此晚宴是向 Josiah C. McCracken 致敬，也将邀请 F. L. Hawkes Pott 一同参加。（中国社科院近代史所藏"胡适档案"，卷号 E-261，分号 6）

2月19日　王重民致函胡适，告胡适所用各书，已由吴光清检出带上，又谈及纬书与道书等。（《胡适遗稿及秘藏书信》第 24 册，135～137 页）

2月20日　胡适在纽约唐人街遍觅《孙中山全集》不得，只购得孙文《三民主义》一册。（《胡适藏书目录》第 1 册，313 页）

同日　傅安明与吴光清从华府同来，给胡适捎来《皇清经解》等书。胡适决心重写《〈易林〉考》。（据《日记》）

同日　恒慕义致函胡适：关于最近您向王重民提及期望见到 Eminent Chinese of The Ch'ing Period, 1644—1912 第一卷的手稿之事，Mr. Graves 与 Mr. Leland 期望您能为此作品撰写前言，并述第二卷的大致内容。（中国社科院近代史所藏"胡适档案"，卷号 E-237，分号 2）

2月21日　胡适读毕全祖望的《鲒埼亭诗集》(上海，商务印书馆，1936年)。(《胡适藏书目录》第1册，187页)

2月22日　胡适与Dr. Maurice William同午饭，大谈。此君曾著被孙中山大为赏识的 The Social Interpretation of History，现拟改写此书，胡适"劝他多用他一生的实事，也许比原来的抽象写法更有力"，他颇以为然。(据《日记》)

2月23日　胡适续写《〈易林〉考》。Mr. Arthur Train 来邀胡适去看 The Academy of Arts & Letters & the Institute of Arts & Letters。与周鲠生、徐大春及 Mrs. Hartman 同去 National Theatre 看 Sidney Kingsley 的新戏 The Patriots，此剧令胡适掉泪。(据《日记》)

同日　Mrs. Maurice T. Moore 函邀胡适出席3月2日在 Madison Square Garden 与宋美龄的聚会，Edith Willkie、Clare Luce 等人都将参加。(中国社科院近代史所藏"胡适档案"，卷号 E-302，分号6)

2月24日　胡适应邀出席 The National Institute of Arts & Letters 的晚宴，并演说"中国文学革命"。宴会上遇到一些名人，如 Charles Dana Gibson、Van Wyck Brooks、Wm. Lyon Phelps、Walter Johannas Damrosch 等。(据《日记》；中国社科院近代史所藏"胡适档案"，卷号 E-361，分号1)

2月26日　Wellesley College 的 Wellesley Institute of the Far East 主席 Edward Ely Curtis 再度函询胡适能否来该学院作关于中国诗的演说，建议4月6日、9日、20日或21日供胡适选择。后来，渠又通过孟治函催。但未收到胡适回复，乃改请他人。(中国社科院近代史所藏"胡适档案"，卷号 E-169，分号8)

同日　John H. H. Lyon 函邀胡适于秋天的某个星期三前来演说。(中国社科院近代史所藏"胡适档案"，卷号 E-280，分号8)

2月28日　胡适改写《〈易林〉断归崔篆的判决书——考证学方法论举例》，同年9月15日夜半后重写定，1948年1月4日夜又修改几处。(《胡适之先生年谱长编初稿》第五册，1793～1798页)

1943 年　癸未　民国三十二年　52 岁

3月

3月1日　宋美龄到纽约，市长 Laguardia 在市政府招待，胡适前往会见。（据《日记》）

同日　Richard J. Walsh 函寄两册《西游记》与胡适，并再度答谢胡适撰写的介绍文以及给予的帮助。（中国社科院近代史所藏"胡适档案"，卷号 E-366，分号 4）

同日　潘家洵致函胡适，拜托胡适为吴汝康争取奖学金，以使其早日赴美继续研究。（《胡适遗稿及秘藏书信》第 39 册，59～61 页）

3月2日　霍恩贝克夫妇来访。到 Waldorf-Astoria，"投一片问候蒋夫人"。见着刘锴与邝兆荣；见着电影作家 Swerling。到 Madison Sq. Garden 听宋美龄演说。"但她的演说实在不像样子，不知说些什么！"得 Charles C. Burlingham 亲笔短信。（据《日记》）

同日　Claremont Colleges 的 Robert J. Beruard 函邀胡适来该学院担任访问学人，并述学校可以提供的研究与生活条件。（中国社科院近代史所藏"胡适档案"，卷号 E-128，分号 3）

同日　David Toong（纽约 Chinese Students' Christian Association 委员会的 General Secretary）函邀胡适于该委员会在 3 月 26 日或 4 月 2 日举行的年度晚餐会上发表演说。（中国社科院近代史所藏"胡适档案"，卷号 E-360，分号 8）

3月4日　胡适日记记其见宋美龄及纽约总领馆为宋举办欢迎茶会事：

> 今早黄仁泉打电话来，说蒋夫人要看我，约今天下午五点五十分去见她。我说，于总领事的茶会五点开始，她如何能在 5：50 见我？黄说，她要到六点十五分才下去（！）。
>
> 我下午去见她，屋里有林语堂夫妇，有孔令侃，有郑毓秀（后来）。一会她出来了，风头很健，气色很好，坐下来就向孔令侃要纸烟点

着吸！

在这些人面前，我如何好谈话？只好随便谈谈。她说，她的演说是为智识阶级说法，因为智识阶级是造舆论的。（指她前天的演说）原来黄忠马失前蹄的古典是为智识阶级说的！

她一股虚骄之气，使我作恶心。

我先走了，到下面总领事的茶会，来宾近千人，五点就来了，到六点半以后，主客才下来，登高座，点点头，说，谢谢你们，就完了。有许多人从 Boston 来，从 Princeton 来，竟望不见颜色！（据《日记》）

同日　施肇基函谢胡适接受邀请出席 3 月 5 日上海结核病防治协会美国委员会在纽约 The Cornell Club 举行的年会，期望胡适能在会上演讲中国的结核病防治工作。施之邀请函发于 2 月 23 日。（中国社科院近代史所藏"胡适档案"，卷号 E-355，分号 4）

3 月 5 日　胡适得 Senator Elbert D. Thomas 一短札，中云：

The visit of the gracious Madam has left me a bit sad. The struggle to get rid of the unequal treaties was one of Sun Yat-sen's most cherished hopes. Some of us out of honest desires worked long and hard to bring ours and the British government to see the right way. Has the Chinese Government already forgotten the lowly efforts? — I'm just wondering.（据《日记》）

同日　Charles G. Proffitt 致函胡适：Mr. Coykendall 与自己期待着于 12 日在 The Century Club 与您共进午餐，再度相见。（中国社科院近代史所藏"胡适档案"，卷号 E-322，分号 1）

同日　Otto M. Stanfield 函邀胡适出席 3 月 27 日举行的 The Middle Atlantic States Conference of Unitarian Laymen 的会议。（中国社科院近代史所藏"胡适档案"，卷号 E-349，分号 4）

3 月 6 日　胡适作书答 Senator Thomas，另作书与霍恩贝克。（据《日记》）

同日　Buffalo Museum of Science 馆长 C. J. Hamlin 致函胡适：该博物馆

将在4月4日举行中国史前时代到元代的陶器展,连展一个月,邀请胡适于4月10日或17日前来Buffalo,并在4月11日或18日发表演说。(中国社科院近代史所藏"胡适档案",卷号E-219,分号2)

3月8日 Bradley Polytechnic Institute负责人Frederic R. Hamilton函邀胡适于4月20日为Bradley Polytechnic Institute作毕业演说,请问胡适能否接受此邀约。(中国社科院近代史所藏"胡适档案",卷号E-219,分号3)

同日 郑天挺日记记道:中国拟派知名教授赴国外宣传,关于钱端升入选,宋子文以钱与胡适关系为疑,经蒋梦麟解释后始得派。(《郑天挺西南联大日记》〔下〕,670页)

3月9日 芝加哥大学比较宗教系Haskell Foundation Committee的行政秘书A. Eustace Haydon致函胡适:该系Haskell Foundation Committee的主席邀请胡适于1944年秋季或1945年冬季进行6场演讲,建议您以"Modern Religious Philosophy in China"或"Modern Philosophy in China"为题。4月15日,他又函催。(中国社科院近代史所藏"胡适档案",卷号E-223,分号2)

同日 美国国务院The Division of Cultural Relations的特别助理Willys R. Peck致函胡适:因为胡适对该组织将带一些中国教授来美的计划感兴趣,因此函告第一批来美的教授名单:张其昀、费孝通、金岳霖、蔡翘、萧作梁、刘南陔。(中国社科院近代史所藏"胡适档案",卷号E-315,分号3)

3月10日 The Town Hall主席George V. Denny, Jr.函邀胡适担任The Town Hall在3月29日举行的United Nations Day Program最后一天的演说人。(中国社科院近代史所藏"胡适档案",卷号E-174,分号6)

3月11日 The Century Club of New York函告胡适:B. B. Burlingham的名字已被列入The Century Club of New York的访问者名单中。(中国社科院近代史所藏"胡适档案",卷号E-490,分号1)

3月15日 胡适寄200美元给病重的容揆,略助医药费。得霍恩贝克长信(中国社科院近代史所藏"胡适档案",卷号E-231,分号2),劝胡适不要放弃"忠告"的责任。(据《日记》)

按，容揆的女儿 Gertrude Tong 于 3 月 17 日函谢胡适对她父亲的慰问。（中国社科院近代史所藏"胡适档案"，卷号 360，分号 13）

3 月 16 日　胡适搭火车到纽黑文，车上遇印度驻美专员（Agent General）Sir Bajpai。Professor Arnold Wolfers 来接。（据《日记》）

3 月 17 日　芝加哥大学 Graduate Library School 院长 C. B. Joeckel 致函胡适：吴光清申请芝加哥大学 Graduate Library School 时曾提及您的名字，期望能获得您对于吴光清的研究能力之意见。29 日，C. B. Joeckel 函谢胡适关于吴光清申请的来函，并告吴之申请已获批准。（中国社科院近代史所藏"胡适档案"，卷号 E-246，分号 1）

3 月 18 日　Arnold Wolfers 致函胡适：答谢您前来 Pierson College 与学生讨论外国区域研究；送上支票，请您签名之后交还。（中国社科院近代史所藏"胡适档案"，卷号 386，分号 12）

3 月 19 日　读 Penzer's *The Ocean of Story*（印度友人 K. M. Panikkar 所赠）。与朱寿恒女士谈。她要研究杜威，作一博士论文，故来访。（据《日记》）

同日　王重民致函胡适云：闻胡适考证《易林》极有心得，因思《易三备》与《易纬》远、与《易林》相近，将可连带解决，又抄示姚振宗《〈隋书·经籍志〉考证》中有关《易林》的两则材料。又提到袁同礼来讯问候胡适并拜托胡相机为北平图书馆募捐等。（《胡适遗稿及秘藏书信》第 24 册，147～148 页）

3 月 21 日　胡适开始考证王国维的《汉魏博士考》，3 月 26 日写定，名之曰《〈王国维汉魏博士考〉的修订》。（《胡适遗稿及秘藏书信》第 5 册，37～55 页）

3 月 22 日　Elliott Beach MacRae 函请胡适对 *Understanding China*、*China but not Cathay* 二书发表意见。（中国社科院近代史所藏"胡适档案"，卷号 E-283，分号 2）

3 月 23 日　夜，胡适作成《公孙弘奏定学制的年代》。（《胡适遗稿及秘藏书信》第 5 册，16～28 页）

1943年　癸未　民国三十二年　52岁

3月24日　胡适有《孔臧与孔丛子》一文。（台北胡适纪念馆藏档，档号：HS-US01-055-003）

3月25日　夜，胡适作有《〈汉书·地理志〉的诗古义》一文，大意谓：《汉书·地理志》的第二部分根据刘向和丞相张禹的属吏颍川朱赣的材料，其中很有许多有趣的观察。他们把天下郡国略依统一以前的各国疆域，分作几个大区域；其有右"风诗"之地，往往引风诗以证风俗。其说诗，颇保存古义古说，往往与毛诗不同，也有很值得采择的议论。其引诗中地理来证历史，其方法甚可取。（《胡适遗稿及秘藏书信》第5册，29～31页）

同日　The Metropolitan Museum of Art of New York 副主任 Horace H. F. Jayne 致函胡适：该博物馆将在4月8日到5月举行当代中国艺术品收藏展，拜托胡适提供画作参与此展览。（中国社科院近代史所藏"胡适档案"，卷号 E-244，分号1）

3月26日　耶鲁大学图书馆函谢胡适赠送"China, Too, is Fighting to Defend a Way of Life"一文。（中国社科院近代史所藏"胡适档案"，卷号 E-486，分号1）

3月28日　章士钊托朱学范带信给胡适，自述近况，又云："朱君少年精进，博通世故，慕兄名德，晤时望有以进之。"（《胡适遗稿及秘藏书信》第33册，159～160页）

3月29日　胡适在《百子全书》一百种（上海扫叶山房石印本，1919年）有题记：

> 《百子全书》本是湖北崇文书局刻的。我做小孩子时，家中有此书零种，我初读《孔子家语》等书都是用这种本子。后来在北京，我稍稍懂得版本和校勘了，颇轻视湖北局刻本。现在我在海外，竟用二十元美金买这部扫叶山房石印本的《百子全书》！（《胡适藏书目录》第2册，1109～1110页）

同日　胡适在清卢文弨辑《群书拾补》（1887年）封面上题记：

今日从旧金山书店寄来的一大批书，其中竟有蜚英馆石印本的《群书拾补》，真是意外的奇事，故不可不记。(《胡适藏书目录》第2册，1455页）

同日　施肇基致函胡适：已将施、胡二人的意见函寄宋子文，期望能将这些请求传达回重庆。（中国社科院近代史所藏"胡适档案"，卷号E-355，分号4）

3月30日　胡适复函王重民，告：近得2000元，拟一半作西北考察团团费，一半作文科研究员的印刷费。清人传记小序，不久即可写成。《〈易林〉考证》是一时练习之作，大意是断定《易林》不是焦延寿作，乃是王莽时建新大尹崔篆作。近购得一批存书。又托王帮忙借《汉书疏证》36卷等书。（《胡适遗稿及秘藏书信》第18册，47～50页）

3月31日　胡适致函王重民，云：

……你说世德堂刻本《西游记》小说无陈光蕊与江流事，使我很感兴趣。杨景贤杂剧始有此二事，后人大概根据此剧加入的。

你说，除此加入一段外，世德堂本与我用的本子文字全同，此一点也使我很放心。当我劝亚东用此本标点时，我深信此本为现存各本中最好的本子。友朋中颇有人疑此本的描写细密传神之处是后来增修的，不是吴承恩的原文。我坚持用此本，力主书中描写传神之处皆是原文所有。但近年《西游》古本渐出，我竟无机会细校，每以为憾。今得你的断语，使我放心多了。

胡适又请王帮忙借阅《汉魏遗书钞》等。(《胡适遗稿及秘藏书信》第18册，56～57页）

同日　Angus Cameron致函胡适，希望胡适对Pardee Lowe的书 *Father and Glorious Descendant* 发表意见。（中国社科院近代史所藏"胡适档案"，卷号E-143，分号8）

1943年　癸未　民国三十二年　52岁

4月

4月1日　胡适在 Paul Carus 著 *The Canon of Reason and Virtue: Being Lao-tze's Tao Téh King*，*Chinese and English* 一书上有题记：

> 二十五年前，我常用这译本，认为这是当时最好的本子。前天从旧金山买到这一本，想用来同 Waley 的译本对照着看一遍。(《胡适藏书目录》第3册，2186页)

同日　王重民复函胡适，告胡适所用之书，即由馆方寄上。同时附上《七家后汉书》等书，供胡适参考。又谈及胡适论《易林》的文章，其讨论方法，与取材之缜密，可为后学取法。又告国会图书馆将把馆中重复书与其他图书馆交换，若胡适有无用的可用之于交换的，可开列书单请胡适选择，等等。(《胡适遗稿及秘藏书信》第24册，149～153页)

4月2日　施肇基函告胡适：宋子文已致电外交部转达两人关于继续保留中基会的请求。(中国社科院近代史所藏"胡适档案"，卷号E-355，分号4)

同日　Arnaud C. Marts 函邀胡适在5月28日为 Bucknell 大学的毕业班发表演说。(中国社科院近代史所藏"胡适档案"，卷号E-290，分号4)

4月3日　胡适致函赵元任，希望用1000美金购买赵藏《四部丛刊》，因哈佛有三四部《四部丛刊》。(《鲁迅研究月刊》2020年第2期，60～61页)

同日　Rodney Gilbert 致函胡适：期望能在4月5、6日与胡适、董显光、Lionel Pratt 见面。(中国社科院近代史所藏"胡适档案"，卷号E-208，分号9)

4月5日　胡适复函王重民，云：

> 王氏的《后汉书集解》，因为后出，故比《汉书补注》较好一点。但两书都不算是好书，因为王益吾本人的见解太不高明，所见的版本也不多，所收的诸家旧注也没有经过好好的整理。将来当有新的"汉书校注"、"后汉书校注"与"史记校注"，用新的公家图书馆的力量，

用近人的新校记，加上新的取材断置的眼光，然后加上新式标点，成为定本（各书都应取一部最古本为底本）。

……

《博士考》一个题目，我欲借此作汉代经学变迁的研究。偶一下手，始知谨严如王静安先生，亦不能完全依赖！……

本意只想为王先生《博士考》作一跋，结果也许还得我自己重写一篇《两汉博士制度考》。……

《〈易林〉考证》是讨论如何运用证据的一篇方法论举例。……

……

我为将来计算，颇想收集宋、元、明、清的思想史料书……

又谈及《丛书书目汇编》虽极有用但疏漏多。又谈及与国会图书馆交换图书事。（《胡适遗稿及秘藏书信》第18册，59～66页）

同日 Gertrude Tong 函谢胡适愿意接受 Giles 字典。正在处理父亲遗产税的事，因为不知书的价值，因此将书寄给胡适。（中国社科院近代史所藏"胡适档案"，卷号 E-360，分号 6）

同日 Nicholas Murray Butler 函谢胡适寄送的生日贺卡。（中国社科院近代史所藏"胡适档案"，卷号 E-141，分号 12）

4月6日 Carl I. Wheat 致函胡适：归还在纽约时胡适提供的赫尔国务卿以及 Welles 的来函副本。若您来华盛顿，将向您展示自己整理的胡适手稿与书信之活页夹，并期望能获得您的照片以收藏。（中国社科院近代史所藏"胡适档案"，卷号 E-374，分号 1）

4月7日 胡适日记记两大喜事：赵元任愿意把《四部丛刊》让给胡适；收到容揆女儿 Mrs. Gertrude Tong 寄赠的她父亲遗书中的一部 Giles 的 A Chinese-English Dictionary。（中国社科院近代史所藏"胡适档案"，卷号 E-360，分号 6；4月8日胡适复赵元任函，《鲁迅研究月刊》2020年第2期，61页）

同日 王重民复函胡适，告收到《〈易林〉考证》。又告将照胡适所论校勘之议，校勘胡适嘱校的《三辅黄图》内王莽太学一节，请胡适指正"安门"一条。胡适同意交换书，恒慕义引为荣幸，将开列副本书单与胡适。(《胡适遗稿及秘藏书信》第24册，230～231页)

同日　吴健雄函谢胡适帮忙答复陆军部的询问。父亲从重庆来信，嘱自己时常去信问候胡适。为胡适闭户著作，省去官场应酬而高兴，希望不要和外界太隔绝了，赞扬胡适的讲演最动人最有力量，希望继续接受人家的邀请，多出来演讲。自己在苏州女中听了胡适的演讲，受影响很深。又建议胡适多写时论等。(《胡适遗稿及秘藏书信》第28册，519～521页)

4月8日　胡适将复叶理绥的信函寄赵元任，征询赵的意见，又谈及：

> 我仔细想想，还是不谈报酬的好，你说"你的标准当然应该〔比你〕更高。"我从不作此想。

> 去年 Univ. of Chicago 给我一万元，我没有接受，却接受了 ACLS 的六千元的 grant-in-aid-of-research。这不是"清高"，实在是 practical；因为我的负担比你轻，我只要时间多，自由多，教书钟点少；至于钱，只要够用，够雇用钞手书记，就得了。(《鲁迅研究月刊》2020年第2期，61～62页)

同日　胡适复函王重民，请王重校"博士之宫寺""太学宫寺"，"立博士领弟子，员三百六十"，"作长门宫南"等句。又询皇甫谧之《帝王世纪》有何本子。又告赵元任愿意把《四部丛刊》让给自己(胡谓之"喜讯")。又告："我现在写一篇《两汉的太学》，写的动机本是读王静安先生的《博士考》。现拟先写英文稿，为四月廿七 Oriental Society 宴会的演说辞。"(《胡适遗稿及秘藏书信》第18册，67～71页)

> 按，王重民4月10日有复函。(《胡适遗稿及秘藏书信》第24册，154～158页)

4月9日　Jerome D. Greene 致函胡适：Eliot 校长在1881—1882年的年度报告中提及戈鲲化(Ko Kun-hua)。想到您可能对其感兴趣，抄寄

Dr. Eliot 对于戈鲲化生平事迹的叙述给您。(中国社科院近代史所藏"胡适档案",卷号 E-213,分号 3)

4月10日　胡适复函王重民,谈《易林》,深为王为其找出《因话录》中一条内证而欣喜异常。(《胡适遗稿及秘藏书信》第5册,436～444页;《胡适遗稿及秘藏书信》第18册,72～80页。又可参考胡适当日《日记》)

同日　Alice M. Bentley 函谢胡适提供给 American Legion Clubhouse 的中国国旗,倘若 Theodore Roosevelt, Jr. 将军知道,定为此感到骄傲。(中国社科院近代史所藏"胡适档案",卷号 E-127,分号 2)

4月12日　胡适夜读陆游《老学庵笔记》五卷,有感:

> 凡读书,要看一个人的经验见解;同是一部书,少年时读,与中年时读,与老年时读,各有所得,各有所喜,往往不相同,因为年纪大了,见解也变了。(据《日记》)

同日　夜,胡适写成《史籍里的两汉户口数》《汉桓帝永寿二年的户口数》二则札记。(收入《胡适遗稿及秘藏书信》第5册,56～59页;60～65页)

4月13日　胡适复函王重民,云:

> 《易林》一案,从此结束,皆出于老兄之赐,牟庭、翟云升和我都得感谢你。
>
> 王莽的太学,大致也可以结束了。《黄图》的原文当作"起灵台于(原误作'作')长〔安〕门宫南去堤三百步起国学"。……
>
> 辟雍即太学(尊图误分为二),须有水四面环之,故须"引水为辟雍"。其引水处在安门东南七里,与《黄图》合。……
>
> 今本《黄图》大概是伪书,其中约有十一之一是有依据的……
>
> 长门宫原来叫做长安门宫,其源出于文帝时的长安门亭。……
>
> 《括地志》所记长门宫历史,似是可靠的。……
>
> 引书最忌靠记忆力,尤不可不严戒无意中增减文字。……(《胡适

遗稿及秘藏书信》第 18 册，81～86 页）

按，王重民 4 月 18 日有复函。(《胡适遗稿及秘藏书信》第 24 册，161～164 页）

4 月 15 日　胡适作有《东汉举孝廉人数》。(《胡适遗稿及秘藏书信》第 5 册，321～327 页）

同日　The Chase National Bank of New York 的助理经理 J. Everett Kunzmann 致函胡适确认电话的谈话内容，关于胡适与两位儿子申请的债券，总数是 2700 美元，请将申请单填写后交还。（中国社科院近代史所藏"胡适档案"，卷号 E-260，分号 1）

4 月 18 日　胡适致函 White 云：现在过着自由与休闲的生活，看到朋友们正为战争而努力工作，自己却在从事历史研究这种与战争毫不相干的工作，因而感到羞愧。（中国社科院近代史所藏"胡适档案"，卷号 E-114，分号 2）

同日　胡适复函王重民，谈及《四部丛刊》已全到，已上架。又云：

> 大概一个时代的风气真可以魔人。……
>
> 清朝汉学家教新进学者有几个方法，一个是教他们去做"说文引经考"，一个是教他们去辑佚书。绩溪前辈如胡培翚，教人即如是下手。百年中有许多"说文引经考"，又有许多辑佚书，也是风气使然。你看惯了敦煌写本，看那时代写某种经（如《金光明经》）之特别多，可以想见那时代的风尚。(《胡适遗稿及秘藏书信》第 18 册，88～95 页）

4 月 19 日　胡适收到赵元任寄来的《四部丛刊》，即复电致谢。"以后所需，只有《道藏》《佛藏》与理学书耳。"（据《日记》）胡适即在此书上题记：

> 客中无书，蒙元任兄把这部缩本《四部丛刊》初编让给我，其恩德真不止解衣推食而已。今天他把书寄到，我打电报给他说："I feel as

rich as Indian Maharaja. A thousand thanks!"一九四三，四，十九，胡适。（《胡适藏书目录》第 1 册，367 页）

同日　Elliott Beach MacRae 函谢胡适帮忙联系 Harold B. Rattenbury 撰写 *Understanding China* 一书，而 "China but not Cathay" 倾向以 "China at War and at Work" 为名出版。（中国社科院近代史所藏"胡适档案"，卷号 E-283，分号 2）

4 月 21 日　T. A. Bisson 致函胡适云：等待其评鉴结果以做最后决定。（中国社科院近代史所藏"胡适档案"，卷号 E-131，分号 1）

4 月 23 日　胡适致函王重民，云：

> 交换书事，尊意与当事人意，均极可感。但中国古书无确定市价，而钱氏刻经与敦煌写本尤无市价。将来万一有人借此攻击馆长或部长，他们亦无法可以证明此中无上下其估价之事。故我为馆计，不愿陷他们于任何嫌疑。故决意继续借书，不愿交换。

> 我主办公家事业，三十余年，向持一个原则：宁可令公家受我一点便宜，切不可占公家一点小便宜。馆中许我借如许数量之书，我占便宜已为极大，故不敢使当局者更受嫌疑也。

> 关于长门宫事，前书有误。昨夜翻《东方朔传》，始知馆陶公主因私宠董偃，欲武帝承认这"主人翁"，故献长门园，"上大说，更名窦太主园为长门宫"。如淳曰："窦太主园在长门。长门在长安城东南，园可以为宿馆处所，故献之。"《朔传》（《汉书》六十五）记此事极详，我们竟不记得……（《胡适遗稿及秘藏书信》第 18 册，96～97 页）

4 月 24 日　胡适致函 Miss Li：已看过其论文，特别是第四章，并核对过引文。认为 Miss Li 已经展示了使用材料的能力并给以自己的阐释。很高兴使用了 Chiang His-chang 的书，他的书使用材料很好，但有些评论并不很可靠。胡函又云：

> ...His comments on chap.'s. 3 and 77, which you have followed, are

wrong. 1) He has put undue weight on a single varied reading out of 84 texts! 2) He does not know that the Tun Huang texts were made by usually unlettered copists; so he guesses that the reading 宝 in chap. 3 was not a corrupted copying, but a "marginal note by a commentator", which is entirely unwarranted methodologically. 3) His use of the old dictionary (《说文》) definition is erroneous. The etymological definition 多财 means "having many goods", but not "riches" or "manifold treasures". From this primitive meaning of "having many goods", there have come the common meaning of "having many abilities" and "having many virtues". The etymological meaning is not justified in reading Lao Tzu; Mr. Chiang's use is much more unjustified.

My advice to you will be that you should make a stdy [study] of the philosophical literature of the classical age, from Confucius down to Huan Nan Tzu of the second century B. C. in order to find ample materials to support your general conclusions as stated on pp. 81—82. You will find the Huan Nan Tzu most helpful.（中国社科院近代史所藏"胡适档案"，卷号 E-100，分号 13）

4月26日　Howards Hastings 函谢胡适提供在4月22日 Quentin Roosevelt Post No. 4，American Legion 的会议所需的中国旗帜。（中国社科院近代史所藏"胡适档案"，卷号 E-222，分号 2）

同日　Clark H. Minor 函邀胡适于5月18日出席在 Schenectady 举行一个以强调联合救济中国为目的的午餐会，并发表演说。（中国社科院近代史所藏"胡适档案"，卷号 E-300，分号 8）

4月27日　胡适在 American Oriental Society 的 Dinner meeting 宣读《汉朝的太学》一文。（据《日记》）

同日　普林斯顿大学 The Institute for Advanced Study 主任兼葛思德图书馆负责人 Frank Aydelotte 邀请胡适于4月29日在 The Century Club 共进午餐，以讨论图书馆的事务。（中国社科院近代史所藏"胡适档案"，卷号 E-122，

分号 7）

4月28日　新从国内来的吴景超、陈源、李卓敏来访。（据《日记》）

4月29日　Henry Morgenthau 函谢胡适祝福他的 87 岁生日。（中国社科院近代史所藏"胡适档案"，卷号 E-303，分号 10）

同日　Nancy Lee Swann 致函胡适：

This is the finding list of titles in The Gest Oriental Library which I spoke of sending to you on loan for your convenience if you can find it possible to come to the Gest Library in response to our invitation. Dr. Aydelotte did not return from New York in time for me to hear from him of your luncheon discussion, but I look forward to having you come at your earliest convenience.

This copy of our TITLE INDEX lacks some titles, which you look over in our accession list after your arrival. I will be pleased to learn whether or not you find it easy to follow the arrangement of titles according to an INDEX SYSTEM which is simply that of the radical-etrokes of the K'ang-hai dictionary.

As the books are heavy, I suggest that you send them back by Railway Express at postpaid expense, valued at fifty dollars. If you want to check titles, just use a pencil that will erase markings, and we can take of them. （中国社科院近代史所藏"胡适档案"，卷号 E-353，分号 11）

4月30日　The American Philosophical Society 出版主任 William E. Lingelbach 函询胡适 Dr. Wittvogel 所著辽史的著作可否出版（早前胡适曾高度评价此作品）。（中国社科院近代史所藏"胡适档案"，卷号 E-274，分号 1）

同日　顾颉刚日记记：新成立的中国史学会职员名单，胡适是 21 位理事之一。（《顾颉刚日记》第五卷，64 页）

5月

5月1日　发明用中文拍发电报的高仲芹来访，胡适鼓励他说："你这个发明，十分重要，比打一个大胜仗还更重要。"（据《日记》）

5月3日　Frank Aydelotte 致函胡适，感谢有机会在纽约讨论葛思德图书馆的事务，期望胡适于5月12日来普林斯顿时到其家做客，并有机会对中国学生发表谈话。（中国社科院近代史所藏"胡适档案"，卷号 E-122，分号7）

同日　The John Day Company, Inc. 编辑 Richard Walsh, Jr. 将为胡适觅购的 Tsui Chi 的 *A Short History of Chinese Civilization* 函寄胡适。（中国社科院近代史所藏"胡适档案"，卷号 E-366，分号4）

5月5日　Charles C. Burlingham 致函胡适：为虚耗您的时间致歉，请再电话联系会面时间。（中国社科院近代史所藏"胡适档案"，卷号 E-140，分号10）

5月6日　胡适抄录李梦阳《黄州》诗并加按语。（台北胡适纪念馆藏档，档号：HS-US01-056-005）

同日　霍恩贝克函谢胡适的善意以及送给 Vivienne 的礼物。（中国社科院近代史所藏"胡适档案"，卷号 E-231，分号2）

5月8日　The Assembly Committee of Kent State University 主席 Alvin J. Miller 电邀胡适于5月17日至6月4日之间为 Kent State University 大学进行演说，请电复确定的日期。（中国社科院近代史所藏"胡适档案"，卷号 E-299，分号10）

5月9日　胡适日记有记：

> 偶读《偈文安集》，见他的"重修揭氏族谱序"（卷8），始知揭氏世居袁州，散处盱江、丰城、汝宁各地。"吾先世之雄文盛德，在宋由进士而入者，科不乏人。"

我向来抱着偈氏必是蒙古或色目人的成见，今始知其误。故知凡事不考而信，往往不可靠。记此以自警。

5月10日　胡适复函吴健雄，说道：

那年我在苏州讲演之后，叶圣陶（那时在苏州一中作教员）曾写一篇小说，说一班教员听我演讲，当时的大兴奋，过后的讨论，讨论后的无结果的悲哀。……我并不因此悲观。我曾说，"无心插柳，尚可成阴；有意栽花，当然要发。"我一生到处撒花种子，即使绝大多数都撒在石头上了，其中有一粒撒在膏腴的土地里，长出了一个吴健雄，我也可以百分快慰了。

将来我见到圣陶，我一定要告诉他这个故事，好替我已吐吐气！（据胡适当日《日记》）

按，本年2月，吴健雄来信说："……你的讲演最动人，最有力量。……譬如说，我听到了你那次在苏州女中的演讲，受到的影响很深。后来的升学和出洋，都是从那一点出发的。虽然我是一个毫无成就的人，至少你给我的鼓励，使我满足我自己的求知欲，得到人生的真正快乐。……"（据胡适5月10日《日记》）

同日　Herbert Moore 致电胡适：自己的父亲 Herbert McComb Moore 于5月7日辞世，答谢胡适愿参加父亲的葬礼。（中国社科院近代史所藏"胡适档案"，卷号 E-302，分号8）

5月12日　胡适去费城，次日去普林斯顿大学。胡适访问普林斯顿大学共两天，主要目的是调查葛思德图书馆的中文藏书，其间曾与 Frank Aydelotte 等人酬酢。（《胡适遗稿及秘藏书信》第18册，142页，98～108页。中国社科院近代史所藏"胡适档案"，卷号 E-122，分号7；卷号 E-353，分号11）

按，5月22日，Nancy Lee Swann 致函胡适，云：

It was an exhilarating experience to have you visit the Gest Library. In spite of its great need for adequate housing, and for inscription of titles, etcetera, on the books, covers as well as catalog cards with proper information about them, I hope that you are not discouraged at the prospect of offering us suggestions for the gaps in the present holdings. I am looking forward to receiving your preliminary memoranda, and we will give it immediate attention for putting it into typescript for you.

Your stress of the needs which must be met before additions to the holdings can be made will be of invaluable aid to me in my efforts to have the writing of the titles on the <u>han</u>, and cards prepared now that we may be ready for the decisions for housing what we have within a plan for purchases when the war is over, and books are again on the market. I do hope that these preliminary steps may be taken now that you have and will stress their importance, although I have asked again and again that we do not wait on these steps until the housing problem was solved.

Perhaps these steps can be taken in time for you to give us definite suggestions as to accessions. We do hope that you are going to want to come down and spend some time here. In the future we will arrange for you to stay at the Nassau Tavern which will leave you free to be independent in your movements. It was indeed a pleasure and a great help to have you come down. （中国社科院近代史所藏"胡适档案"，卷号E-353，分号11）

5月15日　胡适在纽约唐人街购得《独秀文存》（亚东图书馆，1937年）、最初版的《淮南王书》（胡适著，上海新月书店，1931年）、《吴稚晖先生文存（上）》（周青云编，医学书局）。（《胡适藏书目录》第1册，69、161、404～405页）

5月20日　胡适致电翁文灏：

Understand Sungkung drafted promised telegram but decided April 9 ask

Ambassador send it as report to Vice president instead. Understand content satisfactory. （据《日记》）

5月21日　John Story Jenks 函谢胡适寄赠的 The Bignou 画廊目录"Ancient Chinese and Modern European Paintings"，也对胡适的介绍词深感兴趣，又邀胡适来 Chestnut Hill 访问。（中国社科院近代史所藏"胡适档案"，卷号 E-244，分号 5）

5月23日　胡适写就 Eminent Chinese of the Ch'ing Period, 1644—1912 的前言。在开首，胡适说道：

> This work, *Eminent Chinese of the Ch'ing Period*, is primarily planned as a biographical dictionary of the last three centuries. As such, there is at present no other work of the kind in any language, including Chinese, which can compare with it in comprehensiveness of conception, in objectivity of treatment, and in general usefulness. （《胡适全集》第 39 卷，71 页）

5月24日　Peter Grimm 函邀胡适出席 6 月 1 日其与 Oswald Garrison Villard、Hanson W. Baldwin 在 The Coffee House Club 的晚餐会。（中国社科院近代史所藏"胡适档案"，卷号 E-216，分号 3）

同日　施肇基致函胡适：明天将抵达宾州车站，直接从车站到旅社，期望能在旅社与您短暂碰面，讨论最近重庆的行政院会议中有关中基会的问题。（中国社科院近代史所藏"胡适档案"，卷号 E-355，分号 4）

5月25日　胡适复函王重民，告：《清代名人传记》的序文已经写好并寄出。校读此书，虽费时，但得益颇多，认为此书可算是"国际学者合作的研究"的第一次大成功。题目的选定，自己虽有不满意之处，但全盘看来，此书所选八百人，大致是不错的，是很公道的。此书取材因兼收外国材料与意见，可补旧记载之不足。此是二大长处。"近年吾国禁书颇出，传记研究亦颇有成绩，但均未有收集成书如此书之规模者。"另外，"满洲"、蒙古、西藏各族的人名，均用拼音作较细密的音读，此为吾国人向未做过的工作，是四大长处；各传后所附参考书目，兼收中、西、日本文字，此于学者甚有益；主编及作传者为国际学人，见解比较客观，评论比较公平。故，序中对此书甚表诚意的赞许，"不但希冀此类事业可以继起，其实是此书值得赞许也"。函中又提到胡思杜成绩不佳。又对普林斯顿大学的 Gest 书藏颇失望。又谈道：

> 我和马隅卿、孙子书诸人在文学史上的贡献，只是用校勘考证的方法去读小说书。读小说要考证校勘，然后感觉古本精本的需要。否则石印的圣叹评本确是比百回古本方便的多多也！（《胡适遗稿及秘藏书信》第 18 册，98～108 页）

5 月 26 日 Robert Wilberforce 函邀胡适 6 月 1 日出席在哥伦比亚大学俱乐部的午宴，于斌主教也将出席。（中国社科院近代史所藏"胡适档案"，卷号 E-375，分号 7）

5 月 27 日 Jerome D. Greene 致函胡适：告知胡适已被任命为委员会的成员之一以及远东文明学系 1943—1944 年度访问学人，并附寄访问学人名单以及委员会成员名单。（中国社科院近代史所藏"胡适档案"，卷号 E-213，分号 3）

同日 《纽约时报》科学编辑 Waldemar Kaempffert 函邀胡适出席 6 月 7 日在纽约 The Century Club 举行的午宴。由于在撰写一本关于科学和民主的书籍，因此对于中国比西方更早使用火药感到震惊。（中国社科院近代史所藏"胡适档案"，卷号 E-250，分号 2）

> 按，6 月 1 日，Waldemar Kaempffert 又来函谈此事。（中国社科院近代史所藏"胡适档案"，卷号 E-250，分号 2）

5 月 28 日 胡适应邀在 Bucknell 大学的毕业典礼发表演说（演说的题目为讲过多次的"Looking Forward"），并接受该校授予的荣誉文学博士学位。（中国社科院近代史所藏"胡适档案"，卷号 E-290，分号 4；卷号 E-233，分号 1；卷号 E-186，分号 6。台北胡适纪念馆藏档，档号：HS-

NK05-332-020）

5月29日　Elizabeth Green Handy 致函胡适：正计划写一本以"The Chinese Army Alone"为主题的书籍，并谈了对此主题进行四点构想。甚希望得到胡适的意见，请问可否前往请教。（中国社科院近代史所藏"胡适档案"，卷号 E-219，分号 10）

同日　霍恩贝克函询胡适是否要抵达"Jinx"，大约会在8月的第一周举行。（中国社科院近代史所藏"胡适档案"，卷号 E-231，分号 2）

同日　恒慕义函谢胡适为 Eminent Chinese of the Ch'ing Period, 1644—1912 所作前言，并建议将阎若璩、颜元、戴震、汪中、崔述、王韬等人也包括入第 2 册内。又云：若您需要戴震的传记，可以寄给您；王重民谈及您需要日文的佛经，若您有需要的话也可以寄给您。另外，关于您的父亲胡传并没有特别的传记。（中国社科院近代史所藏"胡适档案"，卷号 E-237，分号 2）

5月30日　胡适复函王重民，为《清代名人传记》的序言能使"人人喜悦"感到高兴。又谈及：

> 这种学术合作事业，最重要的条件还不在金钱，而在领袖者能与人合作，使人人能尽其所长，使人人各自负责任，即是人人各自负其功过。
>
> …………
>
> 学术的工作有"为人"与"为己"两方面，此人所共知。其实这个区别甚不可靠。凡学术的训练方面皆是"为己"；至于把自己的心得公开告人，才可以说是"为人"。今人以为做索引，编辞典，计算长历，校勘文字，编纂统计或图表……是"为人"的学问（如陈援庵先生常说他的工作是"为人"的工作）。这是错的。此种工作皆是训练自己的作工本事，皆是"为己"的工夫。……
>
> 你信上说的"铢积寸累，由少成多，即是本分以内之成功"，即是我说的"为己"之学，是做学问的根本途径。这是治学的最可乐的部

分。正因为此皆是训练自己，故事事求精，求完善，苛求无厌，终不自觉满意。等到你自己认为勉强满意了，把结果公开于世，使世人同享受我自己辛苦得来的一点成绩，使人人因我的辛苦而减少他们的辛苦，这就是"为人"。并不须"著为论说，以期有影响于当世"，才是"为人"。吾兄正不必太谦，更不可菲薄"铢积寸累"的"为己"功夫。

又谈到常用"勤、谨、和、缓"四字来讲治学方法：

……勤即是来书说的"眼勤手勤"，此是治学成败第一关头。凡能勤的，无论识小识大，都可有所成就。谨即是不苟且，一点一笔不放过，一丝一毫不潦草。举一例，立一证，下一结论，都不苟且，即谨，即是慎。"和"字，我讲作心平气和，即是"武断"的反面，亦即是"盛气陵人"的反面。进一步看，即是虚心体察，平心考查一切不中吾意的主张，一切反对我或不利于我的事实和证据。抛弃成见，服从证据，舍己从人，和之至也。……我说，"缓"字在治学方法上十分重要。其意义只是从容研究，莫匆遽下结论。凡证据不充分时，姑且凉凉去，姑且"悬而不断"。英文的 Suspension of judgment，即是暂且悬而不断。此事似容易而实最难。科学史上最有名的故事是达尔文得了他的生物演变的通则之后，几十年中继续搜求材料，积聚证例，自以为不满意，不敢发表他的结论。……（《胡适遗稿及秘藏书信》第18册，109～116页）

5月31日　胡适致函王重民，谈到对通俗书的沿革演变，很感兴趣，因"此等书影响全国儿童，最关重要"。（《胡适遗稿及秘藏书信》第18册，117～120页）

同日　Arthur W. Hummel 函谢胡适5月29日来函对于 *Eminent Chinese of the Ch'ing Period, 1644—1912* 所作前言的更正。（中国社科院近代史所藏"胡适档案"，卷号E-237，分号2）

6月

6月1日　S. McClatchie 复函胡适：已收到 5 月 10 日讨论马可·波罗的地图的信，并述元代中国与扶桑的渊源。（中国社科院近代史所藏"胡适档案"，卷号 E-293，分号 3）

同日　The First Presbyterian Church 牧师 Paul D. Moody 函邀胡适出席为 John Finley 举办的致敬演说（10 月 22 日举行第一场演讲），若胡适能前来，将与胡适讨论相关细节。（中国社科院近代史所藏"胡适档案"，卷号 E-302，分号 3）

6月2日　霍恩贝克致函胡适，告：Eliot Mears 于 5 月 30 日来函述今年的露营行程，他与 Dr. Wilbur 一样期待霍恩贝克与胡适一同来到斯坦福。（中国社科院近代史所藏"胡适档案"，卷号 E-231，分号 2）

同日　Charles Merz 致函胡适：很高兴胡适成为 The Admissions Committee of the Century Club 的候选成员之一，将送上一张嘉宾卡以方便胡适在被选出之前使用俱乐部的设施。（中国社科院近代史所藏"胡适档案"，卷号 E-298，分号 6）

6月5日　Karl August Wittfogel 函谢胡适介绍自己与恒慕义认识。（中国社科院近代史所藏"胡适档案"，卷号 E-386，分号 10）

6月8日　Everett V. Meeks 函谢胡适寄赠 The Bignou 画廊所收藏的古老中国和现代欧洲绘画的目录，并谈及胡适的介绍词。（中国社科院近代史所藏"胡适档案"，卷号 E-297，分号 4）

6月9日　George T. Cameron 函谢胡适 6 月 1 日来函，得知胡适今年夏天计划前往 The Grove 露营，期望在 Burlingame 时能一同晤聚，并告知抵达时间。（中国社科院近代史所藏"胡适档案"，卷号 E-143，分号 9）

6月13日　P. Alston Waring 致函胡适：1924 年我曾在北京见过您，当时与您谈了许多在印度关于泰戈尔的事情。赛珍珠鼓励我写信给您，她正撰写关于与中国农夫以及美国农夫谈话的内容，期望您能一同参与。我将

在6月17日往纽约，请问可否前往拜访您。(中国社科院近代史所藏"胡适档案"，卷号E-370，分号5)

按，7月11日，8月30日，P. Alston Waring又有函与胡适。(中国社科院近代史所藏"胡适档案"，卷号E-370，分号5)

6月14日　夜，胡适将美国诗人Henry Wadsworth Longfellow的"The Arrow and the Song"译成中文，题名为《一枝箭，一只曲子》，6月23日又加以修改，1956年8月6日写有后记。(《胡适手稿》第10集卷3，295～298页)

6月18日　恒慕义函寄排好版的 Eminent Chinese of the Ch'ing Period, 1644—1912 的前言与胡适，若有需要更正的地方请胡适告知，将会在付印之前校正好。21日，他又复函胡适云，已就胡适19日来函对此前言做了修正。(中国社科院近代史所藏"胡适档案"，卷号E-237，分号2)

6月21日　胡适复函威斯康辛大学历史系主任Paul Knaplund，感谢6月15日来函，确认访问威斯康辛大学的安排：7月6日演讲"China and Japan"，7月7日出席"Present Day China"圆桌会议，7月8日演讲"Peace in the Far East"。(中国社科院近代史所藏"胡适档案"，卷号E-256，分号4；卷号E-99，分号8)

按，6月28日，Paul Knaplund又复函胡适。(中国社科院近代史所藏"胡适档案"，卷号E-256，分号4)

同日　John H. Kerr复函胡适：尊函提到T. A. Bisson的信已引起我的注意，期望能和您讨论关于小组委员会的事。(中国社科院近代史所藏"胡适档案"，卷号E-253，分号4)

6月22日　胡适作有《曹操创立的"校事"制》一文。7月1日，胡适有后记。(《胡适遗稿及秘藏书信》第5册，66～75页；天津《大公报》，1947年1月29日)

6月23日　胡适作有《曹魏外官的"任子"制》一文，大意谓：曹操

曹丕用欺诈建国，用"校事"官来侦察吏民，用"任子"制来牵制外郡疆吏。这种政制的中心是一种猜疑的态度。曹操虽多猜忌，还有时故意做出大度的行为。曹丕的气度更狭窄，他对他自己的弟兄都绝不信任，用种种刻薄的手段来制裁监视他们。所以他对外人，更多猜忌，更用监视牵制的手段。重要州郡外官必须留儿子在京师，作为押质，名为"任子"。（天津《大公报·文史周刊》第16期，1947年2月5日）

同日 恒慕义照胡适所请，将其著戴震的传函寄胡适。（中国社科院近代史所藏"胡适档案"，卷号 E-237，分号 2）

6月26日 Carl Neprud 致函胡适：回忆起您将参加7月在威斯康辛大学举行的战后的讨论会，对于您的行程很感兴趣。若有可能，下个月我将在威斯康辛。（中国社科院近代史所藏"胡适档案"，卷号 E-308，分号 5）

6月28日 哥伦比亚大学中国与日本系教授 L. Carrington Goodrich 致函胡适：

Your Preface to *Eminent Chinese of the Ch'ing Period* is about as nearly perfect as such a thing can be. I am sure that Dr. Hummel and his collaborators will be very proud to have it stand at the beginning of the work. Thank you for sharing it with me.（中国社科院近代史所藏"胡适档案"，卷号 E-210，分号 6）

同日 The Studebaker Corporation 主席 Paul G. Hoffman 致电胡适：热烈期待您于7月10日前来访问，所有朋友都竭诚欢迎您的到来。（中国社科院近代史所藏"胡适档案"，卷号 E-227，分号 4）

6月29日 胡适致函赵元任，谈道：

《新青年》合订本，Harvard 也许有，可问裘先生。我记不清了。我用文言提倡白话，起于我给陈独秀的信（1916, May）；次为"文学改良刍议"，同时在两处发表，一为《留美学生季报》，一为《新青年》（出版似在 1917, January）。1917年中，玄同、半农、独秀和我讨论白话的文字，都还是文言的居多。1918年1月以后，新青年诸人才都用白话作文。

Dante 的 *De Vulgari Eloquentia* 也是用 Latin 写的。(《鲁迅研究月刊》2020年第2期，62页)

同日 胡适复函 Archibald MacLeish：同意接受您4月15日来函（中国社科院近代史所藏"胡适档案"，卷号 E-282，分号1）邀请我担任荣誉顾问这一职位，希望知道自己能为图书馆做哪些工作。（中国社科院近代史所藏"胡适档案"，卷号 E-102，分号4）

按，这之后，Archibald MacLeish 又就细节问题分别于7月19日、8月9日两度致函胡适。胡适于8月16日复函，提出担任此职不接受任何酬劳，并详述自己从国会图书馆受益等多个理由。8月21日，Archibald MacLeish 致函胡适：欢迎您加入国会图书馆。10月1日，Archibald MacLeish 又致函胡适云，关于荣誉顾问不支薪事，国会图书馆仍会补助旅费等相关款项。（中国社科院近代史所藏"胡适档案"，卷号 E-102，分号4；卷号 E-282，分号1）

同日 全美助华联合总会 Madison 委员会主席 Susan H. S. Doane 函谢胡适同意接受邀请莅临该会的茶叙。广播演说的时间，可能是7月7日，期望胡适能演讲有关中日战争的一些问题。（中国社科院近代史所藏"胡适档案"，卷号 E-178，分号6）

按，6月17日，Susan H. S. Doane 致函胡适云：全美助华联合总会 Madison 委员会得知胡适将在7月访问 Madison，期望有机会能与胡适见面，并邀胡适于7月9日茶叙，又询胡适是否愿意发表演说。稍后，胡适回电称，愿意接受该会的7月9日茶叙之邀，并愿意进行广播演讲。（中国社科院近代史所藏"胡适档案"，卷号 E-178，分号6）

7月

7月1日 胡适致函赵元任，谈到昨日去医院探视刚刚开刀的周鲠生，又谈及：

小三七月六日就上课了。我叫他选一科爱读的历史课，用全力去试试看。余力去学写中国楷书，预备替我做钞手。

他这学期的五门工课，四门全不及格。大概"正途出身"，他是没有希望了！（《鲁迅研究月刊》2020年第2期，62页）

7月1—2日 胡适作有《孙吴也有"校事"制》一文，大意谓：孙权曾在江南效行曹操创立的"校事"制。在239年吕壹死后十多年中，"校事"制还继续存在。直到252年孙权死，诸葛恪当政，才"罢视听，息校官"。废止12年之后，264年孙皓即位，又恢复"校事"制。

按，此文于1947年2月19日天津《大公报·文史周刊》第17期发表时，更名为《孙吴的"校事"制》。此据《大公报》。

7月4日 胡适应威斯康辛大学校长C. A. Dykstra之邀，前往讲演，吴景超同行。（据《日记》）

7月5日 胡适抵芝加哥，换车到Madison，C. A. Dykstra来接，即住其寓。（据《日记》）

按，6月25日，C. A. Dykstra致电胡适云：将会开车接胡适至其家中做客。（中国社科院近代史所藏"胡适档案"，卷号E-183，分号3）

7月6日 晚7点半，胡适讲演"Japan and China: A Comparative Study of Their Historic and Cultural Traditions"。（据《日记》）

7月7日 胡适出席"Present-day China"，Professor Frederick A. Ogg主席。与Max Otto在Madison Club吃饭，畅谈。赴"校长邀的Smoker，来

客都是大学教授及当地报馆主者",胡适答问。读 Evelyn Wells' *Fremont Older*,甚感兴趣。(据《日记》)

7月8日　胡适与 Vanguard 职员同午饭。下午4点30分,胡适讲演 "Peace in the Far East"。与中国同学会同吃中国饭,饭后为他们讲演 "Chinese Renaissance"。赵连芳博士也在此。与 Professor Paul Knaplund 久谈。(据《日记》)胡适在讲演 "Peace in the Far East" 时指出,远东要恢复和平,需要5个条件:The Disarming of Japan; A New Relationship Between China and the Soviet Union; A Revision of the Status of Colonial Areas; The Peaceful and Democratic Development of China; A Worldwide System of International Government and Collective Security。(中国社科院近代史所藏"胡适档案",卷号 E-49,分号 123)

　　按,胡适为 Vanguard 演讲之邀约,可参考6月25日、7月2日 Carolyn Hall 致胡适函。(中国社科院近代史所藏"胡适档案",卷号 E-217,分号 8)

同日　胡适与专治英美关系史的 Professor Paul Knaplund 久谈。渠赠胡适一册他编印的 *Private Letters from the British Embassy in Washington to the Foreign Secretary Lord Granville, 1880—1885*。(据《日记》)

同日　*Asia* 杂志编辑 Richard J. Walsh 函询胡适对正要出版的 *China's Struggle for Railroad Development* 一书的意见。(中国社科院近代史所藏"胡适档案",卷号 E-366,分号 4)

7月9日　胡适读 *Fremont Older*。赴 Mrs. Doane 家吃茶,会见 U. C. R. 的许多朋友。离开 Madison 到芝加哥,吴景超来接,谈至深夜。(据《日记》)

同日　John V. Dodge 致函胡适:芝加哥大学 Mr. Benton 建议,请您推荐替 Encyclopaedia Britannica 修改有关中国的文章之人选,并就下一期的出版提供建议。(中国社科院近代史所藏"胡适档案",卷号 E-178,分号 9)

同日　Peggy & J. P. McEvoy 电邀胡适出席今日向美国驻古巴大使致敬的会议。(中国社科院近代史所藏"胡适档案",卷号 E-296,分号 2)

7月10日　胡适同吴景超到 South Bend。胡祖望与 Mr. Paul G. Hoffman 来接，住 Hoffman 家。次日仍住 Hoffman 家。(据《日记》)

同日　恒慕义函寄一份"A Catalog of Chinese Local Histories in the Library of Congress"与胡适。告王重民的中国珍本书编目工作已完成，即将付印，北平图书馆善本书的微卷也由 The National Library of Peiping 平安寄达，期望在来年春、夏季完成。(中国社科院近代史所藏"胡适档案"，卷号 E-237，分号 2)

7月12日　胡适与 Studebaker 同人午饭。与 Mrs. Hoffman 去看 Walt Disney 的影片 *Saludos Amigos*。与 Hoffman 赶到 Elkhart，搭 N. Y. Central 火车，同回纽约。(据《日记》)

7月13日　早 9 点 30 分，胡适返抵纽约。(据《日记》)

同日　Bradley W. Tyrrell 电邀胡适参加位于威斯康辛 Beloit 的 Beloit College 在 12 月 1 日与 3 日两天的会议，讲演东西关系。(中国社科院近代史所藏"胡适档案"，卷号 E-363，分号 9)

7月14日　翁文灏致函胡适，提及：中基会年会"未提议任何办法"；吴稚晖不愿响应美国文艺学院选他为名誉会员；章士钊的《逻辑指要》中对胡适颇为客气，但张君劢的序文则比较不客气；已遵嘱会见 General Odlum。(《胡适遗稿及秘藏书信》第 32 册，374 页)

7月18日　夜，胡适作有《吴起偾表之令与商鞅徙木之令》一文。(《胡适遗稿及秘藏书信》第 5 册，99～101 页)

同日　胡适复函陈受颐，告 7 月 16 日得陈函后即写信与 Dr. Wilbur，以为所托之事只宜静待其发展，不必轻信浮言。又慨叹：去年离开华盛顿后已 10 个月，而《中古思想史》无一篇写定的，深感惭愧。自己身体颇健，睡眠亦佳。以为陈之事业仍以东方为适宜。(《胡适中文书信集》第 3 册，312 页)

7月19日　胡适有《王肃讳议》一文。(台北胡适纪念馆藏档，档号：HS-US01-055-006)

同日　胡适日记有记：

今天是 Mrs.（Blanche）Albert Erdman 的生日，我去吃夜饭。这人富于情感，年老体多病，而年来为中国救济事尽力不能休息。她说，自从她的唯一女儿死后，她丈夫又死了，她就感觉没有生趣。1938年十二月四夜，在 Harmonie Club 听了我的一篇演说，忽然决心为中国尽力。她一个募得的医药救助捐款，已过一万六千美金了！医生对她说："中国救了你！因为中国给了你一点新的生趣！"

饭后我去 Wm. Hunt 家，见着 Mrs. Theodore Roosevelt, Jr. 和她的儿子 Quentin R.。Q. 在北非军中受伤回来养伤，有一颗子弹自肺入肝，至今未能取出。他现在病好了，又请求赴前线（Gen. Theo. R. 现在 Sicily），后日就出发了。Q. 在 Roosevelt 一家之中，有天才，能做学问。故我今天力劝他回到学问路上去。他甚感动，但说："等我下次受伤回来时罢！"

7月20日　胡适日记有记：

冀贡泉先生问 Roosevelt 的 Four Freedom，其前二为 Freedom of，后二为 Freedom from，中文甚不易译。有人说，我曾有译法，不知如何？我说，我曾最先指出此困难，曾对总统的儿子 James 说过，亦曾对别人说过。但并未发表如何译法。

纪[冀]先生说，他曾试译后二者为"生存自由"，"安全自由"，而太平洋岸上的 O. W. I. 不以为然，要他和我相商。

我说，你的译法须加详说，又不能表示原文的文法。不如译作：

3. 脱离贫乏的自由。

4. 脱离侵略恐怖的自由。

如此则能把原文的 from 达出，又可不须另加说明了。

7月21日　胡适复函冯家昇，其中说道：

"君子不忧不惧"。内省不疚，是向内功夫。还有向外功夫，即是明理，即是思考。内省不疚，即使真有暗探环境，何足忧惧？若更试

作思考，即使你所忧惧，都是理所必无。……我们即能打倒宋明理学，若不能造出一些科学时代的不忧不惧气度，我们还是大失败的。（据《日记》）

同日　夏晋麟函告胡适早前去函提及的 The Harvard Medical School 的谢戴维相关信息。（中国社科院近代史所藏"胡适档案"，卷号E-234，分号2）

7月22日　胡适在《明儒学案》前页作一小诗："'愿将我身作草荐，供人溲溺供人卧。'第一学道有得人，可怜这里无他座！"读朱希真的词集，其《好事近·渔父词》颇使人微笑。（据《日记》）

同日　胡适写成《两汉人临文不讳考》，论述了两汉临文不讳的制度，并以蔡邕的碑版文字说明之，又云：

> 我作这篇两汉人避讳制度的考证，有两层用意。第一，我要人知道避讳制度和它种社会制度一样，也曾经过长时期的演变，在那长期的历程上，有时变宽，有时变严，有时颇倾向合理化，有时又变的更不近人情。殷商人完全没有避讳制度。避讳起于周人，正和谥法起于周人一样。汉朝沿袭避讳的旧俗，但治礼的学者还能抬出古礼"不讳嫌名，二名不偏讳，舍故而讳新，诗书不讳，临文不讳，庙中不讳"等等消极的规定。所以汉人的避讳，虽然在历史上留下了不少的遗迹——如恒娥变成了常娥（文帝名恒），"禁中"改成了"省中"……"秀才"改成了"茂才"之类——，究竟是很宽阔的，很大度的。尤其是"诗书不讳，临文不讳"的实行，就几乎完全打消了避讳的束缚了。我们明白了两汉四百年的避讳的宽大，才可以明了三国两晋以后避讳制度的逐渐变紧，变严，变专制，变野蛮，都只是"变本加厉"的历史现象。……
>
> 第二，我要人知道汉人真能做到"临文不讳，诗书不讳"，要人知道避讳有古今宽严的大不同，所以我们不能轻易采用后世的严格避讳标准来做考订古代文献的方法。凡做历史考据的人，必须彻底明了事物制度有沿革变迁，必须极力避免崔述所谓"以今度古"的错误方

法。例如古人席地而坐，后世始有胡床，始有倚子（椅子），始有桌子，我们不能用后世桌椅时代的生活习惯来推测未有桌椅的古人的起居习惯。……（《图书季刊》第5卷第1期，1944年3月）

7月23日　全美助华联合总会Madison委员会主席Susan H. S. Doane函告胡适：您访问Madison的行程，收到许多满意的意见。称赞胡适的演讲增进了对中国及其在战后时期扮演的角色的了解。（中国社科院近代史所藏"胡适档案"，卷号E-178，分号6）

7月24日　胡适致函王重民，请王指正《两汉人临文不讳考》一文，并请恒慕义、房兆楹、杜联喆、吴光清等人指正此文。又请王帮忙借阅《史讳举例》《朔闰表》等书。又谈及《易林考》拟重写，改题为《考证学方法论》。（《胡适遗稿及秘藏书信》第18册，121～122页）

7月25日　胡适日记记前年范旭东送胡适"苦撑待变"象牙图章，"因为我曾对他说这是我在美国几年来时时为政府建议的方针"。当时胡适对"撑"字图形不解。今读段玉裁《说文》对此字的注，颇有感悟。

7月26日　胡适日记有记：

　　我自去年九月出京之后，做了闲人，要享点闲福，故以三事自奉：（1）不买晚报，每日以 Times and Herald-Tribune 为限；（2）不出门讲演；（3）不听 Radio。

　　不讲演之戒，偶有破时。但不听 Radio 之戒，至今严守。昨日 Mussolini 倒了；今天中午，我第一次开 Radio 听 Times 的 Broadcast。

7月27日　李国钦夫人邀胡适等吃饭看戏，看的戏是 The Vagabond King。遇孔祥熙长女，胡适认为她比其妹子"明白一点"。（据《日记》）

7月28日　夏晋麟邀一班中国教授吃饭，谈及 Reader's Digest 的 Hanson Baldwin's "Too Much Wishful Thinking about China" 一篇文字。胡适认为此文论中国兵力，虽有小误，大致可供借鉴，不得谓为恶意。费孝通来谈，谈及国内民生状况，及军队之苦况，令人叹息。与哈特曼夫人去看戏：

Thornton Wilder 的 The Skin of Our Teeth。胡适与陈源看了皆感莫名其妙。(据《日记》)

同日　胡适致函陈受颐，附寄 Dr. Wilbur 的回信。又表示，斯坦福大学事宜听其自然发展，不可去推动。建议陈写一部 5 万字的《中国小历史》。(《胡适中文书信集》第 3 册，314 页)

同日　哥伦比亚大学图书馆主任 C. M. White 函谢胡适将胡适于 1942 年 3 月 23 日在华盛顿发表的"China, Too, Is Fighting to Defend a Way of Life"一文赠送该馆。(中国社科院近代史所藏"胡适档案"，卷号 E-491，分号 1)

7 月 31 日　胡适作有《读陈垣〈史讳举例〉论汉讳诸条》一文，指出：陈著助证《两汉人临文不讳考》的材料颇多；陈垣深知古今避讳有宽严不同；可以确定两汉文献避讳的几条结论：两汉人确能"临文不讳，诗书不讳"，两汉人确能"不讳嫌名"，不讳是"不讳见在之庙"，不讳并包括现在的君主。又指出陈书的可修正之处。(《图书季刊》第 5 卷第 1 期，1944 年 3 月)

8月

8 月 1 日　胡适将《史讳举例》的跋文寄与王重民，"乞教正"。又云，拟将《易林考》重写一遍，更名为《考证学方法论》。又谈及 4 月中将李国钦捐的 5000 美金汇与北大，一半为国学研究，一半供向达西北考察之用。(《胡适遗稿及秘藏书信》第 18 册，123～125 页)

8 月 2 日　胡适复函王重民，谈及：

> 题《明儒学案》的小诗，只是为张居正说一句不平话。张江陵不重讲学，并且曾禁止北京讲学。故理学家多说他的坏话。《学案》里当然没有他的位子。江陵少年登第，他告假回去了六年，做一番预备工夫，然后出来干政治。他的政治事业，在中国全史上没有人可以比他。但在理学家的眼里，他是理学的仇人！(《胡适遗稿及秘藏书信》第 18 册，

1943年　癸未　民国三十二年　52岁

126～127页）

8月4日　胡适复函王重民，谈汉灵帝之名，又重检蔡邕碑文谈避讳之事。又谈及李石曾要编"World Encyclopedia"，可谓狂妄，"此君到老不长进"等。(《胡适遗稿及秘藏书信》第18册，128～130页）

同日　沈允公致函胡适，讨论中国文艺复兴，又谈及自己的学习与生活情形。(中国社科院近代史所藏"胡适档案"，卷号1096，分号2）

同日　郭冲颖致函胡适，感谢胡适赋予整理Alfred E. Hippisley文件的任务。请胡适将收藏的抄本出借一观。(中国社科院近代史所藏"胡适档案"，卷号1591，分号1）

8月6日　Edith W. Phillips函寄有关剪报与胡适。又告，今天Hsiao将军已命Robert Hall将军拜访大使，期望得知胡适给Hsiao将军的回复。自己已给H. C. Mei夫妇的女儿发去祝福电报。明天将有林森的纪念活动。霍恩贝克将在周末回来，Mrs. Maxwell Hamilton也将前往西岸。期望能获知一些朋友如游建文到纽约拜访胡适的消息。(中国社科院近代史所藏"胡适档案"，卷号E-317，分号2）

同日　裘开明复函胡适：将借自己的《十通》给胡适参考，又告葛思德图书馆收藏的中国古籍情形。(《胡适遗稿及秘藏书信》第38册，344～351页）

8月7日　George N. Kates电约胡适下周五在纽约晤面。(中国社科院近代史所藏"胡适档案"，卷号E-250，分号9）

8月8日　胡适作有《〈论衡〉不避东汉帝讳》一篇读书笔记。(《胡适遗稿及秘藏书信》第5册，111～114页）

8月16日　胡适复函陈受颐，云：若密歇根大学邀陈演讲，请考虑。极想看陈之文化史之前三章。关于《中国小历史》的字数，不必拘于5万字，10万字亦不为多。(《胡适中文书信集》第3册，319页）

8月17日　Edgar C. Hayhow致函胡适：The American College of Hospital Administrators的办公室欣闻您已接受在Buffalo的演说邀请。(中国社科

院近代史所藏"胡适档案",卷号 E-223,分号 7)

按,8月31日,Edgar C. Hayhow 与 The American College of Hospital Administrators 主席 Joseph G. Norby 分别致函胡适,为胡适无法在 The American College of Hospital Administrators 的宴会上发表演说表示遗憾。(中国社科院近代史所藏"胡适档案",卷号 E-223,分号 7;卷号 E-309,分号 5)

8月18日　胡适作有《八股的起源》一文,指出:

总之,律诗(严格的试帖的律诗)与律赋是八股文的来源,绝无可疑。律诗的局面太窄,不够发挥经义;而律赋的体裁元来就有"破题"一类的"术语",其分段转韵的篇幅格局尽够作敷演经义之用。故八股的形式最近于律赋。故我们可以说律赋是八股的生母。

世传王安石是八股的老祖宗,这是因为荆公始改科举制度,用经义替代辞赋。当时的文人都是受过律赋的训练的,他们若试作经义当然不知不觉的采用或套取"律赋"的法门。经义时文出于律诗律赋,是历史上自然的趋势。(《胡适遗稿及秘藏书信》第13册,130～131页)

8月28日　The American Council of Learned Societies 主任 Waldo Gifford Leland 致函胡适: *Eminent Chinese of the Ch'ing Period, 1644—1912* 的第一卷与胡适的前言已收到,因而了解到您的作品对于了解中国的智识关系的帮助;昨日人在纽约,遗憾没有时间联系您。又询问胡适1944年度的计划。(中国社科院近代史所藏"胡适档案",卷号 E-266,分号 1)

同日　罗常培致函胡适,述近年来的苦闷:绝对的同行,如赵元任、李方桂太少,写了文章,无人修正;抗战以来,格于经费,很难做事;代理系务以来,琐事太多,难以静心研究。故恳请胡适帮忙,找一个出国进修的机会。(《胡适遗稿及秘藏书信》第41册,259页)

8月31日　胡适作有《补记曹魏的"校事"》,举四例:赵达、卫臻论校事,杜恕论廉昭、尹模。(天津《大公报·文史周刊》第16期,1947年

2月5日;《胡适遗稿及秘藏书信》第5册，102～116页）

同日　胡适又有《汉末诏令不避讳》。（台北胡适纪念馆藏档，档号：HS-US01-055-005;《胡适遗稿及秘藏书信》第5册，115～117页）

同日　胡适又有《曹操为殇子聘妇合葬》。（台北胡适纪念馆藏档，档号：HS-US01-055-019）

9月

9月1日　胡适致函王重民，谈到休假回来后小伤风。又询王何时能来纽约。又谈及"现拟搬上一层楼，可以多得一间书房"等。（《胡适遗稿及秘藏书信》第18册，135～136页）

9月4日　胡适读《晋书·刘弘传》，作有《政治与亲戚》一篇读书笔记。（台北胡适纪念馆藏档，档号：HS-US01-055-017）

9月5日　胡适作有《校晋书谢尚谢安传（百衲本）》一文。（《胡适遗稿及秘藏书信》第5册，118～126页）

9月7日　康奈尔大学校长 Edmund E. Day 函邀胡适参与今年康奈尔大学讨论战争时期的中国大学之系列演讲。（中国社科院近代史所藏"胡适档案"，卷号 E-172，分号 15）

同日　恒慕义为胡适担任下一年国会图书馆荣誉顾问之事尚未获通过而致函表示歉意。（中国社科院近代史所藏"胡适档案"，卷号 E-237，分号 2）

9月13日　L. Brookes Woody 函邀胡适在 Norfolk Rotary Club 的午餐会上发表演说。（中国社科院近代史所藏"胡适档案"，卷号 E-389，分号 4）

9月15日　施肇基致函胡适：寄上在10月9、10日举行的太平洋国际学会的议程，虽经由太平洋国际学会转达而由李干接收，仍殷切期望您能莅临此会。（中国社科院近代史所藏"胡适档案"，卷号 E-355，分号 4）

9月16日　牛津大学出版社的贸易编辑 H. T. Hatcher 致函胡适云，该社将在10月出版 T. A. Roman 写成的讨论印度的书，希望胡适能就样本提出自己的意见。（中国社科院近代史所藏"胡适档案"，卷号 E-222，分号 3）

9月17日 胡适作有《刘安世的"巴揽"论》一篇读书笔记,指出:刘安世的"巴揽"论,是两千多年儒家思想的一个主要目标,但从来没有人像刘安世说得这样露骨。古来君主威权之下,士大夫总想抬出一个"大于此者"来"巴揽"君主。"巴揽"似有"扣住""抓住""压住"之意。又指出刘安世爱用白话的动字。(中国社科院近代史所藏"胡适档案",卷号258,分号3;天津《大公报·文史周刊》第8期,1946年11月20日)

9月18日 胡适复函赵元任,告将搬到公寓的五楼,可多一间书房。应 Friedrich 之请,拟了6个讲演的题目,请赵指正。这6个题目是:

① Outline of Ch. History.(1100 B. C. —1600 A. D.)

② The Classical Heritage.

③ Political Organization & Social Structrure.

④ Religious History.

⑤ Philosophy & Intellectual Life.

⑥ Classical & "Vulgar" Literature.

又向 Friedrich 建议,这个速成班,若期望中国语言课有成绩,必不可让那些美国先生教,必须请赵元任教。此建议被采纳。想必赵不会怪自己等。(《近代学人手迹》三集,4~5页)

9月21日 哈佛大学 School for Overseas Administration 主任 C. J. Friedrich 函谢胡适所寄的演讲计划,建议胡适省略第一场演讲,扩大第三场"Political Organization and Social Structure"成为两场演讲,也希望邀请胡适于10月3日共进晚餐。(中国社科院近代史所藏"胡适档案",卷号 E-203,分号7)

同日 O. G. Villard 致函胡适,期望胡适能接受 The National Peace Conference 的演讲邀请。(中国社科院近代史所藏"胡适档案",卷号 E-365,分号2)

9月22日 美国国家和平会议行政主任 Jane Evans 致函胡适:国家和平会议将11月11日定为"World Government Day",将举行一个特别会议讨论 The World Community and America's Participation in the Post-War World Order。同一天，The United Council of Church Women 也将举行"World Community Day"，会议主题是"The Price of an Enduring Peace"。期望能邀请您担任演说嘉宾，演讲"East Meets the West in the New World"。（中国社科院近代史所藏"胡适档案"，卷号 E-192，分号 2）

> 按，10月5日、14日，Jane Evans 又为此事两度函询胡适。（中国社科院近代史所藏"胡适档案"，卷号 E-192，分号 2）

9月24日　Cecilia Payne-Gaposchkin & Sergei Gaposchkin 函邀胡适出席 Harvard College Observatory 在10月11日举行的国际问题讨论会，并发表谈话。（中国社科院近代史所藏"胡适档案"，卷号 E-206，分号 10）

9月25日　胡适作有《郑晓——读盐邑志林本古言今言类编》一篇读书笔记。胡适指出：郑晓生当阳明学派最盛的时代，但其《今言》《古言》有考证学的精神。由此，"治思想史的，不可不注意这种不受时代影响而自开风气的人。他们的存在应该使我们对于'时代思潮''时代精神'一类的名词存一点谨慎的态度"。胡适以实例说明并表彰了郑晓反理学的精神，赞其"实事求是"的态度上接两宋学风，下接钱谦益的考据学风；又赞其"对王阳明甚主公道"。（中国社科院近代史所藏"胡适档案"，卷号 E-258，分号 1；天津《大公报·文史周刊》第 4 期，1946 年 11 月 10 日）

9月27日　胡适有《白氏文集的伪诗》一文。（中国社科院近代史所藏"胡适档案"，卷号 257，分号 1；台北胡适纪念馆藏档，档号：HS-US01-055-011）

同日　王重民、刘修业致函胡适，告此次去纽约，本不敢受胡适的特别款待，哪知一再登门，一再受胡适的款待，十分感激。（《胡适遗稿及秘藏书信》第 24 册，177 页）

同日　The National City Bank of New York 副主席 J. A. MacKay 函邀胡适于10月4日共进午餐。（中国社科院近代史所藏"胡适档案"，卷号 E-281，分号 6）

9月28日　Frank Ross McCoy 函谢胡适寄送的纪念 Crozier 将军的照片，已加入评论，并答谢胡适对于 Crozier 将军之贡献。（中国社科院近代史所藏"胡适档案"，卷号 E-295，分号 8）

同日　陈源致函胡适，云：

> 文章已请周鲠生修改过，现在奉上，请毫不客气，尽量删削。对于内容如有指示，更所盼望。听说这两天您正在搬家，实在不应当再来麻烦您。可是对外发言，尤其是这样一个题目，似乎不可不较为郑重。您的意见和经验是不能不请教的。
>
> 去英事正在踌躇。此事十年前在国内即有接洽，大约不好不去。动身之期，希望稍迟，可以在这里多看些地方。（《胡适遗稿及秘藏书信》第 35 册，120 页）

同日　Albert Gallatin 函邀胡适于10月9日出席在 Century Club 举行的晚宴，并借此机会答谢胡适所推荐的 A. M. Young 的文章 "The Rise of a Pagan State"，将会送到英国发表。（中国社科院近代史所藏"胡适档案"，卷号 E-206，分号 6）

9月29日　王重民复函胡适（胡适原函未见），谈及白居易，又谈及刘修业女士可代为胡适抄稿等。（台北胡适纪念馆藏档，档号：HS-US01-055-022）

同日　Paul R. Hanna 函谢胡适提供机会与 Dr. Dai 及 Dr. Wang 见面。已写信给斯坦福大学的 Tresidder 校长以及 John W. Dodds 院长提及这两位杰出的学者。（中国社科院近代史所藏"胡适档案"，卷号 E-220，分号 1）

9月　胡适在 *Pacific Affairs* 第16卷第3期发表 "Book Review of Institute of Pacific Relations, *War and Peace in the Pacific*" 一文。胡适说道：

> ...A sympathetic understanding and appreciation of the hopes, fears, suspicions, and worries of the Pacific peoples as manifested in these pages can be most helpful to future constructive statesmanship in its effort to forestall and

dispel those fears and suspicions and to create a new atmosphere of goodwill, mutual trust and cooperation, without which no scheme of global or regional security can ever have a chance of success.

10月

10月1日　胡祖望禀胡适，谈及胡思杜秋天抵达后，对入读哪所大学的看法。感谢父亲给予财政上的帮助。又谈到徐大春近况。见到Mrs. Hoffman，他要胡适的联络电话。（中国社科院近代史所藏"胡适档案"，卷号E-117，分号2）

10月3日　胡适去麻省剑桥，赴"The School of Overseas Administration at Harvard"的邀请，做六次讲演，讲"The Historical Culture of China"。到Backbay，赵元任一家与张隆延来接。（据《日记》）

10月5日　王重民致函胡适，谈胡适的《易林新考》，云："先生此次方法，先是自己驳自己，把自己驳不倒的例子才来作证据，别人那得不心悦诚服！"又认为"这可证建新是初改，建信是后改"以下再加说两句：《后汉书》作"建新"，《易林》原书作"建信"，似更较完满。又抄寄刘修业代抄《苕溪渔隐丛话》论白居易伪诗一则。（台北胡适纪念馆藏档，档号：HS-US01-055-023）

10月7日　William C. D. Glaser致函胡适：应The David McKay Company的Alexander McKay之请，希望胡适为Marion B. Ward所著 Boat Children of Canton 一书撰写前言或介绍文。25日，William C. D. Glaser又为此事致电胡适。（中国社科院近代史所藏"胡适档案"，卷号E-209，分号1）

10月8日　Waldo Gifford Leland致函胡适，谈二事：洛克菲勒基金会倾向来年继续向胡适提供研究补助金，但须再做申请，请胡适提供今年的研究进程报告。获悉胡适已被国会图书馆任命为顾问，请告知此职务的性质以及是否有薪资。关于洛克菲勒基金会计划提供给在美国和中国的中国

学者研究、出版补助事项，建议在行政委员会讨论。（中国社科院近代史所藏"胡适档案"，卷号 E-266，分号 1）

10 月 10 日前　胡适有《崔群用〈易林〉自筮事又见〈续前定录〉》《读黄伯思"校定焦赣易林序"》《程回记〈易林〉两占》《李冶古今黈说"何有于我哉？"》等读书笔记。（《胡适遗稿及秘藏书信》第 5 册，412～423 页；中国社科院近代史所藏"胡适档案"，卷号 E-260，分号 1）

10 月 10 日　胡适与 Dr. Gardener 同早饭。与张其昀、金岳霖、杨联陞同午饭，饭后大谈。与赵元任到"大波士顿中国学生会"一同庆祝"双十节"。胡适有演说，指出辛亥革命的历史的重要性。读金兆丰的《中国通史》。胡适认为，此书材料远胜柳诒徵诸人之作。其地形、职官、刑法三编最好，食货次之。但文字不佳，往往有不可读的句子，见解也不高。（据《日记》）

同日　王毓铨致函胡适，讨论《秦汉史料初稿》中的翻译名词与史文问题，胡适有红笔注记。（《胡适遗稿及秘藏书信》第 24 册，455～461 页）

同日　张嘉璈将其著 China's Struggle for Railroad Development 一部赠予胡适。（《胡适藏书目录》第 3 册，2202～2203 页）

10 月 12 日　胡适读《思想与时代》月刊，认为"此中很少好文字"。认为竺可桢的《科学之方法与精神》一文是绝无仅有的好文字。又评论道：张其昀与钱穆均为从未出国门的苦学者，冯友兰虽曾出国门，而实无所见。他们的见解多带反动意味，保守的趋势甚明，而拥护集权的态度亦颇明显。（据《日记》）

同日　顾颉刚致函胡适，询胡适卸任大使后近况。又谈及自己的父亲和妻子先后亡故等变故，以及自己教学、研究情形："此数年中，治学则材料无存，办事则经费竭蹶，当家则生离死别……"又托曹树铭带上拟编《中国名人传》说明书，请胡适教正。（《胡适遗稿及秘藏书信》第 42 册，452～454 页）

同日　南加州大学哲学系主任 Ralph Tyler Flewelling 就该校拟扩大提供中国学生的奖助金并扩充图书馆中文书籍等事函询胡适。（中国社科院近代史所藏"胡适档案"，卷号 E-198，分号 5）

10月13日　胡适摘记张其昀《二千年来之兵役与兵制》一文记现在国内兵制的内容。(据《日记》)

10月14日　来访的有为学者有裘开明、陈观胜、张隆延、李绍棠，胡适各记以上诸人所长。在周一良家晚饭。同坐有杨联陞、吴保安、任华，都是深通中国文字历史的人。(据《日记》)

同日　胡适作有《〈封神演义〉的作者——陆西星》一文，从张政烺、李光璧的研究入手，进一步考论了《封神演义》的作者陆长庚(西星)。(《胡适遗稿及秘藏书信》第10册，82～93页)

10月16日　胡适购得Franklin Edgerton著 The Panchatantra Reconstructed。(《胡适藏书目录》第4册，2501页)

10月17日　胡适作有《何有于我哉？》一篇读书笔记，指出：这种古代成语的用法，都是用疑问的口气来表示一种无疑的否定，这是鲁国方言的习惯用法。(中国社科院近代史所藏"胡适档案"，卷号E-260，分号2；上海《大公报·文史周刊》第8期，1946年12月4日)

10月18日　胡适复函王重民，谈及："《白氏文集》伪诗，承检示《苕溪渔隐丛话》一则，足证此三诗来历已久。上下千年，论此三诗之伪者，三人之中，两人是绩溪胡氏，也可算是一段文字因缘！"又谈及：此次在哈佛，为陆军兵官讲演了六次，又加了三次讨论，见客又颇多，故颇忙碌。又谈及：《易林新考》给杨联陞、周一良、张隆延诸人看过，都认为可结案了。(《胡适遗稿及秘藏书信》第18册，137～138页)

同日　Waldo Gifford Leland函邀胡适出席The American Council of Learned Societies的行政委员会在11月4日于纽约The Harvard Club会议时举办的午宴。(中国社科院近代史所藏"胡适档案"，卷号E-266，分号1)

同日　杨联陞致胡适：奉还跋李光璧《封神演义》考证的短文。今天就此问题查了书，发现了点儿新记载。认为胡适的文章也许要扩大改写。关于"任子"，已查得《食货》半月刊第1卷第8期何兹全、杨中一两君的文章。(台北胡适纪念馆藏档，档号：HS-LS01-001-001)

10月21日　Robert Woods Bliss函邀胡适于明年1月19日或2月23

日为哈佛大学的 The Dumbarton Oaks Research Library and Collection 发表演说，建议以"The Orient in the Post-War World"为题。（中国社科院近代史所藏"胡适档案"，卷号 E-133，分号 2）

同日　向达致函胡适，告 7 月 26 日返渝后悉胡适为西北考古工作募集 2500 美金，极为感奋。傅斯年派夏鼐与自己再返敦煌从事古墓葬挖掘工作，详叙此种挖掘的重要性。（《胡适遗稿及秘藏书信》第 26 册，112 页）

10 月 27 日　胡适复函杨联陞，谈及：不赞成李光璧关于《封神》故事产在福建之说；又云《颜氏家训》可合杨提出的"相当重要而不甚难译又不甚长"三个条件；又抄示两首小诗请哈佛诸友人指正。（台北胡适纪念馆藏档，档号：HS-LS01-001-003）

> 按，10 月 26 日杨联陞致函胡适，谈及学界对"质任"的研究，又谈及 Wittfogel，又询胡适："您想自汉至宋的史料之中，有什么相当重要而不甚难译又不甚长的东西吗？"（《胡适遗稿及秘藏书信》第 38 册，287～288 页）
>
> 11 月 1 日，杨联陞又复函胡云：多数人似乎特别喜欢胡适的第二首诗；《颜氏家训》据说已由 Porter 译出，不拟作重复的工作。Luther Carrington Goodrich 的《中华民族小史》已出，询问胡适的评价。（《胡适遗稿及秘藏书信》第 38 册，289 页）

10 月 28 日　Archibald MacLeish 函寄 500 元支票与胡适，以补助在华盛顿这一年的花费。（中国社科院近代史所藏"胡适档案"，卷号 E-282，分号 1）

10 月 29 日　胡适评胡传楷所作《胡适之传》：

……他出这书，为我做"五十岁生日"，其意可感。

此书分上下卷。下卷为"五十岁年表"，其中有我的著作分年月日表，很有用。

上卷分十八章，每章一题，如"北大教书"，"文学革命"等等，

断制与材料多不能满意。(据《日记》)

10月30日　胡适写长信给胡传楷，讨论他的《胡适之传》。(据《日记》)

同日　Smith College 历史系教授 Hans Kohn 函邀胡适于次年 4 月 4 日或 4 月 11 日为他们的系列演讲"United Nations in War and Peace"，演说中国人民和中国思想。(中国社科院近代史所藏"胡适档案"，卷号 E-257，分号 2)

10月31日　胡适开始试作《昌言》重辑本。"《昌言》是三世纪的一部奇书，故我想重写一个标点分段的定本。"(据《日记》)

11月

11月1日　Waldo Gifford Leland 函谢胡适的工作报告。关于第二次的补助金，若胡适同意，1944 年将再以同样的方式提供，但无法在 1944 年之后再提供补助。(中国社科院近代史所藏"胡适档案"，卷号 E-266，分号 1)

11月2日　胡适作有《姓族之门不与王侯婚》一篇读书笔记。胡适抄录仲长统《昌言》中关于"姓族之门不与王侯婚"的一段记载，评论道："这一段可见后汉王侯家庭的情形，又可见当时的"姓族之门"有不肯"与王侯婚"的自卫风尘气。仲长统死在曹丕受禅之年(二二〇)。此可见南北朝"流品"之严，"门阀"之贵，其由来已久了。"(《胡适遗稿及秘藏书信》第 5 册，467～468 页)

11月4日　胡适请 Dr. Robert L. Levy 检查身体，心脏无他变衰状态。(据《日记》)

同日　克拉克大学校长 Wallace W. Atwood 致函胡适，讨论世界地理学的课程。(中国社科院近代史所藏"胡适档案"，卷号 E-122，分号 3)

同日　The Century Association 的秘书来函通知胡适已获选为该协会的成员，附寄该协会的章程之一页供参考。(中国社科院近代史所藏"胡适档案"，卷号 E-485，分号 1)

11月5日　胡适日记有记：

蒋廷黻、王文伯前日到美京，今夜到纽约。他们带来孟真长信，说他身体好多了，差不多可以回到病前状态了。我读了十分高兴。

他说宋子文回国后，在参政会报告，只说了一篇"胡魏优劣论"，不说其他。

去年我八月二十日回到美京，子文邀我午饭，只有我们两人，他说，你要知道，你的继任者（魏道明）不是 my choice。我这外交部长是假的，什么事我都不知道；就如新放的土耳其公使，我连姓名都没有听见过。

当时我以为子文是爱面子的人，他说的话也许可信。但他说去胡换魏是……［按，此处原缺］

近来几个月之中，我得着两个可靠消息，才知道魏道明确是宋子文保荐的。其实他何必对我自辩？他的"撇清"，只足使他成为一个说谎的人而已。

11月7日　胡适函寄《谢安传》校记一份与王重民。又云："《群书治要》有《晋书》二卷。魏徵辑此书在他作秘书监之时，在贞观三年至六年之间。《晋书》改撰在贞观二十年以后。《治要》收的《晋书》是未改的《晋书》，不知是王隐的，还是臧荣绪的？"又云，近日试作两事：重写定仲长统《昌言》；重写定《陆贾新语》。又请王帮忙借阅万历本《兴化县志》。(《胡适遗稿及秘藏书信》第18册，139～141页)

按，王重民复函作于11月9日，现存台北胡适纪念馆，档号：HS-US01-055-021。

同日　Elizabeth Jorzick 函邀胡适出席在1944年初举行的 The Albany Institute of History and Art 的中国艺术品展以及12月31日的 Albany 扶轮社午宴。（中国社科院近代史所藏"胡适档案"，卷号 E-249，分号9）

同日　P. A. Laring 致函胡适，云：

1943年　癸未　民国三十二年　52岁

I am sending you a copy of an article which I have written with Walter Teller, the farmer who visited you with me not long ago. It is in the Country Gentleman and I hope you will like this effort of a couple of farmers to speak about American agriculture as they find it today.

Not long ago I had an occasion to visit Mr. and Mrs Richard Walsh and we spoke about the fact that you were planning to write a short piece about China to go with the two little pieces which Pearl Buck and I have written. They have such an admiration for you that they are terribly pleased about this plan. We all feel that this story of how young Chinese and young Americans have much in common in their rural communities in the spirit in which they are working and living will be both interesting and valuable. You do not have to be a farmer to write what we have in mind. One must have what you so well have an understanding of what is growing up in your country and in the world.（中国社科院近代史所藏"胡适档案"，卷号E-171，分号3）

11月8日　胡适得王重民书，并附《跋赵一清校本〈水经注〉兼论"戴赵""全赵"两公案》一文。胡适认为此文甚不好，乃取《水经注》聚珍本、《戴东原集》等书，试复勘此离奇之公案。晚间，与王徵、周鲠生、陈源闲谈，吃饭。客散后，写长信复王重民。（据《日记》）是为胡适晚年重审《水经注》一案之始。胡函云：

我一生不曾读过《水经注》……我对于戴、赵、全诸家校本公案，始终不曾发一言。

前几年，当孟心史的文章发表后，我曾重读静安先生的《戴校水经注跋》。那时我很觉得此案太离奇，多不近情理之处，其中也许有别情，为考据家所忽略。如《大典》本具在，东原并不曾毁灭此本以掩其迹，他岂不知此本终有他人用来校勘之一日？又如全、赵之书也都存在，赵书且已进呈，且已著录《四库》，东原岂能尽抹杀诸家之书？况且此种行为，在当日直是"欺君"大罪，东原岂不知之？《四库》

馆臣岂能都不知之?

凡此诸点,都太离奇。我久想将来搜集此案全卷,再作一次审问,以释我自己的疑惑。我并不想为戴氏洗冤,我只想先摆脱一切成见,再作一次考订,以求满足我自己"求真实"与"求公道"的标准。

试举数事为例。如静安先生谓《大典》本第一卷有涂改四处,是也。但他就说这是东原"私改《大典》原本以实其说",这就超过证据的限度了。……

最重要的一个问题是:东原确不是依据《大典》本,他自校本的《自序》全不提《大典》一字,只说是"审其义例,按之地望,兼以各本参差"。聚珍板本的《提要》乃有"尽以诸本之美归诸《大典》本"的嫌疑。这种嫌疑的责任,近人都归到东原身上,但我细读他的《自序》,细想他为什么全不提《大典》本一字,颇疑他并不愿蒙受这嫌疑。《四库》馆臣既已奏上此书,乾隆帝又已有御题诗了,此案已成定谳了。然而东原自己还要特别作《自序》,用委婉的文字,自己声明他的校本并不是用《大典》本作"原本",而是"审其义例,按之地望,兼以各本参差"的结果。这就等于直说,"官本号称用《大典》本作底本,这个我不能负责任"!在那种特殊环境之下,这样的声明总可算是很明白清楚的声明了吧?然而王、孟诸君始终把这作伪、诈欺、"气矜"的罪名完全加到东原一人身上,这未免有点太不原谅吧?

我这番话,不是一种成见,只是一个疑洞。从这一个疑洞出发,我们至少可以减除一些先有的成见,去掉一点大可以不必有的火气,得到一点比较平允的结论。……

以上所说,与尊文无关,只是略述我对此案的疑点而已。但吾兄此文也未免有太动火气之处。上文所说,也许有一点解热清凉的功用。

…………

尊文后半因不平于《观堂别集·水经注释跋》中"为东潜作此书时殆在十六年或十八年秋也"一语,故发愤作"全、赵二家校《水经》先后考"。以我看来,《别集》此文必是印误了。静安决不会说谢山"为东潜作此书"。原文必是"序此书"或"作此序"。将来或可寻得原稿证明吾说。[编者注，此处有眉批："此文原非"水经注释跋"，必是静安偶写在赵本全序之眉端，斐云钞此短批，误题此名耳。适之"]

斐云诸人印此集，写手错误甚多，不可不细心校读。

此一误字，就使你大动火气，来替赵东潜抱不平，使你并疑心到本集卷十二"无怪赵东潜不能别也"一句。此句毫无恶意，只是说，原校的人尚不能自别，何况转手的朋友呢？

静安先生对东潜最表敬意，从无疑谢山为他"捉刀"之意。他的《戴校水经注跋》说："厘订经注，则明有冯开之，国朝有全谢山、赵东潜。据补逸文则有全、赵二氏。……校定文字则吴、朱、孙、沈、全、赵诸家皆有不可没之功。"这还不够公平吗？又评戴氏云："以视东潜之祖述谢山，谢山之于东潜称道不绝口者，其雅量高致，固有间矣。"以此诸言，我可以断定静安决不会说谢山为东潜"作此书"。

此为大题目错了。

再论细节。谢山为东潜作序，明明说他自己"年二十以后，雅有志于是书（《水经注》）"。全氏年二十时当雍正二年。作《年谱》的人似乎全不注意这句话，故把校《水经注》的工作列在乾隆十四、十五两年，七校的工作岂是两年所能了！其误甚明。我们如何可说赵校《水经》在谢山之先五年呢？

你说的《水经注》旧校本（何、孙、赵等）"必先在小山堂"一段，亦是为成见所误，没有根据。凡作考证，切不可用未证实的事物来作证据。……

此外小误，如"绩溪胡渭"，亦是误记。东樵不是绩溪人。原作清溪，当是指德清。又如"梅里为秀水著镇"，此亦似是误记。梅里为东潜父谷林之外家山阴祁氏的故乡，可参看谢山的《旷亭记》及《小山堂藏书记》，其地在山阴。(《胡适遗稿及秘藏书信》第18册，143～154页)

按，11月5日，王重民致函胡适，告以遇到一部校本《水经注》，经审阅后，定为赵一清的校本。因校《水经》的"赵戴""全赵"两公案，百年来犹在讨论，故将旧说检阅，看与此校本有无关系，在随查随写之际，写了五六千字，今留一副稿，寄上敬请教诲。此信有1950年3月14日胡适在纽约的后记："重民此信与此文作于民国卅二年十一月，寄到后，我写了长信答他，表示此案并不是'已成定谳'。后来我费了五六年工夫来重审此案，都是重民此文惹出来的！"（《胡适手稿》第5集卷2，227页）

11月10日　Elizabeth Jorzick 函邀胡适于12月31日为 Albany 扶轮社演讲中国文化。（中国社科院近代史所藏"胡适档案"，卷号 E-249，分号9）

11月11日　毛子水致函胡适，向胡适推荐欲到美国的清华教授陈梦家。陈已在清华任教授六年，可以到美国一年，但陈希望借此机会在美多读一二年书。若这样做，必须在美谋一事才好。想到赵元任正在哈佛编《中国字典》，需要助手，希望胡适能将陈推荐给赵元任。（《胡适遗稿及秘藏书信》第24册，613页）

11月12日　Buffalo Museum of Science 馆长 C. J. Hamlin 函邀胡适出席该馆11月16日举行的中国收藏展之开幕式。（中国社科院近代史所藏"胡适档案"，卷号 E-219，分号2）

11月13日　胡适复函王重民，主要谈《水经注》案的新发现：

（一）关于戴书一案，顷检《潜研堂集》，重读钱氏的《东原传》，记戴注《水经注》甚详，凡二百十一个字，也全不提他用《大典》本。……

（二）乾隆癸巳的诏书本着重校勘《永乐大典》。此议发于朱筠，政府采其说，故不免有意铺张这件校勘《大典》的工作，故用东原（在金华）未入馆前已刻成"未及四之一"……

（三）请用孔刻《戴集》与《水经注》一查：

（1）孔刻本《水经注》戴《自序》有无年月？与段本有无异同？《孔序》年月为何？提及《大典》本否？

（2）段刻《戴集》本《书水经注后》，段氏校记说"此篇删去二百余字，以其语已见于前篇也"。乞查孔本此篇有无删节？……

戴校本《自序》无年月……

若戴氏在乙酉八月作的《书水经注后》已有"立文定例"三条或四条了，校本《自序》似在其后，似作于壬辰（三十七年）刻自定经注全书之时，或在刻成之时。钱氏所引戴语或仍是依据乙酉之《自记》，而未必是依据刻成之《自序》也。……

凡此诸端，皆甚关重要。东原在乙酉（1765）已校定经注，并写《自记》，述郦书的"立文定例"了。他到戊子（1768）才到保定去修《直隶河渠书》，这已在他校定《水经注》之后三年了。

（四）东原一生事业早已决定。他有绝大野心，要打倒那"以理杀人"的理学，要建立一种"通民之欲，体民之情"的新理学。他所以和朴学大师不同，正在这一点。在他的眼里，训诂校勘考证之学都不过是"求是"的工具，"闻道"的途径而已。朴学大师则不然，他们的眼光不能跳过这些新发明的法宝之外。在他们的眼里，校得一部《水经注》，当然是不朽大业。……

他对于郦书颇不表敬意——郦书实在是一部不高明的古典烂帐。东原看不起这书，故说：我这两个月的玩意儿，不过是整理郦注罢了！这那够得上"治水经"的工作呢？……

戴、赵、全一案，这一点亦不无相关。东原本不重视此书，偶以余力为之，竟有所得，颇出意外。这是绝顶聪明人常有的事，并不足奇。但东原决不想以此为"治水经"，故其整理经注，虽然"兼以各本参差"，却不曾一一注出所依据之本子。在他自己看来，他的主要发明只是用本书"立文定例"来考定经注，此是创作，本与各本子无关。用某本补一字，改一字，或补一段，都是次要工作。我颇疑东原于此书的校勘部分也是"意校"居多，故他即欲一一注明本子，也不可能！……这一点颇不易叫人明白。试举一例明之。如静安先生治经学小学，则甚谨严；治史学也甚谨严。但他的《曲录》则甚不谨严。此事由于一

个时代的学风有所重轻，也由于一个人的好尚有所先后。用最严格的校勘考证方法来研究小说戏曲，实始于胡适之、孙子书。我们不能责备静安先生在清末治通俗文学而不用严格的考证校勘也。我疑心戴校郦书，当日只是一种新考分［水］经注的好本子而已，故无人责戴本"悉去校语"也。

（五）东原校《九章算术》，也得乾隆作诗褒赏。此书屈刻本有东原自序，明言丁亥年他到翰林院看《大典》本《九章》，又明言癸巳年在四库馆"尽心纂次，订其讹舛"，又明言"圣天子……御制诗篇，冠之于首"。此似可注意，私刻本《九章》之戴氏《自序》所明言之三事，皆是私刻《〈水经注〉自序》所绝口不言的三事。有意耶？无意耶？岂不值得比较吗？

自刻本《水经注》虽开刻于金华，在壬辰（1772），但其书"与聚珍板同时而出"（段《谱》）。以情理言之，以年月言之，都不应该提到《大典》本与"圣天子御制六韵诗"吗？

关于全、赵一案，也有点新材料：

（1）请看全氏的《祁六公子墓碣》（《鲒埼亭集》十三），可知梅里即梅墅，果在山阴。

（2）你说全序赵书在十九年，此据东潜所自记"谢山今秋下榻春草园之西楼……因制序焉"。你说"今秋指乾隆十九年秋"。我手头无赵书，但可知此说必误也。静安此跋明明已考《年谱》所记，故云："十九年秋则（谢山）在扬州，以春往，十一月始归。然则为东潜作此序（原作书？）时，殆在十六年或十八年秋也。"可见此跋正是驳此十九年秋作序之说。来书说："全序赵书在乾隆十九年，似乎不算没有根据。静安先生纵不从，亦应道及。"此说甚不公道。静安此篇短跋，凡九十二字，岂但"道及"而已，全文正是要指出此十九年秋制序说之绝不可能。（我上次函说，此跋必是题在全序之眉端。今重读此跋，参以兄来书，始知此跋当是题在赵氏《记全氏七校本》一文之上。斐云不曾细读，妄题此题耳。）兄试重读此九十二字，便知静安先生字字针对此"十九年秋作序"之说。

此仍是吾兄未全抛成见，故不免误解此绝不容误解的九十二字短文也。

因为你未全抛此成见，故你不能接受我校改《观堂别集》此跋之一个字。我从不主张用待证的事物来作证据。但我校改此跋，则决无可疑，故敢奉告也。

你似未细读董作《谢山年谱》，静安即是据此谱驳赵氏说的"十九年秋制序"之说。……

（3）官本《水经注》所用归有光本共六条，静安说五条，是小误（其一条在卷三十三，王未举）。你信上说："刻本东潜《水经》所引归本不到六条"，此"潜"字不误否？此一事似与全、赵一案无关。（《胡适遗稿及秘藏书信》第18册，155～171页）

按，11月16日王重民复函胡适，谈及："先生论东原个人并不愿承认用《大典》校《水经》一事，最为创见。"（《胡适遗稿及秘藏书信》第24册，179～181页）

11月15日 胡适在 *Peace and War: United States Foreign Policy, 1931—1941*（by Department of State, United States of America）扉页题记：

范旭东先生于民国廿九年底来美国，他问我的外交方针；我对他说，我的主张只有"苦撑待变"四个字。变在人，而苦撑在我，我们只能尽其在我而已。范先生赞成此言，所以他回到重庆就托人刻了这个图章寄给我。我从来不曾用这图章；今天读这本书，第一次用这图章打在书册上。胡适，Nov. 15, 1943（《胡适藏书目录》第4册，2504～2505页）

11月16日 夜，胡适作有《〈晋书〉的改撰》一文，详述《晋书》改撰的史实，又叙《群书治要》中的《晋书》与改撰后《晋书》的关系。指出魏徵所修《群书治要》所收两卷《晋书》，撰者为臧荣绪。臧撰《晋书》

系贞观二十年重撰《晋书》的最重要的来源（底本），可用来校勘今本《晋书》。向来校勘《晋书》的学者，都不曾利用此《治要》本。胡适用此本的《江统传》来校今本《晋书》卷五十六之《江统传》，竟得一本初唐本的《徙戎论》。（《胡适遗稿及秘藏书信》第 5 册，127～139 页）

11 月 17 日　Iowa State College 校长 Charles E. Friley 函谢胡适捐赠书籍给该校图书馆，并邀请胡适于 1944 年访问该校。（中国社科院近代史所藏"胡适档案"，卷号 E-203，分号 9）

同日　Ernest T. Nash 致函胡适：感谢星期一的会面以及您对于远东问题的睿智观点，尤其是您对于将来和谐的中英关系之期待。又附寄其"Shanghai: A Century of Sino-Western Cooperation"一文与胡适。（中国社科院近代史所藏"胡适档案"，卷号 E-307，分号 3）

11 月 18 日　胡适作有《长安横门，汉人叫做光门》一篇读书笔记。（《益世报·读书周刊》，1946 年 10 月 1 日）

同日　胡适致函杨联陞，谈及哈佛朋友所作白话诗，重点是谈最近正考索所谓戴震窃《水经注》一案：

>……王重民兄寄一文来，其中牵涉到戴东原"窃《水经注》"的一案。我向来对此案不曾说一句话，但总觉得此中情节甚离奇，值得重审一次。可惜我从不曾读过《水经注》一遍，所以总没敢发言。这回我因重民一文，决意重读此案全卷，作一次侦查。我指出一点：戴东原的自刻本《〈水经注〉自序》为什么全不提及《永乐大典》本？为什么全不提及乾隆御题六韵诗？为什么他只说他的校本是"审其义例，按之地望，兼以各本参差（＝参错）"的结果？
>
>我的疑问是：东原是不是不愿意负《提要》所说用《永乐大典》为"原本"的责任？是不是他要借自序声明他对官本《提要》所云不负责任？
>
>从这一点疑洞出发，居然结果甚满意。我查钱大昕作《戴震传》，也不提《大典》一字。重民查得洪榜的《东原行状》，和朱筠的《戴校

水经注书后》，都更特别声明东原校《水经注》远在入四库馆之前，其用《大典》本，不过"获增益数事"（洪语）而已！

这一点可算是已得证明。

关于王静安诸人说的东原所校"不同于《大典》本，而同于全、赵本"一说，我也做了一番"笨校"工夫，证明他确曾用《大典》本细校《水经注》。……静安所控，如《渭水》注（卷十八）脱简四百余字一案，可说是完全诬告。东原《自序》中也明明提及顾祖禹、胡渭、阎若璩诸人；官本中引朱谋㙔本无数次，又提及归有光本六次，故近年诸公控他抹杀诸家以为己功，静安竟疑他引的归本是伪托，都是有成见的判断。静安控他挖改《大典》，以成己说，更是诬告。

大概朱筠所记东原"或过信其说不疑而径改者有之"，乃是此案的真相。如《渭水》注脱简一叶，全谢山、赵东潜所据孙潜夫校本所钞柳本脱字共420，《大典》本脱字共417，而东原所补乃有437，多出的字我疑心是他自己"径改"的。说他不用《大典》本是诬，因为他的补本确曾依据《大典》本。说他全钞全、赵本也是诬，因为柳、孙校本藏于扬州马氏，谢山可借校，卢见曾、戴震都可得见，不用偷全、赵本也。况戴本实远胜赵本乎？

我为此事，星期六去美京，拟再费几日工夫，为此事多收点材料，也许能作一文为东原伸这百年冤狱。

哥大的赵氏《水经注释》是光绪张翻本，哥大只有影本《永乐大典》《水经注》，而无孔刻戴校《水经》。今回去美京，拟再检孔刻本及全氏本一查。（《台北胡适纪念馆藏档，档号：HS-LS01-001-005》）

按，数日后杨联陞复函胡适，列举自己所见的几种关于赵、戴公案的文章，又指出：

我想这个戴窃赵书公案虽是个"质"的问题，却得从"量"的方面来决定。现在似乎没有人坚持说"戴全窃赵"，也还没有人能证明"戴全不窃赵"（这似乎是您要做的事），要是假定戴曾见赵书……也得看

窃了多少条。大家的意思是窃了很多，所以咬定"戴东原做贼"。您这步对勘的"笨功夫"完成以后，做一个详细的统计，究竟相同者若干，其中可以证明戴袭自赵者又若干。……（《胡适遗稿及秘藏书信》第38册，278～279页）

同日　王季同致函胡适云，听其子王守竞说胡适正续写《中国哲学史大纲》下编，"故人遥闻，同深快慰"。又云：

> 惟闻十余年前，足下为写《中国哲学史大纲》下编而读佛书。读佛书不得要领，于是佛教与禅宗，乃至受禅宗影响而产生之宋明诸儒哲学，皆无从写起，而不得不搁笔。今事逾十稔，重又捉笔续写，意者足下之于佛法近年有所领会欤？……足下既不能把握佛法要旨，则大著下编惟有满纸敷衍文章，如清代应举者第三场之五道空策而已，非但毫无精彩，且恐带累头二场文字亦减色不少矣……若足下决计完成此大箸［著］，则请放弃其西学于欧美先入为主之唯物成见，一依弟劝，则弟可保证足下写一册最有精彩之《中国哲学史大纲》下编也。盖一切成见，即佛法所谓"我法二执"，非但为一切有情流转生死，不得解脱，不成佛道之障碍，亦为一切学者依门傍户，穿凿附会，对于一切学术思想但知随声附和，未有真知灼见之障碍。（邹新明：《胡适藏书中所见王季同致胡适的一封书信》，《胡适研究通讯》2014年第2期，2014年6月25日）

11月20日　胡适去华盛顿，查阅《水经注》的材料。（《胡适遗稿及秘藏书信》第24册，183页；前引11月18日胡适致杨联陞函）

同日　Henry Allen Moe 致函胡适：因刘大中申请 John Simon Guggenheim Memorial Foundation 的奖助金，询问胡适对于刘可能成为第一流学者的意见。（中国社科院近代史所藏"胡适档案"，卷号 E-301，分号 3）

按，11月25日刘大中致函胡适云：遗憾昨日在旅社错失见面机会。从李干处得知，您支持我申请 Guggenheim 的奖助金，附寄一份个人简

历给您。(中国社科院近代史所藏"胡适档案",卷号 E-275,分号 5)

11月23日 Paul F. Douglass 函邀胡适出席 11 月 28 日他为 Madame Gelesnoff 举行的茶会。(中国社科院近代史所藏"胡适档案",卷号 E-179,分号 2)

11月26日 胡适自华盛顿返纽约。

同日 王重民致函胡适,谈及"随先生三天,胜读三年书",又谈道:"先生所讲读书方法,以前能懂而不能行,此次亲炙教化,望能进到能行的样子。"(《胡适遗稿及秘藏书信》第 24 册,184 页)

11月28日 胡适作有《戴校本河水注文引〈管子〉一节》,12 月 2 日改写。12 月 4 日半又有"后记二";次年 1 月 4 日有"后记三"。(《胡适遗稿及秘藏书信》第 3 册,204~222 页)

同日 胡适复函杨联陞,询哈佛大学图书馆有无赵一清《水经注释》的乾隆刻本,朱谋㙔的《水经注笺》哈佛有何版本?又云:

> 我现在研究此案,只提疑洞,只搜证据,只审查证据,而严格的排除成见。如果证据逼我承认戴东原偷书,我也决不退缩。
>
> 但到现在为止,魏、张、王、孟诸人的诉状都不能使我承认其证据部分的力量。而我自己十余日的搜寻,却颇有不少意外的发现。
>
> ……………
>
> 我想在一个月内审查完毕,作一结论。(台北胡适纪念馆藏档,档号:HS-LS01-001-007)

按,11 月 30 日杨联陞复函云,赵一清的《水经注释》,哈佛只有光绪重刻本;朱谋㙔的《水经注笺》,哈佛似乎没有。不过有一部乾隆十八年黄晟刻的《水经注》,"我疑心黄刻所据,即是朱本。王先谦所用,大约也是此本"。并已请裘开明寄给胡适了。(《胡适遗稿及秘藏书信》第 38 册,290 页)

11月29日 Manuel L. Quezon 函谢胡适所寄明信片,期望能与胡适一

同访问中国和菲律宾。（中国社科院近代史所藏"胡适档案"，卷号 E-322，分号 8）

11月30日　Women's International League for Peace and Freedom 的 Study Class Committee 主席 Mrs. Robert W. Rea 函邀胡适于 1944 年 1 月或 2 月前来费城为 "The Home Front" 的系列学程进行 "The Foreign Front" 的讨论，邀请胡适于 2 月 7 日、2 月 21 日或 2 月 28 日演说中美关系。若胡适无法接受此邀约，则请建议合适的人选。（中国社科院近代史所藏"胡适档案"，卷号 E-324，分号 2）

12月

12月1日　胡适复函王重民，谈及：昨日借得《经韵楼集》，赵氏《水经注释》及《朱笺刊误》，及影印《永乐大典》本《水经注》，细细对勘，始知此案果是大冤枉。"王、孟两先生都该罚打手心也！"（《胡适遗稿及秘藏书信》第 18 册，177～187 页）

12月2日　胡适复函王重民，谈及：这两天先研究《全校水经注》，甚疑为伪造本，其"题辞""序目"也是伪造的。拟先写《全校本辨伪》。（《胡适遗稿及秘藏书信》第 18 册，188～201 页）

同日　胡适有致王重民函残稿，谈及：关于全祖望手校《水经注》的可信史料，第一为董秉纯的《鲒埼亭外集题词》，第二是《鲒埼亭外集》目录的跋文等。（《胡适遗稿及秘藏书信》第 18 册，570～574 页）

12月3日　郑天挺日记有记：

雪屏谈晤刘泽荣，言美国某重要新闻者，在墨斯科告之，胡适之先生之去职最大原因，由于在美冻结之款必大使签字始能支付，而胡适之先生往往因用途不明不肯签，遂失宋子文之意云。（《郑天挺西南联大日记》〔下〕，764 页）

12月4日　胡适复函王重民，谈及：大概确定《全校水经注》是王梓材写定于道光晚期，而董沛重定于光绪十四年，其书是用赵、戴两本来参酌写定的，故可疑的成分居多。而戴未见全书，则似无可疑。又询林颐山之文是否可考。寄上《赵书版本考》。(《胡适遗稿及秘藏书信》第18册，202～203页)

> 按，王重民复函作于12月6日，载《胡适遗稿及秘藏书信》第24册，186～187页。

12月6日　胡适致函王重民，谈及前信因不满意《全校本辨伪》而未寄出。请王帮忙借阅《章氏遗书》及杨守敬《水经注疏要删》。(《胡适遗稿及秘藏书信》第18册，204～206页)

> 按，次日王重民复函胡适，载《胡适遗稿及秘藏书信》第24册，188页。

12月7日　胡适作有《戴震对江永的始终敬礼》一文，用事实驳斥魏源、张穆、王国维所说戴震对乃师江永"背师盗名"不实之词。12月14日，胡适又有补记。(《胡适遗稿及秘藏书信》第3册，223～233页)

12月8日　胡适作有《考〈四库全书〉所收的赵一清〈水经注释〉》。次年5月3日又批注：此文大致都是错误的。(《胡适遗稿及秘藏书信》第1册，485～497页)

12月9日　王重民致函胡适，谈及：校阅胡适两封论《水经注》的信，益觉胡适的方法与立言之伟大。又谈及：李友棠在四库馆竟能把戴校几乎推翻，闹到纪昀、陆锡熊诸君也同意"另办"，惜不知他持的是什么理由？询胡适："恳猜一猜么？"(《胡适遗稿及秘藏书信》第24册，182页)

12月10日　胡适作有《永乐大典本〈水经注〉与朱本项本戴本〈水经注〉分卷对照表》。(《胡适遗稿及秘藏书信》第4册，459～463页)

12月11日　胡适复函杨联陞，谈已收到裘开明所寄黄晟刻《水经注》二本、张刻赵氏《水经注释》二本。指出黄晟本全翻项纲本，格外强调黄晟本首两册的校语乃是一位不知名的学者过录戴东原早期校《水经注》的

校语,并给予高度评价。又云:

> 一个月来,为戴案作侦查工作,真废寝忘餐!但结果已可使我十分满意。大概魏源、张穆诸人的控诉都是无证之妄言。杨守敬、王国维、孟心史诸公本应该不至如此;不料他们都不免抱着"卫道""护法"的成见,就也都被成见所误,走上诬告的路上去。
>
> 成见之误人,真是可怕!戴案的背景,有个"诋程朱"的大罪状作怪。故魏默深文中斥东原"平日谈心性,诋程朱",而王静安文中亦斥他"晚年欲夺朱子之席","力与程朱异,而亦未尝与孔孟合"。
>
> 在这种正统派学者的眼里,那个"诋程朱"的戴震,尽管也会说"立身守二字,曰不苟;待人守二字,曰无憾",究竟不是个好东西!静安、心史都是旧脑筋,故也不知不觉的走入这诬陷东原的路上去。(台北胡适纪念馆藏档,档号:HS-LS01-001-009)

按,12月14日杨联陞复函胡适,谈道:"我猜想东原对于《水经注》的意见,大处应该是全自'己出',至于细微的地方,受《大典》本影响之处当亦不少。他这两个月筚路蓝缕的功夫,现在从集外得到证明,可以帮忙洗刷他的名誉,实在是学术界很可庆幸的事情。"(《胡适遗稿及秘藏书信》第38册,291页)

同日　胡适复函王重民,云:

> ……自张穆、魏源至王国维、孟森,他们做此案的考证都是无证之考,无据之考。我现在的猜想是东原似始终未见赵书……我的主要证据是东原的书完全不曾受赵书的最大贡献的影响。赵书的最大好处在于分大小注,用大小字写定。赵书出世之后,凡治《水经注》者,无不承认此法最便,无不受此书整理方法之影响者。故伪造全校本者亦不能不采一种变相的分大小注方法,改为大注低一格,小注更低一格;故王先谦的"合校本"亦不能不采分大小字写刻之法。此为郦学一大进步。

东原所谓"注中之小注"与全、赵所谓大小注绝不相同。东原所谓"注中之小注"全书只有五条……与全、赵之以此例整理全部书者绝不相同。东原的自刻本，因为既无校语，又不分大字小字，又不分低一格，又不知我们所谓标点符号，故此五条"注中之小注"竟无法表示出来。倘戴曾见赵书，或曾见全氏《五校本题辞》，决无不受其一毫影响之理。……

凡治学的方法相同，材料相同，结论应该相同。故戴、赵书的大体相同，绝无可异。段氏质问梁曜北原书中，本已承认有"闭户造车，出门合辙"之可能。以今日无成见如我者观之，段氏晚年定论最为公道。赵书刻本有两次修改，其用意只在求其书之更完善，并无作伪之意。(《胡适遗稿及秘藏书信》第18册，207～214页)

12月13日 胡适有《记哈佛大学藏的〈水经注〉所过录的戴东原校改残本》。(《胡适遗稿及秘藏书信》第3册，98～113页)

同日 Edwin Carlyle Lobenstine致函胡适：福梅龄通知北平协和医学院董事会议将在12月16日召开，邀请您出席会议并参加在Nearby New Weston旅社举行的晚宴，敬请告知能否出席。(中国社科院近代史所藏"胡适档案"，卷号E-276，分号5)

12月14日 胡适致函王重民，请王帮忙借阅《浙江采进书目》《涵芬楼秘笈》的《进呈书目》。现在猜想戴震未见赵一清原书，知其曾补注《水经》而已。又提出：关于戴书，现主张多留意当时学者的意见，如朱筠、钱大昕、段玉裁等人的意见。(《胡适遗稿及秘藏书信》第18册，455页)

同日 张景钺致函胡适，报告派人赴美华盛顿国会图书馆为北京大学挑选书籍复本之事。(《胡适遗稿及秘藏书信》第34册，330页)

12月15日 胡适应芝加哥大学校长Robert M. Hutchins之邀，出席讨论关于出版自由问题的会议暨午宴。(中国社科院近代史所藏"胡适档案"，卷号E-240，分号2；卷号E-280，分号1；卷号E-227，分号1)

同日 Theodore Schapiro致函胡适云：已从Miss Utley与Hook处获知

您已接受于 1944 年 3 月 2 日为 The Rand School of Social Science 的 "Prophets of Our Times" 系列演讲作第五场演讲（题目为 "Sun Yat Sen, China's Founding Father"）的邀约，特再向您确认。（中国社科院近代史所藏 "胡适档案"，卷号 E-335，分号 9）

按，Theodore Schapiro 乃 The Rand School of Social Science 的行政主任。他于 1943 年 11 月 23 日向胡适发出演讲邀请后，又于 12 月 2 日、8 日两度致函胡适进一步函催，并介绍关于这个系列演讲的详情。（中国社科院近代史所藏 "胡适档案"，卷号 E-335，分号 9）

同日　New York City Branch of the National Council of Administrative Women in Education 主席 Caroline E. Lawlor 函邀胡适于 1 月 13 日出席该组织举行的晚宴并演说。（中国社科院近代史所藏 "胡适档案"，卷号 E-262，分号 9）

同日　Blyde Eeogthtun 致函胡适，送上生日祝福。（中国社科院近代史所藏 "胡适档案"，卷号 E-395，分号 1）

12 月 17 日　赵元任致函胡适云：现在忙得不亦乐乎，本来有好些人帮忙，可以勉强对付。都（当指任以都）也许可以来帮忙。（《胡适遗稿及秘藏书信》第 38 册，451 页）

同日　王毓铨、刘修业、胡先晋、朱士嘉、傅安、吴光清、王重民、尤桐、韩寿萱、陈鸿舜、胡敦元、冯家昇合赠一部 Readings in Recent Political Philosophy（by Margaret Spahr）、一部 A Source Book of American Political Theory（by Benjamin Fletcher Wright）与胡适作寿礼。（《胡适藏书目录》第 4 册，2548～2549、2602 页）

同日　American Council Institute of Pacific Relations 行政主任 Ernest B. Price 函邀胡适在 "China in the Post-War World" 的主题活动做一场演讲或系列演讲，以使美国人了解战后的新中国。（中国社科院近代史所藏 "胡适档案"，卷号 E-321，分号 3）

12 月 20 日　Maurice William 致函胡适，告自己正在撰写关于 4 个伟大的非圣经的东方宗教的著作,其中之一乃儒教。期望胡适能为其著撰写前言,并拜托胡适提供孔祥熙、蒋介石夫妇的照片。次日,Maurice William 又函贺胡适生日快乐以及恭喜排华法案的废止。(中国社科院近代史所藏"胡适档案",卷号 E-377,分号 6)

12月22日　胡适有《蒋学镛的〈樗庵存稿〉八卷》一文,27日又有补记。后来,胡适均自注"是完全错了"。(《胡适手稿》第2集卷1,143～156页)

同日　The Players 的财务长 Paul Kieffer 函告胡适已获选为 The Players 会员,在支付会费后即正式成为俱乐部成员。(中国社科院近代史所藏"胡适档案",卷号 E-254,分号 4)

同日　裘开明复函胡适,认为胡适 11 日来札极有道理,胡适提出黄刻本乃据项氏本,是一种创见。又谈及哈佛大学所藏的《水经注》版本。(《胡适遗稿及秘藏书信》第 38 册,352 页)

同日　Charles G. Proffitt 函贺胡适生日快乐,并祝圣诞与新年快乐。(中国社科院近代史所藏"胡适档案",卷号 E-322,分号 1)

12月23日　蒋梦麟将其《东土西潮》一书函寄胡适,请胡帮忙校订。

12月24日　胡适买下纽约华侨印字馆藏的《人权论集》数册(梁实秋、胡适、罗隆基著,上海新月书店,1931年)。(《胡适藏书目录》第1册,297～298页)

12月27日　胡适致函王重民,谈到《蒋樗庵集》没有什么大有用的东西。王梓材的《水道表》甚有可观。《进呈书目》确是重要史料,不过此目错字甚多,原本既在国会图书馆,希望王能做一校勘记。(《胡适遗稿及秘藏书信》第 18 册,456～459 页)

> 按,12月31日王重民复函胡适云:先生这样看重《进呈书目》一书,因为那真是一批好档册,为研究纂修《四库》及其他文献参考资料的宝库。又云:先生所嘱校定《进呈书目》一事,正是素愿。但真作起来,一要有人,二要有钱,全在大战胜利以后,先生有以图成之!

(《胡适遗稿及秘藏书信》第 24 册，193 页）

12 月 31 日　Albert Gallatin 函谢胡适寄赠《中国的文艺复兴》，并祝新年快乐。（中国社科院近代史所藏"胡适档案"，卷号 E-206，分号 6）

是年　曹诚英有怀胡适词三首：

虞美人

鱼沉雁断经时久，未悉平安否？万千心事寄无门，此去若能相见说他听。　朱颜青鬓都消改，惟剩痴情在。廿年孤苦月华知，一似栖霞楼外数星时。

女冠子

三天两夜，梦里曾经相见。似当年，风趣毫无损，心情亦旧然。　不知离别久，甘苦不相连。犹向天边月，唤娟娟。

临江仙

阔别重洋天样远，音书断绝三年。梦魂无赖苦缠绵。芳踪何处是？羞探问人前。　身体近来康健否？起居谁解相怜？归期何事久迟延。也知人已老，无复昔娟娟。（陈学文：《胡适情诗手迹新发现》，《传记文学》第 78 卷第 5 期，2001 年 5 月，51 页）

1944年　甲申　民国三十三年　53岁

是年，胡适全力从事《水经注》考证。

是年，The American Council of Learned Societies 仍通过洛克菲勒基金会向胡适提供每月500美元的研究补助金。

是年，胡适仍任美国国会图书馆荣誉顾问。

自11月6日开始，胡适在哈佛大学讲授"中国思想史"，迄次年6月。

12月，胡适致函美国陆军部长亨利·L.史汀生，希望美国多多援助中国。

1月

1月1日　胡适作《跋项絪刻本〈水经注〉》，3日改定。(《胡适遗稿及秘藏书信》第4册，1～28页）

同日　王重民函寄孟森《〈畿辅安澜志〉与赵、戴两书公案》与胡适，又云段玉裁、孟森都有火气。(《胡适遗稿及秘藏书信》第24册，6页）

同日　周鲠生赠送胡适 Winning the Peace in the Pacific: A Chinese View of Far Eastern Postwar Plans and Requirements for a Stable Security System in the Pacific Area（by S. R. Chow）一部。(《胡适藏书目录》第4册，2669页）

同日　Archibald MacLeish 函谢胡适担任国会图书馆的荣誉顾问以及给予恒慕义的帮助。(中国社科院近代史所藏"胡适档案"，卷号E-282，分号1）

1月2日　胡适函谢 Kathryn Linden 之12月21日的来函，请其将3幅画作送到纽约东81街道104号的5号房；如果哈特曼夫人不在，就请送到

纽约东 81 街 106 号。(中国社科院近代史所藏"胡适档案",卷号 E-100,分号 17)

1月3日　胡适请 Dr. Robert L. Levy 诊视,测得血压为 126,为 5 年来最高的记录。自 1938 年得心脏病,血压降低到八九十度。5 年来总在 102 至 116 之间。(《胡适遗稿及秘藏书信》第 17 册,388 页)

同日　胡适有《张穆说东原讳言其师》一篇札记。(《胡适遗稿及秘藏书信》第 3 册,242～243 页)

同日　Filmer Stuart Cuckow Northrop 致函胡适:珍惜与胡适的情谊,期望得到胡适讨论"中国文艺复兴"的文章。(中国社科院近代史所藏"胡适档案",卷号 E-309,分号 7)

按,是年向胡适邀稿的还有:E. C. Aswell、J. W. Decker、Harley Farnsworth MacNair、Douglas Rigby、Sophia Wadia、Quincy Howe、Franklin L. Burdette、Elsie W. Y. Choy、Walter H. Mallory、Herbert Blumer、Joseph T. Shipley、Bertram Lippincott、Harrymon Maurer。(据中国社科院近代史所藏"胡适档案"不完全统计)

1月4日　胡适作有《跋哈佛大学藏的过录戴东原校〈水经注〉残本(下)》,在文章最后,胡适说:

我举全、赵改本作比较,要人知道,经过胡渭、阎若璩诸人之后,《水经注》的整理工作已进入了一个新时代:这个时代可叫做全祖望、赵一清、戴震的《水经注》时代。他们用大同小异的材料,用大同小异的方法,来研究同样的问题,当然可以得到大同小异的结果。(《胡适遗稿及秘藏书信》第 3 册,114～138 页)

1月6日　胡适致函王重民,告:从吴骞的跋文,可得以下信息:吴只"录得赵本",当亦不过"过录"而已,未必有其书;他确见赵书,无可疑;吴骞此本与今日重审戴、赵案无关;吴跋谓东潜未睹柳本,似无据;此跋首题"明项氏刻本",是吴骞的儿子竟不知项纲刻书在康熙晚年!又告近日写得《跋哈佛大学藏的过录戴东原校〈水经注〉残本（下）》、《跋项絪刻本〈水经注〉》，稍后当寄上乞正。又云："近又回到一月前的主张，认所谓谢山《五校本题词》为王梓材、卢杰诸人的伪作，其每一段皆有所依据，大致皆依据谢山集中文字，但漏洞终不能免。"故拟先写《全校本辨伪》，先了全校本一案，然后判决赵戴一案。又告近又作《水经注公案年表》，尚未成。(《胡适遗稿及秘藏书信》第18册，222～224页)

同日 Harold D. Lasswell、Beardsley Ruml、Reinhold Niebuhr联名致函胡适：通报国会图书馆行政委员会1943年12月15日会议为建立The National Commission做出的三点决议，下一次的会议则将在1944年2月2日于纽约举行，将会尽速函告您相关细节，若您无法参加，敬请告知。(中国社科院近代史所藏"胡适档案"，卷号E-262，分号2)

1月7日 胡适致函王重民，云：

> 话仍说到我的"和""缓"二字。不动火气是和；不使"意气""成见"影响事实的调查考订，是和。戴赵案于本人实绝不相干，而后来"拔刀鸣不平"的诸人——如段，如张石舟，如魏，如邻苏、静安、心史三大学人——都大动了火气，故"痰迷了心窍"，不能平心静气看事实了。

> 但"缓"字也有关系……石舟集中只有《方牧夫寿序》中说，"东原抗心自大，晚颇讳言其师"一语是诋戴的。其实他若压下火气，肯费半日之力去检查戴氏之书，就不会妄说此话了。不肯费半日之力，是不能缓，故不能勤，又不能谨了。

> 心史先生的四篇文字都是火气冲人，其实都犯不能和缓的二病。这些文字发表的都太匆匆，其中漏洞百出。……

> 故我们从此案所得的教训是：不要动火气，不要急于发表文字；在攻击人之先，先凉凉去。

> …………

> 所赖老兄切直作反问，不可轻轻放过一个漏洞，此老兄之大责任

也！(《胡适遗稿及秘藏书信》第 18 册，231～235 页)

同日　尤桐致函胡适，报告他那里的图书馆所藏《水经注》没有元代的本子，只有 8 种不同的版本并列之，若胡适需要哪一种，可以帮忙邮寄，可以代做帮助查、抄材料的工作等。(《胡适遗稿及秘藏书信》第 24 册，572～573 页)

按，次日胡适在致王重民函中云：顷得尤桐兄书，知 Princeton 有一部赵书，是"甘泉岑氏惧盈斋《四库》钞本"，不知所谓"四库钞本"是何物，已去信借观了。(《胡适遗稿及秘藏书信》第 18 册，236～237 页)

1 月 8 日　胡适致函王重民，请王补抄赵一清《水经注释》的《四库提要》本的一段话，又托王代查：各种《提要》本子，此书是否均注明"浙江省采进"字样？……并乞代查此篇《提要》之尾，是否有注校上年月之本？其年月有无异同？《提要》本文末句"外间诸刻，固不能不以是为首矣"之"刻"字，是否各本《提要》均相同？(《胡适遗稿及秘藏书信》第 18 册，236～237 页)

1 月 10 日　胡适函托王重民代查：聚珍版戴校《水经注》有无刻书年月？乾隆帝的《御制题〈水经注〉六韵》作于何年何月？又谈及：近作两文，可以比较精细地推定戴震在四库馆何时始可得见浙江采进的沈炳巽、赵一清的两部《水经注》。(《胡适遗稿及秘藏书信》第 18 册，238～239 页)

同日　The American Council of Learned Societies 行政秘书 Mortimer Graves 致函胡适：已收到您寄赠之收录您讨论"中国思想史"的文章的 1 册 Asia 杂志，已拜读大作，期望能尽速见到您。(中国社科院近代史所藏"胡适档案"，卷号 E-212，分号 9)

1 月 11 日　胡适复函王重民，告：已知《提要》尾上"校上"年月甚不可靠。又云：

此次来书，最可以证明考证之不易。赵书之入四库，有目录可稽，有《提要》可证。然而我和你两人至今不能确知此事真相如何，至今不知最初采进的本子和后来（五十一年）的本子有多大的异同。

此事比较易考，尚且如此！何况更茫昧的事，如东原何时见着赵书，或是否得见赵书？

又何况四库馆内暗争的事，如李友棠与同事诸公所争何事？

我为此一个问题——戴校本案，发难于十一月八日，至今已逾两月，还不能作最后的判决。所可自慰者，两月来发见的疑问已不少，解答的疑问也有了一些，而所得的教训更多。其中之一个教训就是考订历史之不易。倘我和老兄能继续维持"勤、谨、和、缓"的态度，我们所得的结果大概还可以补偿我们几个月废寝忘餐的辛苦的！（《胡适遗稿及秘藏书信》第18册，240～244页）

同日　Waldo Gifford Leland 函告胡适：The American Council of Learned Societies 将再通过洛氏基金会继续提供研究补助金给您，直到1944年12月31日。每月500元。祝新年快乐。（中国社科院近代史所藏"胡适档案"，卷号E-266，分号1）

1月13日　胡适有《跋影〈四库〉本沈炳巽〈水经注集释订讹〉》一文，1月17日又有修改，7月16日又改。（《胡适遗稿及秘藏书信》第1册，498～506页）

同日　Vladimir G. Simkhovitch 致函胡适：我曾与您道及，俄罗斯的传说里将中国皇帝称作 Bogdkhan。此词的意义，我在阅读成吉思汗史的时候发现了。这个词应由蒙古语翻译过来，在元代之后成为中国皇帝的名称。（中国社科院近代史所藏"胡适档案"，卷号E-343，分号3）

1月14日　胡适有《再跋哈佛本〈水经注〉过录戴校残本》。（《胡适遗稿及秘藏书信》第3册，139～144页）

1月16日　胡适有《章实斋读〈全谢山全集〉》一文，胡适引述章学诚《乙卯札记》的一段评论后指出：

实斋的批评颇不公平。谢山的文章有情感、有见解，重在内容，

虽不很讲究修饰，而很能感动读者。在同时古文作者之中，谢山当然在第一流。（《胡适遗稿及秘藏书信》第 3 册，1～3 页）

1月17日　胡适复函王重民，云：

我们现在所知的事实，大概如下表：

乾隆三十九年五六月间戴校本完成。十月校上。

乾隆四十年戴本印行。

乾隆四十三年沈炳巽本校上，有戴震作的《提要》。赵一清本大概也在此时校上（？）

乾隆五十一年夏间，赵载元在河南刻《水经注释》，曾请梁履绳校订修改。

乾隆五十一年九月，赵书第二次"校上"，《提要》稍有修改的字句，明说此书为"外间诸刻"之首，可见已用刻本抽换原写本了。

乾隆五十九年，赵载元在江苏重刻赵书，又稍有校订修改。

我们现在不知道的事实是赵书的原写本是什么样子？乾隆五十一年的刻本与原进呈本有多大的不同？这两个问题的唯一解答的希望是热河、奉天两库本或者不曾被抽换，将来或有借校的机会。

关于戴本《水经注》的最后判断，仍不出朱筠、孔继涵、洪榜几个同时见证人的说法……（《胡适遗稿及秘藏书信》第 18 册，245～258 页）

同日　胡适复函杨联陞，云：

"一据据左"，你提议的"一拘卢舍"，我认为大可成立。大概南北朝时，译名尚未统一……

前寄两文，一则为哈佛藏本作的，一则因裘先生特别赏识我说的"黄晟本完全翻刻项絪本"一句话，故寄给他看看。这都是重审戴校《水经注》案产生的无数小文字的两篇。自从十一月八日开始研究此案以来，已近七十日，而问题越弄越多，故作许多小文字，逐一解答，以清头绪。此案判决书虽然还没有起草，但已解决了不少的小问题，我自己得益不少。今所知者，张石舟以来，直到王静安、孟心史诸大学人，都是"以理杀人"，毫无证据。其所提"证据"，都是绝无根基的妄说。这消极的部分，最容易做，因为诸公都大动了火气，自毁其治学方法，我稍稍加以审查，就都如摧枯拉朽，一一崩坏了。

但谣言既已造成，若求积极的绝对证明东原成书在前，见赵书在后，则今日所得一切材料恐都还不够。……

近来我又作一点考据，证明浙江呈进的沈炳巽的《水经注集释订讹》是戴东原审查的，《提要》是他写的。因此，我又猜想，赵一清的《水经注》也是东原审查的，《提要》也是他写的。……

这是做考据的胡适之"实事求是"的办法。可是这都是于我做律师的新职业很不利的！所以这官司就越打越有趣味了。（台北胡适纪念馆藏档，档号：HS-LS01-001-012）

按，杨联陞原函作于1月11日，复函作于1月22日，收入《胡适遗稿及秘藏书信》第38册，292～294页。

同日　胡适购得 The Memoirs of Jacques Casanova, an Autobiography（by Jacques Casanova. London and New York: The Venetian Society，1928）。（《胡适藏书目录》第4册，2445页）

1月18日　胡适致函王重民，特别表出孔继涵自谓渠刻《九章算术》的时间是"乾隆三十八年癸巳秋"，似是而实非。（《胡适遗稿及秘藏书信》第18册，259～263页）

1月19日　胡适有《再记东原对江慎修的敬礼》。（《胡适遗稿及秘藏书信》第3册，234～241页）

同日　胡适致函王重民，提出岑仲陶抄库本《水经注释》确是库本，似未经抽换。指出校勘此本的八条信息，又指出：赵一清书的写成，费了很长的时间。他在临死之年，还在加添新材料，故他死时《水经注释》还不能算作他的定本。因为他在临死之年还在增改，所以外间的过录之本，都

与最后写本或刻本不大相同。浙江进呈本是依据他临死之年的最后本，故有"五汶考"云云。此书改定经注，与戴东原的本子大致相同，但也有很大的不同。（《胡适遗稿及秘藏书信》第18册，264～278页）

按，1月21日王重民复函胡适云：仲陶果然是岑镕，系岑建功之子，并录呈《甘泉续志》小传一篇。（《胡适遗稿及秘藏书信》第24册，196页）

1月24日　胡适复函王重民云："黄刻系完全翻项本，毫无问题。最可恶的是他删去项绒原跋。……前书中关于岑钞本的部分，若可存，将来拟钞出作为单文，送给 Gest Library，作为岑本跋，何如？"又云："《四库提要》，集多少大学者为之，尚有无数错误。斐云少年，自信力过强，而严格的训练不够，其有错误，不足怪责。"（《胡适遗稿及秘藏书信》第18册，279页）

同日　胡适复函杨联陞，云：

关于"一据据"的问题，我近来又稍有点怀疑。一俱卢舍为五百弓，一弓为六尺四寸，是一俱卢舍为三千二百尺。似不会合十里。玄应《音义》说，八俱嚧舍为一踰缮那，即四十里。是一俱嚧舍只有五里。

因此，我疑心"一据据"或"一据据左"的"一"字或不当看作"数字"之一，或是一个梵文术语的一部分，如"一阐提"之一。

…………

我赞成你说的"的字，这字，同之字，者字，在音义两方面，恐怕都大有关系"。不但如此，白话的"他"字，似也是古代名词，受事格的"之"字。

…………

"者""所"同为关系代名，而有根本区别："者"为主格，而"所"为受事格。老百姓不觉得这区别有困难，也就同用一个"的"字，倒也不曾引起多大的麻烦！凡关系代名词，本有都和指事代名词有渊源，你指出的英文的 which，是对的。

因为"者""所"有 case 的区别,从不乱用,所以不能认作副词。……

还有一个很重要的历史说法。古代文字,如《三百篇》中的"攸"字、"爰"字、"于"字,都正是指空时的副词,但都在"内动词"之前,与"所"字之用在"外动词"的,根本不可混乱。古人以"所"训"攸",是大谬。

…………

在历史演变上,古代"东土语"(如鲁语)有些特殊文法,后来都被淘汰去了,在白话里更去的干净,所以不容易比较了。……(台北胡适纪念馆藏档,档号:HS-LS01-001-014)

按,杨联陞原函作于 1 月 22 日。(《胡适遗稿及秘藏书信》第 38 册,293～294 页)1 月 26 日杨联陞又复函胡适云:

您对于"之、所、者、这、的"等字的议论,我大体都很赞成,"关系代名词"的"关系"两字我还是不喜欢。不过这是名词问题,不要紧。主要的不同,似乎是您认为"所"没有副词性而我认为有。(《胡适遗稿及秘藏书信》第 38 册,295～297 页)

同日 American Academy of Political and Social Science 主席 Ernest Minor Patterson 致函胡适:若自己在纽约,期望能有机会与您进行简短谈话。附寄该组织第四十八届年度会议之初步计划予胡适,邀请胡适出席此会议并发表演讲,期望胡适能演讲战后世界的、中国的处境。(中国社科院近代史所藏"胡适档案",卷号 E-314,分号 2)

1 月 25 日 胡适作有《王梓材伪造全校水经注的铁证》一篇读书笔记。(《胡适遗稿及秘藏书信》第 2 册,525～541 页)

1 月 26 日 胡适作有《东汉学者的门徒有录牒》一篇读书笔记。(上海《大公报·文史周刊》第 12 期,1947 年 1 月 8 日;中国社科院近代史所藏"胡适档案",卷号 259,分号 1)

同日 胡适作有《时世》一篇读书笔记,以例说明唐人所谓"时世",不是我们所谓"时代",乃是我们所谓"时髦""时尚"。(中国社科院近代

史所藏"胡适档案",卷号260,分号3)

　　同日　王重民复函胡适,谈及顷刻《水经注》仍在哈佛。从《扬州画舫录》知黄晟兄弟豪富,刻书亦富等。(《胡适遗稿及秘藏书信》第24册,197页)

　　1月27日　上午,胡适在 The Westchester Country Club 出席 The American Council of Learned Societies 的年会。下午讨论 Language Teaching,甚有所得。此次战事引起各大学为政府实施 Intensive Language Program,其法大要为:精通语言学原理者主持一种语言之教授,而用此语言之本国人为 Informants,其术甚平常,而功效甚速。(《胡适遗稿及秘藏书信》第17册,389页;中国社科院近代史所藏"胡适档案",卷号E-266,分号1)

　　同日　王重民致函胡适,谈及昨日阅一部四库底本,对当日馆臣校阅手续,略知大概。(《胡适遗稿及秘藏书信》第24册,198页)

　　同日　E. J. Tarr致函胡适:预计2月4日抵纽约,邀请胡适共进晚餐。(中国社科院近代史所藏"胡适档案",卷号E-356,分号11)

　　1月28日　胡适有《驳杨守敬"赵戴未见朱笺原本"的妄说》一文。(《胡适遗稿及秘藏书信》第3册,457～471页)

　　同日　General American Transportation Corporation 的主席 Max Epstein 致函胡适云,法国哲学家 Jacques Maritain 教授将会来芝加哥大学演说几周,期望胡适可以与其见面。(中国社科院近代史所藏"胡适档案",卷号E-190,分号5)

　　1月29日　胡适将《跋哈佛本(下)稿本》等稿件函寄王重民,又感谢刘修业代校魏源文,又感谢函寄钱穆文。又特别指出章学诚是一个典型式的"绍兴师爷",他的攻袁枚、戴震,均不可奇怪。自己在20年前,颇赏识实斋之能赏识东原。近年稍悟实斋实不赏识东原。又谈及孙德谦、张尔田诸人思想之陋的可笑可骇。(《胡适遗稿及秘藏书信》第18册,280～282页)

　　按,1月31日王重民复函胡适云,读过胡适的五篇文章,"只觉得满纸温温和和,切切实实,一步一步的令人不自觉的去尊信东原的学力和精诣,绝无穷书之事,轻轻松松的便把王、孟诸公造成的成见置诸九霄云外了!……"(《胡适遗稿及秘藏书信》第 24 册,199~200 页)

同日　卢芹斋夫妇邀胡适去看电影 Madame Curie,胡适"甚感动"。(《胡适遗稿及秘藏书信》第 17 册,390 页)

同日　胡适复函杨联陞,云:

如攸、于、爰等字,我的意思本是要说这类字不用作外动词的 object。如"爱丧其马",丧字自有 object,而爱仍是副词。

古人有时也错用内外动词,如"既来之,则安之";如"则苗浡然兴之矣"。但如你举的"日月所照,霜露所坠"(照在中文可作为外动字),则是 analogy 之误,不足怪。……

古人的口语——如《诗经》《论语》——严格时真严格的可惊。如"爱之能勿劳乎,忠焉能勿诲乎",在三十多年前曾使我惊诧古人文法的谨严。

我要指出的是"者""所"有 case 的区别,故不是副词,而是代名词。……

…………

就《论语》的"所"字来看,我们也可以略知"所"字的演变历史……

…………

我对中国文法,虽然有了三十多年的兴趣,总没有跳"下海"去。我很希望老兄多多着力,不要抛弃,将来给我们一部最合学理又最适用的中国文法。

前天去赴[The]American Council of Learned Societies 的年会,见着 Yale 的 Professor Franklin Edgerton,我把"一据据左"的问题请教他,他也立刻想到 krosá。他说,十里、五里的问题,不算什么困难,因为印度人在"方分"上向不正确。至于 Kro 并译作"据"音,也是最常

见的现象。他对于"据据"之两个重字，有点怀疑，他允为我去查查想想。我昨天回来，根据你们的意见，和 Edgerton 的意见，忽得一解：我想此句原文的写法大概是"去宫一＝据＝左＝晋言十里也"。此是古写本最常见的重字写法。后来抄作正字时，本应写作

去宫一据左。一据左，晋言十里也。

不知为何，多重了两个"据"字；下一"左"字又被妄改为"右"字，就不可通了。

用"据左"为 krosá 的音译，似最近理。如果你和一良兄没有异议，我就采这说法为暂时结论了。（《论学谈诗二十年：胡适杨联陞往来书札》，38～39 页）

按，1 月 31 日杨联陞有复函与胡适，载《胡适遗稿及秘藏书信》第 38 册，275～276 页。

1 月 31 日 张颐致函胡适，谈抗战初自己的四川大学校长一职被程天放取代，后来黄季陆又取代程，四川大学每况愈下等情，又谈自己目下供职乐山武汉大学等。（《胡适遗稿及秘藏书信》第 34 册，31～32 页）

2 月

2 月 1 日 Mrs. O'Donnel Hoover 邀胡适去看 Paul Robeson 演的 *Othello*，同去者为 Manshih 夫妇。胡适在当日日记中记道："我初读此戏，颇觉其不甚近情理。今夜见 Robeson 演此戏，乃知其确是人间大悲戏之最有力量者。"（《胡适遗稿及秘藏书信》第 17 册，391 页）

同日　胡适致函王重民：

造一谣言甚易，而扫净一谣言甚难。"一犬吠影，百犬吠声"，最足形容戴案。兄与我侦察此案，已八九十日，兄能跟着我的研究历程走，故能扫除成见，相信东原"无窃书之事"。但我至今还觉得：成立证据

不难，而摧毁谣言甚难，摧毁谣言造成的成见更难。百犬之吠，起于一吠；而最初一吠起于一影。摧毁此一影，其难等于打鬼。鬼与影皆是无形之物，以其无形，故非证据所能摧毁扫除。

我读张穆的《殷斋文集》，见其所作莫晋行状，始知石舟是理学世家！（果不出我三月前所料！）石舟是一个怪僻的人，身遭绝大压迫，故必欲打倒一个大偶像，始能出这口怨气。他的一篇文字，鼓励了王梓材去发愤伪造全校《水经注》。此所谓"一犬吠影"也。后来杨守敬、王国维、孟森诸公则皆"吠声"而已。郑德坤、丁山诸君则皆"吠声"之余波而已。

天下能得几个王重民有此公心雅量来考量我八九十日的"温温和和，切切实实"的考据文章呢！

但我也不悲观。日内即拟作此案的结案文字。拟先作"全校本辨伪"，次作"赵书辨诬"，次作"戴书逐渐演变写成史"，次作全案判决书。此四文为总纲，其余诸文为附件。

邀天之福，我能有此三个月的闲暇，又能得十八九部《水经注》供我参考。我们在北京极盛时，亦不能得十八九部《水经注》在手边！我有此幸运，故敢决心尽心力作此工作。我的主要目的还是要为考证学方法举一组实例，为东原洗冤还是次要目的也。

若曹君一时不来，乞将书籍等件交邮寄来。我甚欲看杨希闵刻《汇校》。但不必急急。［编者注，此处有眉批："序杨刻的周君是绩溪人。此君亦曾受学于胡培翚。作《水经注图》的汪士铎也久居绩溪。吴琯、项絪、黄晟、戴震都是我们徽州人。《水经注》案中颇不少我们'徽州朝奉'！"］

尊论清代第一流学者尚不够校注《水经注》的卷一，此论极是。……

近研究《大典·目录》，以《四库档案》对勘，始知刘统勋等最初只读《目录》和序与例，乾隆帝也只见《目录》前十册与《大典》东冬等十册，故他们先都说了《大典》分韵割裂等等话，以后谁也不敢

改口说《大典》中有整部不割裂的大书了。《水经注·提要》中说:"各按水名,逐条参校",还可以另作解释。但乾隆御制诗与序,则仍根据最初读《大典·目录》前十册的成见。以后,更没有人敢更正此说了!东原不幸乃蒙此恶名!若非《四库档》有乾隆三十七年十二月中刘统勋等的原奏(页六)与三十八年二月初十日的奏疏(页七)与二月十一日的上谕(页八),我们如何能了解此中曲折情形呢?(《胡适遗稿及秘藏书信》第18册,283～288页)

按,王重民后复胡适云:

所论"吠影吠声""撮影打鬼",诚为处理世间一切疑案的良言!"言难传也",三言曾参可以杀人……何况三传四传之后,有肯去怀疑的已是大英雄,而不但仅去怀疑,还去撮影打鬼,非"五百年"而始出的圣贤,何能有此!

谢山也是聪明人,早年似乎未在《水经注》上下过深功夫,仅于校治《汉书·地理志》的时候,互相参校,然所得已够多矣。晚年要专治《水经》惜乎未成。东潜在谢山的指导之下,的确下了一番苦工夫!东原紧接东潜之后,来治《水经》,因为他有方法、有学力,所以他的成绩能比东潜大的多。可是重民总还直觉的——或者可说是成见的,觉着东原曾见过赵书,故能补赵纠赵,而成功为一部最精最后的校本。他不指出赵名,正和他不指出一切其他人的名字一样,故不能谓为掠美。这一点残留的鬼影,是不是因为只跟着先生走了半途的原故呢?(《胡适遗稿及秘藏书信》第24册,202页)

2月2日　郭泰祺夫人函请胡适为其所撰中国餐饮的书写序言。(中国社科院近代史所藏"胡适档案",卷号E-322,分号10)

2月3日　刘修业致函胡适,抄示所作新诗《玫瑰花瓣》,请胡适寄示自寿诗。(《胡适遗稿及秘藏书信》第40册,76～78页)

2月6日　胡适函谢美国政治与社会科学学会主席Ernest Minor Patterson之1月24日邀请函,并云:遗憾由于正为中国中古史研究而伤脑筋,

无法参加贵会的第四十八届年会。(中国社科院近代史所藏"胡适档案",卷号 E-106,分号 4)

2月7日　胡适致函赵元任,谈王世杰一行来美的行程安排,又讨论文法问题。(《近代学人手迹》三集,6～8页)

同日　李国钦函寄 2000 元支票给胡适,作为今年的聘费。又告渠今日前往墨西哥,3月初回来。(中国社科院近代史所藏"胡适档案",卷号 E-269,分号 1)

2月8日　王重民致函胡适云:昨晚晋谒,极为欢感,蒙胡适奖掖如此,"敢不努力"。又告胡传之遗稿,已经送去照相。胡适如有意早日印行,拟如何整理,若蒙指示,敬当求暑假期中为之。(《胡适遗稿及秘藏书信》第24册,139页)

2月9日　胡适有《石炭》一文。(《胡适遗稿及秘藏书信》第5册,470～473页)

同日　胡适有《〈延安石油见于〈汉书〉及〈水经注〉,玉门石油见于〈博物志〉》一文。(台北胡适纪念馆藏档,档号:HS-US01-055-015)

同日　Robert M. Hutchins 函告胡适:The Commission on the Freedom of the Press 行政委员会在周六举行的会议决定接受您的建议,外国会员也可以担任顾问,顾问可如同常规会员一样参加会议。(中国社科院近代史所藏"胡适档案",卷号 E-395,分号 1)

2月10日　胡适致函王重民:

> 前书写成而搁置许多日,可想见我对此书的踌躇。所以踌躇者,一因偶用"吠影吠声"古谚,我虽全无恶意,兄亦定能信我无恶意,然将来别人见了定会大生气,以为我在骂人。此虽是譬喻,亦不可不慎也。二因"打鬼"之喻,我二十年前已用之,也曾得罪人,亦是我想替换之一事。三因其中主旨似尚未说的透澈,我尚想改写一部分,而实在不得工夫。
>
> 今日得二月九日书,多谢多谢。

我最感谢的是你"忠实相告","总还觉着东原曾见过赵书,故能补赵纠赵,而成功为最精最后的校本"。这正是我最想知道的一点。前书所说,只是我忠实承认这种翻案之难。我深信戴、赵、全三人治《水经注》的成绩正是学术史上"不谋而合"的最明显的例子。此种"不谋而合",在学术上有无数的先例。算术史上此例最多,故数学家每作一新论文,必急求印行,正欲避免沿袭之争也。在别种科学上,此例亦最多。最有名为达尔文研究生物演化,积二十余年,因其人谦退,不自满足,故谦逊不肯即发表其巨著,但他的挚友皆知之。忽然在1859年,皇家学会收到 Wallace 的一篇论文,从远处寄来,其主旨乃与达尔文的生物演化论绝相同。学会中主持者皆大惊,乃强劝达尔文亦提一论文,与 Wallace 之文同时宣读。故当时称为 Darwin-Wallace 的演化学说。学者皆知"不谋而合"为常见之现象,又知此两公决无相袭之意,故无人疑甲之偷乙,亦不疑乙之偷甲。

在我的留学生时代,我曾作《尔汝篇》《吾我篇》两篇,先写在《札记》里,后在《留美学生季报》里发表。其后《北大日刊》主任徐宝璜要求我许他逐日登在《日刊》上,其时颇引起一班学人的注意。又数年后,Karlgren(高本汉)始发表他的 *Proto-Chinese: An Inflecional Language*。其时林玉堂在欧洲留学,写信告诉他,说我数年前曾发表此两文。Karlgren 颇惊诧失望,因为他是一个颇骄傲的人。但他写信给我,并寄其作品,致相慕之意。我决不疑他曾见我之文,因为我深信,凡用同样方法研究同样材料(《论语》《檀弓》之类),当然可得大致相同的结果也。

但若有人提出妄论,谓 Karlgren 必曾见胡适的两篇文字,而讳言之,则考据家虽有百口亦不能绝对证明 Karlgren 绝无得见胡适两次印行的旧文的机会。

举此一事,以见前书所以诉说"捉影打鬼"之难。此中关键,在于"雅量"之难得。段玉裁先失"雅量",故引起后来百五十年的无"雅量"的攻击。无"雅量"作背景,则"成见"成了背景了。

我研究一切证据，在三个月之前已知攻戴者所提一切"证据"皆不是"证据"，皆不禁一驳。但我费了三个月的苦工夫，仍感觉缺乏绝对证据可以证明东原成书以前确不曾见赵书。

吾兄此函，正证明此理，故我最感谢。

我并不坚持"东原确不曾见赵书"的成见。但因为世人已有了百五十年的成见，故我若不从此一点入手，则千言万语终不能摧毁"偷书"的呼声。吾兄说他曾见过赵书，又说"不能谓为掠美"，此乃吾兄的"雅量"，非所可望于一般读者也。

故我现在仍持"东原成书以前不曾见赵书"的一说，作为我侦查此案的根本假设。如果我实无法建立此假设，则我在最后判决书里亦将老实声明此为未完全证实的假设。（《胡适遗稿及秘藏书信》第18册，289～295页）

按，王重民接到此函后又复函胡适云：现在的侦查，戴赵异点要注意，同点也要注意；同还其同，异还其异，则异同始明，天下后世人始无惑矣。（《胡适遗稿及秘藏书信》第24册，219页）

同日 刚刚飞抵美国的王世杰于午后来访，谈美国政情与英国政情。（《王世杰日记》上册，579页）

2月12日 午后，王世杰与胡适详谈，劝胡适今年冬天返国一行。（《王世杰日记》上册，579页）

同日 王重民复函胡适，看了胡适的《石炭》等4篇读书笔记后，对石墨有所讨论。（《胡适遗稿及秘藏书信》第24册，205页）

2月13日 胡适复函王重民，告已收到王氏所寄书、稿。又感谢王用《全唐文》校改《修晋书诏》。又云：岑仲勉的《〈水经注〉卷一笺校》远胜一切旧校，其附录5件，尤为有用。但其中有未尽满人意处。他对戴氏先存成见，故往往作过甚之贬辞。（《胡适遗稿及秘藏书信》第18册，296～299页）

同日 胡适函寄一张2000元的支票与夏屏方，并请中国银行将之电汇北大的罗常培，并附如下讯息：这是李国钦捐助中国考古学研究之用的。由

于是用在教育以及研究上，期望银行可以给 1∶40 的汇兑率。也请将电报费账单寄来。（中国社科院近代史所藏"胡适档案"，卷号 E-97，分号 3）

按，夏屏方 2 月 17 日复函见中国社科院近代史所藏"胡适档案"，卷号 E-234，分号 3。

同日　胡适函寄一张 36.91 元的支票与哈佛大学 Faculty Club，以支付随函附上的账单，又解释延迟支付的原由，答谢停留该俱乐部三周期间的招待。（中国社科院近代史所藏"胡适档案"，卷号 E-469，分号 1）

按，胡适函中所谓账单，现存于中国社科院近代史所藏"胡适档案"，卷号 E-486，分号 1。

又按，2 月 21 日，Faculty Club of Harvard University 的助理秘书 Marion McLaughlin 有复函与胡适。（中国社科院近代史所藏"胡适档案"，卷号 E-269，分号 7）

2 月 14 日　胡适有《伪"全校本"作伪之证》一篇读书笔记。（《胡适遗稿及秘藏书信》第 2 册，502～524 页）

同日　胡适在送给王徵的一部 The Philosopher of the Common Man: Essays in Honor of John Dewey to Celebrate His Eightieth Birthday 上题道："杜威先生八十岁生日（一九三六，十月二十日），一班老朋友，老学生，给他做寿，有几篇论文收在这本小册子里。今天我把这小书送给文伯，祝他和杜威先生享同样的高寿，并且享同样的健康。适之　卅三，二，十四　纽约，东八一街。"他自存的一本上题道："去年十月为杜威先生作纪念论文一篇，今年从头改作，收在此集里。胡适，廿九，五，一。"（《胡适藏书目录》第 4 册，2511 页）

2 月 16 日　任嗣达致函胡适，谈受胡适之托帮胡购买复印机之有关信息。（中国社科院近代史所藏"胡适档案"，卷号 E-325，分号 5）

2 月 17 日　胡适、于焌吉邀宴王世杰，出席之美国教育、文化界人士颇多。（《王世杰日记》上册，581 页）

1944年　甲申　民国三十三年　53岁

2月18日　Robert E. Fitch 赠其所著 A Certain Blind Man 与胡适，并在扉页题记："To Dr. Hu Shih, with the sincere regards of the author, Robert E. Fitch, February 18th, 1944。"（《胡适藏书目录》第3册，2189页）

2月20日　胡适函谢李国钦寄赠的2000元支票：作为您对于汉学以及考古学研究的捐赠，已请中国银行电汇给北大。也收到您办公室寄来的1943年所得税表格等。（中国社科院近代史所藏"胡适档案"，卷号E-100，分号14）

同日　午后，胡适与王世杰谈宋子文事。（《王世杰日记》上册，582页）

2月23日　胡适作有《再记项绹刻本》，质疑杨守敬《水经注》校本未查对项绹刻本。（《胡适遗稿及秘藏书信》第4册，29～31页）

同日　胡适又有《赵氏〈水经注释〉初刻本与〈四库〉本异同考》，认为这初刻本是和四库本差不多完全相同的。（《胡适遗稿及秘藏书信》第3册，4～11页）

同日　陈布雷日记有记：为胡适之请费事签呈委座。（《陈布雷从政日记（1944）》，31页）

同日　王重民致函胡适云：

重民尝私念作考据的工作，凡较直接、较明白、一点化就通的证据，大概都对；凡不能直接，则转的湾子愈多，离事实愈远，如重民说"松"为"暂"是其例也。

…………

先生治《水经》等公案，层层包围，层层剥解，想日来或者已经下了总攻击令，奏凯在即！（《胡适遗稿及秘藏书信》第24册，208页）

2月25日　胡适复函王重民，谈及：近日多积笔记，为写长文之用，故多不曾整理。如《全校本辨伪》，已积了许多证据，其中有一些是最明白清楚，绝无可疑的，虽有成见的人也应可以"点头"。又云：《全校本》之为伪作，至今已无可疑。杨守敬、王国维、孟森均信此书不伪，真是奇事！此不光是成见误了聪明，根本上还是考证学方法不曾上科学的路子。又说：

近世欧洲哲学大师笛卡尔（Descartes）著《方法论》，为近代思想开一新时代。其主旨只是承认明白与清楚两个标准。他要人处处怀疑，疑到明白清楚无可疑而止。(《胡适遗稿及秘藏书信》第 18 册，300～312 页）

同日　夜，胡适又致王重民函，指出王氏 12 日来书论《水经释地》四点，颇多可议之处。(《胡适遗稿及秘藏书信》第 18 册，313～315 页）

2 月 28 日　王重民复函胡适，列述国会图书馆收藏孔继涵所作《微波榭遗书续刻》五种。又谈及明清间常熟出了不少舆地学家。又告在《红椆书屋诗集》卷四发现《九章算术》刻成于乾隆九年（1744）等。(《胡适遗稿及秘藏书信》第 24 册，206～207 页）

2 月 29 日　胡适有《林颐山》一文。(《胡适遗稿及秘藏书信》第 4 册，297～303 页）

同日　胡适致函王重民云，《九章算术》刊成于乾隆四十七年"，"而题乾隆癸巳（三十八年），相去至九年之久！"自己假定的"四十年或四十一年"，也是错的。又指出最近研究孔刻戴震遗书的题记刻成年月，发现两个更大的荒谬等。(《胡适遗稿及秘藏书信》第 18 册，316～318 页）

按，3 月 3 日，王重民有复函。(《胡适遗稿及秘藏书信》第 24 册，210～211 页）

同日　王景春函谢胡适寄赠 1942 年 3 月 22 日在华盛顿发表的演讲的亲笔签名稿，祝福胡适身体健康，若有需要为胡适做的事，请告知。(中国社科院近代史所藏"胡适档案"，卷号 E-369，分号 1）

3月

3 月 2 日　晚，胡适在纽约 The Rand School of Social Science 讲演 "Sun Yat-sen: His Life and Ideas"。(《胡适遗稿及秘藏书信》第 17 册，392 页）胡适在讲演中说：

1944年　甲申　民国三十三年　53岁

Dr. Sun's greatest contribution to Chinese nationalism lies in the great vigor and force of his personal leadership which revitalized the nationalistic consciousness of the Chinese people and made it the irresistible driving force, first against the alien rule of the Manchu [Qing] dynasty, and later against the foreign domination in China.

......

Therefore, Dr. Sun works out what he calls the five-power constitution, the five being executive, legislative, judiciary, examinational, and censorial control.（中国社科院近代史所藏"胡适档案"，卷号 E-50，分号 124）

3月3日　Museum of Fine Arts 主任 G. H. Edgell 致函胡适云：该馆将于3月15日举行一个"Fifteen Hundred Years of Chinese Painting"的展览，邀请胡适于4月的某个星期三莅临进行演讲。28日，G. H. Edgell 在未收到胡适回复的情形下又函催。（中国社科院近代史所藏"胡适档案"，卷号 E-185，分号 2）

同日　纽约现代美术馆展览与出版部主任 Monroe Wheeler 函邀胡适于3月14日与 Somerset Maugham 一同聚餐。（中国社科院近代史所藏"胡适档案"，卷号 E-374，分号 2）

同日　王世杰日记有记：

> 胡适之君将接受美国哈佛大学教席。予觉彼在未返国述职前，似不宜遽接受外国聘约，因电蒋主席。蒋主席来电嘱予垫送彼之旅费补助美金数千元，予因垫送六千元。（《王世杰日记》上册，586页）

3月5日　胡适致函王重民，告检《戴震年谱》知道《声韵考》三本的刻成先后。又对王氏所示傅增湘宋本《水经注》一跋，甚感兴趣。又谈到在海外能得近20种的《水经注》，可谓奇遇。又谈及戴震从少年时就想整理三部书，一为《大戴记》，一为《水经注》，一为《方言》。《方言》成书最晚，但据程瑶田的《五友记》，可知戴震用功此书甚早，必不至完全倚靠别人的

校记。(《胡适遗稿及秘藏书信》第 18 册，319～325 页）

按，3 月 7 日，王重民有复函。(《胡适遗稿及秘藏书信》第 24 册，212～214 页）

同日　国民政府授予胡适五等景星勋章。(台北"国史馆"藏档，全宗号"国民政府"，卷名"民国三十三年五五勋章"，档号：001035111061170）

3 月 7 日　Wright Aeronautical Corporation 的中国顾问 Wilbur W. H. Pyn 函请胡适提供 Chao Ging Chang 的证明材料。因此人正申请 Wright Aeronautical Corporation 的引擎试验师职位，并以胡适作为推荐人，敬请告知对于 Chao Ging Chang 的了解。后，胡适有复函。(中国社科院近代史所藏"胡适档案"，卷号 E-106，分号 17）

3 月 8 日　Franklin Edgerton 致函胡适，就胡适询问的"kuku"这个词的意思谈自己的看法，并为迟复致歉。(中国社科院近代史所藏"胡适档案"，卷号 E-185，分号 4）

同日　Cornell Alumni Fund Council 副主席 Walter C. Heasley, Jr. 致函胡适：已收到康奈尔大学校长 Edmund E. Day 转来的您捐给 Cornell Alumni Fund Council 的 150 元，如您所请，将列入 1914 级的捐款纪录并附寄收据给您。(中国社科院近代史所藏"胡适档案"，卷号 E-224，分号 2）

3 月 9 日　王重民致函胡适，告为查乾隆题《水经注》诗的年月日而查《乾隆实录》，不果事。又转呈袁同礼希望拍摄美国收藏的中国善本书计划，希望胡适能支持此事，并向洛克菲勒基金会申请一二千美金经费，并希望为此事拜会胡适等。(《胡适遗稿及秘藏书信》第 24 册，215～216 页）

同日　Jerome P. Webster 函谢胡适寄赠照片，并为迟复致歉。又云：12 月 21 日的晚宴后，贝诺德先生曾写信给我，期望能有机会谈关于您的事情。而 Lawrence Morris 也提及在星期一晚上的美国医药助华会的会议上见到您。期望之后有机会在 The Century Club 与您见面。(中国社科院近代史所藏"胡适档案"，卷号 E-372，分号 7）

3 月 10 日　H. W. Peters 致函胡适云：Dr. Day 处得知您向康奈尔大学毕

业生基金致赠，谨此致谢。您的致赠记录，将记在1914级。若您有暇访问底特律，敬请告知。同日，H. W. Peters 又将1914级成员名单函告胡适，并询胡适有无遗漏的名字。（中国社科院近代史所藏"胡适档案"，卷号 E-316，分号6）

3月12日　Ben W. Covington 致电胡适，表达对孙中山的敬意，并纪念孙逝世19周年。（中国社科院近代史所藏"胡适档案"，卷号 E-164，分号8）

3月13日　胡适开始写《全氏〈七校水经注〉辨伪》一文，作为"重审全、赵、戴三家《水经注》判决书"的第一部分。20日写出初稿，21日改定。22日，又写后记一篇。文章共五部分：一、引论；二、记全祖望校《水经注》的经过，并考他的校本"卒未得毕业"；三、所谓"全校水经注"制造完成的历史；四、"全校水经注"作伪的铁证；五、结论。另附《跋陈劢的〈全氏七校水经稿本跋〉》、后记一、后记二。同年7月1日，胡适作有题记："这篇《全校水经注辨伪》是一种'长编'草稿，其中未免有许多重复、繁冗、琐碎之处。我现在没有工夫修改此文了，只好让他在一班朋友的手里去传观。我很盼望各位朋友随时指出这草稿的毛病，使我将来写成删节的定本时可以多得指示。"（《胡适遗稿及秘藏书信》第2册，76页）1946年6月14日，胡适又有题记："我的《水经注》案诸文中，此为最早写成的一篇，故最不满我意。两年之中，我收得的材料更多了，懂得的东西也更多了，故此文必须重写过了。"（《胡适遗稿及秘藏书信》第2册，76页）

按，关于此文的写作、修改过程，胡适在文末有注："民国三十三年（一九四四）三月十二日开始写此文。三月二十夜，夜半后两点半写成前四章。三月二十一日改定一部分。四月廿四夜修改一部分。五月二夜，写定绪论一章。七月二十夜，又改定关于'题辞'的部分，加入第一证，删去原第三证。七月廿四日，删去关于'题辞'的第四证。"（《胡适遗稿及秘藏书信》第2册，493页）据此注，则胡适作此文是在本年3月12日，但胡适3月13日日记明确记载："今天开始写《全

校水经注辨伪》一文……"(《胡适遗稿及秘藏书信》第 17 册，393 页)鉴于胡适文末之注记乃胡适事后追记，故从日记，将此文开始写作的时间系于 13 日。

又按，此稿有原始手稿与王重民夫妇所抄之清抄稿。前者，收入《胡适遗稿及秘藏书信》第 2 册，323～493 页；后者，收入《胡适遗稿及秘藏书信》第 2 册，76～291 页。清抄稿上，有胡适的校改及注记。

同日　王重民致函胡适，云：今日知道王梓材假造的七校本原稿，在屠康侯所。傅增湘收藏的五校本的题记，还未找到。孔继涵到死以前，似未见过赵书。又谈及戴、邵二人在四库馆，都是自己有主张、有准备的人。(《胡适遗稿及秘藏书信》第 24 册，217 页)

同日　Northwestern 大学政治科学系教授 Kenneth Colegrove 致函胡适云，欣闻胡适将在 4 月 12 日 The Immigrant's Protective League of Chicago 的年度会议上发表演说，相信该演讲会有助于促进中美友好。(中国社科院近代史所藏"胡适档案"，卷号 E-161，分号 2)

3 月 14 日　胡适就个人所得税事宜致函 Collector of Internal Revenue。(中国社科院近代史所藏"胡适档案"，卷号 E-469，分号 1)

同日　杨联陞致函胡适，谈及：

您的思想史，还是动起手来好。外国人写中国通史，不是不大，就是不精，总难让人满意。新近看寅恪先生的《唐代政治史述论稿》……里边虽然只是三篇概论性的文章，可是非常之好。我觉得实在应该翻译，可惜没有人有功夫儿。越是概论，越得大师来写。哈佛的入门课永远是教授担任。您的书千万不要放弃。(《胡适遗稿及秘藏书信》第 38 册，277 页)

3 月 17 日　王重民致函胡适，谈及《国文周报》上的《藏园群书题记》没有记全氏五校本的文字。(《胡适遗稿及秘藏书信》第 24 册，218 页)

同日　The National Council of the Young Men's Christian Association of the United States of America 总书记 Eugene E. Barnett 致函胡适云：期望在1944年举行的 The Y. M. C. A. 第一百届年度会议上，听到胡适与 The Y. M. C. A. 关系的经验谈。（中国社科院近代史所藏"胡适档案"，卷号 E-125，分号4）

3月22日　胡适有《全氏〈七校水经注〉辨伪》的"后记（一）"。（《胡适遗稿及秘藏书信》第2册，312～316页）

同日　胡适将《全氏〈七校水经注〉辨伪》托刘锴带给王重民，请王校正。并云：这10日内摆脱一切事，专写此文。当夜，胡适又函寄此文的后记与王，并云：

> 此篇长文，证实《全校本》之伪，即是为谢山洗冤。谢山被王、董两个陋儒扮演成一个不通的人，真是蒙了一百年不白之冤！
>
> …………
>
> 我细看杨、王、孟诸公所以不肯认《全本》为伪书，其主要动机仍是因为这是攻戴的一个重要武器，他们不肯抛弃这个武器，故虽明知其伪，而必信以为真，或以为不全伪！此则成见之误人也。
>
> 还有一个原因，则是《水经注》问题太大，需要全力去研究许多有关版本。王、孟诸公皆不曾用全力去作此研究，更不肯抛弃成见去作平心静气的研究。试看此邦各大图书馆所藏各种过录名人校本的《水经注》，无一不是过录到几卷即中止了！张穆自言曾用《大典》本校戴本，但他的《辨证》开口便错……
>
> …………
>
> 关于守和提议 microfilm 此邦善本书之事，鄙意有几点：
>
> （1）应先从调查开书目入手，兄可先从国会藏书入手，次则哥大，次则哈大，次则宇大。调查旅行所需费不多，我可以向中基会驻美董事会提议支付，不用去求别处。（调查旅行之费，我可以完全负责。）
>
> （2）将来有了应照影的书目，便可计算其经费。北平馆向由中基会一手担任经费。想此事亦可由中基会担负。其数目想不大，似亦不

用去求人。

（3）兄所虑我们两人一旦归国，则此事不易办了，此点似不必过虑。此事需时不多，大概总能在我们两人在此邦时办了。

（4）守和给 Graves 书，日内拟加我一信，约略述上文（1）（2）两点，然后送去。如兄赞同此意，我当即以此意拟短信与 Graves。（《胡适遗稿及秘藏书信》第 18 册，326 页；327～332 页）

同日　George S. Counts 函邀胡适出席 5 月 2 日举行的向 A. Philip Randolph 致敬的音乐会。（中国社科院近代史所藏"胡适档案"，卷号 E-164，分号 6）

3 月 23 日　胡适有《全氏〈七校水经注〉辨伪》的"后记（二）"。（《胡适遗稿及秘藏书信》第 2 册，317～321 页）

同日　胡适为岑仲勉的《水经注卷一笺校》作校记。（《胡适遗稿及秘藏书信》第 4 册，423～458 页）

同日　胡适函托王重民查王梓材生死年月等材料。（《胡适遗稿及秘藏书信》第 18 册，333～335 页）

同日　胡适又致王重民一函，指出全祖望的年谱，"无一年不误"。王国维以此年谱为准，故其考全祖望作序年月甚误也。又云：

> 我到中年以后，才知"勤、谨、和、缓"四字之中，"缓"字最难。"缓"字包含时间。不肯多费时间，则不能勤，亦不能谨也。
>
> 又 Eminent Chinese 第二册已付印否？何时可以出书？我想为此第二册写一短跋，题为 "A Note on Tai Chen" 或题为 "A Note on the Case of Shui-Ching-Chu"。乞一问恒先生，若此书即将出版，那就不必了。若来得及，我可以先写此短跋，辨正赵、全、戴各传的诬枉……我在此书 Preface 里，曾提及 "with special reference to the century-old controversy concerning the Shui-Ching-Chu-Shih"。我那时还以为王国维、孟森两先生决不会大错，故偶加此一语。至今深悔之，故愿作跋以自忏悔，亲为全、赵、戴三公辨诬也。（《胡适遗稿及秘藏书信》第

18 册，336～339 页）

  同日　太平洋国际学会的研究秘书 William L. Holland 函请胡适为蒋梦麟《西潮》一书的英文版撰写前言；并请尽快寄来对 Dr. Goodrich 的书的书评。（中国社科院近代史所藏"胡适档案"，卷号 E-228，分号 3）

  3 月 24 日　恒慕义致函胡适：王重民告知我，您已同意在 *Eminent Chinese of the Ch'ing Period, 1644—1912* 的第二册增加一个论戴震的笔记，对此提出相关建议。第二册须在 6 月底之前完成，因此时间颇紧迫。（中国社科院近代史所藏"胡适档案"，卷号 E-237，分号 2）

  3 月 25 日　胡适复函 Edward Larocque Tinker，感谢 3 月 14 日的来函（中国社科院近代史所藏"胡适档案"，卷号 E-360，分号 3）索取一篇拙文给 "The Book and Author Committee for War Bonds"。今寄上最近发表的关于孙中山的演讲稿。（中国社科院近代史所藏"胡适档案"，卷号 E-111，分号 8）

  同日　王重民致函胡适，谈及：《杭州府志》无篁庵的材料。找到施廷枢的材料，《道古堂集》有他的诗文集序。关于影照汉籍事，1500～2000 元足够。（《胡适遗稿及秘藏书信》第 24 册，221～222 页）

  同日　F. Woodywary 函谢胡适前来芝加哥访问，期望能与敝夫妇餐叙以及参加 50 周年纪念会。（中国社科院近代史所藏"胡适档案"，卷号 E-389，分号 3）

  同日　郑天挺日记有记：周炳琳、钱端升都认为，太平洋国际学会今年年会如能请胡适为总代表最好，此事亦惟蒋梦麟可以提出，提出亦可通过。（《郑天挺西南联大日记》〔下〕，808 页）

  3 月 26 日　王重民致函胡适，告读完胡适的《全氏〈七校水经注〉辨伪》，"王、董造伪案，彻底判决！"又检《杭州府志》，仍未找到篁庵的材料。也未找到赵一清卒年的记载。认为胡适审完全、赵、戴三《水经》案后，应为戴震编一部年谱。（《胡适遗稿及秘藏书信》第 24 册，223～225 页）

  3 月 27 日　王重民致函胡适，谈及程端礼所作《昌黎文式》论及的标点样式问题。（《胡适遗稿及秘藏书信》第 24 册，7～9 页）

同日 General American Transportation Corporation 主席 Max Epstein 电邀胡适星期五于 Drake Hotel 会面，并邀胡适于 4 月 1 日共进午餐，请电复。（中国社科院近代史所藏"胡适档案"，卷号 E-190，分号 5）

3 月 28 日 T. B. Costain 函谢胡适推荐 Mr. Feng，已与 Mr. Feng 联系，他是合适的人选。（中国社科院近代史所藏"胡适档案"，卷号 E-164，分号 3）

按，3 月 20 日，T. B. Costain 曾致函胡适，希望胡适推荐研究从宋朝覆亡到忽必烈统治之间的财政发展，尤其是钱币政策的合适人选。（中国社科院近代史所藏"胡适档案"，卷号 E-164，分号 3）

同日 Mark van Doren 代表 The Book and Author War Bond Committee 函谢胡适撰写的有关孙中山的文稿。（中国社科院近代史所藏"胡适档案"，卷号 E-180，分号 3）

3 月 29 日 魏建功致函胡适，云：自己于 1940 年举家入川，任国立女子师范学院教授。教育部恢复国语推行委员会工作后，积极推行国语运动，最近又办专修科等。恳请胡适写一篇国语运动的专文。又谈到钱玄同已经过世 5 年，陈独秀过世 2 年，缪金源因贫病交加于 3 年前在北平过世。所幸虽然生活艰苦，大家精神上还都能振作。（《胡适遗稿及秘藏书信》第 41 册，173 页）

3 月 31 日 胡适应邀为芝加哥大学东方研究所的中国书籍周（3 月 25 日至 3 月 31 日）发表演说，演说的题目是"Sun Yat Sen — His Life and Ideas as Subject"。（中国社科院近代史所藏"胡适档案"，卷号 E-395，分号 1；卷号 E-386，分号 4）

同日 胡适致函王重民云，王梓材作伪，前十卷及"题辞"稍谨慎，后来加上的所谓前六卷《重校本》，则甚荒谬。又拜托王从《福州府志》代查施廷枢去福州的月份。又告读沈大成诗，很有所得。又猜想北平图书馆所藏过录赵一清校本是东潜早年一部校本，其年代约在乾隆十一、十二年（1746—1747）之间。又云："作《东原年谱》，我久有此意。但为《水经注》案搁置《中国思想史》太久。此案结束后，恐须用全力写书，不能再弄'小玩意儿'了！"又云："我提倡每作一文必记写成年月，正欲节省后来人的考据工夫。但今年偶检诗稿，则有些诗已无年月可查了。"(《胡适遗稿及秘藏书信》第18册，340～348页)

按，4月3日，王重民复函胡适。(《胡适遗稿及秘藏书信》第24册，226～229页)

4月

4月3日　恒慕义致函胡适：您对于 Eminent Chinese of the Ch'ing Period, 1644—1912 第二册的文章不必缩减，将会为您全文发表。(中国社科院近代史所藏"胡适档案"，卷号E-237，分号2)

4月8日　胡适致函王重民，告是日上午去看芝大藏的中国书，颇惊其种类册数之多。《水经注》有赵、戴、全、《合校》、《汇校》、《朱笺》等校笺本。其中之赵氏书乃是乾隆五十一年（1786）初刻本。又谈及全、赵、戴各有所贡献，有同有异。(《胡适遗稿及秘藏书信》第18册，349～351页)

按，4月10日，王重民致函胡适云，胡适8日信所论全、赵、戴三家校的《渭水篇》，已到极精严之处。(《胡适遗稿及秘藏书信》第24册，232页)

同日　胡适又复王重民一函，云：

《水经注》案，先证明《全校本》之伪，于整个案子确已解决了一大半。因戴案起于张穆、王梓材、魏源三人，而其所谓"证据"只有两点：一为张穆诬指戴氏未用《大典》本，一为张穆误信王梓材的伪书，又造作妄言，不但诬戴，并诬赵书。证明《全校》为伪作，则第二部分的伪证据完全无立足之地，而张、魏、杨、王（静安）之考证方法之谬妄也附带揭穿了。

静安、心史诸公所谓"新证据"，仍是上了石舟的大当！东原曾

用《大典》本从头细校，毫无可疑。《大典》本与柳金用的宋本最相近，远胜于黄省曾本。……

但东原深知《大典》本的长处和短处……故他的校改往往有超过一切本子的依据的地方。王、孟诸人不细考东原此种"径改"的逐条是非功罪，即以为东原并不曾用《大典》本，那是最大的错误。……东原的校本有时也因过信《大典》而致大误。如卷五"高唐县东"下注文中"汉高帝封都尉华寄为侯国"，戴从《大典》作"宰寄"，为杨守敬所讥，是其明例。

故说东原不曾用《大典》本，或不曾充分用《大典》本之长处，皆是妄说。

…………

《辨伪》一文，得兄厚相印可，至感至慰。此文得成，皆由兄之时加鼓励，时加襄助也。在芝城得赵东潜书初刻本，十分高兴！现在《水经注》版本总数共得三十二种了！（《胡适遗稿及秘藏书信》第18册，352～356页）

4月12日　胡适应邀在芝加哥召开的侨民保卫同盟年会上发表题为"Foundations of Friendship Between the Chinese and the Americans"的演说。胡适说道：

Sino-American friendship has rested upon three great foundation stones:

1. One hundred years of nonaggressive and friendly policy on the part of the United States government toward China.

2. A century of American missionary work in China.

3. Three-quarters of a century of the educating of Chinese students in American universities and colleges.（*The Social Service Review*, Vol. XVIII, No. 2, June 1944, pp. 141-144）

同日　王重民致函胡适，谈《甲戌冬送谢山归里》一诗的系年问题，

又谈及《学福宅诗集》里的两首诗。(《胡适遗稿及秘藏书信》第 24 册，233～234 页)

4 月 13 日　纽约扶轮社主席 Elmer W. Nelson 致函胡适：东吴大学校长杨永清将在 4 月 20 日纽约扶轮社于 Commodore 旅社举行的午宴上发表演说，其他演讲者还有 Cornell S. Franklin 与刘良谟，诚邀您出席。(中国社科院近代史所藏"胡适档案"，卷号 E-308，分号 4)

同日　Wm. van Dusen 函寄 Pan American Airways System 参与准备的活动"Forum of the Future"的广告与胡适。Vilhjalmur Stefansson 有关 The Northward 的文明课程的评论，促动人们对战后的航空学做进一步的思考。(中国社科院近代史所藏"胡适档案"，卷号 E-182，分号 9)

4 月 14 日　王景春托郭秉文带一封信与胡适，祝福胡适身体健康。(中国社科院近代史所藏"胡适档案"，卷号 E-369，分号 1)

同日　The Test Side Presbyterian Church of New Jersey 牧师 Arthur Morris Hughes 致函胡适：收到一位纽约的朋友寄来的您的演讲稿，期待有机会能与您晤面，答谢 1929 年在上海时曾得到的您的友善招待。(中国社科院近代史所藏"胡适档案"，卷号 E-236，分号 4)

4 月 15 日　胡适有《试用张鸿楠举出的"初刻未修本"诸例来校各本》一篇读书笔记。(《胡适遗稿及秘藏书信》第 1 册，519～523 页)

同日　胡适有《跋芝加哥大学藏的赵氏水经注释》一文。(《胡适遗稿及秘藏书信》第 3 册，12～22 页)

同日　Immigrants' Protective League 主任 Mrs. Kenneth F. Rich 函赞胡适在星期三的演讲，并感谢提供演讲稿，已将此稿转交给 The Social Service Review 的编辑 Edith Abbott 教授，且将由芝加哥大学出版，也将会分赠给芝加哥当地的许多中国人。赞扬胡适对于增进中美情谊所做的贡献。附寄 Immigrants' Protective League 的年度会议的邀请函。(中国社科院近代史所藏"胡适档案"，卷号 326，分号 3)

4 月 16 日　胡适复函王重民，云：

八日的信上所说，都起于细读东潜跋东樵、子鸿《渭水篇》一文，而寻其端绪。此篇（《渭水下》）最可以使我们明白赵、戴、全三家的异同与其所以异同之故。其所以同，以其同以百诗、子鸿、东樵的功力为起点；其所以异，则三家的学力见地有不同也。

芝加哥的赵书，是五十一年刻成后经过第一次修改的本子。昨日以一日夜之力细校之，始得此结论。

又谈及赵书的版本源流，有两支系。又函寄校记四篇，请王指正。（《胡适遗稿及秘藏书信》第 18 册，357～361 页）

按，4 月 19 日，王重民复函胡适云，胡适所校赵书各本，大概芝本与国会本，同为一人所改，现在颇可信为出于梁氏兄弟之手。（《胡适遗稿及秘藏书信》第 24 册，235～236 页）

4 月 17 日　胡适有《用丁山所举"初印本"例子校赵书各本》一篇读书笔记。（《胡适遗稿及秘藏书信》第 3 册，23～25 页）

同日　芝加哥大学校长 Robert M. Hutchins 致函胡适，为因自己出城而不得与胡适会面表示遗憾，期待下次相见。（中国社科院近代史所藏"胡适档案"，卷号 E-240，分号 2）

同日　Oberlin College 院长 Ernest H. Wilkins 致函胡适云：早前该院 Louis E. Lord 教授曾与您提到关于 Oberlin College 有意发展远东研究学系之事，现已组建 Advisory Committee for the Department of Far Eastern Studies 以实现此计划，并获宋美龄同意担任荣誉主席。兹寄上暂行草案，诚邀您担任顾问委员会委员。（中国社科院近代史所藏"胡适档案"，卷号 E-376，分号 4）

4 月 19 日　晚 8 点，胡适应邀在 Fisk 大学第十五届音乐和美术节（主题为"Educating for the World Community"）发表演说。（中国社科院近代史所藏"胡适档案"，卷号 E-499，分号 1；卷号 E-249，分号 7）

4 月 22 日　胡适复函王重民，谈及"《史记志疑》两条均可与赵书改本

相印证",等等。(《胡适遗稿及秘藏书信》第18册，362～366页)

4月26日　晚6点30分，由纽约大学中国学生会在Port Arthur餐厅举行中美晚宴派对。胡适受该会主席凌瑞朝的邀请，前往演说。(中国社科院近代史所藏"胡适档案"，卷号E-499，分号1；E-273，分号8)

同日　胡适致函王重民，云：

……我平日作文，务求十分明显，故宁失之详，不敢求短洁。近来因兄与我通信最多，偶尔大意，以为我所知者兄皆知之，故往往不及详述，即匆遽寄出。……

但因兄有"每奉所论，苦于难读"一语，使我颇更戒惧。兄读我《辨伪》长文，颇感"难读"否？此为拟公布之文，我力求明白，欲使不专治《水经》者亦能了解。若兄有感觉难读之处，务乞示知，当力为改削。

古人作诗，有"老妪能解"的标准。作文亦宜如此，不可但求我自己了解，当力求人人能解。(《胡适遗稿及秘藏书信》第18册，367～369页)

同日　胡适又致函王重民云，董秉纯答蒋学镛论全祖望遗集书提到的方苞、李绂、姚启圣、赵殿最、陶正靖、邵基其6人，除姚启圣外，其他5人皆是当时政治党争的牺牲者。故自己因此明白全祖望遗集所以久湮而不出，不止"表扬明季遗民及死事诸公"一个原因。全祖望与董浦皆与当日政治党争有关。又告近日拟先写《戴案辨诬》一文。其《为赵东潜辨诬》一文，头绪最简单，拟留为最后一部分。(《胡适遗稿及秘藏书信》第18册，370～371页)

同日　胡适再致函王重民，云：

《全校本》之为伪书，最易证明。因为王梓材、董沛皆不是专治《水经》之人，其粗制滥造又甚匆遽疏忽，故稍费一点心思，即可破案。然而张石舟以来，百年中许多聪明过人之学者都被其蒙蔽而不悟者，盖有二故：一则诸公皆先存毁戴之成见，以此书为攻戴之最大武器，故舍不得抛弃这新出的武器也。二则《五校本题辞》是王梓材最早最用心制造的，其规模、其神气，皆足以吓倒人，故丁山虽疑《全校本》，而不敢疑"题辞"。故我去年四次写信给你，皆以"题辞"未能有作伪的铁证，终悬而不敢断。

"题辞"作伪的铁证乃在"乾隆庚午仲夏"一行纪年月的文字！破案的工具乃在赵氏《亡女诔》的四行十六个字！……

近日因兄提起魏宁问题，我又稍检赵书，始知东原的考证方法确比全、赵高明。……（《胡适遗稿及秘藏书信》第18册，372～374页）

同日　哥伦比亚大学中国与日本系教授 L. Carrington Goodrich 函谢胡适 3 月 27 日来函提及 Huang Cheehan，依尊函及刘锴来函提供的信息，同意任用 Huang Cheehan。（中国社科院近代史所藏"胡适档案"，卷号 E-210，分号 6）

4 月 29 日　The World Federation of Education Associations 的行动总书记 Henry Lester Smith 函寄一份 The World Federation of Education Associations 的理事会的美国成员在纽约市举行会议的纪要给胡适，欢迎胡适提供建议或意见。又云：非常高兴，最近见到您的儿子胡思杜，欢迎他来访问。并表示愿意提供任何帮助给思杜。（中国社科院近代史所藏"胡适档案"，卷号 E-345，分号 3）

4 月 30 日　韦莲司小姐函谢胡适赠送的花篮，又谈到韦家老仆人病重及自己照料他的事。（中国社科院近代史所藏"胡适档案"，卷号 E-383，分号 1）

5月

5 月 2 日　胡适函谢王重民寄来《图书副刊》179 期。又询王为杭氏辨诬之文见于何刊物。又云：近日将《辨伪》一文稍稍修改后，续写"结论"

一章，今寄上，请王切实指正。此即是为戴案判决其"窃全"之部分。故虽不全是申戴，"亦足以剥进一层蕉叶，减去一根灯笼骨子了"。又云："末节特别斥责王梓材，乞兄评定是否公允。四月卅夜钞王梓材此最后一跋，颇使我动火气，故欲得兄一平量之。"又请王将此"结论"之大意告知恒慕义。最后说：若《戴案》一文太长，则先写英文的note，定不使恒慕义、王重民等误期。(《胡适遗稿及秘藏书信》第18册，380～381页）

同日　胡适再致函王重民，云：

尊函论谢山甲戌年春尽得扬州书招往，八月下半始到扬州，至十一月始归，以张渔川诸人诗及马日璐送谢山归诗为证，最为详尽。……但《董谱》于此年总纲下云"居扬州"，则董必以为谢山此年大部分不在家住。

也许此年谢山离甬稍早，在杭州稍住，继续校《水经》，至秋初东潜南归，始移居春草园，八月下半始去扬州。

为此一年的谢山行踪，使我们两人费如许时力，此固是友朋治学合作之乐，然亦足见考订史事，作古人年谱之不易也！

胡函又提及章学诚的"分类索引"。又谈道：

《辨伪》长文，蒙兄认为"明白简易"，我很放心。笑话书有个故事，说，"尽管放屁，何必刻板？"此言虽鄙俗，实有至理。凡发表文字，都是要人看；既要人看，当求人人可懂。故诗文皆当"深入而浅出"，凡不能"浅出"者，皆只可"放屁"，而不应"刻板"者也！一笑。(《胡适遗稿及秘藏书信》第18册，375～379页）

按，5月4日，王重民有复函。(《胡适遗稿及秘藏书信》第24册，242～243页）

同日　竹垚生致函胡适，谈及江冬秀在上海甚好，又谈及徐新六家人及丁文江夫人情形。又云，他弟弟拟成立名"中原建业"的贸易公司，恳

邀胡适担任董事长。(《胡适遗稿及秘藏书信》第 26 册,91 页)

5 月 3 日　胡适致函王重民,谈及从《章氏遗书》中之《知非日札》寻得赵一清的一篇集外文。(《胡适遗稿及秘藏书信》第 18 册,382 页)

同日　Benjamin H. Kizer 函谢胡适对其夫妇的招待,已完成周鲠生 Winning the Peace 一书,期望胡适能阅读此书。附寄 Benjamin H. Kizer 致周鲠生函。(中国社科院近代史所藏"胡适档案",卷号 E-255,分号 9)

按,4 月 4 日,Benjamin H. Kizer 致函胡适说,他们夫妇 4 月 22 日至 25 日会在纽约,邀胡适共享下午茶(中国社科院近代史所藏"胡适档案",卷号 E-255,分号 9)。据此函可知,胡适与他们有会面。

5 月 4 日　胡适将依据王重民 4 月 3 日信及东潜文稿、集外文等件试作东潜晚年的年表三页,寄王指正,又请王代查《韩门集》。(《胡适遗稿及秘藏书信》第 18 册,383～384 页)

按,5 月 8 日,王重民有复函,抄示《保定旅怀》。(《胡适遗稿及秘藏书信》第 24 册,246～248 页)

同日　辛辛那提大学 University Administration 院长 N. P. Auburn 致函胡适云：已请 George B. Barbour 院长邀请您今秋来为辛辛那提大学的现代思想系列演讲发表演说。原本您答应 1942 年 11 月前来演讲,由于当时情况改变而不得不取消。诚挚期望您能接受此次邀约。(中国社科院近代史所藏"胡适档案",卷号 E-122,分号 4)

按,6 月 27 日,N. P. Auburn 又致函胡适云,在昨日电话里,遗憾得知胡适不能于今秋来辛辛那提大学发表演说。现在新得知胡适已接受在哈佛大学的演说邀约,期望仍能前来辛辛那提大学演说。(中国社科院近代史所藏"胡适档案",卷号 E-122,分号 4)

同日　哈佛大学 School for Overseas Administration 主任 C. J. Friedrich 函约胡适见面,渠 5 月 9、10 日将在纽约。(中国社科院近代史所藏"胡适

档案",卷号 E-203,分号 7)

同日　Pardee Lowe 的助理 D. M. Kunzler 函告胡适：Pardee Lowe 由 ICI 转到 Strategic Forces 办公室之事没有成功，Pardee Lowe 在 3 月初因风寒住进医院，代 Pardee Lowe 向您送上祝福。（中国社科院近代史所藏"胡适档案"，卷号 E-259,分号 11）

5 月 5 日　王重民函谢胡适赐示《知非日札》一则。又云："前函论四库馆没有拉进章实斋一段，因为与重民性情相合，所受感动，是先生想不到的。重民自问：无实斋之见识，有实斋之博览，二十年来，都是作的绍兴师爷的工夫。"又告：恒慕义希望胡适的 note 愈快愈好，愈详愈好。（《胡适遗稿及秘藏书信》第 24 册，244～245 页）

同日　刘修业复函胡适，谈及："前承示以堂屋的名字，可以世代相传；所以'汪廷讷的子孙也可称环翠主人，王熊伯的祖宗也可称环翠主人'。所得启示实多，感谢之至！"（《胡适遗稿及秘藏书信》第 40 册，87～88 页）

5 月 6 日　胡适写成《跋陈劢的〈全氏七校水经稿本跋〉》。1948 年 11 月 19 日，胡适在此稿上批道："此跋写在卅三年五月六夜。我在四年半之后重读此跋，虽然处处是错误，但深深的感觉兴趣，正因为处处发见自己的错误！"1957 年 7 月 9 日，胡适又批道："此跋薛刻本未收。王重录本有陈跋，'文字与陈集本不同'，我已校录。但此本我似失去了。"（《胡适手稿》第 2 集卷 3，387～406 页）

同日　霍恩贝克函谢胡适 5 月 2 日来函以及寄赠《西游记》一书。遗憾不能参加 The Council on Foreign Relations 在星期四的会议。Mr. Stettinius 已公告：霍恩贝克担任国务卿特别助理。（中国社科院近代史所藏"胡适档案"，卷号 E-231,分号 2）

5 月 8 日　胡适作有《跋段氏与梁耀北书及东原年谱论赵戴二家〈水经注〉》一文。同年 6 月 13 日，又有补记。（《胡适遗稿及秘藏书信》第 4 册，405～408 页）

同日　美国图书馆协会 Committee on the Orient and Southwest Pacific 主席 Charles H. Brown 函寄一册袁同礼关于中国图书馆的毁灭的报告及本人对

此报告之回应与胡适，请胡适指教。(中国社科院近代史所藏"胡适档案"，卷号 E-138，分号 2)

5月9日　胡适作有《四库全书的三部〈水经注〉校上年月》一文。(《胡适遗稿及秘藏书信》第1册，524～526页)

同日　胡适复函王重民：

此次无意中从《知非日札》得东潜一文，又从《韩门集》得东潜死年(甲申)之证实，均蒙吾兄赞许，我也甚为高兴。二十年读《韩门集》，见其《纪岁诗编》之分年编制，以为可以师法。章实斋向主张作文必系著作之年月，我在《实斋年谱自序》中曾特别引此论……亦以为可以师法。果然此二人今日大有助于我们！

我在三十年中，作文作书札，必记年、月、日，其法仿美国人通信的方法，至今以为最便。顷见吾兄信尾但记月日而不记年，积久便又烦考订了。不如用我的简法："卅三，五，八"，可省后来考订之功。

即如东潜题全氏七校本云，"今秋下榻春草园"，原文定有年分，为后人妄删，遂使后来考据家费如许时力，犹不能确定其在何年！故实斋之言真足取法：

故凡立言之士必著撰述岁月，以备后人之考证。而刊传前达文字，慎勿轻削题注与夫题跋评论之附见者，以使后人得而考镜焉。……前人已误，不容复追；后人继作，不可不致意于斯也。

东潜甲申二月病中的五篇文字，篇篇记年月日时，我因此推知他的《水经》校本到临死时还不曾完全写定，因为他已经过一番思想上的变化了。《五汶考》之一说：

古今水道变迁不常，自非目验不能悉也。余亲至泰山，观其图籍，访其脉络，粗陈原委。地理之学，谈何容易！乾隆二十九年二月十四日病中书。

此真是一大忏悔，一大觉悟！吾兄为东潜作《年谱》，不可不大书此语为此公一生的总赞。

岑钞《库》本赵书,其卷五"又有漯水出焉"上有红纸笺条,上书:"钞至'入河'止,'又有漯水出焉',不写。"其下页缺,另有一书手以别本(朱《笺》)(或项黄本)补写草字,与全部之楷书不同,文字亦不接笋。——此国仅有此一部钞《库》本,无可比勘。我百思不得其故,但颇疑此亦是原稿最后尚有涂改未写定之一证。

前答嫂嫂一信,论"雠对之谓何?"一句,不知贤伉俪以为如何。此一点颇关重要,因为照我的翻译,王梓材此言是明说有冤报冤。"有仇不报非君子""无毒非丈夫",种种心理都包含在这一篇得意忘形的短跋里。

张穆、魏源、静庵、心史都未免怀有为朱子报仇之心理。魏、王、孟皆有明文;石舟虽无明文,然我考其家世乃是理学世家,其集中最大文字为《莫晋行状》,此即是刻《明儒学案》最佳版之莫晋。

项检齐戴案诉状,约有三十篇!但钩出其控诉之点实不过三四点,而所提证件尤为贫乏。其中绝大部分所谓"证据",皆是我所谓未经证实的证件也。

故此案侦查虽费了半年,而判决应不大费事。乞告恒先生,短跋本月定可写成也(也许能提早)。

承问各文出版办法,我还没细想此事。我以为已成诸文皆太长,拟各作简括之摘要付印,其"长编"则留待将来为庆祝太平之用,何如?

············

五月四日尊函提及董秉纯到北京是在乾隆三十六七年。项检董与蒋学镛书,其中称邵晋涵、周永年皆为"庶常",又有"去秋周庶常永年言愿录一部,曾假去半部,以仆出京中辍"。邵与周皆于卅九年(十二月二十三日奉旨准)授庶吉士,四十年散馆,四月廿八日授编修。似可证董入京在三十九年,出京在四十年四月廿八日之前。此书亦似作于四十年四月廿八日以前,故称邵、周为"庶常"也。乞指正。(《胡适遗稿及秘藏书信》第18册,387～393页)

同日 胡适又致函王重民：

前此曾为"魏宁"问题，作长信与兄，代戴东原说明。今晚翻《东原集》（段刻）《书水经注后》，他自有详说……东原本不说魏曾取阳安（汉宁），则我的说明和辩护都可以不用了。

但我的前说，亦颇有理。魏末曾有短时期其势力从巴东直到交州，其间或有魏宁也。兄便中若能检杨守敬《三国疆域图》，一考此说之是非，则幸甚矣，但不必忙耳。

前奉询赵东潜为方恪敏编《河渠水利书》应在何年，有可考否？

…………

又兄熟于《四库书目》，赵书文渊阁本有校上年月可考否？恐怕要待将来检文渊阁库书了罢？附上三部《水经》校上年月之可考者为一表……（《胡适遗稿及秘藏书信》第18册，385～386页）

按，5月11日，王重民复函胡适云，读罢《跋陈劢的〈全氏七校水经稿本跋〉》，真觉"作伪心劳益拙"。对胡适所示"作文必系著作之年月"，定当尊嘱实行。三数日以来，留心侦查赵一清纂修《河渠水利书》之年月，毫无所得。又谈及四库七阁之书，均以缮清之年月为年月。文渊阁本最先成，故其年月大约均较他阁为早，等等。（《胡适遗稿及秘藏书信》第24册，10～13页）

5月10日 鲍讷荣（Park No-yong）函谢胡适在芝加哥有机会共聚，期望能知道胡适对战后中国与世界的看法，将请出版商函寄自己的著作与胡适。（中国社科院近代史所藏"胡适档案"，卷号E-313，分号2）

同日 Cornelius Vander Starr 函询胡适是否已阅读 Randall Gould 刊载在4月19日 *The Christian Science Monitor* 上面的文章，认为此文是有建设性的。（中国社科院近代史所藏"胡适档案"，卷号E-348，分号1）

5月11日 胡适作有《戴震校〈水经注〉所引归有光本》一文。（《胡适遗稿及秘藏书信》第3册，145～167页）

1944年　甲申　民国三十三年　53岁

5月12日　Rudolph T. Prum 致函胡适云：根据 The Board of Overseers of Harvard College 的行政委员会的建议，再次邀请您来年访问远东文明学系。（中国社科院近代史所藏"胡适档案"，卷号 E-395，分号 1）

5月13日　胡适作有《戴震〈水经注〉官本校语内所引的书目（以校语中明举书名者为限）》一文。（《胡适遗稿及秘藏书信》第3册，168～173页）

同日　胡适复函王重民，谈及：

我近来寄书，屡言"考据之难"，实深知古人今人所作考据所以多误者，皆以不深知此一"难"字也。懂得此一字，始能"勤、谨、和、缓"。例如我去年初见赵书《提要》文内言"诸刻"，文尾题五十一年九月校上，即作两文，谓赵书收入《四库》在五十一年刻成之后。当时岂不觉得"证据凿凿"！后来你我又提"抽换"之说，亦岂不言之成理！及见赵刻《简目》及岑钞库本，始知前此诸说皆不能成立。倘此诸文皆随时发表了，岂不闹大笑话？（《胡适遗稿及秘藏书信》第18册，394～398页）

按，5月19日，王重民复函胡适，抄示袁枚《方观城神道碑》以及姚鼐要买《方恪敏公家传》中《河渠水利书》的材料。（《胡适遗稿及秘藏书信》第24册，17～18页）

5月14日　胡适复函 Cornelius Vander Starr：已收到4月7日来函。没有想到两人之间存在如此大的误解。期望 Miss Utley 不要担心销售。虽感谢 Miss Utley 在出版拙著时做的贡献并将支付报酬，不过不同意 Miss Utley 宣称是该书的共同作者，因已表示不期望 Miss Utley 将任何材料加入本书中，再度重申此立场。（中国社科院近代史所藏"胡适档案"，卷号 E-110，分号 8）

5月15日　胡适复函王重民，续谈"魏宁问题"。（《胡适遗稿及秘藏书信》第18册，399～401页）

按，5月13日，王重民致函胡适，告昨、今两天续查"魏宁"的材料，

却一无所获。(《胡适遗稿及秘藏书信》第 24 册，14～15 页）

5月16日　胡适致函胡祖望：

I am very much moved by your letter. I fully sympathize with you and wish I could be with you these days. Take good care of yourself and manage to get more sleep. Remember that life and work are greater than personal happiness. If you wish to talk with me, call me anytime tonight and reserve charge.（据《日记》）

5月19日　胡适有《记何焯的水经校本》一文。(《胡适遗稿及秘藏书信》第 4 册，40～44 页）

5月20日　胡适复函王重民，云：

《河渠书》一案，自得尊书，已明白多了。我们向来都把此书看作官书，故以为必须设书局，聘多人，有大规模的组织。……今读尊书，始知此书大概是方公先立规模，本拟作为私人著述，先请东潜润色，后请东原润色，及其身后，作碑传者仍以此书为方氏著作之一种。但方公死后，"后供事者请余萧客为之"……则似又作为直隶总督衙门的一部官书了？岂"后从事者"以此书为有用，故欲续继修成，以完恪敏之遗志，而后来直督更迭多人，方家亦无人过问此书，此稿就成了无人料理的一部总督衙门旧档而已？自乾隆三十三年（1768）方观承之死到嘉庆十四年（1809）王履泰改编成《安澜志》，其间四十余年，可见此书久已无人过问了。

赵书有补滏水一篇，所采比东原多出《山海经》一条、《水经》二条。……

关于"《汉书注》洭水之非增"，似亦是东潜之说。而决非东原之说。(《胡适遗稿及秘藏书信》第 18 册，402～407 页）

按，5月26日，王重民复函胡适云，《袁碑》论《河渠书》两言，经胡适 5 月 20 日来信的解释，极为明白，藉可稍慰赵稿之真。昨日按以《畿辅安澜志》，又知王履泰所窃者，定为赵稿。又云，今本《安澜志》虽非定本，所据确是最后纂修本。(《胡适遗稿及秘藏书信》第 24 册，23～24 页)

同日 王重民致函胡适，谈及：

数日来因为精神疲惫，所上两信，殊欠从容明白。自昨晚一气睡了十四小时，下午静坐自若，从头回想先生所审全、赵、戴三案，已经完全成功了。

赵书继戴书刊行，懋堂谓赵窃戴，赵书因以动摇，遂启疑窦，以开"有大力者负之而趋"之谣，于是赵、戴之案，移为全、赵之案。由此两案，以生第三案，即王梓材作伪，张石舟受骗是也。自第三案成，随着时间稍稍演进之后，注意这个问题的人，多是前想（就是想得一个定谳），不肯回顾，以致王梓材的欺骗，百年而未经发觉。今先生发觉了王梓材的欺骗，第三案可以取消了。见了赵书的库本、初印本、修印本，第二案也完全弄明白了。

现在此案完全回到段懋堂的时代。懋堂谓赵窃戴，先生于解决第二案时，已证明非真；后人反噬，谓戴窃全窃赵，实非此三案中所原有之问题，乃是后起之余波。而今此"余波"却成了主要问题。

懋堂谓赵窃戴，与王、孟二公谓戴窃赵，都在赵、戴二书相同之点。今先生证明赵有赵之义例，戴有戴之义例。校讹正误，补苴罅漏，有同有异。异者不必言，同者则由于方法同，取材同，其结果自相同也。乾、嘉间朴学大师之校勘考据，此例非一，特不欲其重复，故将与师友间已刊出者则删去耳。使东原非为官家校书，在后来既见赵书之后，必将同者删去，或径引用赵说也。重民今日得到"和、缓"之另一境界，所想如此，与前两信口吻，殆亦稍有不同么？(《胡适遗稿及秘藏书信》第 24 册，19～21 页)

5月21日　胡适有《记沈大成的水经校本》一文。(《胡适遗稿及秘藏书信》第 4 册，45～52 页）

同日　王重民致函胡适，谈及胡适的《全氏〈七校水经注〉辨伪》，击中要害。(《胡适遗稿及秘藏书信》第 24 册，22 页）

5月23日　Victor K. Kwong 致函胡适云，Alonzo Petteys 夫妇拟为留美中国学生设立奖学金以纪念其子 Jack Petteys。Mrs. Alonzo Petteys 拟来纽约与华美协进社及胡适共同讨论留美中国学生的教育，刘锴将有一介函给胡适。期望胡适能有机会与 Mrs. Alonzo Petteys 会谈。(中国社科院近代史所藏"胡适档案"，卷号 E-260，分号 8）

5月29日　胡适复函王重民，云：

《汲古阁书目》一案，兄考证甚确。此与前书所论《辽史拾遗序》一事，同为最有趣的小考据。此目中称宋为"本朝"，与伪全序称"同里厉征君"为同样的"无心流露"的把柄也。

连日赶写我的 note，故不曾写信。此文稍嫌长，已遵嘱不多删削，要使普通读者能读能懂也。此文卅一日当可打字完成寄出。乞告恒先生。(《胡适遗稿及秘藏书信》第 18 册，408 页）

同日　胡适函谢 Hiram Haydn 之 5 月 23 日的来函邀请在 9 月 13 日晚上 8 点 30 分为 The United Chapters 的学生会在克利夫兰举行的 The A. A. A. S. 会议发表演说（中国社科院近代史所藏"胡适档案"，卷号 E-223，分号 1）。遗憾由于现有的行程和没有时间，故婉拒之。（中国社科院近代史所藏"胡适档案"，卷号 E-96，分号 11）

同日　胡适函谢 J. H. Warning 之 5 月 25 日来函邀请参加 6 月 12 日的 The Netherland Club 的晚餐会（中国社科院近代史所藏"胡适档案"，卷号 E-371，分号 4），将会出席并为能与许多荷兰及中国朋友见面感到高兴。（中国社科院近代史所藏"胡适档案"，卷号 E-113，分号 9）

同日　胡适应邀为 The Rand School of Social Science 行政主任 Theodore Schapiro 函寄关于孙中山的讲演稿。（中国社科院近代史所藏"胡适档案"，

卷号E-335，分号9）

5月31日　胡适赶成A Note on Ch'üan Tsu-wang, Chao I-ch'ing and Tai Chen, *A Study of Independent Convergence in Research as Illustrated in Their Works on the Shui-ching Chu*。这是近6个月的"《水经注》大疑案的重审"的英文报告，作为恒慕义编的*Eminent Chinese of the Ch'ing Period, 1644—1912*第二册的附录。(《胡适遗稿及秘藏书信》第17册，398页）

同日　Chen Enid函寄上周一收到的钱端升来函与胡适。(中国社科院近代史所藏"胡适档案"，卷号E-153，分号8）

6月

6月3日　胡适致函王重民，云：

……我的note，匆匆赶成，不料竟成了一篇25页的文章！此文想你已见了，大致尚可读否？此文的结构即是我的"申戴"一文的结构的大致。我曾细想此问题，许久许久，才决定先得"空所依傍"，凭空先说此事的真相如何，先成立"不谋而合"（其实只是"大同小异"与"小同大异"）的一段真历史，是为上篇。然后作下篇，叙述百年来的"诬戴"历史，一一指出其所谓"证据"之不能成立。

这"上篇"是最有趣的历史研究。我要举许多实例，每一例分几个步骤：

（1）困难的发见

（2）第一期学者的解决方式（朱谋㙔等）

（3）第二期学者的解决方式（胡渭等）

（4）第三期学者的解决方式：

　　（A）何焯、沈炳巽（过渡时期）

　　（B）全祖望、赵一清 ⎫
　　　　　　　　　　　　⎬ 第三期本身
　　（C）戴震　　　　　　⎭

（5）评论全、赵、戴的解决方式的异同与得失。

如济水篇的砾溪问题：

（1）此问题，朱谋㙔时代尚未发见困难。

（2）故第一期学者无说。

（3）胡渭始提解决方式："南北两砾溪"。

（4）（A）沈炳震兄弟已不满胡渭之说。

（B）全氏说、赵氏说

（C）戴氏说

（5）全、赵、戴三家的"不谋而合"之点，及其小异之点。

如此写法，可使读者明白学术史上"不谋而合"的自然程序。

在这些例子里，一半例子要证明三家（或二家）"不谋而合"；一半例子要证明他们问题虽同，而解决方式大不同。其合者，其大不同者，皆是学术史上的自然现象，毫不足奇怪。

段玉裁是做研究工作的人，故能自忏前言之失，而在《戴谱》内明白承认戴、赵二书为"不谋而合"。石舟、默深不足责，杨邻苏也不足责。静安、心史平日治学有方，到此关头竟全不用他们的冷静头脑与谨严方法，就都陷入"以理杀人"的境界，甚可惜也！

"下篇"的问题，我大致已陆续与兄说过，此次在这note内提出的层次，乞兄切实指教。详文已开始写，十日内可完成。(《胡适遗稿及秘藏书信》第18册，409～413页)

同日　王重民复函胡适云：胡适的英文note，恒慕义正详阅。赵一清、王梓材的生卒，当以胡适的新说改定等。(《胡适遗稿及秘藏书信》第24册，27页)

同日　刘修业函示自己的白话诗《玫瑰花瓣》与胡适。(《胡适遗稿及秘藏书信》第40册，76～78页)

6月5日　胡适致函王重民，云：

赵一清的生卒，其卒年已考得，其生年钱宾四当有所据，故从之。

王梓材的生卒，乞兄覆查《王子行状》，补其生年。……

《永乐大典》当作1403—1408，乃我的笔误。

又薛福成刻《全书》，原序年月为"光绪十四年十二月吉旦"，故我此文作"early in 1889"以正《名人传记》（一，p. 205下）"early in 1888"之误。

此文写成，由徐大春、朱士嘉和我，用四个不同的打字机打成！故其中定多错误。务乞请恒先生不客气的大改削。

《申戴》一文，已开始写了，但终觉得结构不易，而"起头"尤难。（《胡适遗稿及秘藏书信》第18册，414～415页）

6月6日　王重民复函胡适，告：胡适函中所谈到的人名、书名，凡是传记内举过的，恒慕义都一一注出，没有举过的，则注在胡适的英文note中。又谈及施廷枢的生卒问题。又谈到胡适推测的于敏中的两封信非常近情理等。（《胡适遗稿及秘藏书信》第24册，28～29页）

6月10日　U. K. Chan致函胡适：寄上The Tennessee Valley Authority（The TVA）的世界工程丛刊 Universal Engineering Digest 1份以兑现上次访问时的承诺。（中国社科院近代史所藏"胡适档案"，卷号498，分号13）

6月12日　Colorado State College of Education秘书Anna C. Petteys致函胡适：为能与小女最近在Dr. Meng的办公室见到您，并聆听您对于留美中国学生的教育观点以备战后的中国而高兴，期望敝校能参与此计划，欢迎您提供建议。（中国社科院近代史所藏"胡适档案"，卷号E-316，分号9）

6月14日　胡适有《跋段玉裁经韵楼集》一文。（《胡适遗稿及秘藏书信》第4册，53～57页）

6月16日　胡适致函杨联陞云：这6个月，自己完全研究《水经注》案，写了许多小文章，和两篇大文章（《全校水经注辨伪》《戴赵水经注案的新判决》）。又寄上《清代名人传记》的"note"，请杨指教。（台北胡适纪念馆藏档，档号：HS-LS01-001-019）

6月17日　王重民复函胡适，认为胡适的《跋段玉裁经韵楼集》，用

戴语证《致梁书》，所判梁氏修补赵书一案，千确万确。又录呈刘盼遂所辑《经韵楼集补编》关于《水经注》和《河渠书》的两则材料。(《胡适遗稿及秘藏书信》第24册，30～32页)

6月21日　胡适复函杨联陞：

> 承你夸奖此文"大有举重若轻之妙"，又说，"读过好像看过一场干净利落的戏法，舒服之至"。古人说，"成如容易最艰辛"……我写此note，大有此感。从十万字中，缩写为此短文，其艰难真有非外人所能喻者。屡次起稿，最后始决定先撇开一切"官司文字"，先从十六世纪写起，写到十八世纪的三大家，作为史实的叙述。然后写下篇，分叙十九世纪张穆、王梓材以下的"官司"。
>
> 最大困难，在于剪裁，在于割爱。如我作《全氏〈水经注〉辨伪》，凡举十五条铁证，而此note中只举一证，恐不足以服读者之心。有许多绝妙的证据，放进去，又删了，真有点舍不得。……
>
> ……《全校本》之为伪造，最易证明。前人如王静安、孟心史岂非治学谨严之大师，所以不肯认此为伪书者，一因他们有打戴的成见，故不肯抛弃此一大堆打戴的武器；二则他们都没有费工夫去审查《全校本》，他们只读书尾张穆一跋而已！三则百年来学者多震于那五千字的"题辞"，"题辞"是用心伪造的，很不易看破。故丁山敢疑《全校本》而不敢疑"题辞"。
>
> 我到今年三月才寻到铁证，证明"题辞"之伪。"题辞"大谈经注互混，历举明例，真像煞有介事！而尾题"乾隆庚午仲夏……卒业于篁庵"此真是"人莫踬于山而踬于垤"。全氏发明经注互混，乃在赵氏在北京之时，故"三千里驰书"，至京师告赵氏。而赵氏自言他"庚午六月十三"离家入都。(见他的《亡女诔》。)若全氏发明在"庚午仲夏"，则他们两人同在杭州，何必"三千里驰书"呢！
>
> 此条证据有"踏破铁鞋无觅处，得来全不费工夫"之妙。有此一证，然后"题辞"中种种漏洞都可以看破了。

前人都不肯费四个月的工夫去研究这四十三卷《全校本》，故此伪书案百年不破。

我研究此案，整整费了七个月，始能有定论。我极力撇开一切成见，不敢使这一百年来的成见影响百六十年前的史实。后来我才明白此案真相必须从十六世纪叙述起，必须先明白朱谋㙔、黄仪、胡渭、何焯诸人的《水经》成绩，然后可以明白十八世纪三大家的"不谋而合"乃是不得不然之现象。

此如海王星（Neptune）之发现，决不能从一八四六年二月廿三日德国 Galle 发见此星说起，也不可从一八四五年英国 J. C. Adams 与法国 U. Le Verrier 同时独立的发表他们计算此星的方位说起。若求懂得此三个不同国的天文家何以能在一年之中，两个推算得此星的方位，一个窥见此星的存在，我们必须回头叙述一七八一年（六十五年前）天王星（Uranus）发见之后，如何天文家渐渐发见理论的计算与实测的方位不相符合，如何这个天王星的动向问题成为天文学界的一个聚讼的问题，如何先有人假定天王星的动向所以不合理论的计算也许是因为此星的动向受了别一星球世界的吸力牵引。必须先明白 1830—1845 年间的天文学界大家都注意到这一个疑难问题的解答，然后可以懂得 Adams, Le Verrier, Galle 三人之"不谋而合"的结果乃是不得不然（inevitable）的现象（第九行星的发见，其历史与此正同）。

中国学术史上，此类独立的研究而得同样结果的例子太少，故百年来学者对于《水经注》案都不免有"见骆驼谓马肿背"的情形。只有段玉裁是自己做 original research 的人，懂得学术研究自有此种"不谋而合"的事。他自己这一门学问（古音）就有他亲见江有诰的新发见与戴震、孔广森"不谋而合"（见他的《江氏音学序》及《与江晋三书》）。所以他晚年作《东原年谱》，就完全抛弃他早五年的疑心，而明白承认赵、全、戴三家为"不谋而合"。

江有诰的发见，最可供比较。戴虽是段师而段氏在古韵学上先发见"之、脂、支"之分，戴至晚年始接受其说；故在古韵部的分别顾

为一期，江永为二期，段为三期，而戴与孔广森、江有诰、王念孙父子同属于段氏后之第四期，同建筑于段氏基础之上，独立有所发见，而结果互相同。此与全、赵、戴同从朱谋㙔、胡渭的基础上出发，而结果相同，最可借鉴。治《水经》者工具相同，与治古韵者同用《三百篇》为工具，正相同。"古音之学以渐加详"与《水经注》之学以渐加密，亦正相同。

此为历史的方法，正是"戏法"巧妙，说破了不值半文钱也！康桥诸公定能赏识此理，故不惜辞费，写此节本供诸公大吃中国菜之后的谈助而已。（《胡适遗稿及秘藏书信》第 20 册，174～185 页）

6 月 25 日　胡适有《赵东潜书校刻者不免妄改妄增》一文。（《胡适遗稿及秘藏书信》第 3 册，26～36 页）

6 月 26 日　The China-America Council of Commerce and Industry, Inc. 主席 Richard C. Patterson, Jr. 函邀胡适出席该组织于 7 月 6 日在 Waldorf-Astoria 旅社为商震将军举行的致敬午宴。（中国社科院近代史所藏"胡适档案"，卷号 E-314，分号 4）

同日　任鸿隽致函胡适，谈中基会目前的困难有二：一为经费的短少，二为政府态度不明确。请胡适在美向孔祥熙说项：

自中美新条约成立后，政府对于庚款机关的办法，迄无明确表示，以故与财部办理借款担保手续及利息补助等交涉，非常困难。昨与翁詠霓兄商谈本会下年度进行方针，渠意如能得到政府对于本会办法之明确表示，其他问题当可迎刃而解。目下我国财政当局正在美参加国际币制会议，闻尚有相当日期的勾留。可否请兄即与顾临、贝诺得诸先生一商，趁孔兼部长在美之便前往一谈。（如仅由美方董事出面尤佳，因可表示彼方之关切也）如能得到孔先生之任何表示，当于计划本会将来办法裨益良多。（《胡适遗稿及秘藏书信》第 26 册，642 页）

6 月 27 日　芝加哥大学教授 Robert Redfield 致函胡适云，自己将于 9

月到中国,以了解中国的社会科学与社会科学家,自己甚为珍惜此次机会。函询胡适可否给予建议。希望于7月17日、18日或19日与胡适谈话。(中国社科院近代史所藏"胡适档案",卷号E-324,分号7)

6月28日　王世杰复函胡适、周鲠生,云:

> 适之兄所言留学规则及孟君事,已面告介公,并面告教育当局矣。留学事已成僵局,弟意当先解此僵局,继续派遣学生。至于学生监督之设,倘有必要,以萨孟栋君等纯学术界中人为宜……
>
> 目前军事形势确甚严重。闻敌人自关外调出之兵达十四师团之众……美国舆论如希冀对华发生实效,必须于加紧督责之外,加紧表示同情,加紧援华,否则其影响之为善为不利,未易言也。……目前难题,一为中苏关系……二为国共关系,三为物价狂涨。但在政策上,弟相信介公不会错误,只是执行政策之人往往不能如人意。至于民主问题,政府已在逐渐放松检查(图书之检查已取消),秋间或尚有进一步之改革,惟不能确说耳。中共问题,刻在谈判中,或可得一初步解决。总之,一切危难,都是磨练我们的魄力与耐性的。(《胡适来往书信选》中册,570~571页)

6月29日　胡适致函杨联陞,谈及自己的note得哈佛朋友的认可,很高兴。戏把杨之《柳》诗略换文字:

> 喜见新黄到嫩丝,悬知浓绿傍堤垂。
>
> 虽然不是家园柳,一样风流系我思。(台北胡适纪念馆藏档,档号:HS-LS01-001-022)

> 按,杨联陞原诗:才染鹅黄已有丝,渐看浓绿傍堤垂。东风不妒流莺住,犹为扶持着意吹。(《胡适之先生年谱长编初稿》第五册,1852页)

6月30日　胡适有《跋江安傅氏藏的宋本〈水经注〉卷十八第二叶复印件》一文。后于1944年9月5日、1945年12月27日、1946年5月19

日又有注记。(《胡适遗稿及秘藏书信》第 4 册，58～70 页)

6 月　应 International Missionary Council 秘书 J. W. Decker 约请（中国社科院近代史所藏"胡适档案"，卷号 E-173，分号 4），胡适为 L. Carrington Goodrich 的新书 A Short History of the Chinese People 所撰写的书评在 In Pacific Affairs 第 17 卷第 2 期发表。胡适说道：

> Without hesitation, I would recommend this work as the best history of China ever published in any European language. And I seriously believe that there are features in this book which should be profitable for Chinese historians to think about and take notice of. Within the brief spare of 230 pages, Professor Goodrich has achieved the wonderful feat of writing an authentic and moving history of the Chinese people and their civilization. (《胡适全集》第 39 卷，141 页)

7月

7 月 4 日　胡适函谢 Cornelius Vander Starr 之 6 月 30 日来函（中国社科院近代史所藏"胡适档案"，卷号 E-348，分号 1）。谈及出版 Mr. Kao 书籍之事。5 月 24 日已告出版社不会使用 Miss Utley 的编辑手稿，所以出版社已将编辑手稿退还 Miss Utley。（中国社科院近代史所藏"胡适档案"，卷号 E-110，分号 8）

7 月 6 日　杨联陞复函胡适云，自己完全同意胡适《全校水经注辨伪》的主要论点。不过附录跋陈劢的跋，有一两处推论，也许可以商量。如胡适说陈劢同意后，"王梓材就替他作了一篇跋"。这个"替"字，似乎没有什么根据。杨函又云：

> 我还疑心所谓以"端溪书院卷格粘缀"之本，也许不尽子虚。也许全氏晚年有意剪缀一本，未能成就。所剪缀者盖止有经注，校语没

1944年　甲申　民国三十三年　53岁

有过录多少……再经王、陈师徒窜乱，更非全氏之旧。王梓材一定是有意作伪。陈励[劢]也许是上了他老师的当，虽是"从犯"未必"共谋"，这不过是我的猜想，您看有没有可能？……

"长编"本文第一百至一百二页引伪"题词""先大父赠公又细勘之。至余始令缮写大小字作定本"您解作全吾骐（谢山的先大父）令祖望缮写。我觉得文意似是至祖望始令"人"缮写。若果如此，这一条也许可以取消。[胡适注：此条已取消了。]（《胡适遗稿及秘藏书信》第38册，281页）

同日　邓嗣禹致函胡适，谈自己忙碌、教学情况，又谈及自己的研究计划：

此后拟写一文，"Herodotus（希罗多德）与司马迁之比较"。再后拟专心写英文《中国通史》，期限于两年内完成，决心驾凌目前一切英法文之上，不然无出版价值。关于英文《中国通史》体例，及其注意点，先生若有所指教，当非常感谢、欢迎。（彭靖：《1940年代邓嗣禹与胡适的交往》，《胡适研究通讯》2013年第1期，2013年2月25日）

7月8日　孟禄函谢胡适寄送的中基会的解决方案。（中国社科院近代史所藏"胡适档案"，卷号E-301，分号6）

7月11日　The National City Bank of New York副主席J. A. MacKay致函邀胡适出席7月27日在The Waldorf-Astoria为孔祥熙举行的晚宴。（中国社科院近代史所藏"胡适档案"，卷号E-281，分号6）

7月12日　John Story Jenks致函胡适：期望胡适能来到Manset，并在8月1日那周的整周来做客。（中国社科院近代史所藏"胡适档案"，卷号E-244，分号5）

7月15日　上午10时，胡适在哈佛大学陆军特训班演讲"中国文化史"：公元前1200年到前200年为孕育成长期，公元前200年到公元600年为成长至衰老期，公元600年至1900年为第一新生期。11时，续讲"近代现

代发展"。午后，裴开明、王信忠、周一良、杨联陞、王伊同等先后到大陆旅馆拜访胡适。晚，在赵元任家晚饭，客人甚多。10时散后，胡适又邀饶毓泰、张其昀、杨联陞到旅馆小饮。（《胡适之先生年谱长编初稿》第五册，1853～1854页）

7月16日　胡适有《跋郑德坤的〈水经注引得〉》一文。（《胡适遗稿及秘藏书信》第4册，71～80页）

7月17日　胡适致函雷海宗、田培林，谈近来的《水经注》考证：

这两年之中，本意是想把我的《中国思想史》写成。但写到一个时期，往往被一些小问题牵引去做点小考证，这些小考证往往比写通史有趣味的多，于是我就往往入魔了，把写通史的工作忘在脑后，用全力去做考证。所以说起来真惭愧，我的思想史成绩很少，只积下了十多万字的小考证文章。

其中最大的一个考据问题是"审查戴东原赵东潜水经注疑案"，足足费了我七个月的笨工夫，往往"废寝忘餐"，夜间做工到天亮！美国各大图书馆的中文书籍真多，大家都热心帮忙，所以我收集了近三十种《水经注》的版本！这是北京极盛时代也不容易做到的。有些本子颇出意外，如赵东潜的《水经注释》有抄本（四库本）与刻本之不同；刻本又有历次修改的不同，所以我决先搜集赵书的本子，居然收到了这些：

1. 四库本　岑镕抄四库本（Princeton）

2. 乾隆五十一年初刻初修本（Chicago）

3. 乾隆五十九年修改重印本（Congress）

4. 光绪六年张寿荣参用初刻本与五十九年翻刻本（Harvard Columbia）

5. 光绪六年章寿康翻五十九年本（Princeton）

6. 王先谦合校水经注（所用赵本乃是一种初刻本，但他不曾严格用此本）（Congress）

有了这些本子，我稍用一点"笨工夫"去比较，居然解决了不少的问题。

在Harvard大学，我得了一部过录"东邋氏"校改残本，原来就是戴东原的乾隆三十年"自定水经"的过录本。

我费了七个月的笨功夫，才知道这百年来的大学者——张穆、魏源以至我们最敬爱的王静安、孟心史——都不免动了正谊的火气，都为"打抱不平"一念所蔽，都犯了东原所谓"去私不先去蔽"的大毛病，所以把他们平日治学谨严的方法工具都丢在脑后，所以做了一大堆"无证之证，无据之据"！

最有趣的一个例子是他们都承认薛福成在一八八八～九刻的《全氏七校水经注》是重要证件。静安先生且说："全氏书刊于宁波，于是戴氏窃书之案几成定谳！"

我读《全氏水经注》日日发现其作为伪证据，其作伪之痕迹最明显，最粗浅，静安、心史若细读几卷，必可证明其为"恶意的伪书"。但诸公皆抱着"正谊"的公心，都不肯抛弃这一大堆打倒戴东原的武器。

昆明未必有《全校》本，我试举一例，供诸公一笑。卷四，叶七，注文"立碑树桓"《全校》云：

按桓多误作柏，何本疑之。今以《隶释》校。桓即碑也。

全谢山何至不通如此！何焯校本本已明说：

"柏，《隶释》作垣，疑是桓字，谓树表也"。赵氏改作"桓"，"刊误"有长考，引《说文》及徐锴《系传》以证何焯之说。作伪者荒谬浅显如此，而百年中学者皆不曾发现此种种作伪实证，都因为读《全氏水经注》者皆不肯读此四十卷的内容，但读附录之张穆《辨诬》一文而已！

丁山兄颇疑此书之伪，但亦不敢疑及此书卷首之"五校本题辞"。我细细研究，始知"题辞"五千文，也是完全伪造的。我有《全校水经注辨伪》一篇，长至四万字，举出十五个铁证，证明此书从头到尾

是伪造的。

  证明全校本之伪，是为全谢山洗冤。

  证明赵书刻本与库本确有不同，刻本在一七八六～一七九四之间屡有修改，但修改皆在文字微细处，目的在求完美，凡书中大贡献，如经与注的更定，并未有改动，库本可证。此是为赵东潜洗冤。（段若膺在嘉庆十四年曾致书梁曜北，疑梁氏兄弟校刻赵书时，于"经注互讹之处，勇于从戴，以补正赵书"；他后来在嘉庆十九年作东原年谱时，已自改其说，认赵、戴为"未相谋面，所言如一"。段死后，编集者误收段致梁书，而不附载梁氏答书，又不记出段氏已自改其说，故后人继续攻段，间接乃更攻戴。此编集者之大过也！编集者竟误收戴氏《记洞过水》一文为段文，其荒谬可想。然此书之存在集中实为百年官司之导火线。张穆之说则更诬枉赵书。故我为赵氏一洗此冤。）

  证明戴东原决未见全书，赵之书，是为东原洗冤。（这一层全靠仔细比较本子，勘校文字。）

  我费了七个月的"笨工夫"，居然能替十八世纪三个大学者洗清五百年的冤枉，总算一件快事！……（《胡适全集》第25卷，105～108页）

  同日 胡适函寄《水经注引得》的跋文与杨联陞，请其与周一良、裘开明共阅。汪敬熙先生带来《史言所集刊》第十一本一、二分合刊，有陈寅恪《魏书司马叡传江东民族条释证及推论》，序内提及周一良，并致思念。（台北胡适纪念馆藏档，档号：HS-LS01-001-025）

  7月19日 胡适在纽约购藏清孙诒让著《尚书骈枝》一卷。（《胡适藏书目录》第2册，1478页）

  同日 Harley Farnsworth MacNair 向胡适函询 Telly Howard Koo 的相关信息。（中国社科院近代史所藏"胡适档案"，卷号 E-283，分号 1）

  同日 李国钦函邀胡适出席 7 月 31 日在纽约 The Lotos Club 举行的晚宴。（中国社科院近代史所藏"胡适档案"，卷号 E-269，分号 1）

7月21日　胡适函谢恒慕义寄来的 Eminent Chinese of the Ch'ing Period, 1644—1912 第二册自己论戴震的笔记，今做出如下更正。（中国社科院近代史所藏"胡适档案"，卷号 E-237，分号 2）

同日　Harry T. Silcock 致函胡适云，自己计划7月31日到纽约，希望拜访胡适。（中国社科院近代史所藏"胡适档案"，卷号 E-343，分号 1）

7月23日　杨联陞复函胡适，告自己与周一良都认为"郑德坤实在该骂"。又指出：《全氏五校本》的"题辞"似乎过分夸张注中有疏之重要性，这虽不足为作伪的旁证，总是有点儿奇怪。萧一山的《清代学者生卒及著述表》里，赵一清没有生卒年月。（《胡适遗稿及秘藏书信》第38册，282页）

7月26日　The American-Chinese Group 秘书 William Edwin Diez 函邀胡适出席该组织8月10日举行的第四次会议，并附寄一份会议议程。（中国社科院近代史所藏"胡适档案"，卷号 E-178，分号 2）

7月28日　Margaret Sanger 电邀胡适出席周二在 Plaza Hotel 举行的晚宴。（中国社科院近代史所藏"胡适档案"，卷号 E-335，分号 1）

7月30日　胡适函谢 Pan American Airways System 的副主席 Samuel F. Pryor 寄赠其著 A Forum of the Future，期望还能获得其他份。（中国社科院近代史所藏"胡适档案"，卷号 E-106，分号 16）

同日　胡适函谢 Ruth Abbott 寄赠之 The Review 杂志第18卷第2期。（中国社科院近代史所藏"胡适档案"，卷号 E-89，分号 1）

7月31日　哈佛大学的财务主管 Roy V. Perry 函告胡适：经投票通过，1944年11月1日至次年6月30日，胡适的薪资总额为8000元。（中国社科院近代史所藏"胡适档案"，卷号 E-486，分号 1）

8月

8月1—22日　胡适到马里兰州格伦伯尼镇休假、避暑，不曾作文字，友朋往来特别多。（台北胡适纪念馆藏档，档号：HS-LS01-001-027；《胡适遗稿及秘藏书信》第18册，416页）

8月5日　F. Kimball 函谢胡适 31 日给 Philadelphia Museum of Art 的信以及关于 Crozier 的水晶的意见。（中国社科院近代史所藏"胡适档案"，卷号 E-254，分号 7）

8月12日　朱文长致函胡适，自述近况。谈及近年来国内道德水准下降。认为建立重工业是第一要务，预测明年各战争可结束。又谈到希望到欧美留学，希望胡适帮忙留意机会。（《胡适遗稿及秘藏书信》第 25 册，268～272 页）

8月15日　王重民致函胡适，云：

> 先生在近六七月间究治《水经》一案，所得的成绩与毅力，启示于重民者极大！重民自开始学读书，学作文，最缺乏的是大毅力，总是把大问题暂时搁起来，所以从来没有写过一篇长文章，延至今日，遂成习惯：没有一天能专注意一个问题，也没有一周能专写一篇文章，所以只能产生一些札记式的题记了！看到先生竟能在六七个月的时间，专来解决一个问题，而不为别的问题所牵引，实在敬佩！回纽后想又继续"申戴"了！我学术史上这一个污点，大约在此一二月间，先生便用大笔（指用中文）完全涂去了！
>
> 《清代名人传略》的第二册已完全印讫，专待装订了；先生的 note，加印了五百份……（《胡适遗稿及秘藏书信》第 24 册，175 页）

8月16日　霍恩贝克致函胡适：为 8 月 10 日晚在 Council House 的会议上未能晤面表示遗憾。从李国钦处得知您将留美一段时间，期望能晤。（中国社科院近代史所藏"胡适档案"，卷号 E-231，分号 2）

同日　Robert Redfield 函谢胡适傍晚的招待。自己将前往中国，可能在 9 月 15 日离美。若需要帮忙带信到中国，请开口。（中国社科院近代史所藏"胡适档案"，卷号 E-324，分号 7）

8月17日　康奈尔大学校长 Edmund E. Day 函告胡适：您获选为 1946—1947 学年度康奈尔大学马圣格讲座演讲人，做 6 个系列的中国哲学史的演讲，期望能接受邀约。（中国社科院近代史所藏"胡适档案"，卷号

E-172，分号 5）

同日　Pjnsters S. Smith 寄邀请函与胡适：The Newport Reading Room 管委会邀请您成为荣誉会员。（中国社科院近代史所藏"胡适档案"，卷号 E-490，分号 1）

8月20日　胡适又改写早前所写《下篇：试猜猜这篇"提要"里的两句谜语》一文。次年1月12日又注记："此文须重写定。"并拟好纲目。（《胡适遗稿及秘藏书信》第1册，336～384页）

8月23日　胡适复函杨联陞，谈及：

<blockquote>
汉简全部由沈仲章救出，送到香港，二次照相后，全部寄给我。现存国会保存。（锁钥都在我处。）装置全依二次照相时的次序、层次；因我怕二次制版又全毁了，所以不移动原来层次，以便为第三次制版之用。因此，我不曾向外宣传，也不曾允许展览。现此批存件已由"安全地"运回国会，将来当然有供学人研究的机会。我下次去华府，当一查此事，看看有无"专室存储，随时开看"的方便。（台北胡适纪念馆藏档，档号：HS-LS01-001-027）
</blockquote>

8月24日　裘开明致函胡适云，得读赐下之《水经注版本考》，得益不少。兹将哈佛所有《水经注》本子以铅笔注出。阅毕杨联陞交给的《跋郑德坤的〈水经注引得〉》后，曾转呈叶理绥，渠表示将来编辑的稿件最好先交由中国学者校阅以减少错误。（《胡适遗稿及秘藏书信》第4册，81页）

8月27日　郑天挺日记有记：龙荪新自美国归，谈胡适上年本欲返国，以得钱端升信从缓，现为戴校《水经》辨诬云。（《郑天挺西南联大日记》〔下〕，920页）

8月30日　胡适复函杨联陞，比较喜欢杨的两首诗中的《梦话》一首。寄上旧日作诗《无心肝的月亮》。（台北胡适纪念馆藏档，档号：HS-LS01-001-028）

同日　Waldo Gifford Leland 致函胡适云：从 The Havard Alumni Bulletin 看到您将接受哈佛大学两学期教职之公告，洛克菲勒基金会期望能得到您

在补助金支持下的研究项目之工作报告。（中国社科院近代史所藏"胡适档案"，卷号 E-266，分号 1）

9月

9月2日　下午，杨联陞来访。(《胡适之先生年谱长编初稿》第五册，1854页）

9月3日　下午，冯家昇、王毓铨、杨联陞、周一良夫妇来访。胡适请他们外出吃饭。(《胡适之先生年谱长编初稿》第五册，1854页）

　　按，据9月11日杨联陞致胡适函(《胡适遗稿及秘藏书信》第38册，283页），可知9月上旬杨在纽约共拜访胡适三次，另一次在何时，待查。

9月4日　胡适有《记岑钞赵书〈四库〉本的阙叶》一文。1945年12月13日又有注记。(《胡适遗稿及秘藏书信》第3册，37～42页）

9月5日　胡适有《赵一清生卒年》一文。(《胡适遗稿及秘藏书信》第3册，86～90页）

同日　胡适致函王重民，云：

> 七月间写成"申戴"文的一小半，已有万余字，专写全、赵、戴依据十六七世纪以下积聚的成绩，当然走上"不谋而合"的路，其结果是很可惊诧的大同小异。——此段太长，颇不满己意。……
>
> 前夜我想另变一格局，不完全依我的 note 的局势，而先从"破妄"下手，把张穆以下的妄说先扫清了，然后"立说"。
>
> "破妄"实不难，其实太容易了。例如张穆的《辨诬》，实无一条可以成立的证据。又如王静安的长《跋》，细分析之，只举了一条证据——即渭水注中脱简一叶——而这一条证据全不能成立。又如孟心史诸文，表面似证据甚多，其实无一条可算证据！因为他的出发点只是张穆的"夫近刻讹云者，对原本不讹而言也；原本何指？指《大典》

本也"一句话，而这句话根本不能成立。

但这案还有一个重要之点，我写英文的 note，可以说："There is absolutely no evidence to show that Tai Chen saw or utilized the work of Chao I-ch'ing..."就够了。因为英美的法庭上，只要陪审人承认证据不够证明被告有罪，被告就被宣告无罪了。但我写中文报告，这还不够！我还得进一步提出证据来证明戴氏不曾得见全、赵诸家的《水经注》，故没有偷全、赵书的机会！

....

"全氏校本"已证明为后来伪造，故反证已够了。

若此诸证足证东原未见赵书，则全案判决更容易使人心服了。（《胡适遗稿及秘藏书信》第18册，416～420页）

9月7日　王重民致函胡适，告国会图书馆新得重庆寄来的一批杂志，其中"答邵二云书"曾提及戴震，颇重要，又令其妻抄呈。又钱穆得一部《孟子私淑录》，翌日拍照后呈上。（《胡适遗稿及秘藏书信》第24册，33页）

9月8日　S. Mmeun 函谢胡适吊唁 Quezon 总统之丧。（中国社科院近代史所藏"胡适档案"，卷号 E-395，分号1）

9月11日　胡适致函王重民，云：

本拟九月九夜来京，但后又变计不来……（章学诚《答邵二云》长书）实甚关重要，其中所论半是半非，皆足供史家参考。半是者，实斋确是当日最能赏识东原的哲学方面的重要的一人，此意我在《实斋年谱》中首先指出。半非者，实斋以"绍兴师爷"的眼光看东原的哲学，感觉其为程、朱之最大敌人，故必出全力打击东原。但东原的著作里，很少可以攻击的材料，故实斋专攻他的"口说"。他用这些"固不必执以为有，亦不必辨以为无"的传说做攻击的对象，这是很可鄙薄的手段。（《胡适遗稿及秘藏书信》第18册，421～432页）

按，王重民复函作于9月13日，载《胡适遗稿及秘藏书信》第24

册，35～38页。

9月12日　胡适请Dr. Robert L. Levy为自己检查身体，"经过甚好"。（据《日记》）

同日　胡适有《女人缠足》一文。（《胡适遗稿及秘藏书信》第5册，474～475页）

9月14日　王重民致函胡适，再申说：戴震于《水经注》《方言》《大戴礼》三书，校而非辑，易贻人以反对之口实。（《胡适遗稿及秘藏书信》第24册，39～40页）

同日　杨联陞致函胡适，谈及对南北朝制度的看法：北朝每务复古，最喜欢学两汉甚至上溯成周。南朝不惮改作，大抵近承魏晋。经济方面：北朝的均田，至少在理论上继承周、汉的传统。南朝的课田、荫客诸制度，似都从魏晋变出。地理方面：北朝所据是周、汉中原，山东衣冠之族，尽量保持传统，所以政府也多仿旧制。江左偏安，大抵是新辟之土，不能不用新制度适应。心理方面："蛮族要自居正统，总喜欢称述中国的老祖宗，江东治者都是汉族，居之不疑，反用不到从制度方面标榜了。"（《胡适遗稿及秘藏书信》第38册，284～285页）

9月16日　沈从文致函胡适，谈及近年的新文学改革运动和几位作家朋友的近况，又拜托胡适为其小说英译本作序言，又谈到自己希望到美国住两三年等。（《胡适遗稿及秘藏书信》第27册，145～154页）

9月17日　胡适复函王重民，谈及：

顷写《审查全、赵、戴〈水经注〉疑案的报告》，已成第一章：缘起，主要材料，判决主文。次为：

（2）评判向来学者审判此案的方法上的错误。

（3）《全校本》辨伪。

（4）为赵一清书辨诬。

（5）证明戴震没有见着全、赵的书。

（6）证明戴震曾充分采用《永乐大典》本，但他的校本不仅依此一本……

（7）说明段玉裁在嘉庆十九年已抛弃他在十四年的主张；并说明他的"闭户暗合"论的真确。（《胡适遗稿及秘藏书信》第18册，433～442页）

同日 胡适再致王重民一函，谈及：

顷作一英文短论，有一语云：To think straight, one has to think internationally。中国思想界领袖，自康、梁以下，以至吴稚晖、蔡孑民、胡适之，皆充分讥评中国旧文化，充分欢迎世界新学术思想。孙中山初期尚有此态度。至他作六度"民族主义"演讲，则不能不顺口恭维"中国从前的——旧道德是驾乎外国人（之上）"。至今日之妄人如陈立夫之流，更不足怪了。凡民族主义的运动，多带有守旧的成分，多不能不鼓吹旧有的国粹。（《胡适遗稿及秘藏书信》第18册，443～444页）

9月18日 胡适致函王重民，云：

……我因此推想《四库全书》本戴校《水经注》也许还保存了东原的详细校记，比聚珍版本为详！请老兄记着，将来得见文渊阁库本时，必须一校。若果如我所推想，亦值得影印出来。又将来得见文渊阁库本的赵东潜书，我们必须抽出影印，以释群疑。此事也请老兄记在心上。

近来始更明白"笨校""硬校"之重要。《库》本赵书帮助我们解决了许多问题，是其一例。

我又发现薛刻的《全校水经注》所据的王梓材本乃是一部极多错误的钞本，并不足代表王梓材的重录定本……

故这部王梓材原本似尚有副本在屠家，将来也有一校的价值，可以使人知道他伪造的书究竟是个什么样子。（《胡适遗稿及秘藏书信》第18册，445～447页）

9月20日　胡适函谢 Stettinius 寄送自己在9月10日去弗吉尼亚旅行时所拍的照片。(中国社科院近代史所藏"胡适档案",卷号 E-110,分号11)

9月21日　胡适应邀在纽约美以美会的基督教堂的"Building a Better World"讨论会上发表谈话。(台北胡适纪念馆藏档,档号：HS-NK05-332-026)

9月23日　The P. E. N. 主席 Carl Carmer 函邀胡适出席10月25日 The American Center of The P. E. N. 的晚宴,会议将讨论 The P. E. N. 在战后世界中的位置。(中国社科院近代史所藏"胡适档案",卷号 E-145,分号3)

9月25日　哈佛燕京学社社长叶理绥致函胡适云,将在报刊上公布胡适在哈佛授课的信息,询问胡适有无增加的讯息。(中国社科院近代史所藏"胡适档案",卷号 E-187,分号3)

9月27日　胡适有《天水始昌县,故城西也》一篇读书笔记,次日又有《翟员》一篇。后来,胡适将此二篇连同其后一二年内所写《杨守敬所举"戴袭赵"的十二证》《杨守敬所举"赵袭全"之证二条》《杨守敬胡涂判案的一例》《范晔怎么成了范奕？》诸篇总名为"杨守敬审判全赵戴三家《水经注》的错误"。(《胡适遗稿及秘藏书信》第3册,305～410页)

同日　杨联陞致函胡适,认为冯家昇对《水经注六韵》年月问题的疑问很有道理。《六韵》之作恐是在四十年或四十一年二月。又云：

> 于敏中的信,口气不很清楚。我们反复诵读,觉得当时局面恐怕是：在卅九年七月之前,《水经注》已经由戴办好,主要根据戴自己校本,或者也据《大典》增益数事。后来李发现戴本与《大典》多有不同,主张尊《大典》本,所以以为"尚有可商"……于自谦学殖浅薄,又因自己方在扈驾,与李、戴(等于《大典》本与戴本)相隔甚远无法论定。东原研究有年,必有道理,但如有与《大典》不同者,亦当酌定。这是他也赞成另办。后来所谓"无嫌无疑",也是说的归功《大典》或戴应得其平。所以十月间《提要》(或《进书表》)把校正之功全归

《大典》，厘定经注之功归之馆臣（等于戴）。但实际七月至十月之间时间甚短，恐只有另办之名，而无另办之实。所以今日聚珍本与戴本大体相同，而与《大典》本多有出入。戴氏以自己只得一半功劳，所以不高兴，把自己的书单印出来，不提《大典》一字。——这一段故事，记得您大略对我说过。(《胡适遗稿及秘藏书信》第38册，286页）

9月29日　胡适到华盛顿住两天。(《胡适遗稿及秘藏书信》第17册，401页）

10月

10月2日　胡适复函胡祖望，答复其求学中困惑的几个问题。认为求学费用问题并不重要，提及如何选择学校诸事。又谈及翁文灏之子战死事。(中国社科院近代史所藏"胡适档案"，卷号E-117，分号1)

10月5日　胡适致函顾临，云：

This is a brief letter to report what has happened since we last talked on the telephone.

I went to Washington last Friday and stayed forty-eight hours. The informal meeting of the China Foundation trustees took place on Saturday at 2:30 p. m. and lasted until about 6 o'clock. The enclosed draft summary prepared by Miss Castle, the secretary to Dr. Sze, will give you a general idea of the meeting.

On Saturday morning I called on Mr. H. H. Kung. He told me that he was pleased to know that the question of the China Foundation is now postponed till his return. He gave me a copy of a telegram from Mr. Chang Li-seng, Secretary-General of the Executive Yuan dated the 27th of September. I give you a translation of this telegram as follows:

"Yours of the 18th received. The liquidation of all Boxer Indemnity

Boards was a part of a general resolution of 'Economy and Abolition of Duplicating Organs' under consideration by the Supreme War Council. It was resolved that the Indemnity Boards be given a definite date to wind up their affairs and the detailed procedure be left to the Executive Yuan to work out.

"After receipt of your instruction, I have consulted Dr. C. H. Wang and Dr. Wong Wen-hao and we all agree that decision on this matter could be postponed till after your return."

I reported this telegram to the meeting which included Mr. Willys Peck of the State Department as observer. We all felt at least a little comforted by the decision of temporary postponement.

On Saturday night I had dinner with Mr. Kung who showed me a telegram from Dr. Wong Wen-hao, thanking Mr. Kung for his efforts in the interest of the China Foundation, but suggesting that Mr. Kung instruct the secretariat of the Executive Yuan formally informing the Indemnity Boards of its decision to postpone the matter until Mr. Kung's return. I strongly urged Mr. Kung to give such instruction as suggested by Dr. Wong, but so far I have no way of ascertaining whether such instructions have been given or not.

Mr. Peck participated in our informal discussions. He made us understand that the Department of State, or at least his own Division of Cultural Relations, was deeply interested in the fate of the China Foundation, especially as the Department is going to plead before Congress for a large appropriation in the interest of the Chinese students and Chinese education in general, covering possibly a number of years.

The publication of the news of the possible arbitrary abolition or liquidation of the China Foundation by the Chinese Government would have a most disastrous effect on the Bill. I suggested to him that such information might be placed in the hands of the American Ambassador for the information of the Chinese Government.

1944年　甲申　民国三十三年　53岁

The trustees at this meeting evidenced little or no interest in acting on Mr. Zen's letter of August 30. The meeting voted to have a statement prepared by Arthur Young, Bennett and myself. Mr. Young has been asked to make the initial draft which so far has not yet been sent to me.

I shall report to you when I learn more of recent developments.（中国社科院近代史所藏"胡适档案"，卷号E-95，分号14）

同日　胡适函谢Hancey W. Castle之10月3日来函及附寄之会议摘要稿（中国社科院近代史所藏"胡适档案"，卷号E-147，分号4），并询是否可复制给包括顾临在内的董事们传阅。另代表中基会董事会答谢上周六会议之志愿服务。（中国社科院近代史所藏"胡适档案"，卷号E-91，分号8）

同日　胡适致唁函与罗斯福总统夫人，吊罗斯福总统之丧。（中国社科院近代史所藏"胡适档案"，卷号E-483，分号1）

10月6日　E. J. Tarr致函胡适云，遗憾在华盛顿与胡适错失见面机会。邀请胡适出席1月举行的太平洋国际学会会议。得悉胡适将停留在哈佛一年，送上祝福。函介The Winnipeg Free Press的编辑Bruce Hutchison。（中国社科院近代史所藏"胡适档案"，卷号E-356，分号11）

10月7日　胡适日记有记：

> 我因研究《水经注》大疑案，始悟中国向来的法堂审案的心理成见是不利于被告的。我作英文Note述此案重审的结果，我只须说"There is absolutely no evidence that Tai Chen had seen or utilized the works of Chao & Chuan"就够了。但我写中文报告时，才感觉这种说法不够——在中国人的心里，"空穴来风，必有所自"，故被告必须提出有力的反证——单驳斥原告所提证据是不够的。
>
> 我因此改写我的《水经注》案全文，一面驳斥百年来提出的证据，一面提出戴未见全、赵书的十证。
>
> 我因此又想到中国法庭的"证据法"的问题与人权的保障有关切，若证据法不明，法律的实施将不够保障人民的名誉与生命财产。"罪疑

惟轻",虽是比较文明的名言,但这还不够。"罪疑惟轻"等于说"证据不够,只宜从宽发落"。这个从宽发落的人终身不能洗刷他的冤枉,不能恢复他的名誉。

故为保障人权计,中国法理学应该向"证据法"的方向发展。

九月卅夜,我在美京与刘锴谈此意。

十月七日,我与武汉大学法律教授葛扬焕先生谈此意。

我问葛君,今天中国诉讼法的证据原则是什么?

他说,是所谓"自由心证"!(《胡适遗稿及秘藏书信》第17册,402～403页)

同日 Waldo Gifford Leland 将研究补助金最后一笔款项的支票函寄胡适。期待胡适在哈佛的课程以及"中国思想史"研究能在美国出版。邀请胡适出席 The American Council of Learned Societies 行政委员会于10月26日举办的午宴。请胡适准备好在研究补助金支持之下的工作报告以向洛克菲勒基金会做最后报告。(中国社科院近代史所藏"胡适档案",卷号 E-266,分号1)

10月10日 Charles Chaos 函谢胡适来函及寄赠的"胡适致 Mrs. Willkie 函"副本。(中国社科院近代史所藏"胡适档案",卷号 E-151,分号3)

同日 Philip C. Jessup 函邀胡适出席 The Century Club 于11月2日为新会员举行的特别晚宴,邀请胡适与 Percy Corbett、Huntington Gilchrist、Ted Dunn 等人同桌。(中国社科院近代史所藏"胡适档案",卷号 E-245,分号1)

同日 R. Newton Mayall 函邀胡适出席 The Boston Authors Club 于11月1日举办的年度晚宴。(中国社科院近代史所藏"胡适档案",卷号 E-292,分号2)

10月19日 Waldo Gifford Leland 函邀胡适出席 The American Council of Learned Societies 行政委员会10月26日在纽约 The Harvard Club 举办的午宴;邀请胡适出席1945年1月25日、26日在波士顿举办的庆祝该组织成立25周年纪念年会。(中国社科院近代史所藏"胡适档案",卷号 E-266,

分号1）

10月20日　Diether von den Steinen 致函胡适云，据 John C. Vincents 的建议，寄上课业简介及个人著作目录，并述拟申请 Guggenheim 奖助金之事。（中国社科院近代史所藏"胡适档案"，卷号 E-365，分号5）

10月22日　胡适乘坐下午1点的火车去哈佛大学，讲8个月的"中国思想史"。周鲠生、王重民、刘修业、于焌吉、刘锴、梁鋆立、陈翼枢来送。5点30分到康桥，赵元任夫妇、张景文、杨联陞、王恭守夫妇来接。住 Continental Hotel。（《胡适遗稿及秘藏书信》第17册，404页）

同日杨联陞日记：

下午到贾（贾德纳，Charles Gardner）府略谈。到赵（元任）府。同接胡（适）先生，五时半到。到 Continental 104 小坐（张福运、王领事夫妇及子，赵先生），饮酒。赵府晚饭。（《卜居与飘零——胡适在哈佛任教的一年（上篇）》，《文汇报》，2018年11月16日）

10月24日　杨联陞到酒店看望胡适，谈《水经注》研究，还商讨为学生们准备的"中国思想史"一课的选读材料，胡适要杨代选学生阅读可用之西文资料。（《胡适之先生年谱长编初稿》第五册，1855页；《卜居与飘零——胡适在哈佛任教的一年（上篇）》）

同日　美国哲学学会东方部秘书兼财务长 Howard B. Jefferson 函邀胡适出席该部举办的"The Distinctive Contributions of Philosophy to the Issues of War and Peace"会议。（中国社科院近代史所藏"胡适档案"，卷号 E-244，分号3）

10月26日　胡适致函王守竞、冯恕，请他们转发复翁文灏电。胡适函中说：

今早从康桥回，得读尊处转来詠霓兄巧电钞本，此电昨夜已得读。此事似甚急迫，詠公颇避嫌，恐延误事机。中基会本身事小，所管清华基金关系更大。故弟此电颇戆直，有"激将"之意，实亦因事机实

不容推缓也。(《胡适中文书信集》第 3 册，461 页)

10 月 27 日　胡适复电翁文灏：

巧电悉。九月卅弟在美京，孔出示兄致彼电。弟即力劝彼训令行政院秘书处通告庚款机关。次日弟即离京，以后未见孔，不知其发此电否。弟意此事应向介公直陈，不可坐待孔电。弟切盼兄亲见介公，陈说中基会为中美两国教育文化关系之重要象征，美国朝野均甚注意，美外部尤关心此问题，一旦撤销之消息发表，必引起教育界与舆论界之大反感。况美国人最尊重信托基金之保管，前年正月弟有千言长电致兄等，详述当日信托银行律师指出本会驻美委员会接管基金之不合会章。后经十一个月之烦难磋商，由本会依法修改会章，银行始承认弟等接管。此种严格尊重信托基金之风气，务乞为介公详陈之。万一将来政府须在美国法庭经过法律手续始能接管此区区六百万金，其反宣传之恶影响，何堪设想。吾兄向为介公敬信，务乞直接进言。如有不便，可作为弟之意见，托兄转陈。上月孔之巧电亦应并陈。总之，此事关系政府信誉、中美邦交甚大，而当日审查原案者仅看作预算案中一小节目，实为蒙蔽介公，贻误国事。兄若避嫌不言，亦难辞责也。廷黻兄已起程飞回，弟曾托其为中基会事设法，并闻。(《胡适中文书信集》第 3 册，461 ~ 462 页)

10 月 30 日　晚，张其昀在醉香楼宴请胡适，王信忠、饶毓泰、裘开明、周一良、杨联陞等作陪。第二天，杨联陞自己请胡适就便饭。(《胡适之先生年谱长编初稿》第五册，1855 页；《卜居与飘零——胡适在哈佛任教的一年 (上篇)》)

10 月 31 日　周宜适来谈。胡适是日日记又记：

New York Times 的 Brooks Atkinson 有长文论 Gen. Stiwell 召回的事，竟老实攻蒋介石为 warlord:

...His basic ideas for political leadership are those of a warlord. He conceives of armies as political forces... Since the negotiations with Gen. Hurley began, the generalissimo's attitude toward American has become more resentful... Relieving Gen. Stiwell and appointing a successor has the effect of making an acquiesce in an unlighted, cold-hearted autocratic political regime.

Atkinson 住中国近两年，而所见如此！（《胡适遗稿及秘藏书信》第 17 册，405 页）

11月

11 月 1 日　杨联陞陪胡适到哈佛大学的福格艺术馆（Fogg Art Museum）参观，路上胡适顺便和杨联陞聊起了中国的旧式教育，特别提到"入塾前认数百字极重要"，而且还说，"五经文法文体并不统一"，因此读起来比四书要难。随后，他俩一同到赵元任家午饭。（《卜居与飘零——胡适在哈佛任教的一年（上篇）》）

11 月 2 日　郑天挺日记有记：蒋梦麟今年作为总代表代表中国出席太平洋国际学会，其余代表有胡适、施肇基，随员则有张忠绂、钱端升、浦薛凤、叶公超、吴文藻、宁恩承等。（《郑天挺西南联大日记》〔下〕，948 页）

11 月 3 日　胡适向 The 1945 Greater Boston Community Fund 捐款 20 元。（中国社科院近代史所藏"胡适档案"，卷号 E-486，分号 1）

11 月 6 日　胡适在哈佛大学第一次讲"中国思想史"，每星期一、三、五，上午 11 点上课。课堂都坐满了，9 人选，连旁听者共达 50 余人。杨联陞几乎每次都前往听讲。（《胡适遗稿及秘藏书信》第 17 册，407 页；《卜居与飘零——胡适在哈佛任教的一年（上篇）》）

11 月 11 日　胡适读王重民的《杨希闵传》。（《胡适遗稿及秘藏书信》第 17 册，408 页）

同日　晚，胡适应裘开明之宴，客甚多，有刚刚自北平逃出之吴宪。（《胡适之先生年谱长编初稿》第五册，1855 页）

11月13日　胡适对数学家 Dr. George Birkhoff 之死表示可惜，"他家夫妇待我向来很好"。又感慨汪精卫之死：

精卫一生吃亏在他以"烈士"出身，故终身不免有"烈士"的 complex。他总觉得，"我性命尚不顾，你们还不能相信我吗？"性命不顾是一件事；所主张的是与非，是另外一件事。此如酷吏自夸不要钱，就不会做错事，不知不要钱与做错事是两件不相干的事呵！（《胡适遗稿及秘藏书信》第17册，409页）

11月14日　Robert Redfield 致函胡适，云：

My trip to China has been postponed because of delays of transportation. Had I proceeded, I could not have reached China before January first, and I might have had to return by the same slow method of travel. Not enough time would have been left for China. So now I am hoping to make the trip when I can go by air.

May I keep your letters of introduction and use them at a later time? I shall venture to assume that I have your permission to do so, if I do not hear from you. I do not want needlessly to put you to the trouble of writing me. You have already been so generous to me with your time.（中国社科院近代史所藏"胡适档案"，卷号 E-324，分号7）

11月17日　胡适应邀去纽约到美国的中国艺术学会致开幕词，他说道：

...We are assembled here to inaugurate a kind of war work and a kind of post-war planning.

It is war work, because we recognize Chinese Art as one of the most important keys to the mutual understanding and friendship between two of the great fighting Allies in the war, China and the United States. It is serious war work, because at this critical hour every effort to maintain and enhance this mutual understanding and friendship is urgently needed in our common fight against our common enemy. And it is also post-war planning, because we want to continue and perpetuate that understanding and friendship in the decades and centuries to come when our two peoples must work together for a better world and a better associated life.（台北胡适纪念馆藏档，档号：HS-NK05-200-024）

11月20日　美国哲学学会东方部秘书兼财务长 Howard B. Jefferson 函询胡适能否为该部的下次会议发表演说，会议的主题是"The Distinctive Contributions of Philosophy to the Issues of War and Peace"。期望胡适能接受此邀约。11月28日，渠又来函催询。（中国社科院近代史所藏"胡适档案"，卷号 E-244，分号 3）

同日　Henry Allen Moe 函询胡适对于 Diether von den Steinen 研究评价的意见。因其人申请 John Simon Guggenheim Memorial Foundation 的奖助金。（中国社科院近代史所藏"胡适档案"，卷号 E-301，分号 3）

11月21日　Henry Lester Smith 致函胡适云：孟禄主席请我在1945年1月或2月召集 The WFEA 会议的美国与加拿大的理事会议。敬请就以下两点提供意见：1月或2月开会是否紧急；哪一周可以抵达会议。（中国社科院近代史所藏"胡适档案"，卷号 E-345，分号 3）

11月22日　胡适将《杨希闵传》寄还王重民，又云：

《范奕》一文，本想改作后半，匆匆未果。改定后当再寄呈。

....

《纲鉴易知录》与《古文观止》的著者吴乘权，我全不记得了！似记得《易知录》有自序，竟不记作者姓名了！

《显微录》之作，十分需要。甚盼早日写定。

《水浒传》的作者，至今不知为谁。《金瓶梅》的作者，似孙子书的猜测（李开先）为最近理。我为"小说"一门作此"显微"工作，终不能考定此二书的作者。（《胡适遗稿及秘藏书信》第18册，

448~449页）

11月24日　杨联陞日记有记：听胡先生讲春秋战国大局，一般宗教思想。(《卜居与飘零——胡适在哈佛任教的一年（上篇）》)

11月27日　胡适复函王重民：

又鄙见以为吾兄写此种小传时，最好随笔添注所依据的书籍，以便后来自己可以覆勘，并且可供后人的覆勘。此为旧日史馆成规，亦是世界学人通例。随笔记注毫不费事，而可以省自己与别人无穷的精力，似可试行之，使养成"注出处"的习惯，如何？

如钱宾四所记赵东潜生卒年，他当时若随笔记出处，何至使孟心史、郑天挺诸君与你我费那么多的时力去寻检？

又如邓之诚先生的《骨董琐记》，曾记蒲留仙作《醒世因〔姻〕缘》小说，我去问他出处，他回信说是缪荃孙说的；后来他又说是缪荃孙亲听见丁晏说的。过了多年，我才知道此条是他钞杨复吉的《梦阑琐笔》(《昭代丛书》)！缪荃孙与丁晏云云，都是邓先生的误记！（胡适《论学近著》页三四七~三四八；三九一~三九二）此事给了我不少麻烦，故特别写出作例子。

近日已读杨廷筠、毕拱辰、王徵诸传，与前册徐、李诸传合看，甚感觉那个时代一班有心人的严肃诚恳的态度至可敬爱。我在 Chinese Renaissance（pp.28-30）曾特别对此时代表示敬意。我引徐光启一段话（页30），最可表示这班有心人的用意。今读尊作杨廷筠传所记真实社以下半页，更可见他们当日都曾比较佛、基两教，而得到深刻的优劣定评，然后决心归天主教。《超性事实》，我未得读，将来很想一读……

我很盼望你将来能到那恢复后的北大去教授，并且盼望你（无论将来到何地去）在此时计画将来愿专力领导的研究学科。我认得吾兄这多年，只觉得你读书最勤最博，几乎无所不知。但我至今不敢说你将来治学会专向那一条路。便中很想听你自己说说这个问题。(《胡适遗稿及秘藏书信》第18册，450~454页)

1944年　甲申　民国三十三年　53岁

同日　胡适复函 Harvard Divinity School 院长 Willard L. Sperry：为迟复10月6日来函（中国社科院近代史所藏"胡适档案"，卷号 E-347，分号5）致歉。关于您邀请于1944—1945年担任 The Ingersoll Lecture 的讲座教席，愿接受此邀约，并建议选在1945年4月10日，请告知确切决定的时间。（中国社科院近代史所藏"胡适档案"，卷号 E-110，分号5）

11月29日　胡适函谢伊利诺伊大学教授 Clarence A. Berdahl 之11月9日来函（中国社科院近代史所藏"胡适档案"，卷号 E-128，分号1）以及随函附寄之伊利诺伊大学 The Third Series of the James Lectures on Government 的演讲稿。（中国社科院近代史所藏"胡适档案"，卷号 E-90，分号10）

同日　胡适复函 Herrymon Maurer：为迟复11月17日的来函以及答谢于访问 Cambridge 期间所受的友善招待致歉。很喜欢读您的社论"The U. S. in China"，每一句话都很认同，这是有关中国的一篇好文章；也很愉快地阅读您研究老子的书籍。哈佛大学的 Ware 教授曾翻译拙著 *Dating Lao Tzu*，为尊著所引用，感到荣幸。最后，感谢您赠送订期一年份的 *Fortune* 杂志，但仍未收到8月到11月的杂志，敬请协助查询此事。（中国社科院近代史所藏"胡适档案"，卷号 E-102，分号13）

同日　胡适函辞康奈尔大学校长 Dr. Edmund E. Day 邀请担任1946—1947年度 Messenger Lectureship 的邀约。理由是：1945年6月在哈佛课程之后有可能会返回中国，不能接受任何会束缚行动自由的聘约，政、学两界的朋友都催促我在1945年夏天之后别做任何确定的承诺。从研究、著述的条件以及健康方面考虑，我自然愿意留在美国，以完成自学生时代就已开始的写作计划。我的朋友们督促我尽快回国，假如我滞留不归，我会感到不近人情。因此我犹豫了3个月之后，决定辞却您的邀约。这样，您就可以再选择其他更合适的人选了。（《胡适遗稿及秘藏书信》第17册，412页；中国社科院近代史所藏"胡适档案"，卷号 E-92，分号3）

同日　胡适函谢 William M. Chadbourne 之11月21日来函邀请参加1945年1月11日举行的 The Century Association 的年度会议与晚宴，但遗

憾因周五上午要在哈佛大学演讲，另外，还有可能作为中国代表团成员出席太平洋国际学会的会议，故不能参加。（中国社科院近代史所藏"胡适档案"，卷号 E-91，分号 9）

11月30日　杨联陞访问胡适，谈齐学，胡适说："胶、密等地避难者生活安定，产黄老之学。"胡适又跟他分享自己有关张籍和刘禹锡的诗作编辑混杂的看法，认为两位同时代的诗人，张籍的诗集中杂有刘禹锡之作。（《卜居与飘零——胡适在哈佛任教的一年（上篇）》）

12月

12月4日　胡适复函 H. B. Jefferson，为迟复早先的两函致歉。关于2月的 The American Philosophical Association 的 Eastern Division 会议，经苦思之后，想不出对此次会议主题有何贡献，故婉拒参加。（中国社科院近代史所藏"胡适档案"，卷号 E-98，分号 6）

同日　胡适复函 Religion United 的荣誉秘书 Moses Jung（来函藏中国社科院近代史所藏"胡适档案"，卷号 E-249，分号 13）：由于自己不信仰任何宗教，故不能被称作"Representative Layman of Confucianism"，仅仅算是思想史与信仰史的研究者。（中国社科院近代史所藏"胡适档案"，卷号 E-98，分号 10）

同日　胡适复函 Jeannette Monroe，为无法参加其在12月11日的晚餐会表示遗憾，因每周的一、三、五都要上课。期望当1945年6月在哈佛的课程结束之后可以回到纽约。（中国社科院近代史所藏"胡适档案"，卷号 E-103，分号 15）

同日　胡适致函哈特曼夫人，感谢其六年来的特别看护、照顾，辛苦地为胡适谋舒适。（《胡适遗稿及秘藏书信》第17册，413页）

同日　胡适日记又记："下午报纸登出宋子文代行行政院长职务。如此自私自利的小人，任此大事，怎么得了！"（《胡适遗稿及秘藏书信》第17册，413页）

12月5日　张其昀来访，胡适谢其主张他担任中研院院长之说：

……［张其昀］和吴景超闲谈，他主张要把中央研究院脱离政治，恢复学术独立；他们主张要我回去做院长。

我对他说：我决不要干此事。我是一个有病的人，只希望能留此余生，做完几件未了的学术工作。我不能做应付人、应付事的事业了。

美国的 OSRD（科学研究发展总局）去年一年的经费是 $235,000,000。每星期费四百五十万美金。中研今日的经费只够各所的人员喝稀饭。此次桂黔避兵迁徙，损失必更大。此时虽有能手，亦无法改善中研。（《胡适遗稿及秘藏书信》第 17 册，414 页）

12月6日　胡适写长函与吴景超，大意谓：

……近几个月的紧张，是打破三年来"自大""苟安"的迷梦的棒喝。若能充分运用，可以有救亡图存的转机。

今日之事，只有自己埋头拼命苦干，对友邦诚心合作，此外别无他路可以救亡图存。（《胡适遗稿及秘藏书信》第 17 册，415 页）

同日　晚，胡适在 Lowell House 谈话，说：

The problem of China in the War is simply the problem of a scientifically and technologically unprepared country having to fight a modern war against a first-class military & industrial Power. The problem has not altered a lit in $7\frac{1}{2}$ years. Our Allies have helped us to alter it in the last 3 yr.'s. Our enemy has planned from the beginning that our Allies must not alter it by giving China substantial aid.（《胡适遗稿及秘藏书信》第 17 册，415 页）

同日　胡适致函 Harold James Baily：请问可否将您所复印的我的演讲稿寄来纽约的住处，会亲笔签名之后于圣诞节那周寄还。（中国社科院近代史所藏"胡适档案"，卷号 E-90，分号 1）

同日　胡适函谢 Carolyn Kizer 来函：请函告奖学金的确切名称以及负

责奖学金的教授的名字。知道令尊回到中国,很是羡慕,送上最好的祝福。(中国社科院近代史所藏"胡适档案",卷号 E-99,分号 7)

同日 胡适复函刘驭万:已收到您 12 月 5 日来函以及您给孔祥熙信的草稿。附上我的修改稿,如果您同意,我希望您把这修改稿在我们共同签字之前交陈光甫过目。我的修改是使其更委婉,您的第一段有些生硬,期望您不要介意我的修改。(中国社科院近代史所藏"胡适档案",卷号 E-100,分号 22)

12 月 7 日 胡适在 Harry Augustus Garfield 著 *Lost Visions* 一书的书名页前页有题记:

> Dr. Harry A. Garfield 同他的夫人在华府时,常来"双橡园"看我,常邀我去他们家里吃饭闲谈。此书记他们 1934 年游日本、中国的感想,特别留意我的谈话与文字,使我读了很深刻的感觉平时对人说话与发表文字都有很严重的意义,都不可不说真话,说负责任的话。这位前辈老友如此注意我的言论(我完全不知道),真使我格外感觉惶恐,格外感觉做一个"公民"的责任严重。(《胡适藏书目录》第 4 册,2428~2429 页)

同日 Nancy Lee Swann 致函胡适,云:

> When up in New York City yesterday, together with the two Chinese members of The Institute for Advanced Study, Drs. Ch'en and Hu, we called over the telephone hoping to find you at home with leisure for us to call. As we rather had thought, you had gone back to Cambridge, so we did not have the privilege of seeing you.
>
> With two men along I had thought that if it so happened that you had finished with the Gest Books on loan, it would have been a good chance to have help in bringing some, if not all, of the volumes down to Princeton. You recall that you have not only the CHAO I-ch'ing manuscript copy of Shui-

ching-chu, but also the WANG Hsien-ch'ien print edition.

When down in Washington last month for a few days, I saw on Dr. Hummel's desk a copy of the second volume of the EMINENT CHINESE... containing your English article, so I look forward with great expectation to the article you have in mind, if not on paper yet, in Chinese, as well as the version concerning the CHAO I-ch'ing copy for the Gest Library, in your own hand writing.

It would have been such a pleasure to have found you at leisure for a call last evening that I venture to express my regret that we did not have the opportunity.（中国社科院近代史所藏"胡适档案"，卷号 E-353，分号 1）

12月8日　晚，胡适在 William Henry Chamberlin 家吃饭，同席有 Prof. Haberler, Mr. Markham。曾在南斯拉夫 Tito 军中住多时的 Markham 说"那儿的游击队情形，共产党情形，都可借作我国沦陷区游击区情形的记载"。（《胡适遗稿及秘藏书信》第17册，416页）

同日　周鲠生致函胡适，谈及杨端六、袁昌英之女拟来美留学，请胡适帮忙联系大学和奖学金。又谈及国难日甚，军事危急，请胡适策动美国增援：

旅美人士关心国难，不胜皇皇。每有人来谈，辄思及兄，以为此时唯一可从旁出力者也。目的在策动英美尽速向滇黔军事增援。方法不外两种：一为说动一部分在野说话有力之美国人士（学界、商界及政界）联名投函《太晤士报》或（及）致函总统呼吁援华；其二为我方有地位信望之人士致函或访晤美政府要人请求。弟意（文伯意亦同）最好兄自己到华盛顿一行，请见 Stimson 先生切实一谈，其他如摩根索等亦不妨托他说话。至少兄亦可致 Stimson 一信，告以情形危急，有早速积极赴援之必要。本来不在其位，不谋其政，平时大家不得不避嫌疑。但现值军事火急，大局阽危，吾人如能尽一分力，即须不顾一切而为之矣。望兄考虑如何进行。如想有更好的方法，亦可并行之。（《胡

适遗稿及秘藏书信》第 30 册，104～106 页）

12 月 9 日　胡适与裘开明、杨联陞同去看 50 年前在中国传教的老传教士 Robert Lilley 自中国、日本带回的一批书，胡适以 500 美元买下这些书。（《胡适遗稿及秘藏书信》第 17 册，417 页）

12 月 10 日　胡适有《记熊会贞的"补疏水经注疏遗言"》一文。（《胡适遗稿及秘藏书信》第 4 册，82～92 页）

12 月 11 日　Business Week 的 Brownlee Haydon 函请胡适帮忙将他父亲研究中国哲学的文章译成中文。（中国社科院近代史所藏"胡适档案"，卷号 E-223，分号 3）

12 月 12 日　周鲠生复函胡适。再谈国内战事危机及向美国请援事：

一、本来政治、军事互为因果。中国目前则军事急于政治。美方看中国事太偏重政治问题，而不知军事失利，则政治问题更为困难。现在敌军直捣后方根据地，而空谈民主，徒增纠纷，无裨于时局。

二、国民政府为中国政治及军事之重心所在，现已偏在西南一隅，昆明、贵阳及重庆三据点万不可再有动摇，故目前应尽速为一切可能之军事援助，以安定前线。于必要时英美似应就目前战局变化情形，对已定之远东军事的 strategy 为必要之 Readjustment。

三、美国向来对中国抗战之援助，有两个根本错误观念：（一）"给你多的东西，你也不会发生大作用。"（二）"不给你多的东西，你也不会塌台。"前一个观念之错误，已经缅北战争证明：中国军队如有相当新式的训练及武器，亦的确能打胜仗，收复地方。后一个观念之危险，则亦经此次日军长驱直入，危及我后方根据地，而表现明白。中国已苦撑七年多，物质精神均损坏到极点。日人今以大力向西南猛攻，如果美国（及英国）不速以适当的军事援助，支持中国战局，前途必有不堪设想者。

四、中国今号称四强之一，而军事实力已不及法国，领土大部沦陷于敌手。除掉目前救急问题外，尚有扶植中国实力之根本问题，急须深切考虑。将中国造成强国为安定远东之绝对条件，此层久已为美政府当局所深切认识。但如何使中国能强？此决非能等到战后中国工业化成功后再由中国人自己从容解决之问题。中国将来能否真强有力，基础必须定于战时。如果在战事期中，中国不能建成强大的军力，直接对战胜轴心有贡献，则战后再成强大势力之机会已不多，而所谓四强或五强之一者，亦徒居空名而已。所以现在积极军事援华，一方为救危急，一方亦即为造成中国强大实力之基础。美国军事批评家如 H. Baldwin 之流，谓中国战场只有政治的价值而无军事的价值。殊不知中国若真失其军事价值，则将来政治的价值亦不能维持矣。(《胡适遗稿及秘藏书信》第 30 册，107～108 页）

同日　胡适在 *Ivanhoe*（by Walter Scott）扉页题记：

五十三岁生日，纽约与华盛顿的朋友们——朱士嘉、王重民、冯家昇、吴光清、韩寿萱、张伯训、陈鸿舜诸位先生——买了九册司各德的小说送给我。诸公的盛意可感，我当继续买"人人丛书"的司各德小说，以作纪念。卅三年十二月十二日，胡适。

书末又有胡适批注：

Dec. 12, 1944. 重读此书，颇嫌其拖沓。但仍感觉其魔力。我初读林琴南译本似在四十年前。今日追忆似林译底本或是删节本？当更考之。胡适。(《胡适藏书目录》第 4 册，2389 页）

12 月 13 日　杨联陞通过博士普通口试，考中国史秦汉至隋唐，日本史上古奈良平安，英国十八九世纪史。考试前，胡适笑谓系主任叶理绥："要不要帮忙同考，难他一难？"叶理绥笑谢。(《胡适之先生年谱长编初稿》第五册，1856 页）

同日　胡适复函 Murray Ellis：已收到 12 月 11 日的来函（中国社科院近代史所藏"胡适档案"，卷号 E-188，分号 3），我认为，因无法保障去中

国的旅行安全，所以您在中国任何大学寻求教职，都是不合宜的。因空运被限制优先使用在军事和外交官员，乘船又很危险。这就是中国大使馆和中国院校对您的资讯没有做出满意答复的原因。（中国社科院近代史所藏"胡适档案"，卷号 E-93，分号 3）

同日　胡适致电耶鲁大学 Silliman 学院教授 Filmer Stuart Cuckow Northrop：遗憾 12 月 14 日无法在纽约的 The Century Association 与其共进午餐，因要在哈佛上课，没有办法留在纽约直到会议的时间。（中国社科院近代史所藏"胡适档案"，卷号 E-104，分号 5）

同日　胡适致函 John L. Rhodes：感谢上周六在 Grafton 尊宅之招待。愿花 500 元购买您叔父 Lilley 留下的藏书。关于书要如何运到现在的住址，建议 3 个方法供参考。另遗憾由于周末要到哈佛大学，因此无法与您相见。（中国社科院近代史所藏"胡适档案"，卷号 E-108，分号 7）

同日　胡适复函 Nancy Lee Swann:

Your kind letter of December seventh crossed with the three copies of my article on the *Shui Ching-chu*, which I present to you and Mr. Yiu Tung. I am sorry that I was not in New York last week when you called.

There is a slight error in your letter. I have from the Gest Library the manuscript copy of Chao I-ch'ing's *Shui Ching-chu-shih* and also Chang Shou-k'ang's 1880 edition together with K'ung Chi-han's *Shui-Ching Shih-ti* and Huang Tsung-hsi's *Chin Shui-ching*, but I do not have the Wang Hsien-ch'ien's edition which I borrowed from the Library of Congress. I hope you will permit me to keep these books a little longer, because I have not quite finished my Chinese article on this complicated case. I am taking very good care of these books.（中国社科院近代史所藏"胡适档案"，卷号 E-110，分号 18）

同日　美国哲学学会东方部秘书兼财务长 Howard B. Jefferson 致函胡适：得知您不愿意在"The Distinctive Contributions of Philosophy to the Issues of War and Peace"会议上发表论文,期望您能与 Schneider 教授、Morrow 教授共同合作一篇"Philosophy in War and Peace"。(中国社科院近代史所藏"胡适档案",卷号 E-244,分号 3)

同日　American Defense-Harvard Group 主席 Ralph Barton Perry 函邀胡适于新年后的某个星期三为该组织演讲当前的中国情势。(中国社科院近代史所藏"胡适档案",卷号 E-316,分号 5)

12月14日　自是日至次年3月27日,胡适陆续有《〈孝经〉唐明皇注的石刻本》等杂记10篇,总名曰《剑桥杂记》。(《胡适遗稿及秘藏书信》第13册,218～257页)

同日　胡适日记有记:

> 时局危急,许多朋友都劝我出来作文说话。我总说,我不知道内幕的事实,无法说话。后来我决定不作发表的文字,但应该写信给美国政府有力量的朋友。
>
> 昨天起草一信,给陆军部长 Henry L. Stimson,财政部长 Henry Morgenthau,今天打成初稿。(《胡适遗稿及秘藏书信》第17册,418页)

同日　王毓铨函谢胡适就汉代教育给以指教。又告收到胡适论全、赵、戴《水经注》公案4册,已尊嘱分赠陈、冯、张三先生。又提前祝胡适生日快乐。(《胡适遗稿及秘藏书信》第24册,468～469页)

12月15日　Louis Finkelstein 函邀胡适出席1945年8月底或9月初将举行的第六次科学、哲学与宗教会议。会议主题是"Bridges for Cultural Understanding"。并请胡适对会议筹备提出建议。(中国社科院近代史所藏"胡适档案",卷号 E-197,分号 3)

12月16日　胡适宴请前来为其庆生的朋友们:赵元任夫妇、周一良夫妇、王恭守夫妇、哈特曼夫人、萨本栋、吴宪、张福运、裘开明、刘锴、刘驭万、徐大春、杨联陞、王岷源、王信忠、周鲠生、张其昀,以及长子胡祖望。饭后,胡适请刘锴、周鲠生、萨本栋、张其昀看前天拟的致 Stimson 信稿。(《胡适遗稿及秘藏书信》第17册,419页)

12月17日　赵元任夫妇邀了一班朋友（共44人）到其家中吃午饭，为胡适庆生。王恭守夫妇约胡适与刘锴吃晚饭。(《胡适遗稿及秘藏书信》第17册，420页；赵新那、黄培云编：《赵元任年谱》，商务印书馆，1998年，275页）

按，《赵元任年谱》所记出席胡适庆生午宴的为43人。

又按，刘廷芳偕吴卓生赠送 Jane Eyre（by Charlotte Bronte）与胡适，为胡适庆生。并题曰：适之学长兄五十晋三，全力从事学问，完成不朽之作，深慰士林之众望，因录陈言为寿曰：四望云山，一尊风月。百年事业，千古文章。(《胡适藏书目录》第4册，2390页）

孟治、郭焕绶赠送 Artist in Iowa: A Life of Grant Wood（by Darrell Garwood）与胡适。孟治等题道："献给适之先生作他生日那天代表我们庆贺的小品。"(《胡适藏书目录》第3册，2154页）

汪敬熙赠送 Men of Science in America: The Role of Science in the Growth of Our Country（by Bernard Jaffe）。(《胡适藏书目录》第4册，2447页）

12月18日　晚，胡适与陈光甫、夏小芳、张景文同饭，谈天。(《胡适遗稿及秘藏书信》第17册，421页）

同日　胡适致函美国陆军部长史汀生，述中国面临的严峻军事形势，希望得到美国的更多援助：

Dear Mr. Secretary:

　　The gravity of the military situation in China in recent months has compelled me to write this personal letter in which I beg to submit to you an interpretation of the China Problem and a plea for urgent American aid. I am taking the liberty to impose on your valuable time because you have always been one of the trust friends of China and have always come to her aid in her days of distress. I can assure you that what I have to say is entirely from a non-partisan standpoint and out of my own convictions.

The problem of China in the War has remained unsolved all these seven years and a half. The problem has always been that of a country ill-prepared and ill-equipped for war, but forced to take up the fight against a first-class military and industrial power. China has fought all these years, not with modern science, nor with modern mechanical power, but with the elemental and primary factors of space, numbers, a sense of historical unity, and an almost foolhardy faith in the final triumph of her just cause. From the beginning, China has fought a defensive war; after seven years and a half, much weakened by long suffering and under-nourishment, her armies are still fighting a defensive war.

Strategically, the solution of the China problem should have been an early and speedy transformation of all these primary but primitive factors into effective forces to be used for the great land offensive on the Asiatic mainland against Japan. Such a transformation required a long-range plan of large-scale material aid to China and of extensive training of Chinese troops in the use of the modern weapons.

Our enemy saw clearly from the beginning the grave potential dangers of China being effectively aided and equipped. So, after Pearl Harbor, the whole Japanese strategy on the Asiatic mainland was directed toward preventing China from receiving large-scale aid from her allies. The early sweeping invasion into Burma and even into India was solely motivated by this fundamental desire to cut all possible routes of outside military and material aid to China, and thereby to enforce an iron-ring of complete blockade against free (freeing) China.

The successful execution of the enemy's strategy to guard the Asiatic mainland against outside aid should have inspired our Allies to greater efforts to "run the blockade", to equip and train the Chinese army.

Unfortunately, there have been several factors which have tended to lessen, instead of enhancing, the Allied effort to send in material and military aid to China. First, the slogan "Finish Hitler First" has probably furnished the chief strategical ground for neglecting China's needs. Second, the actual difficulties of transportation, chiefly due to enemy occupation of Burma, and partly due to non-willingness of Soviet Russia to permit allied materials to reach China by way of Russia, — naturally set a limit to the amount of materials going into China. Thirdly, there was a rather unjustified faith that China, which had stood alone in the fight for nearly five years before Pearl Harbor, might be able to take care of herself as best as she could while her Allies were fighting a hard war on other and more urgent fronts.... And fifthly, self-complacency and lack of proper understanding of the international situation on the part of some Chinese government officials have undoubtedly led to delay, friction, and possibly disappointment in the execution of lend-lease and probably also in carrying out the training program which the Magruder Mission was to have inaugurated nearly three years ago.

The net result of these and other factors has come to this: the problem of China in the War has remained unimproved, unaltered, and unsolved three years after Pearl Harbor. China remains as unarmed as she was before Pearl Harbor. She is openly accused of unwillingness to "undertake major offensives" against Japan (see *Harper's Magazine*, December 1944, p. 94, and many other similar writings in the current American press) when she is not even adequately equipped for a successful defensive war....

In short, <u>the situation [in] China is now exactly what the strategy of our enemy has from the very beginning wished it to be</u>: namely, a Chinese army poorly armed and untrained for modern warfare and therefore incapable of becoming an effective power for future land offensives against Japan.

So much for my own interpretation of the China problem in the war.

This situation, my dear Mr. Secretary, must not be permitted to continue any longer to the grave peril of China herself and of the joint allied cause.

There seems to be an urgent need for a new study of the China situation purely from the military and non-political standpoint. The central problem should be how to defeat the enemy strategy of checkmating China and the Chinese army by cutting off all possible military and material aid. No personnel, political, and non-military questions should be allowed to becloud and overshadow a realistic consideration of this central problem.

When the China problem is viewed in this light, it will resolve itself into two related phases: the immediate phase of rushing every possible aid to help China fight the enemy successfully in the new offensive in the Southwest; and the broader and more basic phase of long-range equipping and training of Chinese officers and troops for effective participation in the joint Allied land, sea, and air offensives of the not-too-distant future.

There is an ancient Chinese proverb which says: "For the cure of a seven-year disease, there is enough time to seek the needed mugwort which requires three years to prepare". There is still time, my dear Mr. Secretary, to transform the Chinese forces into an effective arm of our joint war effort.

My plea to you, and through you to the President is, therefore, that the U. S. government and Army and Navy must not despair of the Chinese Government and the Chinese army. The military successes of Chinese troops in the Northern Burma campaign furnish the best proofs of what the Chinese soldier can do when he is properly fed, properly armed and properly led. But, in order that a relatively long-range program of aid and training may be worked out successfully, immediate and effective support should be given to the National Government in its present difficulties in the Southwest. To strengthen the National Government militarily is the most effective way to help China solve many of her political problems today.

The recent developments in the liberated countries in Europe may serve to drive home to our American friends the lesson that it if of utmost importance to the Allied cause to have a stable and strong native government which can play a leading role in the work of liberation of enemy-occupied territory. I believe that as the European situation gradually unfolds itself, sane political observers will begin to realize more and more the important historic role which the National Government of China, in spite of its many shortcomings, has played in all these troubled years. It deserves the sympathetic understanding and support of American statesmanship.

  I humbly crave your forgiveness for thus intruding on your time.

  With kindest personal greetings,

Very sincerely yours,
Hu Shih

  P. S. I am sending a copy of this letter to Secretary Morgenthau, Jr., of the Treasury.（《胡适研究通讯》2008 年第 3 期，2008 年 8 月 25 日，21～24 页）

  同日 Committee of the American Council of Learned Societies on Protection of Cultural Treasures in War Areas of the Metropolitan Museum of Art 主席 William B. Dinsmoor 函邀胡适出席 The Metropolitan Museum of Art 于 12 月 28 日举行的以 "Europe's Monuments as Affected by the War" 为主题的座谈会。（中国社科院近代史所藏 "胡适档案"，卷号 E-178，分号 5）

  12 月 19 日 胡适将昨日致美国陆军部长史汀生的信的副本函寄美国财长亨利·摩根索：

My dear Mr. Secretary:

  I am taking the liberty of sending to you a copy of a letter which I wrote today to Secretary Henry L. Stimson.

1944年　甲申　民国三十三年　53岁

As I was writing this letter, my thoughts went back to one evening in April, 1941, when you and Mr. Stimson did me the best honor of coming to my small dinner party in honor of Dr. Quo Tai-chi, then newly appointed Chinese Minister of Foreign Affairs. On that evening after dinner, I heard Mr. Stimson say to Dr. Quo: "The Ambassador was right. There are in this room two real friends of China—Mr. Morgenthau and myself."

That, my dear Mr. Secretary, is my full justification in thus imposing on the very busy time of Mr. Stimson and your good self. China is still in very grave danger. But I have great faith that you and Mr. Stimson can still do much to save and help her and to prevent the Allied strategy from doing what our enemy has always wished to see done: namely, not to aid, equip and prepare China for active and effective participation in the concerted offensives against Japan.

It was a great pleasure to me to [for] have a glimpse of you at Breton Woods and again at the Union Station in Washington. Kindly accept my warm greetings of the Season to Mrs. Morgenthau and yourself.

Very sincerely yours,
Hu Shih

Enclosure:

Copy of a letter to Secretary Stimson.(《胡适研究通讯》2008年第3期，2008年8月25日，27页）

按，12月30日摩根索复函胡适云：
Dear Dr. Hu Shih:

I read with great interest your letter of December 19, 1944, enclosing a copy of letter of (the) same date to Secretary Stimson.

I need not say that I have always favored that as much aid as possible should be given to the Chinese people in their fight for freedom and independence. I also need not say that this is the established policy of the U. S. Government.

I have shared with you fears and misgivings about the current military situation in China. Therefore, I am sure that you will agree with me when I express the hope that the situation may improve in such way as to make possible increased military aid to China and that steps will be taken within China to make possible the maximum utilization of the aid which is given.

With best wishes for the New Year.

Sincerely yours,

H. Morgenthau, Jr.

Secretary of the Treasury.

(《胡适研究通讯》2008年第3期，2008年8月25日，28～29页）

12月20日　杨联陞先在上午上了胡适的课，后来和胡适一起到赵元任家吃了晚饭。然后，他给胡适送去了橘子和茶叶蛋，两人谈至午夜才回家。（《卜居与飘零——胡适在哈佛任教的一年（上篇）》）

同日　胡适致函 Major General & Mrs. Sherman Miles：很高兴与您两位在中国领事馆那天晚上再次相见，答谢寄赠之 And This Is Boston 一书，已愉快阅读了该书的一部分。（中国社科院近代史所藏"胡适档案"，卷号 E-103，分号 10）

同日　胡适函告 Nancy Lee Swann：您12月13日的可能与我同一日期的信（中国社科院近代史所藏"胡适档案"，卷号 E-353，分号 11）又错过了。12月23日至28日将在纽约，期望能见面；北大校长蒋梦麟也大约会在这个时间来到纽约，陶孟和则不会来。（中国社科院近代史所藏"胡适档案"，卷号 E-110，分号 18）

12月21日　上午10时，胡适在杨联陞陪同下乘火车前往 Grafton 的 Mr. John L. Rhodes 家中选书。费了6点多钟，把 Robert Lilley 的遗书清理出来，装成5木箱，托Rhodes交转运公司送到胡适的纽约寓所。晚7时，胡、杨即在Rhodes家中晚餐。(《胡适遗稿及秘藏书信》第17册，423页；《卜居与飘零——胡适在哈佛任教的一年（上篇）》)

同日 Kathryn Linden函谢胡适提供3幅画作供The East and West Association展览，已为中国绘画举行了两场说明会，附寄10月31日至11月11日"15世纪中国绘画展"的展览目录。(中国社科院近代史所藏"胡适档案"，卷号E-273，分号3)

12月22日 胡适有和杨联陞的诗一首，并致谢意：

雪霁风尖寒澈骨，木头矮屋似蜗庐。

笑君也有闲情思，助我终朝捆破书！(台北胡适纪念馆藏档，档号：HS-LS01-002-001)

按，杨联陞昨日原诗：
才开寿宴迎嘉客，又冒新寒顾草庐。
积习先生除未尽，殷切异域访遗书。(《胡适手稿》第10集卷4，437页)

同日 Nancy Lee Swann函邀胡适出席周二在费城的聚会。(中国社科院近代史所藏"胡适档案"，卷号E-353，分号11)

12月25日 胡适与国内来的蒋梦麟、钱端升、张君劢、宁恩承、杨云竹、吴文藻、邵玉麟诸人相见，"甚快慰"。(《胡适遗稿及秘藏书信》第17册，424页)

同日 王重民致函胡适，谈清录《全校水经注辨伪》时发现的四处疑点。(《胡适遗稿及秘藏书信》第24册，42~43页)又与刘修业共作一跋，述胡适重审所谓"赵窃戴""戴窃全"案的贡献：

全祖望、赵一清、戴东原校治水经注，是近代学术史上的一个大贡献。由于后来学者们的过分推崇，过分疑惑，与怀有恶意的欺伪，又成了近代学术史上一个互相抄袭的大疑案。适之先生探本穷源，不

偏不党，想依据各方面的实证与口供，给他们一个公平的审判。在最近十二个月以内，只为这个问题，已经写出十几万字了。

自从段懋堂说赵一清偷了戴东原校的水经注，直接引起这个公案。可是懋堂晚年已经知道旧日所疑的是不对了，但百余年来没有人注意这一点，直到适之先生始为说明。假若懋堂晚年有一篇明白悔罪的宣言，也许压根儿就不会有这一重公案！

张穆、魏源翻过案来，说东原是偷了全谢山的书，而赵氏后人也是偷的谢山的，别人又趁火打劫来翻懋堂的案，说东原实在是偷的赵一清的书。他们都是用王梓材传出来的《全校水经注》作证据。适之先生判明断定这部《全校水经注》是王梓材一手假造出来的，于是张穆和张穆以后被王梓材欺骗了的人都失了凭藉。

案情的娘家已经都被适之先生一一追询出来，他还恐读者狃于成见不易解悟，又把三家的《水经注》刻本和校注，爬罗剔疏，以全还全，以赵还赵，以戴还戴。并且移出若干条，一一并列着摆在纸上，指给大家看着说："你如果以为东原见过并且偷用了赵东潜的书，这些地方，东潜明比着东原好得多多，东原为什么偷坏的不偷好的呢？你想东原是这样蠢笨吗？不论怎样固执的人，看了没有不哑然失笑，以为"百年疑案，不过尔尔"！

先生在美国聚到了十种不同的《水经注》版刻和注解，尝笑着对朋友们说："就是在北平全盛时代，也不过如此！"但实在不止如此，凡文集、史传以及其他有关系的文件，所搜到的又何止百种呢！于是又为旧考作新考，为旧跋作新跋，长篇论文、短篇札记，又有几万言了！分起来千枝万叶，总起来同归一个主干——全、赵、戴三家各不相袭，因为使用相同的方法，相同的材料，所得的结果，自然就会大致相同了！先生用中文写了十几万言的审查报告，但还未写完；今年六月间，曾用英文撮其大义，写了一篇"A Note on Ch'üan Tsu-wang, Chao I-ch'ing and Tai Chen, *A Study of Independent Convergence in Research as Illustrated in Their Works on the Shui-ching Chu*"，印在恒慕义先生主编的《清代名人传略》下册的后面。

先生已经写成的部分，都送给朋友们去传观，但不愿在抗战期间去付印。……（《胡适遗稿及秘藏书信》第24册，44～46页）

同日　刘驭万函邀胡适于12月29日与出席太平洋国际学会中国代表团成员会面。（中国社科院近代史所藏"胡适档案"，卷号E-275，分号7）

12月26日　胡适寄和杨联陞诗与杨：

祖国大劫千载无，暴敌杀掠烧屋庐。

可怜你我忞然不长进，雪地冰天还要下乡收烂书。（《胡适手稿》第10集卷4，436页）

按，杨联陞又和：

卅年尘锁无人问，一旦提携出草庐。

只说新书读了旧，旧书也会变新书。（《胡适手稿》第10集卷4，437页）

12月28日　胡适获选美国历史学会荣誉会员。（中国社科院近代史所藏"胡适档案"，卷号E-200，分号2；卷号E-94，分号11）

同日　孟禄函询胡适能否出席1945年1月27日、28日在纽约Pennsylvania旅社举行的World Federation of Education Association会议。（中国社科院近代史所藏"胡适档案"，卷号E-469，分号1）

12月29日　胡运中致函胡适，述家乡缺医少药等情，希望胡适在医药救济等方面予以协助。（《胡适遗稿及秘藏书信》第30册，482～486页）

12月30日　章希吕致函胡适，谈抗战期间的生活。又谈及胡运中希望在医药救济等方面得到胡适协助之事。（《胡适遗稿及秘藏书信》第33册，204～207页）

同日　科罗拉多哲学系教授Edwin R. Walker致函胡适云，该校拟添聘一名东方研究方面的新教员，期望该教员的专长是东方的思想，尤其是中国与日本的政治哲学、社会哲学与宗教哲学，请胡适推荐合适的人选。（中

国社科院近代史所藏"胡适档案",卷号 E-367,分号 2)

12 月 31 日　午后 1 点,胡适乘火车回哈佛大学。(《胡适遗稿及秘藏书信》第 17 册,426 页)

12 月　胡适在 An Outline of the Religious Literature of India(by J. N. Farquhar)第 3 册书名页题记:"我用此书最久。今年纽约 Orientalia 书店为我买得此本,似是战时翻印的本子。1944 年 12 月。"其第 2 册扉页有题记:"我本有此书;今年在英国因需用此书,故又买了这一本。"(《胡适藏书目录》第 4 册,2497 页)

1945年　乙酉　民国三十四年　54岁

上半年，胡适仍在哈佛大学讲授"中国思想史"。

本年，胡适讲学之外的研究工作仍是《水经注》考证。

4月，胡适作为中国代表团成员之一，出席了在旧金山召开的联合国制宪会议。

8月15日，日本天皇广播停战诏书，宣布无条件投降。

9月4日，行政院决议：任命胡适为国立北京大学校长。

11月，作为中国代表团首席代表，胡适在伦敦出席联合国教育文化组织的首次大会。

1月

1月2日　胡适在汉和图书馆遇杨联陞，约杨次日晚间来住处聊天。（《卜居与飘零——胡适在哈佛任教的一年（上篇）》）

同日　胡适复函 Butler 大学教授 Franklin L. Burdette：为尚未寄上个人简介以便 *The American Political Science Association* 刊载于官方指南上致歉。又云：感谢您寄来贵办公室为我准备的个人简介（中国社科院近代史所藏"胡适档案"，卷号 E-140，分号 7），现将该简介修改增删后寄还。（中国社科院近代史所藏"胡适档案"，卷号 E-90，分号 31）

同日　胡适致函 Filmer Stuart Cuckow Northrop：为上周六因迟到未能与其会面致歉。接下来两周不会在纽约，因要参加自1月5日到8日在 Hot Springs 举行的太平洋国际学会的会议。希望其能写信谈谈对 Matter Having to Do with China and Yourself 的大体想法。（中国社科院近代史所藏"胡适档案"，卷号 E-104，分号 5）

  同日 胡适函谢 John L. Rhodes 之 12 月 29 日来函，并云：感谢访问贵府时尊伉俪给予本人和杨联陞先生的友善招待，感谢在包装与寄送书籍时给予的帮助。5 箱书已安全送达纽约，将寄上 25.97 元的支票。（中国社科院近代史所藏"胡适档案"，卷号 E-108，分号 7）

  1 月 3 日 胡适上课。晚 6 时，杨联陞如约来谈。晚饭后，"清谈饮湄（潭）红（茶）"。围绕诗文、学术无所不谈。胡适谈道，王安石的秋兴诗可疑，太劣，"或是荆公误置入者，一本八首不在一处"。他还说"曹氏父子曹丕较好。张籍诗好。骈文置王杨卢骆始通，所以'不废江河万古流'。论考古之难，举近代史事。五四运动，通常以为有十年抬头，实只前两年。后来陈独秀分开……纯学术立场不易维持"。胡适还从诗文谈到了土木之变。（《卜居与飘零——胡适在哈佛任教的一年（上篇）》）

  同日 胡适复函密歇根大学教授 Essen M. Gale：为迟复来函致歉。感谢寄赠之有关近来中国形势的分析，我完全赞同。另转交刘南陔的信给您，内容是关于 Yang Jin-Yuan 小姐申请到密歇根大学就读事，并附上我给 Ruthven 校长信的副本。（中国社科院近代史所藏"胡适档案"，卷号 E-95，分号 2）

  同日 胡适为 Yang Jin-Yuan 申请密歇根大学的入学许可与东方女性的 Barbour 奖学金事致函密歇根大学校长 Alexander Grant Ruthven，转交 Yang Jin-Yuan 小姐在武汉大学的成绩单、申请函，以及武汉大学校长的证明信。胡适推荐 Yang Jin-Yuan 申请 Barbour 奖学金，并详细介绍了 Yang Jin-Yuan。（中国社科院近代史所藏"胡适档案"，卷号 E-108，分号 20）

  按，1 月 20 日，G. Ruthven 函谢胡适此函，确定胡适对 Yang Jin-Yuan 小姐的推荐是有价值的。已将 Yang 的资料转交给密歇根大学 Barbour Scholarships for Oriental Women 的秘书 W. Carl Rufus，此案将会善加考虑。胡适得此函后即转给周鲠生。（中国社科院近代史所藏"胡

适档案",卷号 E-332,分号 9)

又按,4月16日,W. Carl Rufus 致函胡适云:Miss Yang Jin-Yuan 获任命为 1945—1946 年度密歇根大学 Barbour Scholarships for Oriental Women 的秋季与春季的学者。(中国社科院近代史所藏"胡适档案",卷号 E-332,分号 4)

同日　胡适复函 Ralph Barton Perry:为迟复去年 12 月 13 日来函(中国社科院近代史所藏"胡适档案",卷号 E-316,分号 5)致歉,之所以迟复,是因为将参加 1 月 5 日至 16 日在 Hot Springs 举行的太平洋国际学会的会议。现已决定将在 1 月 5 日去参加会议,1 月 10 日返回,因此可以在新年的第二个星期三之后某个星期三出席 The Steering Committee of Harvard Group 的会议。(中国社科院近代史所藏"胡适档案",卷号 E-106,分号 9)

按,2 月 10 日,Ralph Barton Perry 函谢胡适同意接受演讲邀约,建议选在 2 月 21 日。希望胡适以 "Chinese Puppet Government" 或 "Relations Between China and Japan" 作为演讲题目。(中国社科院近代史所藏"胡适档案",卷号 E-316,分号 5)

1月4日　胡适复函王重民,谈及:中基会事,行政院于岁暮始撤回 9 月 15 日的公函,大概一年内无大变故,可以告慰。寄还《揭暄传》(修改数处)。又奉还贺昌群要求为汉简照相的信,认为俟世界平定后,作此种工作似不为迟。请王转告贺:可告以此时物力、人才,都不易得,故照相一事此时办不到。(《胡适遗稿及秘藏书信》第 18 册,460～462 页)

同日　Arthur C. Walworth 函谢胡适的圣诞祝福。又云:您可能在为完成"中国思想史"的著作以及准备返国而忙碌,Paul Brooks 与自己都期望能看到您的英文自传。期望在您离美之前于纽约见到您。(中国社科院近代史所藏"胡适档案",卷号 E-367,分号 10)

1 月 5—8 日　胡适在 Hot Springs 出席太平洋国际学会的会议。

1 月 7 日　郑天挺致函胡适,云:胡适将争辩 50 年不清的《水经注》

公案剖析明白，使三大学者沉冤得雪，诚抗战以来学术界第一快事，第一盛事。又谈及，关于为北大物色人才，蒋梦麟、胡适、饶毓泰、杨振声、钱端升等人想必有进一步的决定。又询杨联陞在美国主修为何。(《胡适遗稿及秘藏书信》第 39 册，73 页)

同日　I. Sulzberger 函邀胡适出席 1 月 18 日的晚宴。(中国社科院近代史所藏"胡适档案"，卷号 E-397，分号 1)

1 月 8 日　胡适致函 George A. Kennedy：向您介绍陈源、凌叔华夫妇，期望您能协助他们，发一个海外电报给美国领事以获得签证。(中国社科院近代史所藏"胡适档案"，卷号 E-397，分号 1)

同日　杨联陞代胡适监考，"题为老儒墨大旨，学生二十人"。(《卜居与飘零——胡适在哈佛任教的一年（上篇）》)

同日　Alta E. Dines 函谢胡适回应 The Community Service Society 期望帮助中国民众的健康而进行的联系工作，已联系 Dr. Lu 为 Chinese Christian Center 进行健康检查。(中国社科院近代史所藏"胡适档案"，卷号 E-178，分号 4)

1 月 9 日　胡适在哈佛上课。(《卜居与飘零——胡适在哈佛任教的一年（上篇）》)

1 月 10 日　胡适复函密歇根大学地理系教授 Robert Burnett Hall：很高兴知道您在中国度过了刺激而快乐的一年，期望能听到您讨论中国的见闻。感谢您把密歇根大学将邀请我在夏天担任 The Ann Arbor 课程讲座的消息告诉我。由于在哈佛大学的课程要到 6 月结束，之后会休假，遗憾不能接受此邀约。(中国社科院近代史所藏"胡适档案"，卷号 E-96，分号 2)

按，1 月 16 日，Robert Burnett Hall 又向胡适函询合适的人选。(中国社科院近代史所藏"胡适档案"，卷号 E-218，分号 2)

同日　胡适函谢哈佛大学教授 Arthur D. Nock 之 1 月 3 日来函 (中国社科院近代史所藏"胡适档案"，卷号 E-309，分号 4)，关于邀请参加 The Harvard Society of Fellows 的聚宴，可以于 1 月 22 日或 1 月 29 日参加，请做决定。自从在 10 月底回来后，因忙于准备"中国思想史"的演讲而与外界隔离，期望尽快从与社会隔绝的状态中脱离。（中国社科院近代史所藏"胡适档案"，卷号 E-104，分号 4）

  按，次日，Arthur D. Nock 有复函与胡适。（中国社科院近代史所藏"胡适档案"，卷号 E-309，分号 4）

1 月 11 日 Frank Lamont Meleney 函邀胡适参加"Good Neighbor Vesper Program"周日下午的晚祷活动。（中国社科院近代史所藏"胡适档案"，卷号 E-297，分号 9）

1 月 12 日 黎昔非致函胡适，拜托胡适来函证明其学历。又请教具体学术问题。（《胡适遗稿及秘藏书信》第 39 册，539～542 页）

1 月 15 日 丁声树致函胡适，谈与全汉昇、梁方仲来美事，盼望拜谒等。（《胡适遗稿及秘藏书信》第 23 册，330～331 页）

1 月 17 日 胡适函谢印地安纳大学教育学院院长 H. L. Smith 之 1 月 10 日来函（中国社科院近代史所藏"胡适档案"，卷号 E-345，分号 3）与 1 月 11 日的电报。又云：我认为应该接受 Dr. Monroe 的辞职，因他健康状况已经很糟。可以选他做世界联合教育学会的荣誉主席，以感谢他以长期服务于世界联合教育学会而对世界教育的贡献。若会议是在 2 月 24 日举行，将可以到纽约，并说明其他可参加的日期。（中国社科院近代史所藏"胡适档案"，卷号 E-110，分号 2）

同日 胡适函辞 Frank L. Meleney 出席 3 月 18 日在 Ralph W. Sockman 的教堂举行的 Good Neighbor Vesper Program 之邀约。倘若在寻觅中国的演讲人上面临困难，建议与夏晋麟商量，他可以提供适合的演讲人。感谢其曾经给予周鲠生的帮助。（中国社科院近代史所藏"胡适档案"，卷号 E-103，分号 7）

同日 胡适复函科罗拉多大学哲学系教授 Edwin R. Walker：关于 1944 年 12 月 30 日来函（中国社科院近代史所藏"胡适档案"，卷号 E-367，分号 2）请求推荐精于东方思想，特别是精于中国与日本的政治、社会、宗

教哲学的人选，是很难的。倘若您读过 Lin Mousheng 的 *Men and Ideas: An Informal History of Chinese Political Thought*，他可能是合适人选。（中国社科院近代史所藏"胡适档案"，卷号 E-113，分号 2）

1月22日　胡适函谢 Waldo Gifford Leland 之 1 月 19 日来函以及随函附上的 The American Council of Learned Societies 的年会议程（中国社科院近代史所藏"胡适档案"，卷号 E-266，分号 1）。将会参加 1 月 25 日的第一场会议和第二场会议并共进午餐，但无法参加晚餐会。很遗憾无法参加星期五的会议，因早上在哈佛有演讲。（中国社科院近代史所藏"胡适档案"，卷号 E-100，分号 10）

同日　胡适函谢俄亥俄州州立大学政治科学系教授 Henry R. Spencer 之 1 月 13 日来函（中国社科院近代史所藏"胡适档案"，卷号 E-347，分号 3）。关于到哥伦比亚 The Foreign Policy Association 演讲事，遗憾的是今冬或明春访问哥伦比亚是不可能的，因为在哈佛大学的课程的缘故；且自从 1942 年夏天开始就一直拒绝公共演说。并云：

> ...Primarily because my own interpretation of "protocol" makes me feel that I should not do anything to embarrass my successor in Washington; but also because I have subsequently found that a life of inconspicuousness and non-vociferousness suited me and my work very much better. You may recall that on the occasion of my last visit to Columbus, I made four speeches on one day. You do not wonder why I much prize my present life in restored ivory tower.
>
> On the few occasions when I was forced to speak in public during the last two years and a half, I rarely accepted anything more than the traveling and hotel expenses. Very often I paid my own expenses when the distances were short. If I should have the honor to speak for the Foreign Policy Association of Columbus at some future date, I would not ask for more than the railway fare.

（中国社科院近代史所藏"胡适档案"，卷号 E-110，分号 4）

1945年 乙酉 民国三十四年 54岁

同日 胡适函谢Saco-Lowell Shops主席David F. Edwards之1月17日来函（中国社科院近代史所藏"胡适档案"，卷号E-185，分号10）：同意您信中建议的在2月19日The Cambridge Club的聚会上的演讲主题"What China Faces after the War"。（中国社科院近代史所藏"胡适档案"，卷号329，分号4）

同日 康奈尔大学校长Edmund E. Day复函胡适：已获知胡适辞谢担任1946—1947学年度康奈尔大学The Messenger Lectures on the Evolution of Civilization的讲座，询胡适可否提供适合的行程的替代计划，并请考虑担任1945—1946学年度康奈尔大学The Messenger Lectures on the Evolution of Civilization的讲座的可能性。又询胡适今年是否返回中国。将依照胡适的计划而调整担任讲座的时间，康奈尔大学出版社愿出版胡适的讲稿，期望胡适能接受此邀约。（中国社科院近代史所藏"胡适档案"，卷号E-172，分号15）

1月23日 胡适函谢Mansfield Freeman之1月15日来函。又云：

...I appreciate what you said about my philosopher, Tai Chen. I like him because he was "tough-minded" and sometimes "hard-boiled". Sometimes I feel that he was not "hard-boiled" enough, for example, in his rather foolish attempt to show that European mathematics and science were derived from ancient Chinese sources.

I write to ask you to do me one favor. I would much appreciate it if you could give me a list of your articles on Chinese philosophy, giving the volume and number of the publications in which they appeared. If you still have copies of reprints to spare, I would appreciate having them for my students in the class on "Chinese Thought". As you know, there is practically no English material for the students after I come down to later periods of Chinese thought.

（中国社科院近代史所藏"胡适档案"，卷号E-94，分号14）

1月25日 王家揖致函胡适，告方炳文巴黎遇难经过及追悼会日期。

（中国社科院近代史所藏"胡适档案"，卷号 E-811，分号 1）

1月26日　胡适函谢密歇根大学地理系教授 Robert B. Hall 之1月16日来函（中国社科院近代史所藏"胡适档案"，卷号 E-218，分号 2）。向其推荐加州大学政治科学系的马如荣教授，虽然他多年没回到中国，但是出版了许多有关远东的书籍，是担任今年暑假课程的好人选。（中国社科院近代史所藏"胡适档案"，卷号 E-96，分号 2）

同日　胡适函谢 Charles A. Lea 之1月23日来函。遗憾2月2日因为在哈佛讲课无法接受邀约。又云：不过2月11日之后将在纽约，如果您告知我您方便的日期，我会很高兴为贵校的 Civil Affairs Teams 进行演说。还需要说明的是，没有一个人会在两个小时之内把目前的中国政治架构做出满意的阐释。（中国社科院近代史所藏"胡适档案"，卷号 E-100，分号 3；卷号 E-263，分号 3）

同日　胡适函谢 Hunter College 教授 E. Adelaide Hahn 之1月24日来函（中国社科院近代史所藏"胡适档案"，卷号 E-217，分号 3）。因另有行程，无法参加2月15日 Hunter College 学生会的庆祝会。（中国社科院近代史所藏"胡适档案"，卷号 E-96，分号 1）

按，1月24日，Hunter College 校长 George N. Shuster 亦函邀胡适出席拟于2月15日举行的晚宴并发表演说。（中国社科院近代史所藏"胡适档案"，卷号 E-342，分号 9）

同日　胡适复函李氏基金会财务长 J. H. Hirst：会在2月11日这一周待在纽约，假如李氏基金会的年度会议在2月8日举行，可以出席。请电告是否在2月8日举行会议。（中国社科院近代史所藏"胡适档案"，卷号 E-96，分号 16）

按，1月27日，J. H. Hirst 复函胡适：会议在2月8日举行。1月29日，胡适复函 J. H. Hirst：将出席2月8日下午3点的会议，若有任何章程，敬请提供。（中国社科院近代史所藏"胡适档案"，卷号 E-225，

分号 5；卷号 E-96，分号 16）

1月28日　贾德纳请杨联陞陪胡适一起吃午饭。(《卜居与飘零——胡适在哈佛任教的一年（上篇）》)

1月29日　杨联陞日记有记："上胡课。呈阅四年来所做诗，请勿广布。"(《卜居与飘零——胡适在哈佛任教的一年（上篇）》)

同日　胡适将其致 Stimson 函之副本函寄于焌吉。（中国社科院近代史所藏"胡适档案"，卷号 E-115，分号 5）

同日　胡适复函克拉克大学教授 Dwight E. Lee，感谢1月26日来函（中国社科院近代史所藏"胡适档案"，卷号 E-263，分号 11），遗憾无法参加2月5日 The Worcester Foreign Policy Association 的晚宴，请代为向钱端升与 Andrew McFadyean 致歉。（中国社科院近代史所藏"胡适档案"，卷号 E-100，分号 7）

1月31日　胡适函谢 Frank T. Johnson 之1月26日来函（中国社科院近代史所藏"胡适档案"，卷号 E-247，分号 1）邀请为国家战争基金1945—1946年的 Nation-Wide 活动之宣传书与小册子撰文。并云：

> I shall be glad to furnish such a statement, but as I am teaching at Harvard, I have not brought my files for reference. Will you be good enough to prepare a draft statement "regarding the essential nature of the work of the National War Fund in general, with some emphasis directly on the services which United China Relief is rendering not only to China but to the cause of better international relations", and consult President James L. McConaughy for approval? When President McConaughy has approved it, kindly send it to me at the above address. That would facilitate this matter greatly.
>
> If you would not like to make this draft, kindly show this letter to President McConaughy and request his office to prepare the statement for me.（中国社科院近代史所藏"胡适档案"，卷号 E-98，分号 8）

同日　胡适函谢 E. J. Tarr 之 1 月 26 日来函（中国社科院近代史所藏"胡适档案"，卷号 E-356，分号 11）：您应好好休息，恐怕您承担的公共责任不允许您好好享受这个假期；在 Hot Springs 的会议上除了 Frederick Whyte 之外，没有见到其他的成员。很高兴收到 The J. W. Dafoe Memorial Foundation 的活页夹，将连同太平洋国际学会的小额款项一同捐献。（中国社科院近代史所藏"胡适档案"，卷号 E-111，分号 2）

同日　胡适函谢 Joseph C. Rovensky 之 1 月 24 日来函邀请担任 The China Nationals of New York City for the 1945 Red Cross War Fund Campaign 的主席（中国社科院近代史所藏"胡适档案"，卷号 E-331，分号 2）。为此荣誉深感荣幸，然由于在哈佛大学的教学工作无法接受此邀约，敬请见谅。（中国社科院近代史所藏"胡适档案"，卷号 E-108，分号 16）

同日　胡适函寄 100 元与 The J. W. Dafoe Memorial Foundation。又告刘驭万也将捐款给基金会，并祝福该纪念基金会成功。（中国社科院近代史所藏"胡适档案"，卷号 E-474，分号 1；卷号 E-275，分号 7）

2月

2月3日　胡适致函即将回国的王徵，谈到傅斯年来函中说"究竟我们还能见面否？也很难说"等语，有点不好过。又谈及身体就是"青山"，自己脉搏异常的现象居然全好等，又谈道：

我还是感觉今日国内的朋友们太注重大规模的建设计画了。套一句老话："为政不在多计画，在力行如何耳。"这一句两千年的老话，在今日仍有一部分的真实性。大乱之后，应该多注重与民休息。政治的纲纪不可不立，经济的骨干不可不有，交通的纲领不可不完成。然而"天网恢恢，疏而不漏"一句话源出于主张自然无为的老子。后人多注重"不漏"二字，而忘了"恢恢"二字，和"疏"的一字。疏是不细密，恢恢是大而宽。"恢恢而疏"，老百姓才能充分发展其自身的能力，从各方面谋生存，谋树立，谋发展。我曾听我家乡老辈说他们的祖上在太平天国乱后的恢复情形，故深信老百姓有此恢复能力。所虑者"天网"或太密耳。

这不是反对计划，只是学旧日八股先生说的"姜不可不食，而亦不可多食"的老调子，或者仍为老兄所笑耳。（《胡适遗稿及秘藏书信》第18册，22～27页）

按，2月28日，王徵复函云：国内一切，难容乐观。又云：至于老兄的方案，"无为"与"天网恢恢，疏而不漏"的话，我想了好久，到现在还不敢苟同。又云：战后，计划经济成为世界不可移易之方针。奉劝胡适少听那无根的滥言，发出一种语录体的政论，将人家用尽心力的计划一笔抹杀。（《胡适遗稿及秘藏书信》第23册，526～530页）

2月5日　胡适致函全美助华联合总会教育委员会主席Mrs. Richard B. Hobart：确认昨日谈话之约定，将在3月17日演说。（中国社科院近代史所藏"胡适档案"，卷号E-96，分号17）

同日　胡适函谢哈佛大学哲学系主任C. I. Lewis之1月31日与2月1日来函（中国社科院近代史所藏"胡适档案"，卷号E-267，分号6）。愿出席2月21日在The Fauclty Club举行的晚餐会，并对自去年11月来此后一直没有拜访哲学系的成员致歉。（中国社科院近代史所藏"胡适档案"，卷号E-100，分号12）

同日　胡适函谢Mount Holyoke College的政治科学系主任Victoria Schuck之1月24日来函（中国社科院近代史所藏"胡适档案"，卷号E-336，分号1）邀请参加讨论"United States and the Political Problems of the Peace in the Far East"的专题研讨会。然由于在哈佛课程的时间关系，无法参加。（中国社科院近代史所藏"胡适档案"，卷号E-109，分号6）

同日　王毓铨致函胡适云，"十证斥杨"，在方法论上说都是教导治学的人如何审定证据，选择证据，在审判别人以前先审判自己，得益甚大。罗先生可算得是一位勤俭学生，值得举为榜样。又询胡适回国行期，王重民、

杨联陞都打算为胡适饯行。(《胡适遗稿及秘藏书信》第 24 册，470 页)

2 月 6 日　Edmund E. Day 函谢胡适来函并同意于 1945 年秋天担任康奈尔大学 The Messenger Lectures on the Evolution of Civilization 的讲座，时间就定在胡适选择的 11 月 5 日至 12 月 15 日之间，已令秘书安排。(中国社科院近代史所藏"胡适档案"，卷号 E-172，分号 15)

2 月 7 日　杨联陞、胡适和梁方仲、丁声树、全汉昇见面，然后一起聊天。杨联陞日记有记：

> 饭后到胡先生旅馆。胡 (先生) 讲考据学用证据方法，证据之难得。往往只能以一事证一事。"有几分证据说几分话。"茶酒纷陈，谈过午夜始散，亦一时之盛会也。(《卜居与飘零——胡适在哈佛任教的一年 (上篇)》)

同日　翁文灏致函胡适，谈维持中基会问题。翁云，前教育部长陈立夫力主裁撤中基会，经向孔祥熙说项后，有所转圜，但翁主张该会永久保持。近经傅斯年与新任教育部长朱家骅协商，取得一解决办法。翁函还谈及董事及董事长人选问题，认为由胡适担任董事长最为适宜。(《胡适遗稿及秘藏书信》第 32 册，375～383 页)

2 月 8 日　王岷源致函胡适，报告在美生活状况，怀念剑桥的生活，请胡适寄签名照片来。(《胡适遗稿及秘藏书信》第 23 册，643～644 页)

2 月 10 日　晚，贾德纳邀宴伯希和、胡适等名流学者。杨联陞是日日记有记："晚贾德纳请客，有伯希和、胡适之、赵元任、(Robert Pierpont) Blake、Stinge、(Serge) Elisséeff、(James) Ware、张晓峰、裘开明、周一良、张福运及余。""席上谈及火药，伯 (希和) 以为中国最古所用似 bomb，炮实外国发明。又论佛教之外，惟摩尼教深入民间 (吃菜事魔)，其他宗教莫能及也。全开也里可温之说。伯 (希和) 以为蒙语是 the powerful 之意……又言'作损'之'损'字是阿拉伯文译音 (伯不同意)。"他们又"谈及中国工业化问题。大家意见不一"。后来，杨联陞在《书评经验谈》中又谈到这次晚宴。"我有幸在哈佛听过他 (伯希和) 演讲 (中亚基督教史一课)，参加过贾德纳先生请他的宴会。同席有胡适之先生，但伯希和并未表示多少敬意。胡先生大约因为他知道多种语文，目录学很可观，中文颇好，人特别聪明，就让他几分。我是后学，难免有几分不快。"（《卜居与飘零——胡适在哈佛任教的一年（下篇）》，《文汇报》，2018年11月30日）

同日　罗常培致函胡适，认为北大复校仍以发展文史为主，提到陈独秀临终前遗言，希望北大能发展文史研究的传统。向胡适推荐文史哲领域的佼佼者吴晓铃、张政烺、任继愈、石峻，希望胡适为他们谋求留学机会。自己虽被朱家骅拉入了国民党，但仍然是自由主义的信徒。"假如我们组党，您便是我们的党魁"。又希望北大文学院恢复《国学季刊》。（《胡适遗稿及秘藏书信》第41册，260～264页）

2月12日　胡适应 Du Pré 的邀请，在 The Naval Intelligence School 发表演说。胡适演讲毕，即回答 Advanced Naval Intelligence School 成员们之提问。胡适还会见了 John H. Mathis。（中国社科院近代史所藏"胡适档案"，卷号E-182，分号7；卷号E-291，分号8；卷号E-102，分号12）

2月15日　刘修业致函胡适，感谢胡适顾念其子黎敦的治疗费用问题。（《胡适遗稿及秘藏书信》第40册，82页）

2月16日　Ruth P. Harnden 函寄2月26日出版的由 Carl Glick 所著 *Double Ten* 一书与胡适。（中国社科院近代史所藏"胡适档案"，卷号E-220，分号8）

2月17日　陈梦家复函胡适，云："你来信中对我所担忧的，正是我近年来自己感到的，正是我想要出来重新学习的缘故……在昆明时，我常常翻读先生的总集，发现有许多地方我们正在讨论的，先生早已看到。又由现在过重分析而忽略普遍而广博的浏览与综合的研究，常常钦佩先生在这些方面的超越。"又谈及自己的研究计划等。（《胡适遗稿及秘藏书信》第35册，518～520页）

2月19日　胡适应邀在 The Cambridge Club 演说"What China Faces after the War"。（中国社科院近代史所藏"胡适档案"，卷号E-185，分号10；卷号E-329，分号4；卷号E-332，分号9）

同日　F. D. Lessing 致函胡适：已收到两份胡适论全祖望的笔记，一份已转交给加州大学图书馆。自己正忙于蒙古—西藏—英文转换字典的工作等。（中国社科院近代史所藏"胡适档案"，卷号 E-267，分号 2）

同日　The Aryan Path 杂志的编辑 Sophia Wadia 再度函邀胡适为其杂志撰写有关文化方面的文章（渠曾于 1944 年 6 月 10 日致函胡适，向胡适约稿）。并附寄该杂志 6 月号与胡适。（中国社科院近代史所藏"胡适档案"，卷号 E-366，分号 1）

> 按，是年向胡适约稿的还有：Paul J. Braisted、Grace Chao、赵家璧、Amy Loveman、Leland D. Case、Malcolm Johnson、Nancy Lee Swann、Gilbert Hal、Charles G. Proffitt、William S. Schlamm、Willard L. Sperry。（据中国社科院近代史所藏"胡适档案"不完全统计）

2月20日　胡适函谢 Harris K. Masters 之 2 月 13 日来函（中国社科院近代史所藏"胡适档案"，卷号 E-290，分号 8）。遗憾因另有行程，无法抵达 2 月 17 日由 Butler 主席举办的向袁同礼致敬晚宴。从 2 月 23 日至 3 月 1 日将待在纽约，会以电话联系。（中国社科院近代史所藏"胡适档案"，卷号 E-102，分号 11）

同日　胡适复函 Mrs. Alfred McLaughlin：关于邀请参加 6 月 17 日至 27 日在 Mills College 举行的 The Institute of International Relations 会议，遗憾由于在哈佛的课程要到 6 月底才会结束，无法接受此邀约。参加在 Hot Springs 举行的太平洋国际学会的会议，虽只参加了前三天的会议，但很高兴与那么多老朋友见面。（中国社科院近代史所藏"胡适档案"，卷号 E-103，分号 1）

同日　胡适函谢 Arthur E. Morgan 之 2 月 5 日来函（中国社科院近代史所藏"胡适档案"，卷号 E-303，分号 7），为第三次获邀于 Antioch 做演讲深表感激。然遗憾由于参加 7 月 2—12 日举行的 The Institute of International Relations and the Community Conference，无法前往访问。而在哈佛大学第二学期的"中国思想史"的课程在 6 月最后一周才结束，只能婉辞邀约。（中

国社科院近代史所藏"胡适档案",卷号 E-103,分号 22)

2月21日 胡适致函 Harold James Baily：在1月28日的明信片（中国社科院近代史所藏"胡适档案",卷号 E-123,分号 5）里您曾提到想请我在演讲稿上亲笔签名,但尚未收到演讲稿,请改寄至纽约的住址。（中国社科院近代史所藏"胡适档案",卷号 E-90,分号 1）

同日 胡适函谢 Mansfield Freeman 寄赠他讨论中国哲学的3篇文章的9篇复印文,又云：

> ...I am more than interested, indeed I feel highly honored, to learn that you have rediscovered a translation of my "History of Ancient Philosophy" as well as translations of my several essays on the philosophers of the last three hundred years. I hope I may have the pleasure of looking over your translations, which I am sure will be most useful to me when I begin to put my lectures into some form that may become a history of Chinese thought covering the whole twenty-five centuries. I will call you up when I come to New York this weekend.（中国社科院近代史所藏"胡适档案",卷号 E-94,分号 14）

同日 胡适复函 J. H. Hirst,为迟复2月13日来函（中国社科院近代史所藏"胡适档案",卷号 E-225,分号 5）致歉。又云：今寄上 Mr. Ford 的原稿和我的修改稿,若您和其他成员同意我的修改稿,请您复印并将其寄到我在纽约的住址,然后我将签名寄给周鲠生本人。（中国社科院近代史所藏"胡适档案",卷号 E-96,分号 16）

按,2月26日,J. H. Hirst 有复函与胡适。（中国社科院近代史所藏"胡适档案",卷号 E-225,分号 5）

同日 胡适函谢 George Sarton 上周寄赠的文稿,并云：

> ...All of them are of interest to me, especially the one on "Glass".

I look forward to reading your Volume Ⅲ, and I am going to get a copy of Volume Ⅱ.（中国社科院近代史所藏"胡适档案"，卷号 E-109，分号 2）

同日　朱家骅致函胡适，告其去冬新任教育部长，又云：

……吾兄高瞻远瞩，素所倾心，而关怀教育，尤具热忱，对于今后教育与学术事业改革方面，必多灼见有以教我，务祈惠抒谠论，具体指示，俾作施政之圭臬，公私感幸。……（《胡适来往书信选》下册，7 页）

2 月 25 日　Arthur Montgomery 致函胡适：述自己从事地质学、矿物学研究以及从事钽开采的经历。自荐为中国服务。（中国社科院近代史所藏"胡适档案"，卷号 E-302，分号 1）

2 月 26 日　胡适代表李氏基金会致函周鲠生，云：

...The certificate of incorporation of this Foundation provides that it will use its assets exclusively for religious, charitable, scientific, literary and educational purposes. Among its specific purposes is the provision for the education in China of American students and the education in America of Chinese students with a view to spreading knowledge in each country as to the other, its culture and history, and thereby promoting and fostering mutual good will between the United States of America and the Republic of China.

At the last meeting of the board of directors I was asked to communicate with you and ask if you would present to the Foundation a proposal whereby a grant or contribution from the Foundation to Wu Han University could be used by you to carry out the above purposes. It was suggested that money might be used by way of scholarships with the purpose of providing education and training to Chinese students in some special fields in which your University might need men of advanced training.（中国社科院近代史所藏"胡适

档案",卷号 E-91,分号 17)

按,3月21日,周鲠生复函道谢,并提出两点建议:提供一些奖学金给研究所的学生进行国际经济与冶金学的进修研究;战后,李氏基金会可以提供冶金学教授讲座以及研究所需设备。(中国社科院近代史所藏"胡适档案",卷号 E-156,分号 9)

3月

3月2日　下午,杨联陞在后湾站接到了一起从纽约来的蒋梦麟和胡适两人,然后同到赵元任家吃晚饭,在座的还有诸学生会主席。(《卜居与飘零——胡适在哈佛任教的一年(上篇)》)

3月6日　Fortune 杂志编辑 Mrs. Elsa A. Wardell 函谢胡适对"The Manchuria Story"的更正与意见,文章将刊载在4月号上。(中国社科院近代史所藏"胡适档案",卷号 E-370,分号 5)

同日　刘驭万函请胡适担任中国太平洋国际学会基金在美国的管理人。(中国社科院近代史所藏"胡适档案",卷号 E-275,分号 7)

3月9日　胡适函谢 Julian P. Boyd 寄来在杰佛逊总统文集中发现的中国信件之影印本(中国社科院近代史所藏"胡适档案",卷号 E-135,分号1)。又云:该信函的作者应非中国官吏,可能仅仅是一个没有受过教育的中国人,可能是一个小商人,他的信几乎没有语法可言。几乎不能确定是否请求获得离开的许可,还是已经获得许可归华。他写这封信是为感谢杰佛逊总统。我逐字逐句翻译了这封信,而原译者 William Thornton 的翻译并不准确。Julian P. Boyd 服务于普林斯顿大学图书馆。(中国社科院近代史所藏"胡适档案",卷号 E-90,分号 24)

同日　胡适函复 Henry Allen Moe 之2月27日关于评价 Roswell S. Britton 的请求(中国社科院近代史所藏"胡适档案",卷号 E-301,分号 3)。又云:我认识 Roswell S. Britton 多年。Roswell S. Britton 对于安阳甲骨文的研究,

受到同领域中国学者的高度称赏，他的其他方面的中国研究，尤其是对王韬的研究也有很深的造诣。我真诚地认为，Roswell S. Britton 有研究商代中国文字的能力。（中国社科院近代史所藏"胡适档案"，卷号 E-103，分号 14）

同日　胡适函谢 Institute of International Education 的 Assistant Director Edgar J. Fisher 之 3 月 3 日来函（中国社科院近代史所藏"胡适档案"，卷号 E-197，分号 5）。又云：为受到堪萨斯城大学校长 Clarence R. Decker 邀请担任 1945—1946 年度的访问教授感到荣幸，然遗憾的是，由于近期之计划无法接受此邀约，请代为向 Clarence R. Decker 校长致上歉意；也感谢您与 Dr. Duggan 邀请为堪萨斯城大学授课，因下年度已接受康奈尔大学的授课邀约，只能婉拒。（中国社科院近代史所藏"胡适档案"，卷号 E-94，分号 8）

同日　胡适函谢 Julie G. How 之 2 月 27 日来函。遗憾近期无法前往 Vassar College 作演说；诚挚恭喜其获选为 The International Club 主席。（中国社科院近代史所藏"胡适档案"，卷号 E-97，分号 1）

同日　胡适函谢 Mrs. William James 之昨日来函：非常高兴将在 15 日晚上 7 点与您共进晚餐。（中国社科院近代史所藏"胡适档案"，卷号 E-98，分号 5）

同日　胡适函谢 Nancy Lee Swann 之 2 月 20 日来函（中国社科院近代史所藏"胡适档案"，卷号 E-353，分号 11）：请寄赠您关于汉书 24 的研究，请将手稿寄到 Continental 旅社，会将之与中国学者杨联陞等人分享。又提及蒋梦麟等。（中国社科院近代史所藏"胡适档案"，卷号 E-110，分号 18）

同日　王毓铨致函胡适，告一位外国教授关于希腊、罗马奴隶制度研究的最新成果。又谈及阅报知胡适被聘为我国出席旧金山会议的代表，不知确否。（《胡适遗稿及秘藏书信》第 24 册，475～476 页）

3 月 10 日　The Lake George Workshop, Inc. 秘书 Osmond K. Fraenkel 函寄该组织有关夏季为成年人与青年的教育会议的初步公告与胡适，征询胡适的建议。（中国社科院近代史所藏"胡适档案"，卷号 E-202，分号 1）

3 月 12 日　胡适函谢 Henry G. Leach 之 3 月 9 日来函：通知您已抵达

剑桥（中国社科院近代史所藏"胡适档案"，卷号 E-263，分号 5），然遗憾由于 3 月 24 日参加在纽约举行的北平协和医学院董事会的会议，无法参加 Faculty Club 的会议并与尊夫人见面，请代向尊夫人致歉。（中国社科院近代史所藏"胡适档案"，卷号 E-100，分号 4）

同日 胡适函谢 Willard L. Sperry 之 3 月 10 日来函提醒 4 月 10 日的 The Ingersoll Lecture 演说（中国社科院近代史所藏"胡适档案"，卷号 E-347，分号 5）。建议以 "The Concept of Immortality in Chinese Thought" 为副标题。至于您建议谈论中国伦理当中祖先的位置，也将包括在演讲内容中。期望能准时写出全文，并在演说之前传给您。（中国社科院近代史所藏"胡适档案"，卷号 E-110，分号 5）

同日 胡适函谢马如荣之 2 月 28 日来函，又云：

> I appreciate your kind words about myself in connection with the World Security Conference in April. I sincerely hope that I shall not be asked to serve in any capacity at the Conference, because I can not possibly arrange to be on the Western coast in April and May. There are many rumors about the possible make up of the Chinese Delegation, but I think Mr. T. V. Soong and Dr. Wellington Koo are most likely to come. There is also gossip about the possibility of the Generalissimo's visiting San Francisco during part of the time of the Conference. But so far I have no authentic confirmation of any of these rumors.
>
> I am afraid that, being entirely out of political life, I may not be of any service to you in this connection. Both Dr. T. S. Chien and myself, however, have talked informally about your case to Dr. S. F. Poe who is of the Secretariat of the Supreme War Council and who served as an expert at the Dumbarton Oaks Conference and may attend the San Francisco Conference in the same capacity. In a telephone conversation to me from New York just before he took the plane to China, Dr. Chien and I agreed that we should let

your case rest there.

My personal view is that you can do much more for the Chinese Delegation outside the Conference in the capacity of a Professor of the University of California than inside the delegation as a member of its staff.

Dr. Chiang Monlin was in Cambridge for four days. He is planning for a visit to the Western coast, and especially to his alma mater. He is now staying at the Ambassador Hotel, Park Avenue at 51st Street, New York City. Dr. T. S. Chien arrived from the West on March second and was happy to obtain priority to fly home on March tenth.（中国社科院近代史所藏"胡适档案"，卷号 E-102，分号 7）

同日　胡适函贺 Mrs. Wang Shih-chun 夫妇的小孩出生，愿给予一些命名上的意见。（中国社科院近代史所藏"胡适档案"，卷号 E-113，分号 7）

3月15日　胡适复函 Hunter College 教授 E. Adelaide Hahn：关于1月27日来函邀请于5月底或6月初为贵校学生会口头演说事，因有一些教学工作以及急迫必须完成的文章，故无法接受此邀约，请见谅。（中国社科院近代史所藏"胡适档案"，卷号 E-96，分号 1）

同日　胡适复函 Charles G. Proffitt：为迟复2月9日与3月12日来函（中国社科院近代史所藏"胡适档案"，卷号 E-322，分号 1）致歉。感谢您和 Mr. Coykendall 拟出版我的《中国思想史》，又云：

I deeply appreciate the kind concern of Mr. Coykendall and yourself about the publication of my "History of Chinese Thought". I never talked seriously with my friends about the matter of publication, because the book was never written in its English version. Even now it is still in the form of pencil notes on yellow and brown scrap sheets intended for use in my class here. Therefore, I am still very shy whenever friends talk to me about the publication of my "forthcoming book".

I wish to assure you and Mr. Coykendall that I could not hope for a better publisher than the Columbia University Press. Since you have had a draft contract reposing on your desk for a long time, I do hope you will have the kindness to send me a copy of it. I promise to consider it very carefully and shall write you after studying it.（中国社科院近代史所藏"胡适档案",卷号 E-106,分号 15）

同日　任继愈致函胡适,详谈自己自抗战以来之求学、研究经历,希望出国研究西洋哲学。

然年来出国学生甚多,故政府限制甚严,自费留学又经停办,公费考试从无哲学一科。吾师在国外多年,交游遍天下,敢祈为愈在国外寻一相当工作,若得国外聘任证件方能在国内请领出国护照,如吾师著述须助手,愈亦愿往从学。倘愈在国内觅得其他出国机会,亦将往依座前再求教诲。昔曾忝列门墙,想不以冒昧于请为渎。(《胡适遗稿及秘藏书信》第 26 册,682～684 页）

同日　Nancy Lee Swann 致函胡适,云:

It will certainly give me more confidence in my struggle to get my study in print if I can have suggestions for correction, revision, and improvement thereon from you as well as those there at Cambridge who may take time to have a "look-see". Thank you for calling my attention to the error in my address of letter to you. I have the correct address on the parcel containing the typescript ready for the express man to pick up, and will post this just as soon as he arrives.

The enclosed excerpts, one from HS 24A and one from 24B, show one suggestion that has come to me to show the time sequence of the treatise along with the topics and/or sub-topics from the CHRONOLOGICAL TABLE and the statement called, "An analysis of structure and contents..." found in the binder of INTRODUCTORY MATERIAL. In so far as we can I do want the study to be in shape for use by economists as well as students of Things Chinese as much as I want the translation and comments thereon correct and clear.

If we can get it in such shape, then I think that the problem of publication will not be so difficult to solve as it would be if such revision would have to be made after the typescript had been accepted for publication .

I am grateful for you being willing to look over the typescript, and I do not want to lay too big a burden thereby on you and the scholars there in Cambridge.（中国社科院近代史所藏"胡适档案"，卷号 E-353，分号 11）

3月17日　胡适在 The American Academy of Arts and Sciences 演说 "Chinese Thought"。（《胡适英文文存》第3册，远流版，1159～1170页）

同日　杨联陞来赵元任寓，谈诗。在赵家的胡适亦加入，胡适颇"赞成宋人以诗说理，愚意不甚谓然"。（《卜居与飘零——胡适在哈佛任教的一年（上篇）》）

3月18日　王世杰日记有记：胡适之回电可任旧金山会议中国团员，但似不甚热心。（《王世杰日记》上册，685页）

3月19日　胡适函谢 Francis de Lacy Hyde 之3月6日来函（中国社科院近代史所藏"胡适档案"，卷号 E-240，分号7）。又云：我的长子1939—1942年在康奈尔大学就读，现在印第安纳州工作，次子也在印第安纳州，所以儿子们目前都无法在康奈尔与您的年轻朋友见面。今秋我可能会到康奈尔访问并演说，期望您的年轻朋友得知我到访后与我会面。（中国社科院近代史所藏"胡适档案"，卷号 E-97，分号11）

同日　胡适复函 J. de S. Coutinho，为迟复2月2日来函（中国社科院近代史所藏"胡适档案"，卷号 E-164，分号7）致歉，关于来函询问是否能担任 The Advisory Board of the Institute of Chinese Culture 的成员，婉拒此邀约，又云：I deeply regret that I cannot accept your invitation and do not wish to have my name used in this connection.（中国社科院近代史所藏"胡适档案"，卷号 E-91，分号 28）

同日　胡适函谢 Mrs. Richard M. Gummere 之 3 月 14 日来函（中国社科院近代史所藏"胡适档案"，卷号 E-216，分号 12）。又云：遗憾本周末必须留在纽约，因此无法在 3 月 25 日与您及 Henry Goddard Leach 夫妇共进晚餐。（中国社科院近代史所藏"胡适档案"，卷号 E-95，分号 17）

同日　胡适函谢 Agnes M. Pearce 之 3 月 12 日来函（中国社科院近代史所藏"胡适档案"，卷号 E-315，分号 2），遗憾不能参加 3 月 24 日举行的与 China Medical Board 的成员会面的晚宴。（中国社科院近代史所藏"胡适档案"，卷号 E-106，分号 7）

3 月 20 日　胡适致函 Roger Sherman Greene：已收到贝诺德 3 月 15 日来函以及任鸿隽 2 月 9 日来函。又云：

> With regard to point No. 3 of the Chungking proposals, I agree with Bennett that the China Foundation may not be able to attract any funds, at least under present conditions. I have been thinking of one point in this connection. The China Foundation is not incorporated in the United States as a charitable and educational institution, therefore contributions made by American individuals, if there be any, will not be exempt from income tax. For the last two years Mr. K. C. Li gave me an amount of money which I contributed to the National Peking University for research purposes. But because the Peking University is not incorporated in the United States, I have had for the last two years to pay a fairly large amount of income tax for the money which I never spent myself. This experience has led me to think about the possibility of having the China Foundation incorporated, say, in the State of New York for the sake of possible contributions of funds from either American sources or sources such as Mr. K. C. Li.
>
> What do you think of the idea of incorporating? Do you think it is

worthwhile to ask Lawrence Morris for a legal opinion? Or to ask Brodie to see what he thinks of the possibility of the Foundation receiving American contributions?（中国社科院近代史所藏"胡适档案"，卷号 E-95，分号 14）

同日　胡适函谢 Edgar J. Fisher 之 3 月 14 日来函（中国社科院近代史所藏"胡适档案"，卷号 E-197，分号 5）：由于仍未接到康奈尔大学担任下半年授课教授的公告，请不要在下一期的"News Bulletin"公开此讯息。关于您询问是否能接受杜克大学校长 Clarence R. Decker 邀请，于 1946 年之后为杜克大学进行一个月的讲授课程，目前无法考虑如此久远的问题，因为有可能会返回中国。（中国社科院近代史所藏"胡适档案"，卷号 E-94，分号 8）

同日　胡适函谢 Mrs. Charles Merz 之星期一来函。本周六将到纽约参加北平协和医学院董事会的会议。若能在 6 点前结束，将会到府上茶叙。（中国社科院近代史所藏"胡适档案"，卷号 E-103，分号 9）

同日　Dugald C. Jackson 函赞胡适是一位优秀的哲学家、教师和伟大的大使。为自己 80 岁生日的纪念书信集中收有胡适的书信感到高兴。（中国社科院近代史所藏"胡适档案"，卷号 E-242，分号 2）

同日　H. Shapley 致函胡适：重申 James Marshall 邀请胡适参加 The American Association for an International Office for Education and the Chinese Institute 的联合会议。（中国社科院近代史所藏"胡适档案"，卷号 E-341，分号 6）

3 月 26 日　胡适致函华盛顿大学教授 Charles E. Martin：目前正在 Hot Springs 参加太平洋国际学会的会议，但只能参加前三天的会议，因教学行程不允许停留太久。基于同样的理由，在旧金山举行的联合国会议也只能参加几天。中国领事馆会告诉您中国代表团下榻地。（中国社科院近代史所藏"胡适档案"，卷号 E-102，分号 10）

同日　胡适函谢恒慕义之 3 月 21 日来函。又云：关于 Wong Wen-san 书

1945年　乙酉　民国三十四年　54岁

籍的贩卖，为刘驭万在接受与哈佛大学的协议之前没有和您咨商致歉，期望您原谅刘驭万的过错。（中国社科院近代史所藏"胡适档案"，卷号 E-97，分号 5）

3月28日　胡适函谢外交政策协会主席 Lawrence G. Brooks 3月22日来函（中国社科院近代史所藏"胡适档案"，卷号 E-137，分号 8）邀请出席 4月14日外交政策协会讨论太平洋未来的午餐圆桌会谈，但遗憾当日另有邀约不能参加，敬请见谅。（中国社科院近代史所藏"胡适档案"，卷号 E-90，分号 26）

同日　胡适函谢 The Newton Y. M. C. A. 总书记 Clarence R. Mease 3月23日来函（中国社科院近代史所藏"胡适档案"，卷号 E-297，分号 3）邀请至纽约演讲。又云：原想参与您讨论国际发展的演讲计划，然由于将参加从 4月25日开始在旧金山召开的安全会议，无法为 The Newton Y. M. C. A. 在 4月30日或该周的任何一天进行演说。（中国社科院近代史所藏"胡适档案"，卷号 E-103，分号 6）

同日　胡适致函 Tufts College 历史系教授 John T. Holden：感谢 3月21日来函（中国社科院近代史所藏"胡适档案"，卷号 E-228，分号 2）以及寄上的 125元支票，感谢上周在 Tufts College 演讲时您的赞美致辞。（中国社科院近代史所藏"胡适档案"，卷号 E-96，分号 21）

同日　胡适函谢 The American Mission to Lepers, Inc. 主席 William Jay Schuffelin 邀请参加 4月6日在大学俱乐部举行的"China's Other Freedom Dinner"（中国社科院近代史所藏"胡适档案"，卷号 E-337，分号 1）。遗憾因星期五的课程的关系无法参加。（中国社科院近代史所藏"胡适档案"，卷号 109，分号 7）

同日　胡适致函 Henry C. Smith，为迟复 2月1日与 3月7日来函致歉。将在返回纽约之前停留 Cambridge 一段时间，期望能在 6月之后与其见面。遗憾不能帮其获得两部拙著：《中国的文艺复兴》与 China's Own Critics。（中国社科院近代史所藏"胡适档案"，卷号 E-110，分号 1）

同日　胡适函寄一张 6.5元的支票与 American Oriental Society 的秘书

兼财务长 Ferris J. Stephens，此款包括 American Oriental Society 的会员费的欠费以及陆象山的文章复印费。请将陆象山的文章寄到胡适在 Cambridge 的住址。（中国社科院近代史所藏"胡适档案"，卷号 E-110，分号 10）

3月31日　罗常培致函胡适，告：读了胡适的《水经注》考证文章，更感老辈功力、经历，都可以"增加我自己的惭愧"。来此已将3月，除教书与补习英文以外一事无成，盼胡适出席完旧金山会议后能在西部住几天，以畅谈。北大学生拟出洋深造的名单中，任继愈、李鲸石、严倚云3人已将证件寄来，他们只需要一个 Schoolship，即可以办理护照，希望胡适务必帮忙。另又详细介绍没有寄到证件的吴晓铃。又提及蒋梦麟、陈受颐、杨振声、汪敬熙等。自己在此，除陈受颐外，举目无亲，且教书多于研究，加以语言不能应付裕如，所以心境并不比在昆明过苦日子快活许多。故，希望胡适格外"指示我"，"怎样能从美国得点东西回去？"（《胡适遗稿及秘藏书信》第41册，265～266页）

同日　王重民致函胡适，谈及：《马国翰传》已就尊意接下去，虽仅能改正旧稿之人名年月等差误，稍稍另为经织一下而已。民感先生寓意吹嘘，此后当更要自己检束与努力。20年来，每受师长之奖掖；报增一度之努力与检束，以为唯有此道，方系报知遇之恩也。（《胡适遗稿及秘藏书信》第24册，249页）

4月

4月1日　陈源致函胡适，告见到旧金山会议代表团名单中有胡适，觉得中国很有进步。不知胡适能否到西美一行？牛津大学之 E. R. Dodds 教授月内去美，调查美国方面的 Far Eastern Studies。他询及到美后应访问的中国学者，陈表示：胡适、赵元任及杨振声不可不见，其他学者胡适等自能介绍。E. R. Dodds 谓胡适过去来英时，曾在其家住过一晚。Arthur Waley 曾向崔少骥借阅胡适研究《水经注》的文章。Waley、Lionel Giles、Haloun、E. R. Hughes 等常常问起胡适的近况及著述。以后如发表作品，可以赠他们。（《胡

适遗稿及秘藏书信》第 35 册，136～137 页）

4 月 2 日　Eugene R. Kellersberger 函谢胡适捐给 The American Mission to Lepers, Inc. 的反麻疯病计划 20 元。（中国社科院近代史所藏"胡适档案"，卷号 E-251，分号 4）

同日　胡适在 Ingersoll's Greatest Lectures（by Robert Green Ingersoll）扉页题记：

> 英格梭尔讲演遗集，共收二十三篇。此书题为一九四四出版，其实是旧版新印的，原版是英氏的讲演杂稿，随时印行的小册子合订成的，所以铅字的小大不一律，篇章的目次不整齐。首页所谓 Original Dresden Edition 即是这些小册子，而不是一部全集。1945 年 4 月 2 日。

（《胡适藏书目录》第 4 册，2377 页）

同日　Carl M. White 致函胡适（副本给孟治）：我代表 The American Library Association 前往中国的原定计划必须延后，直到中国的军事情况好转，此致对哥伦比亚与中国的歉意。（中国社科院近代史所藏"胡适档案"，卷号 E-374，分号 4）

4 月 4 日　谭绍华函贺胡适获选为旧金山会议的代表，并谈及领土托管统治问题，附寄"The Legal Status of the Japanese Mandate for the Ex-German Islands and the Question of Japan's Withdrawal from the League"一文供参考。（中国社科院近代史所藏"胡适档案"，卷号 E-78，分号 2）

4 月 7 日　杨联陞来访，偕胡适同到杨家吃饭，又大谈。（《卜居与飘零——胡适在哈佛任教的一年（上篇）》）

4 月 10 日　胡适应邀在哈佛大学神学院的 Ingersoll Lecture 演讲"The Concept of Immortality in Chinese Thought"（《中国思想里的不朽观念》）。胡适说：

一

…………

中国人的信仰与思想史可以方便地分成两个主要时期：

（1）中国固有的文明时期（1300 B. C.—200 A. D.）。

（2）中国思想与文化的印度化时期，也就是，佛教和印度人的思想开始影响中国人的生活和制度以来的那一时期（约 200 A. D.—19 世纪）。

……中国固有的先佛学时期（pre-Buddhistic age）可再约略地分成两个主要时代：

（1）原始的中国主义时代（The Era of Primitive Sinicism），也就是商周民族的宗教信仰与习俗（practices）的时代，对于这个时代，这里拟用了"华夏主义"（Sinicism）或"华夏宗教"（the Sinitic Religion）一词（1300—700 B. C.）。

（2）思想与哲学的成熟时代（700B.C.～200A. D.），包括老子、孔子（551—479 B. C.）迄于王充（29—100 A. D.）以来的正统派哲学家。

为了特别有关中国人思想中的不朽概念的讨论，我们要问：

（1）关于早期华夏信仰有关人类死后存在的概念，我们究竟知道些什么？

（2）中国正统哲学家对于不朽的概念究竟有什么贡献？

（3）我们要怎样描述在长期印度文化影响下中国人的人类死后存在的观念？

二

史学界最重大的事件之一就是晚近的偶然发现，以及后来在安阳对千万片刻有卜辞的牛肩胛骨和龟甲有计划的发掘。……

……这些骨质"文件"都是在每次贞卜以后，由熟练博学的祭司负责保存下来的占卜记录。……

大部份的卜问都是有关一年对于先公先王的定期祭祀，这一类的祖先祭典是非常频繁而有规律的……

…………

1928—1937年间科学的发掘结果掘出了几百座商代古墓葬，其中至少有四处是皇室大墓。除了成千成万片刻有卜辞的甲骨以外还发现了极多铸造精美的青铜礼器……以及上千具的人体骨骸。此外，并发现有埋葬的狗、猪、羊、牛、马一类的家畜和其他多种动物。这些动物是为了奉献给死者而殉葬的。……

很多清楚的证据证明墓葬中有许多尸体是为了奉献给死者而埋葬的。……

……传统历史曾记载商人是崇拜祖先的灵魂的。但是直到近年来我们才了然定期献祭的几乎令人难以置信的频繁，以及珍贵的殉葬的物品，特别是殉葬的人牲的惊人数量。

无疑的，这类祖先祭祀周期的频数和定期性证明着一种信仰，即死去的祖先一如活人似的也有情、欲和需求，而且这些情、欲和需求是必须藉着经常的祭献而得到满足的。大批的殉葬器皿、武器、动物、奴隶和卫士即指示着同样的结论。

…………

……当王朝和政府正忙于日常繁复的祖祭的时候，博学的祭司便负起每天的祭礼、占卜、释兆和刻卜辞的职务——在这种情况下，那几乎不可能期望有任何重大的思想和宗教上的觉醒，以有助于宗教制度的变更和改造。这样的觉醒直到倾覆商代的一次大战灭亡了这个帝国以后，甚至在新的征服者的统治之下历经了几百年的种族和文化的冲突以后才告开始的。

<h2 style="text-align:center">三</h2>

商朝和商帝国是被周民族征服了的。……

在周朝创建者的一些诰誓中，征服者列举了商代政府及王廷的罪状。对于商代王廷的主要控罪是耽于享乐，罔顾人民，特别是纵酒。但是对于献祭举行的频繁、奢纵、残忍却并未加以控诉或谴责，这一事实显示着新的征服者并不认为商代宗教有什么不寻常的残忍或是不当的地方。

但是周征服者似乎原有他们自己的宗教，虽然它包括了一些祖先崇拜的特征，却并没有加以强调，也没有制定过任何繁复的礼仪。另一方面，有许多证据说明这一西方民族是一个最高神，就是他们所谓"帝"或"上帝"的崇拜者。

安阳甲骨卜辞使许多学者推断"帝"甚或"上帝"的观念对商人是并不陌生的。商人有一种奉少数祖先为神明，也就是说赠以"帝"号的风俗，这似乎是很确实的。另一件事，也似乎是很可能的，就是商人随着时间的演进而发展出来"上帝"最高神，也就是他们的始祖。那是一个部族神。……

周民族在与商文化的长时期接触中逐渐接受了商民族的部族神作为他们自己的神，并且认成是自己的始祖。由于其他种族或部族的借用，商人的神逐渐失去了他的部族属性，而终于变成了遍在的神和最高的主宰。

周人的宗教赞颂诗和政治上的诰誓显示出一种非常深挚的宗教热诚。他们似乎深信，神不满于商代统治者的昏庸无道，因此把它的宠命（译者按：就是所谓周武王受命年之命）转赐给周人。……

…………

但是这种奢纵的皇家祖先崇拜宗教的伟大时代已经永远的消逝了。伟大的每年周而复始的日祀——周祭也消逝了。大规模的人殉也消逝了。博学的皇家祭祀阶级也贬降为职业的巫史阶级……国家的灾患和个人的贫困已经深深地给他们灌输了谦逊温顺的教训。因此这一巫史阶级便获得了"儒"的统称，意思就是温顺和懦弱。他们仍然传授和表演殡丧和祖先崇拜的传统仪式。

在周代和后来独立相伐的战国时期（1100—250 B. C.），统治阶级信神论的宗教（theistic religion）和平民更占优势的祖先崇拜宗教似乎已经互相影响而渐渐地融合成为一个可以恰当的称为"华夏宗教"（the Sinitic Religion）的宗教，一种很简化了的祖先崇拜，跟有神论的特性共存，像普遍承认和崇拜着一位高踞于其它小神之上的"天"或"上帝"。……

四

关于中国人最早对于人类死后遗存的观念，我们究能知道些什么呢？

首先让我们来观察一下古代在一个人死去的时候举行的"招魂"仪式。这种仪式见于最早的仪典，而且似乎曾普遍的奉行于华夏宗教的早期，就是所谓"复"的仪式。

…………

这一古老的仪式暗示着一种观念，即一个人死了以后，有些什么东西从他的身体内出来，且似曾升到天上。因此需在屋顶上举行招复的仪式。

这种招魂的仪式也许暗示着藉企望召回逃离的一些东西而使死者复生……

那么人死后从他身上出来的究是一些什么东西呢？那就是人的"光"或"魂"。在最早的文献上，是即所谓"魄"，就语源学上说，意思就是白色，和亮光。……原始的中国人似曾认为月有盈亏就是"魄"，即它的"白光"或"魂"的周期性的生和死。

依此类推，早期的中国人也就认为死是人的魄，即"光"或"魂"的离去。……人死，则魄离人体而变成或认为"鬼"，一种是幽灵或魔鬼。……

不过后来，魄的观念却慢慢地为新的灵魂观念所取代了；认为灵魂是行动灵活飘然而无形、无色的东西。它很像是从活人口里出来的气息……

"魂"字，就语源学来说，跟"云"字一样，都意指"云"。云飘浮，比盈亏之月的皎白部份也似乎更为自由轻灵。"魂"的概念可能是源于南方民族，因为他们把"复"（召呼死者）的仪式叫做"招魂"。

当哲学家们把重要的阴阳观念视为宇宙间的主动和被动的两大力量的时候，他们是当然也尝试要协调不同部族的信仰，而且认为人的灵魂包含着一种静止而不活动的"魄"和一种更活动而为云状的"魂"。

....

……一些贤智之士意在从矛盾纷纭的流行信仰基础上抽出一些有关人类"残存"永生（survival）的一般观念。……

....

但是，一般人民却并不为这种犹豫所困扰。他们认为灵魂是一种事实，是一种真实的事物。……他们确信：正由于有灵魂，才有鬼神；灵魂本来的居处虽是在坟墓内或地下——"黄泉"——却可以且愿意探视家里族人；鬼魂能够而且真的享用祭献的食物。……

……早期中国人的华夏宗教含有着一些有关人类死后遗存的观念的，不过赋予生体以生命和知识的人体灵魂，虽视其强弱而做一个短时期的鬼神，却仍渐渐地衰萎而终至完全消散。它不是不灭的。

五

现在，纵是这样中庸的一种有关人类死后遗存的观念也受到哲学家们怀疑和警惕的批评。甚至是出身于巫史阶级的"儒"，且经训练而专司丧祖先祭祀种种仪礼的人，正统派哲学家们，也为了祭献和殉葬品的奢侈，以及在某些有权势的阶层中仍残余的原始人殉习俗而感到困扰。

....

这些［人殉的］史例虽限于王朝贵族中国家的活动，但无疑的说明了以人当已死祖先的牺牲［是］一持久而普遍的风俗。不过由于文明的一般发展早已经达到一个相当高度的人文主义和理性主义的水准，所以大部分这类不人道的习俗的记载都附有史家的严厉非议。纵是这样，这一类的事件在号为文明国度里却仍然被可敬重的人们在奉行着。因此，当时的思想家为促成这种不人道习俗的宗教观念所困恼就无可惊异了。

孔子一派的哲学家似乎获得这样的结论：即促成人殉和厚葬的基本观念就是相信人在死后仍保有他的知识和感觉。……

孔子自己也持同样的看法。他说：为明器者知丧道矣。……

……孔子和他的一些弟子公开反对以真实的用器殉葬，因为这会暗示人类死后仍然有知的信仰。但是，他们是不是就那样公开地承认且宣扬死者是无知的吗？

孔子和他同派的学者偏于采取一种不轻加臆断的立场，而把这个问题加以保留。……

…………

就孔子某些弟子来说，只要从不知论的立场再走一步，就会坦白地否认人死后有知从而否认一切有关鬼神上帝的存在和真实性。公元前五世纪到〔公元前〕四世纪时，儒家曾受到敌对的墨教学者的驳斥，认为他们实际是否定鬼神存在的。

墨教是公元前五世纪最伟大的宗教领袖墨翟倡导的。他竭诚奋力地想与人民的神道宗教辩护和改造，因此颇意起一阵骚动。他信仰一种人格神（a personel god）〔按，应翻译为 a Personal God〕，而神是希望人该兼爱无私的。他坚决相信鬼神的存在的真实性。……

墨翟复兴了并且建立了一个具有伟大力量的宗教。他是中国历史上最伟大最可敬爱的人物之一。但是他却没有"证明"鬼神的存在。

稍后，正统派的中国思想家或不仔细思索而直接地接受了传统的崇拜和祭祀，或是以孔子不轻加臆断的口实而承认他们不知道人在死后究否有知。……

但是有些中国思想家却坦白地采取一种无神论的立场。中国最伟大的哲学家之一王充（27—约 100 A. D.）写过几篇论文（见《论衡》卷六十一、六十三、六十五）以证明："人死后并不变为鬼，死后无知同时并不能伤害人类。"……

就我所知，这项论证从来还没有被成功地驳倒过。

六

几乎就在王充致力于他的伟大《论衡》的时候，伟大的佛教侵入了中国，且已经在群众和有权势的阶层中收到了教徒。在短短的两三个世纪内，中国就被这个印度宗教征服了；中国人的思想和信仰，宗教和艺术，甚至生活的各方面，都逐渐地印度化了。这种印度化的过程持续了近乎两千年。

严格地说，原来的佛教是一种无神论的哲学，主张万物包括"自己"，都是原素（elements）的偶然组合，且终将分散而复成为原素。没有什么是永恒的，也无所谓持续和稳定（continuity and stability），无我，无相，无性（no self, no ego, no soul）。

但是中国人民对于这类形而上的理论却并不感兴趣。在一般人心目中，佛教所以是一个伟大的宗教，因为它首先就告诉中国有很多重天和很多层地狱；首先告诉中国以新奇的轮回观念和同样新奇有关前生、今世和来世的善恶报应观念。

这些新奇的观念急切地为千百万的中国男女接受了，因为这正是古老华夏宗教所缺少的。在漫长的岁月里，这一切观念都变成了中国宗教思想和信仰的一部分。它们也变成了复兴的华夏教，即现在盛行的所谓道教的一部分。……

在这种情形下，古老的华夏信仰因愈变得丰富，革新而加强起来了。同样，华夏文化也因此而印度化了。同样，关于灵魂和灵魂永存的古老概念也就逐渐完全改观。灵魂虽仍叫魂，但是现在却认为它能够周历轮回而永生的，且无论是好或坏，完全依着善恶报应的绝对因果关系。……

中古时代的中国遭受的这种佛教的征服势锐不可当，因此许多的中国学者都被震吓住了。他们面对新宗教夸张的象喻和暧昧的形而上学，而感到耳目眩迷，甚至为之俘获。但是随着时期的演进，中国的人道主义、自然主义和怀疑主义却又渐渐地恢复起来了。

大约在公元五百一十年，也就是佛教征服的高潮时期，一位经学家范缜开始攻击这一新的宗教,而坦白否认灵魂的存在。他撰写了一篇《神灭论》……

……他在文末指出,文旨在从虚伪自私的佛教的统治下解放出可悯的中国。

范缜论文的发表大大的触怒了虔信佛教的梁武帝……

……虽然整个朝廷和全国因范缜的理论而骚动,没有一个人在反驳他的辩论上获得成功。

范文所称灵魂只是身体功能的表现,并不能在身体死后独存的论见对于后世中国思想有着重大的影响。……

七

因此我们考证的实在结果应可分为两方面:(1)流行的中国固有宗教甚至即在一些显然有识者的努力以求其系统化合理化以后,也仍含有一种关于人类灵魂及其死后永存的书丛单纯观念,而且正是这种中国的灵魂观念,才由于印度佛教的新思想,而为之加强和革新。(2)中国重要的智识界领袖对于这个问题似乎没有积极的兴趣,果然他们有些什么兴趣的话,他们的讨论也常常要不是终于不可臆断,即是公然否定灵魂和它的不灭。

这使我们要提出两个问题:(1)中国思想家对于灵魂和它的不灭问题为什么不感兴趣?(2)在知识阶级的宗教或精神生活中有没有甚么可以认为是代替人类不朽概念的?

第一个问题的答案是中国文化和哲学的传统由于素来偏重人道主义和理性主义,所以哲学家便不大认真关心于死后生活和神鬼的问题。孔子说:"未能事人,焉能事鬼?""未知生,焉知死?"这几句话可作为这方面的说明。

另外一次,孔子说:"君子不忧不惧,内省不疚,夫何忧何惧。"(《论语·颜渊篇》)在这个人类世界上道德的生活本身已足够是一个目的,固不需忧虑事后未来或畏惧鬼神。

孔门伟大弟子之一的曾子也给我们留下了一个楷模。他说："士不可以不弘毅，任重而道远。仁以为己任，不亦重乎！死而后已，不亦远乎！"（《论语·泰伯篇》）一个中国君子，如果没有深受印度思想和信仰的影响，对于"死而后已"的想法是不会感到痛苦和后悔的。

现在谈到第一〔二〕个问题：就中国知识份子来说，究竟有没有什么中国人的概念或信仰可以取代其他宗教人类不朽观念呢？

当然有的，据《左传》记载，公元前549年——即孔子不过是两岁大的孩子的时候——鲁国的一个聪明人叔孙豹曾说过几句名言，即所谓有三不朽："太上有立德；其次有立功；其次有立言。虽久不废，此之谓不朽。"……

三不朽论的影响和效果是深厚宏达而不可估计的，而且它本身就是"言"之不朽的最佳的证明。

…………

这古老的三不朽论，两千五百年来曾使许多的中国学者感到满足。它已经取代了人类死后不朽的观念，它赋与了中国士大夫以一种安全感，纵然死了，但是他个人的德能、功业、思想和语言却在他死后将永垂不朽。

我们不必认为仅有伟大的德能、功业和教言才是不朽的。就我们现代人来说，我们应十分可能且合理的把这种古老的观念重加阐释，民主化或社会化，这样，则所谓德也许才可以意味着我们所以为人的一切，才可以意味着我们所为的一切，才可以意味着我们所想的和所说的一切。这种学说可以得到一种现代的和科学的意义，就是在这个世界上的任何一个人，不论他是怎样的鄙陋低微而不足道，总都会留下一些东西，或善或恶，或好或坏。由于不只是好的才能留下来，所以古语说得好："遗臭万年。"对于恶善贤愚不肖都可以贻人以影响的这种了解，而使我们对自己所以不朽的行为思想和言语道义，深深地怀有一种道义的责任感。举凡我们的为人、行事和言谈在这个世界上的某些地方，都会发生影响，而那种影响在别的地方又会发生另外的影响，如此而至于无穷的时间和空间。我们不能全然了解一切，但是一切都存在那里，而至于无穷尽。

总之，就像猫狗会死一样，个人也会死的，但是他却依然存在所谓人类或社会的"大我"之中，而大我是不朽的。大我的继续存在，成为无量数小我个人成功与失败的永存纪念物。"人类的现状固源于我们若祖若父的贤愚，但是我们终将扮演成何等角色，则须从我们未来的情势去加以判断。"（此据杨君实的中译本，载《"中央研究院"历史语言研究所集刊》第34本，"中央研究院"历史语言研究所印行，1963年12月）

按，关于此次演讲的邀约、商洽情形，可参考：3月13日Willard L. Sperry致胡适函，3月20日Willard L. Sperry致胡适函，4月2日Helen Prescott致胡适函。（中国社科院近代史所藏"胡适档案"，卷号E-347，分号5；卷号E-321，分号1）

4月11日　胡适函谢Allan Forbes寄赠之35年以前包括胡适、赵元任在内的70名学生在北京的团体合照，这是通过庚子赔款留美考试而到美国留学的珍贵照片，将会珍惜此项礼物。（中国社科院近代史所藏"胡适档案"，卷号E-94，分号9）

同日　胡适复致函Mrs. Henry S. Glazier，为迟复3月30日来函致歉。请将关于Mrs. Hellman的介绍信寄到Cambridge，若有时间会以电话与Mrs. Hellman联系。（中国社科院近代史所藏"胡适档案"，卷号E-95，分号7）

同日　胡适复函Charles E. Martin：不打算参加中国代表团从华盛顿搭乘火车的行程，而是将坐飞机在25日抵达旧金山。会在会议的第一周整周都参加，直到回到Cambridge继续教学之前。（中国社科院近代史所藏"胡适档案"，卷号E-102，分号10）

4月16日　胡适致函John L. Rhodes：对于您的叔父遗留下来的一些旧约圣经，希腊、拉丁、希伯莱以及其他语言的书很感兴趣，若还没有扔掉，打算买下，敬请回复。（中国社科院近代史所藏"胡适档案"，卷号E-108，

分号 7）

  同日　胡适致函韦莲司小姐，向其祝贺生日。又谈及他们共同的朋友伍尔特（Walter）收集火柴盒事，谈及 4 月 10 日在哈佛大学神学院演讲"不朽"事，谈及去年夏天身体不适，自去年 11 月以来自己身体不错，今年 11 月和 12 月上旬将在绮色佳作 6 次马圣格讲座（Messenger Lectures）事，重点谈了自己对罗斯福总统逝世的哀戚，无法释怀：

> ……林肯死在 80 年前的上个星期六。上个星期六我在纽约，我在华盛顿和纽约听着丧礼的进行，我的思绪回到了 80 年前，想到一个伟大的领袖死后，无人能继承他的伟业。我只希望你们的新总统在接掌这个重大工作的时候，有过充分的咨询。
>
> 罗斯福总统去世以后，留下了一个空缺，任何人都很不容易填补上这个空缺。从许多方面来看，他比威尔逊总统做得更好，而威尔逊是你我都很崇敬的。罗斯福有一种个人的魅力，这似乎是威尔逊所欠缺的。有一天，我会告诉你，中国在长期战争，最困难的时刻，罗斯福为中国做了什么。（《不思量自难忘：胡适给韦莲司的信》，252～254 页）

  4 月 18 日　胡适函谢 Max Epstein 之 4 月 2 日来函云：我曾于 4 月 14 日去纽约，次日去华盛顿，然后匆忙返回。本来希望去拜访您，但实在是没有时间。我 6 月底返回纽约，希望能在夏天或秋天访问芝加哥。（中国社科院近代史所藏"胡适档案"，卷号 E-93，分号 8）

  同日　胡适函谢 William James 之 4 月 11 日来函云：为在讲授 Ingersoll 课程时，尊伉俪前来聆听深感荣幸。我是第一个介绍令尊之 Meliorism 给中国的人（见 1919 年胡适论 Pragmatism 的演说）。我在哈佛讲授"中国思想史"时，也会介绍令尊的 Tychism。当修改完文稿后，会寄给尊伉俪。（中国社科院近代史所藏"胡适档案"，卷号 E-98，分号 5）

  同日　胡适函谢波士顿大学神学院教授 Paul E. Johnson 之 4 月 11 日来函（中国社科院近代史所藏"胡适档案"，卷号 E-247，分号 5）。由于战争的原因，中研院在安阳的考古挖掘无法继续，而且存放于商务印书馆的1000多页的报告在1937年淞沪抗战时被毁坏，英文方面的信息只保存在Herrlee Glessner Creel教授的 The Birth of China，而 Paul Pelliot 教授于1936年9月在哈佛演讲时的题目"The Royal Tombs of An-Yang"没有写下完整的稿件。又告自己在哈佛演讲的时间和地址，欢迎来听。（中国社科院近代史所藏"胡适档案"，卷号E-98，分号9）

同日　胡适致函Nancy Lee Swann：您翻译汉书24的文章之包裹已收到，但尚无暇阅读，之后会找时间阅读；请代向Yiu Tung致谢。（中国社科院近代史所藏"胡适档案"，卷号E-110，分号18）

同日　胡适电辞Institute of International Education晚宴委员会：遗憾因教学行程不能允许我出席明晚Institute of International Education的25周年纪念以及向Stephen Duggan致敬的晚宴，请代为向Stephen Duggan传达对其为Institute of International Education所做的贡献的敬意。（中国社科院近代史所藏"胡适档案"，卷号E-486，分号1）

4月21日　胡适作有《李翱的生卒年岁》一文。（《胡适遗稿及秘藏书信》第5册，148～153页）

4月22日　下午5时，杨联陞来访，他们又请来丁声树、周一良和杨振声，一起饮酒。杨联陞特意记录：胡适谈"《难〈神灭论〉》在梁武天监六（年），不在萧子良时。时在范（缜）贬后"。（《卜居与飘零——胡适在哈佛任教的一年（上篇）》）

4月23日　胡适上午上课，下午飞赴旧金山出席联合国国际组织会议。（《卜居与飘零——胡适在哈佛任教的一年（上篇）》）

4月24日　Occidental College的院长秘书Oliver Hutchinson函谢胡适4月16日来函，对胡适无法接受Occidental College的邀约表示遗憾。（中国社科院近代史所藏"胡适档案"，卷号E-240，分号5）

4月25—27日　胡适作为中国代表团成员之一，出席在旧金山举行的联合国制宪会议。

4月25日　周一良代胡适监考。（《卜居与飘零——胡适在哈佛任教的

一年（上篇）》）

同日　John Story Jenks 函谢胡适为 The Philadelphia Museum of Art 写信给 Mrs. Crozier 寻求 The Crozier Collection of Rock Crystals 的贡献。寄上一份 The Philadelphia Museum Bulletin。（中国社科院近代史所藏"胡适档案"，卷号 E-244，分号 5）

4月30日　陶希圣致长函与胡适，谈中国战后所面临的各方面的十个大问题。（《胡适遗稿及秘藏书信》第 36 册，291～294 页）

5月

5月1日　Evace R. Conand 函邀胡适于 5 月 15 日共进晚餐。（中国社科院近代史所藏"胡适档案"，卷号 E-162，分号 3）

同日　Robert Redfield 致函胡适：

Dr. Wu kindly brought me a copy of your paper on the history of scholarship in studies of *Shui-Ching Chu*. It was most kind of you to send it to me, and I have read it with great interest. It brought back to me the great pleasure I had that evening in New York when you told me about this interesting investigation and when you entertained me so delightfully.

I am venturing to keep the letters of introduction with which you provided me with the thought that should I yet make the trip to China I might be able to present them or some of them. When the time comes, when I see that I am to make the postponed trip, I will write you again and ask you if I may use the letters or some of them.（中国社科院近代史所藏"胡适档案"，卷号 E-324，分号 7）

5月2日　Mrs. Marguerite Crespi Marsh 致函胡适云，胡思杜与自己的外甥 Crede Calhoun 都是 Haverford College 的 1945 年级学生，很多学生因为战争而无法完成学业，期望胡适能提供帮助。（中国社科院近代史所藏

"胡适档案",卷号 E-287,分号 6）

同日　郑天挺日记有记：周炳琳、钱端升已电促胡适归来，以出席参政会为言，而郑则甚望胡适来北大讲学，并发扬之。（《郑天挺西南联大日记》〔下〕,1029 页）

5月3日　杨联陞日记有记：

> 晚十一时三刻，到 Back Bay（station）接适之先生。自旧金山飞回，因天气不佳，改自纽约乘火车。陪到 hotel,与赵先生夫妇、杨振声先生同谈少时，一时归。（《卜居与飘零——胡适在哈佛任教的一年（上篇）》）

5月4日　翁文灏致函胡适，详谈中基会将来补助文化学术机关的努力方向。（《胡适遗稿及秘藏书信》第32册,389～401页）

5月5日　郑天挺日记有记：吴文藻言，胡适可能夏间返国，但未必能久住昆明。此次宋子文初到华盛顿，胡适往晤之，未见，胡适一怒而还哈佛。"至前日报载，师未俟会毕而还哈佛，则系预定计划，无他故也。"（《郑天挺西南联大日记》〔下〕,1033 页）

5月7日　杨联陞上完胡适课后，又谈论"梁商改文字"的那段历史。（《卜居与飘零——胡适在哈佛任教的一年（上篇）》）

同日　胡适复函 David C. Sun：5月2日来函以及随函附上的1000元支票（中国社科院近代史所藏"胡适档案"，卷号 E-353,分号 3）已收到。又云：

> ...There was no "Roosevelt stamp" issued at San Francisco. There was a five cent "United Nations" stamp issued of which I enclose a sample.
>
> As I have left San Francisco not to return, because of my teaching schedule here, I am now returning your check. Incidentally, I may mention that one million dollars worth of the United Nations stamp was exhausted on the day of issue, April 25, in San Francisco.（中国社科院近代史所藏"胡适档案"，卷号 E-110,分号 17）

同日　胡适复函 Julean Arnold：已收到 4 月 30 日来函（中国社科院近代史所藏"胡适档案"，卷号 E-121，分号 8），期望能与您共同讨论如何帮助中文教师的话题。在旧金山参加会议很愉快，然由于过于忙碌而无法访问加州大学并与您和 Mrs. McLaughlin 见面。如果会议在 6 月的第一周举行的话，我可能会再去参加，肯定会设法去看望您。（中国社科院近代史所藏"胡适档案"，卷号 E-89，分号 5）

同日　胡适致函孟治：由于赵元任的坚持，决定参加 5 月 10 日 China Institute in America 理事会的年度会议，并寄上延迟回复之 Chen Keng-tao 奖学金的投票。（中国社科院近代史所藏"胡适档案"，卷号 E-103，分号 8）

同日　胡适函谢 Frank L. Meleney 之 4 月 23 日来函（中国社科院近代史所藏"胡适档案"，卷号 E-297，分号 9）。遗憾无法参加在 9 月 26 日与 27 日举行的 Ralph W. Sockman 论 The World of Tomorrow 的讨论会，因那周计划前往纽约，故婉拒此邀约。而蒋宋美龄不太可能会答应为讨论会发表演说，故无法帮上忙。（中国社科院近代史所藏"胡适档案"，卷号 E-103，分号 7）

同日　胡适函谢 L. Newton Hayes 之 4 月 26 日来函邀请参加 10 月 10 日全美助华联合总会的活动（中国社科院近代史所藏"胡适档案"，卷号 E-223，分号 5），遗憾已先答应其他邀约，故无法参加。（中国社科院近代史所藏"胡适档案"，卷号 E-96，分号 13）

5 月 12 日　丁声树复函胡适，告知沈兼士地址；沈兼士他们预计印大部头的书（陈大齐的就已经 12 万字）。把胡适希望将《水经注》的研究在国内印的想法已告知沈兼士等。（《胡适遗稿及秘藏书信》第 23 册，332 页）

5 月 17 日　美国图书馆协会 Committee on the Orient and Southwest Pacific 主席 Charles H. Brown 致函胡适：欣闻 The Dumbarton Oaks 修正案对于教育领域的强调；附上致旧金山美国代表团督促给予中国支持的电报；期望能与西南联大校长蒋梦麟谈话。本周，费正清计划前往中国。（中国社科院近代史所藏"胡适档案"，卷号 E-138，分号 2）

5 月 21 日　胡适复函王重民，告：自己飞往旧金山，只停留 8 天，仍飞回上课。在旧金山时得国内电,国内友朋颇劝自己6月底回去参加第四届国民参政会。已决定不赶回去。"国内友朋越望我回去参加实际政治生活,越使我冷下归兴。"又云:

> 哈佛教课,六月初可完,考试在六月下旬,大概六月底可搬回纽约了。
>
> 此间教课,每讲都有草稿,用"拍纸"写。夏间想整理成一部英文《中国思想小史》。
>
> 《水经注》案,也想作一个总结束。"申戴"的十证,蒙你和联陞、一良、丁梧梓诸兄赞许,我很高兴。其中第九证(郸不音多),梧梓颇主张不用。我已决定不用了。近日改换新证据,尚未完全写好。
>
> ……《水经注》各本子之中,黄省曾本现在国会,夏间可以借看。只不知谭元春评点重刻的《朱笺》本(崇祯二年)在美国有无藏本?王益吾说此本是重刻《朱笺》,而"所载笺语颇有异同"……若能得此本一观,也可以解决一些小问题……(《胡适遗稿及秘藏书信》第18册,463~465页)

同日 胡适在 *A Note on Ch'üan Tsu-wang, Chao I-ch'ing and Tai Chen* 之其中一册封面上题记:"国会图书馆给我印此单本,共五百份。留此一册,题作纪念。"(《胡适藏书目录》第4册,2480~2481页)

5月23日 汪敬熙致函胡适,告已寄上《科学方法漫志》及《行为之生理的分析》二书。(《胡适遗稿及秘藏书信》第27册,626页)

5月24日 汤用彤、冯友兰、贺麟致函胡适,告中国哲学会设有西洋哲学名著编译委员会,将近四年编译书籍,训练译员。兹向政府请得美金1000元作为基金之一部分。已向中央银行开具支票注明由胡适在美国支取。兹寄上支票,拜托胡适帮忙在美国取出并托人带回国内。(《胡适遗稿及秘藏书信》第36册,478~479页)

5月25日 杨联陞11时上了胡适课,下午陪同胡适去纽约。在纽约,他们从梅贻宝(梅贻琦胞弟)那里闻得"陈寅恪先生目几失明,甚痛心(现

已动手术，住医院）"。(《卜居与飘零——胡适在哈佛任教的一年（上篇）》)

5月28日　胡适函谢哥伦比亚大学教授 L. Carrington Goodrich 之5月24日来函。又云：关于您询问对于薪资报酬的意见，虽然薪资报酬不能让人满意，但不会因此而影响工作。（中国社科院近代史所藏"胡适档案"，卷号 E-95，分号9）

按，5月24日，L. Carrington Goodrich 致函胡适云，哥大校长对胡适从1945年9月26日至1946年1月31日为哥大进行演讲课程感到高兴，薪金为2000元，课程时间将在星期一与星期三下午3点10分至4点。（中国社科院近代史所藏"胡适档案"，卷号 E-210，分号6）

同日　胡适致函 P. K. Chang 云：The Graduate School 的院长接到武汉大学校长王星拱之电报，有关学生 Hsu Shih-hsung 申请许可入学之事，请提供 Hsu Shih-hsung 的信息以回复 The Graduate School 的院长。（中国社科院近代史所藏"胡适档案"，卷号 E-91，分号10）

同日　胡适函谢 Commission on the Freedom of the Press 主任 Robert D. Leigh 之5月23日来函（中国社科院近代史所藏"胡适档案"，卷号 E-264，分号7）。又云：虽然教学工作会在本周结束，但6月5日和6日已经安排了一些社会活动，遗憾不能参加 Commission on the Freedom of the Press 在6月5日、6日的会议。6月中旬之后将在纽约，期望与您见面。（中国社科院近代史所藏"胡适档案"，卷号 E-100，分号9）

5月29日　Grace（Mrs. Chu Shih-ming）函谢胡适来函以及附寄的400元支票，但尚未获得 Welly 是否平安抵渝之消息。又云：欣闻您将前往旧金山，我的丈夫仍在中国，不知道何时返回，可能会是在今年。（中国社科院近代史所藏"胡适档案"，卷号 E-210，分号1）

5月30日　胡适在哈佛大学上最后一课。(《卜居与飘零——胡适在哈佛任教的一年（上篇）》)

同日　胡适致函孟治，云：

In your last letter you reminded me of my last vote which was in the negative. If the other members of the Committee approve the extension, I shall be glad to change my vote to the affirmative.

Mr. Hu Ning wrote a letter from Princeton dated April 19th. It was forwarded to me at San Francisco and got mislaid among the huge pile of printed documents. I have just unearthed his letter in which he inquired about the possibility of transferring his Tsing Hua Fellowship to England in order to avoid the difficulties of military draft. I am forwarding this letter which is in Chinese. Will you dictate a translation for circulation among the members of the Committee for a decision? I send you my humble apologies for this long delay.（中国社科院近代史所藏"胡适档案"，卷号 E-103，分号 8）

按，4月19日胡宁致胡适函，藏中国社科院近代史所藏"胡适档案"，卷号 E-235，分号 3。

又按，6月4日，孟治致函 Tsing Hua Committee Members，云：胡适主席接到清华奖助金学生胡宁来函，将此信发送给所有理事会的成员以决定是否同意其请求。并提请各成员注意：1. 美国的清华理事会是否有权将清华奖助金转换到其他国家；2. 是否能延续胡宁的奖助金以继续在爱尔兰从事进修研究。（中国社科院近代史所藏"胡适档案"，卷号 E-298，分号 1）

同日 胡适函谢 Paul E. Johnson 来函（中国社科院近代史所藏"胡适档案"，卷号 E-247，分号 5），云：

...I am sorry to say that the Harvard Lectures formally ended last week, and my make-up lectures ended today.

Otherwise it would have been a very great pleasure and honor to have your class of sixteen attend.（中国社科院近代史所藏"胡适档案"，卷号 E-98，分号 9）

同日　胡适复函 Bartol Research Foundation of the Franklin Institute 主任 W. F. G. Swann：为迟复 4 月 25 日来函（中国社科院近代史所藏"胡适档案"，卷号 E-354，分号 1）致歉，述 Mr. Fung 申请出国留学之事的情况。（中国社科院近代史所藏"胡适档案"，卷号 E-110，分号 19）

同日　胡适致函哈佛大学 The Graduate School 的院长秘书：上周寄来武汉大学校长王星拱关于 Hsu Shih-hsung 申请入哈佛大学哲学系的电报，我已与武汉大学新任校长周鲠生商议，周鲠生建议我联系的 P. K. Chang 也认为 Hsu Shih-hsung 应入哈佛大学哲学系，建议您与 P. K. Chang 联系询问相关事情。（中国社科院近代史所藏"胡适档案"，卷号 E-474，分号 1）

6月

6 月 4 日　胡适复谢 Robert Richart Gros 之 5 月 14 日来函（中国社科院近代史所藏"胡适档案"，卷号 E-216，分号 5）。又云：感谢邀请于旧金山会面，然遗憾因为在哈佛授课的最后一月课程，必须返回东岸，不会再回来参加会议。若您的行程允许，愿在纽约见面。（中国社科院近代史所藏"胡适档案"，卷号 E-95，分号 15）

同日　胡适致函 John L. Rhodes：欣闻您现在可以有充分的休闲时间。在哈佛的课程即将结束，也可以休闲一阵。接下来两周，期望能与您共聚。（中国社科院近代史所藏"胡适档案"，卷号 E-108，分号 7）

同日　胡适复函 Irving Trust Company 主席 Harry E. Ward：参加旧金山会议的中国代表团已经转交您 5 月 14 日来函以及赠送的 *International Financial Stabilization* 一书（中国社科院近代史所藏"胡适档案"，卷号 E-370，分号 1），感谢致赠这本杰作。已离开旧金山会议并回来完成在哈佛的课程，将会好好阅读此书。（中国社科院近代史所藏"胡适档案"，卷号 E-113，分号 8）

同日　胡适函谢 Welly 之 4 月 19 日来函，已经寄给 C. T. Liang 5000 元并收到其感谢收据。又云：已电告王世杰，今夏不会参加在 7 月初举行的

The PPC会议。期望能得知您的工作近况。（中国社科院近代史所藏"胡适档案"，卷号E-113，分号14）

6月5日　Edwin Carlyle Lobenstine函谢胡适上星期四出席晚宴，为能见到北平协和医学院的董事们感到高兴。自己已离开The China Medical Board，又询胡适6月何时会在纽约。（中国社科院近代史所藏"胡适档案"，卷号E-276，分号5）

同日　W. F. G. Swann致函胡适，介绍一位中国学生Fung Hon-Ko来美。（中国社科院近代史所藏"胡适档案"，卷号E-354，分号1）

同日　林李玮致函胡适，希望胡适能与中央研究院交涉，使其亡夫之全部著作得以印行。（中国社科院近代史所藏"胡适档案"，卷号1411，分号5）

6月8日　胡适作有《读刘世珩翻刻的宋乾道二年（1166）刻本沈括〈梦溪笔谈〉二十六卷》一篇读书笔记。胡适认为沈括是当时一个最渊博，又最细密的科学家，是北宋第一个有科学头脑的人。其最大长处在于能知道称量的重要。沈之辩证，多值得注意，只是因为他的方法细密。《梦溪笔谈》有迷信的记载，说明："沈括是当时能思考的奇人，但他也不能全免那个时代的迷信。"（天津《大公报·文史周刊》第6期，1946年11月17日）

同日　周炳琳、钱端升致电胡适：仍建议胡适回国并重返北大，但不建议参加7月的政治协商会议。（中国社科院近代史所藏"胡适档案"，卷号E-156，分号5）

6月13日　胡适函谢L. Carrington Goodrich来函，又云：

...I am more than satisfied with the honorarium of $4,000.

I am rather embarrassed to realize that the little confession in my last letter to you must have given you much trouble. Please accept my humble apologies. The fact is that since the summer of 1942, I have had to live on lecture-honorarium, research grants, and my small savings. The generous honorarium from Columbia will be most helpful.（中国社科院近代史所藏"胡

适档案",卷号 E-95,分号 9)

按,6月8日,L. Carrington Goodrich 来函云:5月24日去函里提到您从1945年9月26日至1946年1月31日为哥大进行演讲课程的薪金总数是2000元,现知道您必须依靠此薪金支持全部的生活,因此将薪金提高为4000元。(中国社科院近代史所藏"胡适档案",卷号 E-210,分号 6)

同日　胡适回复 Henry C. Smith 6月7日之函询(中国社科院近代史所藏"胡适档案",卷号 E-345,分号 2):林语堂将会成为 The Century 的一位好成员,林语堂并不是没有个性,但了解他的人都喜欢他的谈话并乐于与他相处。(中国社科院近代史所藏"胡适档案",卷号 E-109,分号 14)

同日　胡适回复 Wong Ming-yu 6月9日来函(中国社科院近代史所藏"胡适档案",卷号 E-387,分号 4):遗憾作为 Honorary Officer of the Scholarship Committee,不便为您写推荐函。(中国社科院近代史所藏"胡适档案",卷号 E-114,分号 12)

同日　胡适致函孟治:寄上对于胡宁案子的投票。建议委员会发电报给主席梅贻琦,询问是否赞成转到爱尔兰进行进修研究。而投票的结果如何,请在电话中与其他成员联系。(中国社科院近代史所藏"胡适档案",卷号 E-103,分号 8)

6月17日　胡适离开剑桥,回纽约,赵元任开车送胡适到火车站。(《赵元任年谱》,278页)

6月19日　胡适致函王重民,谈及:昨夜回到纽约寓所,此后半年,大概不至移居。短期出游则仍不免。又请王代借黄省曾刻本《水经注》一用。(《胡适遗稿及秘藏书信》第18册,466页)

按,自此,胡适在哈佛大学的授课终告结束。胡适在哈佛讲授"中国思想史",并没有系统讲义。留存的资料,只有1554张小卡片,现存台北胡适纪念馆,馆藏号:HS-NK-209-001 ~ HS-NK-209-047。

1945年　乙酉　民国三十四年　54岁

2019年4月，外研社将这些小卡片以《胡适英文中国思想史授课纲要遗稿（整理本）》为名整理出版。

6月20日　胡适复函王重民，寄还自传（有胡适的铅笔校记）与《黄晟传》，又云：

> 《黄晟传》与前作诸传，似皆可分段抄写。古文分段，并非自我开始，自王充到章学诚都有此法。你试分段做去，就可以知道此法可以使章法结构更清楚，更严密。
>
> 我曾用国会所藏两部项刻与黄刻的《水经注》细细看过，始知尊论黄晟修补项刻旧版之说实不确。我认黄刻《水经注》确是用项氏初刻初印本来重刻的。……
>
> ……黄氏所刻《博古》三图，与《三才图会》，必都是用初刻精本重雕，而不是"购得旧版，修补印行"。
>
> 项刻《水经》成于一七一四，黄刻成于一七五三，不过四十年，已有重刻的必要了。……（《胡适遗稿及秘藏书信》第18册，467～472页）

6月28日　郑天挺日记有记：周炳琳对蒋梦麟就行政院事之前未安排好北大事深致不满，以为今后北大应由胡适主持，蒋梦麟不宜更回。（《郑天挺西南联大日记》〔下〕，1052页）

6月29日　胡适致函王重民，再论黄晟刻本《水经注》是重校刊，而非修补项氏旧版。（《胡适遗稿及秘藏书信》第18册，473～481页）

同日　郑天挺致函蒋梦麟，提出：若蒋一时不能返昆，可否由教育部请胡适代理，胡适未还以前由周炳琳暂代？或胡适暂时不能还，即由部令周代理，以安同人之心。（《郑天挺西南联大日记》〔下〕，1053页）

7月

7月1日　胡适致函王重民，告昨日从哥大图书馆借得歙县张匡学的

《水经注释地》两函，没有价值。此书翻印自黄晟本，避讳都变严紧。又举陈垣《讳例》所引恽敬《大云山房杂记》所记来说明乾隆一朝60年间避讳有宽严之别，乾隆前期避讳宽大。（中国社科院近代史所藏"胡适档案"，卷号566，分号6，分号7）

7月2日　朱家骅致函胡适，云：国际大学会议由胡适代表亚洲文化，希望胡适能代表参加。（《胡适遗稿及秘藏书信》第25册，494～495页）

7月4日　周炳琳、汤用彤、张景钺、郑天挺致电胡适：北大同仁遗憾由于蒋梦麟在中央的职务而无法再任北大校长，今早的会议都期望您早日重返北大。（中国社科院近代史所藏"胡适档案"，卷号156，分号5）

7月6日　杨联陞来哥伦比亚大学，"见胡先生。还诗稿，戒油滑，劝练句"。他们谈及《水经注》，又谈及"谈乾隆时讳禁初不甚严"。杨联陞接受胡适转赠的《敦煌六百年》一册，又借汉简考释。（《卜居与飘零——胡适在哈佛任教的一年（下篇）》）

7月7日　陈源致函胡适，云：

> 联教组织发起召集国际大学会议，定于八月二日起在荷兰之Utrecht城举行。其目的在讨论各大学共同及有关问题，及成立一永久性之国际大学组织。其意义相当重要，将来机构正式成立后更可有重大发展。秘书处已函请各国政府指派代表出席，每国正式代表三人。
>
> 闻筹备主持人已上一函，请兄到会演讲。闻所邀者仅一二人，欧洲方面有法国之Maritain，美洲有哈佛之Conant，亚洲则由兄代表，故此为特殊荣誉，至望兄能应邀来欧一行，顷已电达。兄如来则我国代表亦无问题，一举两得矣……（《胡适遗稿及秘藏书信》第35册，123页）

7月9日　胡适作有《三跋项纲刻本》。（《胡适遗稿及秘藏书信》第4册，32～39页）

同日　钱端升复函胡适云：

> ……才看到你给我及枚荪的信。四月发电催兄即返，我不大赞成；

1945年　乙酉　民国三十四年　54岁

五月发电劝兄不参加参［政］会，我是同意的。我觉得你有返国之种种理由，至于应否参政，如何参政，则应俟兄返国观察后再自决定。

北大孟邻无法兼，这是客观的结论。将来不论如何决定，北大是少不了你的，你也不能长期与青年隔离的。这也是客观的结论……

我极赞成你集中精力写《中国思想史》英文本，写好即返国。

国事退步多于进步……（《胡适遗稿及秘藏书信》第40册，497页）

7月13日　胡适作有《记但明伦道光壬寅（一八四二）刻的〈聊斋志异新评〉》一文。7月21日，又有附记3页；1956年5月30日，又有校改眉批。（《胡适手稿》第9集卷2，221～238页）

同日　王世杰致电胡适云：周鲠生与我建议您，为了健康不要接受大学的工作，已通过中国银行汇给您4000元，以供您花费。（中国社科院近代史所藏"胡适档案"，卷号E-368，分号10）

7月16日　胡适复函王重民，谈避讳：

避讳掌故，我不过偶然作一个大胆的假设，一切新得的证据都是老兄寻得的。我们这种"合作"，自是一种乐事。这个推测，证实之后，确有为前贤补缺匡过之功用，可以使人知道"避讳之学"，尚有许多波澜起伏，正赖后人修补填防。

你要我写"一个小玩意"，把此事弄明白。我也愿意试作。但今天试检你们寄来的材料，尚嫌不够用。……

…………

总之，我的一个小猜测，所得证件已足够成立一篇翻案文字。但为正式说明清朝极盛时代的避讳制度的几度波澜起伏，似尚须多多的收集证件。

尊处搜集材料最便，不妨于便中细细多为钞存，将来即请吾兄试作此万言长文。我的"开路"工作已完，所拟三时期宽紧不同，大致虽不错，而细目尚须修整。此事也只好重烦老兄了。（《胡适遗稿及秘藏书信》第18册，486～490页）

7月20日　胡适复函王重民，谈及：据《于文襄手札》中的避讳材料，可知乾隆时避讳的宽大等。又谈及：《于文襄手札》的年月，陈垣所考，大致都对。自己又加上一些考订，大概此56札的年月先后都可考定了。又详谈《于文襄手札》中关于《水经注》的材料，以及关于邵二云的《薛史》的材料。(《胡适遗稿及秘藏书信》第18册，491～503页)

7月23日　胡适作有《跋〈于文襄手札〉影印本》。8月20日，又有《后记》。(《胡适遗稿及秘藏书信》第12册，310～363页)

7月25日　郑天挺日记有记：

端升来……据言孟邻师辞意甚坚。一日骝先、孟真、枚荪、端升四人谈定，如师辞，则发表胡适之师，并明令请汤锡予代。(《郑天挺西南联大日记》〔下〕，1068页)

7月26日　杨联陞致函胡适，云：感于劳榦《居延汉简考释》关于钱谷方面太简，乃作一文，奉上请胡适指教。(《胡适遗稿及秘藏书信》第38册，299页)

7月27日　蒋廷黻日记有记：晚上和胡适长谈，他非常不信任宋子文。(《舍我其谁：胡适》第四卷，511页)

7月29日　朱家骅致函胡适，请胡适出任出席世界青年大会的中国青年代表的赞助人。(《胡适遗稿及秘藏书信》第25册，428～429页)

7月30日　胡适复函王重民，"请王代查乾隆三十九年九月十二日回京是由木兰出发的日期，还是到京的日期"。又谈道："关于李友棠九月初一放学政，你仍不免存'于敏中调虎离山'的成见。这是错的。"又提到陈垣的《旧五代史发覆》对于《于文襄手札》中关于《薛史》诸札都未提及，甚为疏忽。又谈及："《薛史》上于卅年，而刊成于卅九年，中隔九年，可见删改削定之难。"(《胡适遗稿及秘藏书信》第18册，504～510页)

同日　晚，胡适又致王重民一函，说道："'散篇''散片'之名，当时已成为《大典》内辑出书之泛称。"并以洪榜作《东原行状》为例说明之。又指出："关于李友棠交部议处事，不止卅九年十月一次。"(《胡适遗稿及秘

藏书信》第 18 册，511～512 页）

7月31日　哈佛大学财务主管 Roy V. Perry 致函告胡适：经投票通过，胡适1946年2月1日至1946年6月30日的薪水总额为4000元。（中国社科院近代史所藏"胡适档案"，卷号 E-486，分号1）

7月　胡适从纽约东方学书店（Orientalia）买得闵尔昌辑《碑传集补》六十一卷（北平燕京大学国学研究所铅印本，1923年）。（《胡适藏书目录》第2册，1112页）

8月

8月1日　胡适作成《官本〈水经注提要〉的文字责任与文字意义》。（《胡适遗稿及秘藏书信》第1册，279～335页）

同日　王重民致函胡适，抄示乾隆三十九年（1774）幸热河行宫之日程大要。次日，又抄示乾隆三十八（1773）、四十一（1776）两年之日程。（《胡适遗稿及秘藏书信》第12册，358～363页）

同日　周鲠生致函胡适，云：

……国内友人均关心兄之近况，参政会开会时，询问者尤多。有一次茶会席上，介公向弟询及兄况，弟告以兄身体精神均好，惟因曾患心脏病，医生戒高飞耳。不知别后尊况如何，时以为念。前此雪兄曾有一电致兄，嘱勿接受美方大学教书之聘，以免失去行动之自由，此意弟向主张。远东战争随时有急转直下之可能，国内事情亦大有合群策群力以求改进之必要。孟麟先生到行政院，如要解除北大职务，则北大必须有继人，而此间北大朋友，金以为复兴北大，非兄莫属。恐此亦不容兄久在国外坐视者也。……（《胡适遗稿及秘藏书信》第30册，119～120页）

8月2日　王重民致函胡适，云：曾在四库馆办《大典》的邹炳泰，也有"散篇"之称。渠撰《午风堂丛谈》，内记办书事不少。（《胡适遗稿及秘

藏书信》第 24 册，49 页）

8月3日　王世杰致函胡适，介绍亲戚陈宗仁前往会晤。(《胡适遗稿及秘藏书信》第 23 册，588 页）

8月4日　孙元琜函请胡适为其在北大教育系中谋教授职。(中国社科院近代史所藏"胡适档案"，卷号 973，分号 1）

8月5日　江泽涵复函胡适，谈及江冬秀回到绩溪等，此函未发时，江泽涵又在 8 日加了下面一段话：

> 昨天蒋校长在昆明请北大教授茶会。他说骝先、孟真两先生劝他辞北大校长，因为他兼任北大校长，违反他手订的大学组织法。他说他从前未想到此点，故打算兼任，现在他觉得必须辞职了。他说，大概要你做北大校长，在你回国前，要派人代理。他说话的态度极好，得着大家的同情。(《胡适来往书信选》下册，26 页）

8月6日　郑天挺日记有记：

> 孟邻师已还昆明，谈甚久，决辞北大校长，以为如此始能使校内校外无事，若更兼，不惟与自己以往主张不同，且万一有人指摘，校内校外均无以自解。关于继任人选，决请胡先生继，未到前以锡予代。一日，师与孟真谈代者，师提枚荪，孟真以为难提出，孟真提及余，师言毅生必不代也。(《郑天挺西南联大日记》〔下〕，1076 页）

8月7日　郑天挺日记有记：4 时 30 分开会……（蒋梦麟）复言依大学组织法，校长不能兼任，故决定辞职。继任已定胡适，在未返国以前，必由校内之人代理。(《郑天挺西南联大日记》〔下〕，1076～1077 页）

8月8日　胡适致赵元任一明信片，谈及：回到纽约之后，赶成了 3 篇文章，8 月 4 日出来小歇，月半后回去。此地颇凉快。吴俊陞亦在此歇夏。(《近代学人手迹》三集，9 页）

同日　郑天挺日记有记：

子水来，以胡先生月前来函相示，暂欲留美研究，并已应哥伦比亚讲学半年之约，书中有"我此时忍心害理，冒偷懒怕吃苦的责备，也许还可以为北大保留一员老战将，将来还可以教出几个学生来报答北大"之语，则一时必不能归也。子水言北大若胡先生不归，换一不相干之人来长校，将不堪设想，最好联函骝先，暂由蒋先生兼任，如不可能，则在胡先生未回国前不正式发表校长，只由部令发表代理人，此意甚善。（《郑天挺西南联大日记》〔下〕，1077页）

8月10日 王重民复函胡适，高度赞佩胡适的论《水经》全稿，"因为一百五十年来的一个大谜，今被先生猜破了"。（《胡适遗稿及秘藏书信》第24册，52页）

同日 高植函请胡适介绍其赴美教授中文。（中国社科院近代史所藏"胡适档案"，卷号1598，分号6）

8月11日 郑天挺日记有记：蒋梦麟告郑，渠到重庆后即辞北大校长职务，推胡适继任，未回国前由周炳琳、汤用彤或郑天挺择一暂代……（《郑天挺西南联大日记》〔下〕，1079～1080页）

8月14日 胡适致赵元任夫妇一明信片，谈及：自己4月尾出门一次，就死了莫索里尼，就死了希特勒，就结束了欧洲的战事！8月初又出门一次，就有了原子炸弹，就有了苏俄对日本宣战，就有了日本屈服求和！（《近代学人手迹》三集，11页）

同日 下午，胡适又致赵元任一明信片，对日本已接受同盟国最后答复的消息颇有点疑虑，因为日本小鬼是熟读"兵不厌诈"的兵法的！星期夜的 U. P. fake flash 甚可怪！（《近代学人手迹》三集，12页）

同日 孙大雨致函胡适，自述这几年的经历。又向胡适推荐高植，拜托胡帮高在美国寻找一个教书的机会。（《胡适遗稿及秘藏书信》第32册，430～432页）

同日 王次通函请胡适指正其恢复中华文化之计划草案。（中国社科院近代史所藏"胡适档案"，卷号777，分号6）

8月17日　傅斯年上书蒋介石,力辞北京大学校长之聘任,并力荐胡适自代:

日昨朱部长骝先先生以尊命见示,谓蒋梦麟先生之北京大学校长出缺,即以斯年承乏……伏思斯年以狷介之性,值不讳之时,每以越分之言,上尘清闻,未蒙显斥,转荷礼遇之隆,衷心感激……今复蒙眷顾,感怀知遇,没齿难忘……[斯年]自知不能负荷世务,三十年来读书述作之志,迄不可改。徒以国家艰难,未敢自逸,故时作谬论。今日月重光,正幸得遂初志,若忽然办事,必累钧座知人之明。兼以斯年患恶性血压高,于兹五年,危险逐年迫切,医生屡加告戒,谓如再不听,必生事故……

……北京大学之教授全体及一切关切之人,几皆盼胡适之先生为校长,为日有年矣。适之先生经师人师,士林所宗,在国内既负盛名,在英美则声誉之隆,尤为前所未有。今如以为北京大学校长,不特校内仰感俯顺舆情之美,即全国教育界亦必以为清时嘉话而欢欣。在我盟邦,更感兴奋,将以为政府选贤任能者如此,乃中国政治走上新方向之证明,所谓一举而数得者也。适之先生之见解,容与政府未能尽同,然其爱国之勇气,中和之性情,正直之观感,并世希遇……盖适之先生之拥护统一,反对封建,纵与政府议论参差,然在紧要关头,必有助于国家也。今后平津将仍为学校林立、文化中心之区,而情形比前更复杂。有适之先生在彼,其有裨于大局者多矣。(王汎森、杜正胜:《傅斯年文物资料选辑》,"中央研究院"历史语言研究所,1995年,128～129页)

8月19日　胡适有《读四库全书纪事诗》一文。(《胡适遗稿及秘藏书信》第1册,527～530页)

同日　胡适有《清高宗〈题水经注六韵〉的月日》。(《胡适遗稿及秘藏书信》第1册,385～393页)

同日　郑天挺日记有记:得傅斯年函,嘱分头函胡适劝驾。(《郑天挺西

南联大日记》(下), 1084页)

8月21日　朱家骅致电蒋廷黻、胡适、赵元任：为战后恢复全国国立大学工作，需款甚巨，而国力为艰，拟在美募图书仪器，复兴高等教育经费，总目标数目为3000万～5000万元。应请吾兄在策动美方所有报馆、刊物、当地机关，对我国具同情之人士及文化团体多方进行。(《胡适遗稿及秘藏书信》第25册，430页)

8月23日　Davison Publishing Company 总经理 Harold M. Davison 函谢胡适之便笺，遗憾胡适的访问很短暂。(中国社科院近代史所藏"胡适档案"，卷号 E-172，分号 6)

8月24日　胡适拟一电报与毛泽东：

润之先生：

顷见报载傅孟真兄转达吾兄问候胡适之之语，感念旧好，不胜驰念。前夜与董必武兄深谈，弟恳切陈述鄙见，以为中共领袖诸公今日宜审察世界形势，爱惜中国前途，努力忘却过去，瞻望将来，痛下决心，放弃武力，准备为中国建立一个不靠武装的第二大政党。公等若能有此决心，则国内十八年纠纷一朝解决，而公等廿余年之努力皆可不致因内战而完全销灭。试看美国开国之初，节福生十余年和平奋斗，其手创之民主党遂于第四届选举取得政权。又看英国工党五十年前仅得四万四千票，而和平奋斗之结果，今年得千二百万票，成为绝大多数党。此两事皆足供深思。中共今日已成第二大党，若能持之以耐心毅力，将来和平发展，前途未可限量。万不可以小不忍而自致毁灭。以上为与董君谈话要旨，今托王雪艇兄代为转告，用供考虑。胡适，八月廿四。(《胡适全集》第25卷，159～160页)

按，胡适将此电先发与王世杰，请王与傅斯年一商，如二人赞同，即请代为发出。又云："此是闲人偶尔好事，不必向外发表也。"(《胡适遗稿及秘藏书信》第18册，36～38页)

又按，8月30日，王世杰复电胡适："尊电已面转毛先生矣。"(《胡

适遗稿及秘藏书信》第 23 册，601 页）

8月25日　胡适有《后记：清高宗题〈水经注〉诗的月日——猜谜后的猜谜——》一文。(《胡适遗稿及秘藏书信》第 1 册，414～444 页）

同日　杨联陞来访。胡适明确谈到"明春或将回国"，同时出示《水经注》提要一文，并且特意说明，他就此文"曾改写过两三次，以弥缝乾隆题诗误解水经散见大典之缺陷"。(《卜居与飘零——胡适在哈佛任教的一年（下篇）》)

8月28日　郑天挺日记有记：

> 枚荪自重庆飞还，谈至十时还。据言骝先已向最高提出胡先生为北大校长，最高未答，而云"任傅孟真何如"，骝先乃退，以告孟真，孟真乃上书最高，言身体不能胜任，并言胡先生之宜，且可协助政府。此书托张道藩转陈，数日无消息，遂复缮一份再托人面陈。于是骝先再往推荐，最高答云"适之出国久，情形或不熟悉"，骝先为之解释，乃出，前日以告孟真，谓有八九成希望矣。但前日《新华日报》载一胡先生加入民主同盟，介绍人为张君劢、李璜之消息，恐有阻碍，孟真、雪艇各有急电往询矣。(《郑天挺西南联大日记》〔下〕，1088 页）

8月30日　胡适有《李友棠》一文。(《胡适遗稿及秘藏书信》第 4 册，270～273 页）

同日　朱家骅致电胡适，请胡出席 11 月 1 日在伦敦举行的世界教育会议。(《胡适遗稿及秘藏书信》第 25 册，432～433 页）

9月

9月1日　罗敦伟致函胡适，希望胡适担任拟议成立的新的中国民主政党的领袖：

> ……顷阅报我公否认加入民主同盟，极佩极佩。以我公之声誉，

党魁有余，何至与彼辈同流也。国内民主运动正待展开，实需要有一民主之大政党。半年来若干名流学者、大学教授以及新兴产业界人士，有中国民主党之酝酿，大致仍主张三民主义，拥护国民政府，完全为一英美式之民主政党。组成份子包括文化界、产业界，再通过社会团体普及到广大之农民层，以第二大党为最初目标，必须有压倒各党各派之优势，极盼我公领导。正式党纲，拟请全部决定。如承复示允可，即可正式发起。政府方面亦可获谅解，公开进行。如何之处，静待好音……

……此事仅系在酝酿阶段，故尚无法开奉名单。同此感想者极多，产业界方面新兴份子并愿支出巨额党费。故只我公允许领导，即可获致五百人以上知名之士发起，经费绝无问题。伟亦已以此意面告蒋主席，原则上亦颇首肯。惟当日（二个月前）尚未考虑到我公，且不知我公意向何若，未敢轻于提报。最近友朋商谈，以非公领导不可。故特专函上奏，尚乞将党纲提要、组织标准见示，以便进行。拟在政治结社法公布前成立，时机迫切，恐再不能往返细商也。（《胡适遗稿及秘藏书信》第41册，315～316页）

9月2日　周鲠生致函胡适，谈及武汉大学复员等情，又云：

……国内学界政界之进步分子，到处仰望我兄回国领导；学术教育界尤须有领袖人物，重树权威，一新风气。……（《胡适遗稿及秘藏书信》第30册，121～122页）

同日　王重民致函胡适，报告查《高宗实录》之所得。（《胡适遗稿及秘藏书信》第1册，404～405页）

9月3日　朱家骅致电胡适，云：

……梦麟兄因任秘书长，依法不能兼任校长，故力推兄继任，主席暨弟与北京大学同仁亦均认为非兄莫属，公意如此，务请俯允。复员在即，不及征求同意，拟先提院发表，在兄未返国前，孟真兄虽抱

病已久，暂行代理，特电奉达，并请速驾是幸。……（《胡适遗稿及秘藏书信》第 25 册，435 页）

同日　胡适复电朱家骅，推辞担任教育会议代表，并推荐傅斯年等：

　　……弟去国八年，对国内教育学术完全隔膜，且已允两处母校讲学，不便废辍，拟一月底讲完即归国，故不能担任教育会议代表，务请鉴原。傅孟真兄久未出国，何不请他出席，并可诊病。此时吾国学者在英者有缉斋、通伯、本栋，在美者有孟和、元任、树人，或可供选择。但此次新组织切不可再任李石曾一流妄人把持辱国。狂言乞恕。（《胡适遗稿及秘藏书信》第 19 册，49 页）

同日　江泽涵致函胡适，云：

　　……北大的事真是千头万绪，不知从何说起。蒋校长来昆明宣布他要辞职后就回重庆了。他是说你回来继任。他曾要锡予师代理校长，锡予师坚决的拒绝了，现在还是无人负责。本来学校的事都在毅生兄一人手中，他今日飞重庆，听说教育部派他去北平，不知道他真去北平否？现在可以负责的人只有枚荪兄与锡予师在昆明。（枚荪兄似不肯居负责的地位，因为他反对蒋校长兼职颇烈。）我觉得你做不做校长关系不大，但是你越能早回北大一天，于北大的好影响越大。凡是与北大有关的人几乎全体渴望你回来。不知道你究竟能否提早回国，我们只怕北大仍旧敷衍下去，不能趁此整顿振作，未免太可惜了。

　　特别是这时候，能替北大做事的特别多，而且这些事于北大特别重要。例如英文系吧，北大的英文系对于二年级学生初步训练太不注意了，应该怎么整顿呢？还有抗战八年间，外国专门期刊都没有，复校后恐怕政府无暇及此，还叫教授又在这环境下混几年，白费时间么？北大三院都须积极补充教授，应该如何进行？

　　算学系的教授以许宝騄成就最好。现在我们决定成立统计系，要他回来复责。他未尝无不回北大的可能，我们很为发愁，请你还他的

1945年　乙酉　民国三十四年　54岁

钱的时候，顺便写几句请他早回北大成立统计系，并托他物色教授。其他教授也比在北平时努力，也有几位很有希望的青年。我写过两封信给树人师，要他继续聘请 Witold Hurewicz。我们渴望能聘得一位好外国算学家，帮助我们办研究院。若 Hurewicz 不能来，要请树人师会同省身，Lefschetz, Morse, Veblen 诸位设法另行物色，但不易得着如此适当的人了。我们也望助教有机会出国，不知道关于此事你替北大同美国大学有什么接洽么？……（《胡适遗稿及秘藏书信》第25册，189页）

同日　郑天挺日记有记：晤傅斯年，知北大校长决定胡适继任，未到前由傅斯年代理。傅斯年以同人能否发生误会相询。（《郑天挺西南联大日记》〔下〕，1084页）

同日　王安宅致函胡适，介绍自己的履历和著作，希望拜会胡适。（中国社科院近代史所藏"胡适档案"，卷号777，分号4）

9月4日　行政院举行第七百一十一次会议，通过诸多任免事项，包括：国立北京大学校长蒋梦麟呈请辞职，应予免职，任命胡适为国立北京大学校长，胡适未返国接事前，由傅斯年代理。（《申报》，1945年9月5日）

9月5日　傅斯年致电胡适，劝胡出席世界教育会议：

世界教育会议先生如不出席，殊失国家面目，来电所谓下流妄人，正在运动，务恳以国家为念，勉为此行。（《胡适遗稿及秘藏书信》第37册，460～461页）

9月6日　胡适致函王重民，详谈乾隆帝题《水经注》诗的写作年月，认为此诗作于甲午二月中。又云：

即将开始另写两三篇文字，将《水经注》一案结束，以便将余事结束，即作归计。

昨日晚报说政府任我为北大校长，朱骝先昨有电来，今早始译得，略言"不及征求同意，即提院发表。在兄未返国之前，由孟真兄暂代"。

359

我至今尚未回电。

政府又要我到伦敦赴十一月一日之世界教育会议,我已电辞。但今日傅孟真又有电来劝我勉为一行。我也还没有回电。

总而言之,闭户做考据,废寝忘餐的审判古人疑狱,此等乐事,恐须不能由我久享了!(《胡适遗稿及秘藏书信》第18册,519～520页)

按,胡适曾请刘修业抄录此函中讨论乾隆题《水经注》诗部分函寄冯家昇,抄录的部分载《胡适遗稿及秘藏书信》第1册,406～412页。

同日　傅斯年与段锡朋、吴景超、周炳琳、罗庸、郑天挺联名致电胡适:

北大教授一致推举先生继梦麟先生任校长,今日已发表,各地同学及友人无不欣悦。火德三炎,非先生德望无以济事,幸早返国,极盼。(中国社科院近代史所藏"胡适档案",卷号1581,分号7;《傅斯年遗札》第三卷,1630页)

同日　汤用彤致函胡适,云:

……现政府已任先生为北大校长(未到任前由孟真兄代理),同人知悉,莫不欢欣振奋,切望台端能早日返国到校。弟以为今后国家大事惟在教育,而教育之基础,尤在领导者具伟大崇高之人格,想先生为民族立命之心肠当一如往昔,必不至于推却万不应推却之事也。

……抗战八年,北大教务方面,人员零落,即留在校中者,亦因流离转徙之折磨,英气大逊于往昔。现在北大首要之事,即在加入新的血脉,尚望先生在国外即行罗致。……(《胡适遗稿及秘藏书信》第36册,474～476页)

同日　傅斯年致电胡适:

北大复校,先生继蒋梦麟先生,同人欢腾,极盼早归。此时关键甚大,斯年冒病勉强维持一时,恐不能过三个月。更当增设医、农、

1945年　乙酉　民国三十四年　54岁

工三院。林可胜主张以协和为北大医科，乞在美进行。化工系可与侯德榜一商。此时恐非在美捐款及书籍、仪器不可；聘请教员，亦须在美着手，乞先生即日进行，并作归计。(《胡适遗稿及秘藏书信》第37册，462页)

9月7日　胡适有《跋全谢山"赠赵东潜校水经序"》。文中说：

我们必须明白此序不是序东潜的书，乃是叙述谢山自己把校本赠送东潜的意思，然后我们能深切的感觉这段文字是一篇很沉痛又很诚恳的"托孤"遗嘱。(《胡适手稿》第3集卷5，589～591页)

9月8日　邱椿函贺胡适任北大校长，云：

先生为我国学术界之泰斗，自由思想之导师，此次被任为北大校长，足见政府有宏奖学术，解放言论与推行宪政之决心，斯乃新文化复兴之吉兆，我国高等教育史上划时代之事实……(《胡适遗稿及秘藏书信》第29册，433页)

按，胡适被任命为北大校长的消息发表后，致函致电祝贺的还有：张紫常、陈受颐、Hiram A. Matthews、王景春。据中国社科院近代史所藏"胡适档案"不完全统计。

9月9日　尤桐复函胡适，认同胡适谈乾隆帝《水经注》诗的时间问题，认为诗中"花朝"应详为考证，并提出自己的看法。又代抄《乐善堂全集》《御制诗初集》《御制诗四集》等相关材料。(《胡适遗稿及秘藏书信》第1册，395～403页)

9月10日　胡适复电朱家骅、蒋梦麟、傅斯年：可勉强参加世界教育会议，希望蒋梦麟仍重掌北大：

世界教育会议，当勉强遵命参加。民国二十年以后，北大复兴，孟邻兄领导之苦心伟绩，弟所深知。北大复员，仍不可无孟邻兄之领导。曾于上月托张仲述带信与北大同仁，恳切陈述此意。孟邻兄为政府征调，只是暂不得归，孟真兄肯扶病暂代，最可感幸。将来弟归国，若不得已，亦愿与孟真分劳，暂代一时，以待孟邻兄之归。此意至诚恳，乞谅察，并乞转陈主席与詠霓兄，并恳转致北大同仁，至感。（《胡适遗稿及秘藏书信》第19册，52～56页）

同日　杨联陞致函胡适，谨为学界前途贺胡适任北大校长。认为：在史学界，需要热诚的合作与公正的批评。几点具体建议：各校的史学系主任，应该常常通讯；应当常常交换教授跟研究人员；应当分区组织史学会，常常开会讨论学术；史学界应该合力整理并发表史料，搜访并保存史迹；出版一个像"史学评论"一类的杂志，特别注重批评介绍；史学界应当合力编辑丛书，如剑桥、牛津所出的各种历史大系；史学界应当合力编辑工具书……（《胡适遗稿及秘藏书信》第38册，300～301页）

同日　翁文灏致电胡适，敦促胡适回国就任北大校长。（《胡适遗稿及秘藏书信》第32册，402页）

9月11日　罗常培致函胡适，欣闻胡适为北大校长，"不禁为母校前途庆"。假期内研究"中国语里的借词和贷词"，已写出初稿。查阜西对胡适钦仰无似。（《胡适遗稿及秘藏书信》第41册，267页）

9月12日　胡适复函陈受颐、罗常培，告答应担任北大校长事。请二人早日将暂留或早归国的计划大致见告。罗常培似宜早来东方一行，以便早日归国。陈受颐去国近10年，甚盼能早归。又云：

我近年颇能用苦功，在研究方法上也颇自信有进步，故深不愿放弃历史研究而做大学行政的事。将来总想早早得脱身，仍交给梦麟兄，我得以剩余的十年或二十年专心做历史研究，则大幸了。

两兄常得相见长谈，对北大前途与人才，必有所讨论，千万多指教。……

莘田前函所说今甫的信，我则多同意于莘田。人才必须多方搜求，多方造就，宁失于宽大，不可失于狭隘。去年曾作小诗给哈佛杨联陞云：

喜见新黄上嫩丝，悬知浓绿停堤垂。

虽然不是家园柳，一样风流系我思。(《胡适中文书信集》第3册，495～496页)

同日 朱家骅致函胡适，云：美国战时科学设备均甚完备，复员之后必多储而未用；又美国必多得德日之科学设备，以上在美国多无用，在我国则为珍宝，希望胡适能与美方陆海空当局接洽，能得到上列一部分物品。(《胡适遗稿及秘藏书信》第25册，436页)

9月13日 蒋介石致电胡适，请胡适早日归国执掌北大校务。(《胡适遗稿及秘藏书信》第39册，348页)

同日 汪瑄致函胡适，认为胡适任北大校长，是北大领导有人，复校前途有望。"以母校过去自由研究之精神及对民主思想之贡献，今后在自由民主新中国自必居领导地位，故实不仅为母校庆，亦为中国之文化前途庆。"又邀请胡适至康奈尔大学演讲。(中国社科院近代史所藏"胡适档案"，卷号1104，分号3)

9月14日 江泽涵致胡适函，谈论北京大学校长诸问题：

你长北大已有命令。你在国外若电辞，恐怕发生周折，于北大很不利。……

……梦麟先生做官而兼校长，几全体不赞成。有些人以为他将来回来，暂时北大敷衍过去，也未尝不可，但这只是与他最接近的少数人，多数人很痛恨战时北大敷衍的不当。枚荪、孟真二位则从大道理上说，非要你来任校长不可。孟真兄我并未会见，枚荪兄说过这些话："劝适之先生回国与劝他回国任校长，看作是同一件事，不容分开。现在蒋校长做官了，中央研究院又有代理院长，这是要适之先生任校长的一个最好的机会。"他的理由是："现在是最重要的时期，只有适之先生能来改善北大，并影响全国大学，这就像从前蔡先生的时候一样，别人不能当此任。"他以为："蒋校长的兴趣不在大学教育。战时他对北大的事不问，但他每日忙着招待无关重要的外国人同云南的显要，

可见他的兴趣所在。适之先生也无法推避，正如周鲠生先生不能不去武汉一样。"

校内的空气如此，一个最重大的原因，是校长避免与教授接谈，当然与学生更无关系。……

……………

北大现在（复校后）最迫切的是提高学术研究的水准，因此我们最盼望你能替北大募集书籍、仪器与讲座（专聘外国人）的基金，Grabau 先生的例，不难再遇见。算学系很望 Hurewicz 能来。……（《胡适遗稿及秘藏书信》第 25 册，190 页）

9 月 15 日　胡适有《杨守敬胡涂判案的一例》。（《胡适遗稿及秘藏书信》第 3 册，393～401 页）

同日　王毓铨致函胡适，对劳榦《居延汉简考释》中的谬误提出见解与更正。（《胡适遗稿及秘藏书信》第 24 册，477～484 页）

同日　张君劢致函胡适，云：

……闻重民言，重庆《新华日报》上载我与李璜介绍公入民主同盟之谣，岂徒被介绍人绝无所闻，而介绍人自身亦觉此等消息来自天外。弟自问年来常以为必由政党一路方能达到民主，至兄则明明为民主之友，然而不肯从政党下手，弟知公之立场，从未一谭民主同盟之内容，即以此故。然国共谭判，弟望其早日成立，免得内战，想公亦同此意也。……（《胡适遗稿及秘藏书信》第 34 册，209 页）

同日　张其昀致函胡适，云：

……敬悉先生允就北大校长职，不胜欢忭。三十年来北大是中国新思想的策源地，为中外所公认，今后在先生领导之下，确立学院自由的尊严，料想异卉争妍，烂漫向荣，其盛况定属空前。现在已经到了原子能力的时代，科学涵盖了一切。宪政乍启，国会初开，怎样领导群伦，以踏上民治的正轨，那更望有学府的山斗来主持全国的议坛，

想海内人士均有此期待。先生此日，可谓握政学之枢纽，归期从早，尤所盼企。(《胡适遗稿及秘藏书信》第34册，216页)

同日　刘修业复函胡适，抄示奉和胡适题东京富士山的诗一首。(《胡适遗稿及秘藏书信》第40册，91页)

9月16日　胡适有《不可解一则》。(《胡适手稿》第6集卷2，257～259页)

同日　胡适有《永乐大典避讳"棣"字》一文。(《胡适遗稿及秘藏书信》第4册，274页)

同日　汤用彤、周炳琳、郑天挺等联名电促胡适尽速返国。(中国社科院近代史所藏"胡适档案"，卷号E-356，分号8)

9月17日　王安宅致函胡适，希望拜会胡适，并自荐。(中国社科院近代史所藏"胡适档案"，卷号777，分号5)

9月18日　胡适有《杨守敬所举"戴袭全之证"二条》。(《胡适遗稿及秘藏书信》第3册，380～392页)

同日　陈受颐致函胡适，认为北大非胡适领导不可，闻胡适决定回国就任极感兴奋。(《胡适遗稿及秘藏书信》第35册，393～394页)

同日　朱士嘉致函胡适，认为任命胡适为北大校长是抗战八年以来，也是蔡元培执掌北大以来中国文化界最好的消息。抗战以来中国教育程度下降严重，因此提出提高教育程度的十点建议：聘请品学兼优的教员；注重社会科学；提高教授待遇；提倡编辑出版杂志；注重外国语言；多设奖学金自助金；设与民生相关科目；修养学生的品格；行政方面，希望胡适在大事上筹划，不必在小事上分心，建设一个"法治"的大学，造就依法治事的人才；教育独立。(《胡适遗稿及秘藏书信》第25册，262～267页)

9月19日　饶毓泰复函胡适，悉胡适长北大后"狂喜"，"兄长北大实吾国大学教育一新纪元，不仅同人私幸已，望兄积极负起责任来领导我们……"又云："若说做大学行政的事有碍兄之著述大业，弟意以为过虑，假令经费有着，院系得人，有如机器调整，一按电钮而全体奏效……"又云：

"北大事,第一是延揽人才。"又谈及对理学院、工学院的具体建议等。(《胡适遗稿及秘藏书信》第42册,511～514页)

同日　丁声树复函胡适,欣闻胡适将出任北京大学校长感到欢迎鼓舞,又云:

> 经此振古未有之大变局,得此千载一时的良机,我们的国家若仍旧爬不起来,站不住脚,那不止是民族的羞辱,简直是人类文明的大耻。北大的使命在新中国的建设,将更重大而艰难,于此何幸而得先生的伟大领导,教人如何能不感奋,能不高兴!先生的学风,先生的襟度,其肫笃伟大只有蔡先生可以比拟,而治学方法的感人之深,我敢说是三百年来没有人能赶得上的——三百年前的非科学时代无论矣。从此北大将得到一新生命,亦即中国文化得一新生命。(《胡适遗稿及秘藏书信》第23册,333～334页)

9月21日　贺麟复函胡适,云:

> 先生近年来在美为国宣劳,功绩至伟,而对学问如此努力,写作收获如是之多,使国内各朋友闻之莫不欣佩奋励。除亟盼先睹尊著外,并尤祷祝英文本的《中国思想史》早日写成出版。麟近应《五十年来的中国》编者潘公展先生之约,写有《五十年来的哲学》一文,文中有两三处提到先生,虽觉表述得不充分,但也足见向往之忱……
>
> ……先生长北大之消息传出后,众望所归,群情欢悦,不仅为北大之复兴庆幸,且为整个中国教育学术之光明与进步庆幸,尚望于结束演讲后早日返国,以主持北大复员工作。尤望趁此时在美之便,多延聘新教授(能得如Grabau,Osgood等外籍教授尤佳),敦促北大旧人之在美者回国,向美国征求捐款,向政府请求十万至二十万元之官价外汇,以作购置图书仪器之用。凡此各节,想早在预计烛照之中。北大今后增设医、工、农三学院,使北大于促进中国工业化、近代化,更能有实际贡献,当属甚善。抗战期中,清华有七个研究所继续进行,

而北大除文科研究所外，乏其他研究机关，故以后对研究院之充实，似须特别注意。

日本投降，中国已走上和平建国之途，政治民主化亦为必然之趋势，但仍须于教育、思想、言论各方面积极努力，基础方稳固，中央政府不患其不民主，而患其腐败狭隘，不能集中人才，有害民生耳。三民主义中，国民党贡献最少者亦惟民生。……（《胡适遗稿及秘藏书信》第37册，628～631页）

9月22日 罗常培复函胡适，谈自身研究情况与计划，希望胡适为其要求增加补助，又对北大的重建提出建议：

……如果北大复员，特别是由先生主持，我义不容辞地应该早回国。不过希望先生只允许我教几点钟，指导几个研究生，以其余力专从事自己的研究，我不愿意再作系主任或别的与事务有关的职位了！来示有"得以余剩的十年或二十年，专心做历史的研究则大幸了"。这对于先生固然是最好的打算，对于我这"四十、五十而无闻焉"的人，尤为刻不容缓。如果像过去的几年替学校"打杂儿"，我不会在学术上有什么了不起的贡献！

至于早去东方一行，本是我"寤寐思之"的计划。不过我在此校契约已延至明年暑假，为信义起见不好悔约，如果只在寒假两星期内走马看花的到东方转一下，恐怕没有什么益处……

以最近所闻，我很知道所谓"东方学者"对于中国人不大欢迎的情形，先生对于我前几封信未置一词的苦衷，我十分谅解。可是如果我想到东方研究，而得不到国内或国外的补助，我自己的经济是不能支持的……所以如果由先生向骝先和孟真、太侔商量准我在"国外晋修一年"，或由四六，一月起，或由七月起，都可以。（如由一月起，我在此间可请人接替，或减少钟点，不支薪。）教部的待遇在战前是二百美金一月，外加往返川资，事实上比我这苦工还优越。在二陈当权时代，阿猫阿狗都可得中央补助，现在我们的朋友主持教育，为什么

我这少年蹭蹬、壮志未已的"可造之材"得不到一点政府或朋友的帮忙？！我想，为自己，为北大，先生都应该同情我！现在我不仅是对老师说话；我同时是对校长申请！（先生如有意帮我，切勿令孟真阻挠！）如我不能得到深造的机会，我想北大的语音乐律实验室是不好开门的——除非是"另请高明"！……

先生去国后，北大事实上已失去学术重心，要想复兴，须恢复民八至民十三以前，或二十年至战前的学术空气。各系须整顿者外语、法律、地质、化学……均须考虑。国文系文学组先生不可不亲自领导。建功中途离校，也许是沈兼士所说"姑奶奶脾气"，但望先生说明是我的意思请他回去。兼士是苦节孤忠，全活留平一部分朋友的名节，非其他某派某系可比，应由先生斟酌，请其回校。凡参加伪校者，即知堂亦在不赦——请先生万勿留情。事务方面毅生确系柱石，但教务非换一个人望所归的不可，枚荪似最适宜。培植后进的意思，仍望先生筹一具体办法。在过去五年内"吾道"四布起见，由我荐至各校任副教授或讲师者，专以中文系论，计华中三人，中大一人，交大一人，华西一人，云大二人，印度国际大学一人，史语所三人，南开二人，此非迹近招摇，实想广通声气。——我不想再作这类的"荐头行"，但我希望北大多一些像这样对后进热心的"为而不有"的人！（《胡适遗稿及秘藏书信》第41册，268～271页）

同日 许宝骙致函胡适，为胡适继任北大校长感到高兴，请胡不要推辞。又对未来的北大提出两条建议：

早在报上看见您继任北大校长的消息，我想不但同事同学，全国青年都极度兴奋无疑，希望您把谦逊未遑的意思打消掉，孟邻先生无论多理想，有了中委的头衔，就不免是自由之累了。不晓得中国在一个多月内变得多么好（那是"中国之命运"）。总之，过去五六年太黑了，个把好人厕身其中，连轮廓都看不见，一个光亮的人物，怎会不让大家引领而望呢？

1945年　乙酉　民国三十四年　54岁

我虽然是昆明通，然而情形既经大变，我的知识都无用了。现在说两个最小的小事，谨供参考：（一）北大应提高英文水准；（二）将来充实图书馆的时候，理学院急购晚近的（一九三〇以后）书籍杂志，非到极富的时候，用不着买整套的东西……（《胡适遗稿及秘藏书信》第33册，142页）

同日　王岷源致函胡适，悉胡适被委为北大校长，向胡贺喜，"更为北大庆幸"。又云，耶鲁大学欲将胡适《四十自述》中《我的母亲的订婚》一章翻印，并加上英文注释，当高级班的课本，并公开发售。又询问胡适"太子会"及"辰肖"的含意。（《胡适遗稿及秘藏书信》第23册，645页）

9月25日　胡适致函王重民，谈及：

"正杨"一册，总论未写，此是"长编"稿本也。杨氏根本错误在两点：（1）他用赵戴错误相同诸例为证，而不知错误相同与正确相同同是问题，而不是证据。两家校本所以成为问题，正因为两本相同之点甚多。故曰，相同是问题，而不是解答问题的证据。正确相同是问题，错误相同也是问题。解答此相同问题之途径甚多，而相袭只是其中之一个可能。必须先证明其他解答……皆不能成立，然后或可疑相同由于相袭。杨氏所举十四证，皆以相同为相袭——第一条袭全之证，则以正确相同为证，其余皆他所谓错误相同也。（2）所谓错误十三条，其绝大多数皆不能算是错误。则其所谓"错误亦相袭"者亦不成立。如《穆天子传》之甲寅与甲辰，其是非不能定，则误与不误皆不能定。……（《胡适遗稿及秘藏书信》第18册，521～524页）

同日　胡适有《钟惺的〈水经注钞〉六卷》一文。（《胡适遗稿及秘藏书信》第4册，105～125页）

同日　George Hervey函谢胡适之8月30日来函。已将胡函转交给Dr. Moule。此函还提到胡适的来函提及陈源与Mr. Chien Hsiao。（中国社科院近代史所藏"胡适档案"，卷号E-224，分号17）

9月26日　杨联陞来访。胡适希望杨联陞能到北大任教。(《卜居与飘零——胡适在哈佛任教的一年（下篇）》)

同日　胡适复函邓嗣禹，邀请邓到北京大学教授历史学，又谈及聘请马祖圣之事：

> 我很盼望你能在明年七八月回国，到北京大学来教历史……正式聘书当在明年春夏间办好。
>
> 你愿授的几科，我此时不能预作决定，只盼望在邓老板的拿手好戏之中挑选排演。
>
> 我盼望你的戏目之中，能把你的英国文官考试起源列入"国际关系"或"中西文化关系"之内，因为太平天国与英国文官考试都是中西文化互相影响的重要例子。您说是吗？
>
> 马祖圣先生现住何处？见时请代致意，说我与北大理学院长饶毓泰先生都有意请他去北大，或在化学系，或在新计画的工学院。此事请他早日考虑，赐一回音。(《胡适研究通讯》2013年第1期，封二，2013年2月25日）

9月27日　胡适复函王重民，谈及：

> 前几天收到冯家昇先生长信，他颇不信乾隆题《水经注》诗会早到卅九年二月中旬，也引乾隆卅九年十月戊戌上谕为据。你引卅八年八月十八日谕，最可助证我的九月六日信。……
>
> American Council on Education 的建议，我很想一读，倘蒙代要一份，至感。
>
> 对于莫利逊文库的建议，我没有积极意见。我个人以为此种用私家钱购买去的，或可不必讨回。如北平东厂胡同之东方文化图书馆，是用庚款建立的，既在北平，可以没收；上海之两三个研究所，也是用庚款建立的，也可以没收。其余用庚款建立维持的文化机关，若不在中国——如京都帝大之东方文化研究所——也就不必问了。此项研

究机关,我们似宜鼓励日本继续维持。……(《胡适遗稿及秘藏书信》第 18 册,526～528 页)

同日 美国图书馆协会 Committee on the Orient and Southwest Pacific 主席 Charles H. Brown 函贺胡适担任北大校长,又为胡适可能因此离美而使在 Iowa 的演讲落空而惆怅。美国国务院分配 10 万美元给美国图书馆协会购书赠予中国,5 月在芝加哥曾与蒋梦麟谈及此事,曾与袁同礼一同建议蒋梦麟关于派遣职业图书馆员到中国之事。已将此副本给顾临,以征询在中国发展图书馆事业的意见。(中国社科院近代史所藏"胡适档案",卷号 E-138,分号 2)

9 月 29 日 胡适致函王重民,询王 8 月 24 日英伦所见《大典》是否果有御题在《大典》原本之上?胡适不信《大典》任何一册有御题。若英伦所见之《馆伴录》上有御题,颇疑此中另有作伪问题。(《胡适遗稿及秘藏书信》第 18 册,529～530 页)

同日 饶毓泰致函胡适,谈及:"理学院拟新聘的教授,如兄以为然,可否由弟先行分别接洽?"又谈到接江泽涵、马大猷等来函,"同人精神所寄惟在吾兄"。"前谈向美国图书机关捐助补足自 1937 年以来各种科学杂志,并筹措美金两万元为同人返北平后立可作研究之临时费,此两事都足以鼓励同人精神。盖现在国内大学惟北大图书仪器差幸完整,倘加以补充与整理,立时即可恢复研究工作。时间可宝贵之感觉从未有如现在之深刻也。"又谈及请胡适协助朱汝华在美购置仪器及回国旅费事。(《胡适遗稿及秘藏书信》第 42 册,515～516 页)

同日 Mrs. Andrew Lu 函荐哥伦比亚大学数学系教授 Joseph Fels Ritt 到北大任教。(中国社科院近代史所藏"胡适档案",卷号 E-275,分号 3)

9 月 30 日 胡适复康奈尔大学秘书 Edward K. Graham 之 9 月 6 日来函:8 月 30 日中国政府电报通知委任我在 11 月 1 日参加在伦敦举行的 The Unites Nations Educational Conference,担任中国代表之一。虽婉拒此任命,然而中国政府坚持要我"必须去"。此外,政府在没有和我商量的情况下任

命我为北大校长,现在计划前往英国出席此会议。又云:

> I am writing to request you to present these difficulties to President Day, and ask him either to withdraw entirely his invitation to me to deliver the Messenger Lectures, or to permit me to deliver them at the beginning of your second semester before my sailing for China. The dates which you kindly suggested in your letter, November 12, 14 and 16, and November 19, 21 and 23, will be impossible under the present circumstances. If the University opens early in February, I may be able to deliver these lectures in two successive weeks in the earlier part of February. But I fully realize there are difficulties in arranging an academic calendar at so short a notice, therefore I hope the President and yourself will not hesitate to cancel these lectures if they cannot fit into the University Calendar of the year. In that case I hope the University may count on my returning to the campus at a not-too-distant future date, when I may revisit this country, and when I may be given another opportunity to redeem myself for this present failure.（中国社科院近代史所藏"胡适档案",卷号 E-95,分号 11）

按,10月4日,Edward K. Graham 函谢胡适来函。目前暂定排在 2月4日、6日、8日、11日、13日与15日。若时间不合适,请告知。又恭喜胡适任北大校长。（中国社科院近代史所藏"胡适档案",卷号 E-212,分号 3）

10月

10月2日　教育部长朱家骅签署聘书,聘胡适为教育部国语推行委员会委员。（中国社科院近代史所藏"胡适档案",卷号 2304,分号 6）

10月4日　胡适致函王重民,谈及:

1945年　乙酉　民国三十四年　54岁

吴琯本甚重要，因为陆弼、吴琯是第一次校改黄省曾本，而不加校语，人多不知其校改之功。如此本用《法显传》校改《水经注》第一卷，其佳处远胜赵、戴。赵、戴皆不懂佛教书，故他们校卷一多大错误。

又表示将来必为国会所藏诸本各作一短跋。"美国藏《水经注》之多，远出我意料之外！"又云：将来自己回到北平，必先收买《水经注》各本，作一纪念。又提醒王应在回国之前有一次身体检查，并推荐医生。(《胡适遗稿及秘藏书信》第18册，531～534页)

10月6日　陈源致函胡适，云：

自有教育文化会的决议，我们即希望你来代表中国出席。现命令已发表，而且听杨钟健君说，你已决定来英一行，真是无限的高兴。希望你及元任兄能于开会前几天到，可以多一点准备……

又谈到此次会议筹备期间的几处争点，又请胡适来时携带晚礼服等。(《胡适遗稿及秘藏书信》第35册，124～128页)

10月7日　T. Tptera函谢胡适几周前的茶点招待以及对于自己作为教授的人生意见，将接受在北平的教职，祝福中国的未来。(中国社科院近代史所藏"胡适档案"，卷号E-398，分号1)

10月8日　饶毓泰致函胡适云：前为朱汝华的研究经费与回国川资事请胡适电请朱家骅核准；北大理学院、工程系拟聘教授请胡适核定以便分别进行，请胡适拨冗赐示。江泽涵来函拟请一位荷兰算学家，已经请陈省身写信接洽，此事更须胡适核定。电学工程势必办，前函邀马大猷为主任，拟聘王振钧、袁家骝为教授。"原子核物理研究北大势必开办，且须另筹巨款，惟现在即须进行接洽人选。清华、中大、浙大、厦大等近都在向各方面觅人，倘我们错过机会，将更感困难。"(《胡适遗稿及秘藏书信》第42册，517页)

同日　饶毓泰又致函胡适，谈及钱学森寄来《工程科学系之目的及组

织大纲》，此文是钱应饶之请而作，钱很多意见和饶契合，但和一般工程学者之传统目与组织大不相同，值得我们深切的注意，兹附呈。饶未和钱学森直接通信，是通过郭永怀转达北大请他出来组织应用算学系或应用力学系之意思，所研究与教学范围则和钱先生的工程系的内容差不多完全相同，如果北大工程学系能这样办，理学院与工学院分界就不那么严了。这对于工程教育上是个革新运动。希望北大聘钱学森为工学院院长。(《胡适遗稿及秘藏书信》第42册，518页)

同日　Edmund E. Day致函胡适：已看到胡适与Mr. Graham的往来信函，得知胡适将访问的时间延迟到2月。欢迎胡适自伦敦归来后访问康奈尔，恭喜胡适获任为北大校长。(中国社科院近代史所藏"胡适档案"，卷号E-172，分号5)

10月9日　国民政府授予胡适等"胜利勋章"。(台北"国史馆"藏档，全宗号"国民政府"，卷名"胜利勋章"，档号：001035100121076；中国社科院近代史所藏"胡适档案"，卷号2304，分号3)

10月10日　胡适应邀在Carnegie Hall演说"The 34th Anniversary of the Chinese Revolution"(《中国革命34周年纪念》)。胡适说：

> As I look back upon these 34 years, three items stand out pre-eminently as the achievements of the Republican era:
>
> 1. An Intellectual Revolution.
>
> 2. A Social Revolution.
>
> 3. A Political Reconstruction.
>
> ……
>
> To sum up, China has not wasted her 34 years. In these brief years, she was bringing about a fundamental revolution in her intellectual life and in her cultural and social institutions, and was actually achieving a political unity and stability which even 14 years of Japanese aggression and eight years of most terrible war devastation and deprivation have failed to destroy. (中国社科院

近代史所藏"胡适档案",卷号 E-52,分号 127）

10月11日　胡适电告任鸿隽：董事会已对 Fan Ray 的家人致以哀悼与慰问。12月的会议将投票选出继任者。Arthur Young 会出席12月的会议。（中国社科院近代史所藏"胡适档案",卷号 E-116,分号 3）

10月12日　G. Joterra 向胡适函荐一位著名的德国人类学家 Baron von Eickstedt 到中国工作。（中国社科院近代史所藏"胡适档案",卷号 E-398,分号 1）

10月13日　饶毓泰致函胡适云,前去四函,均未得复,但所商问题关系北大前途甚大,万望有所指示。又解释前信自述消极的原因。又谈及："原子核物理的研究势不容缓,惟现在同人治此有成绩者本来不多,中大正在多方延揽,倘此时不图,后来更无机会。"（《胡适遗稿及秘藏书信》第42册,519页）

10月15日　李辛之致函胡适,函寄其研究国际文化教育的文章,请胡适指正。（中国社科院近代史所藏"胡适档案",卷号1160,分号2）

10月16日　胡适在劳榦所著《居延汉简考释》六卷（中研院史语所油印本,1943—1944年）有题记：

> 居延汉简原件由沈仲章先生冒险带出北平,今存国会图书馆。劳贞一先生考释六册,今年李惟果先生从国内带来,我始得读。今夜细细读一遍,到半夜才完。感念当年（十年前）若非傅孟真先生极力主持汉简应用青年学者合作整理,恐至今尚无劳贺诸君的整理成绩可报告于世人。贞一先生自序归功于孟真的"督导鼓励",是最真实的致谢,要朋友们知道孟真十年前的提倡督促的大功。（《胡适藏书目录》第2册,1330页）

10月17日　傅斯年致长函与胡适,谈蒋梦麟离北大及胡适如何被推为校长,自己在胡归国之前担任代理校长之大体经过,希望胡适早些回来。详谈北大各院系扩充计划。又谈及经费困难,希望胡适在美募捐,其捐之

目标有三事：书籍、仪器、现款。又谈及国内政情。又谈及拟聘请的留美学人王毓铨、胡先晋、周一良、杨联陞、王重民，希望胡适就近与以上人员接洽聘请。(《胡适遗稿及秘藏书信》第 37 册，463～467 页)

10 月 19 日　朱家骅复函胡适，云：

……承惠允担任出席联合国教育文化会议代表，至为佩荷……

……至总代表一席，敬请我兄偏劳代理，所有代表团一切，并盼费神主持。各项教育报告材料，部中略有准备，可供参考。余由菊农兄面陈……(《胡适遗稿及秘藏书信》第 25 册，439～442 页)

10 月 21 日　牛满江致函胡适，云：

从战争胜利消息传来时起，接连不断地得到几次极端使人高兴的事情。先生答应回长北大，当然是第一件……生在师长同学间获得之理解，是切盼先生牺牲，为北大员生之首脑。周前得昆明校中师长及同学来信说："在校员生拟全体恭请胡先生早日回国，众有所归。"并谓："若有机会，亦请就近陈述。"欣幸之余，简奉如上。

第二件是各方传闻，部令北大增办农、工、医学院，有人说："医学院将并有协和及平大二部分。"纷纷传闻，生极愿知其究竟，未知先生有暇示知确讯否？盖蒋先生来士丹福大学讲演，杨振声先生在卜克里时，曾分别晋谒，奉陈感触及陋见，为学校前途计，请筹设学院如医、工等。彼等均表示"可从长计议"。今日传闻，除高兴外，又感兴趣，因所学实验动物学，与现代医学极为相近，且相补互行故。(《胡适遗稿及秘藏书信》第 24 册，581～583 页)

10 月 23 日　饶毓泰致函胡适，云："前商允为朱（汝华）女士请教部给予出国进修教授之待遇"，应照教育部规定加入旅费。已经电请彭桓武，但他未复电，若胡适能与他面谈，并告诉他张文裕正在慎重考虑加入北大，"我想，我们很有希望请到他。""蔡伯林事暂可不提。""钱学森先生尚未有复信来，大概他在慎重加虑中。请马大猷主持电工系事请转告孟真兄。"(《胡

适遗稿及秘藏书信》第42册，521页）

10月27日　胡适、赵元任自纽约同乘飞机赴伦敦，出席联合国教科文组织成立大会。沿途经纽芬兰，于28日飞抵英国的Hurn，自Hurn乘火车往伦敦。胡适住Claridges Hotel。抵伦敦第二日，中国代表团开始活动，讨论胡适的演讲稿。并在顾维钧陪同下拜会英国的Wilkinson小组。（《赵元任年谱》，281页）

10月28日　朱家骅复函胡适：承示以在美募款之困难及应先有具体之恢复计划各节，钦佩之至。"现正筹议妥善募集国外图书仪器与救济补助办法尽力进行。至费夫人处亦已与之洽商，仍希吾兄多多协助，务使有成……"（《胡适遗稿及秘藏书信》第25册，443页）

10月30日　胡适致唁电与伯希和夫人，吊唁伯希和之丧，认为伯希和的辞世对于汉学和亚洲研究是很大的损失。（中国社科院近代史所藏"胡适档案"，卷号E-315，分号7）

同日　赵元任、胡适联名致唁电与Serge Elisséeff，吊唁伯希和之丧。（中国社科院近代史所藏"胡适档案"，卷号E-315，分号7）

11月

11月1日　联合国教育文化组织首次会议在伦敦土木学院开幕。此次会议会期为11月1日至16日。中国代表团除首席代表胡适以外，其他成员还有陈源、李书华、程天放、赵元任、罗家伦等。（《赵元任年谱》，281页；中国社科院近代史所藏"胡适档案"，卷号E-472，分号1）

同日　中国基督教大学促进会秘书Noel B. Slater代表Paul Sturge与Lord Luke函邀胡适出席11月7日举办的"中国晚宴"。（中国社科院近代史所藏"胡适档案"，卷号E-344，分号2）

同日　N. R. Wdal致函胡适云，照The Committee of the Athenaeum的指示，邀请胡适访问The House of the Club。（中国社科院近代史所藏"胡适档案"，卷号E-472，分号1）

11月2日　胡适在联合国教育文化会议上发表演说。胡适说道：

For more than half a century, China has been the greatest beneficiary of international educational, scientific and cultural exchange. During these 50 or 60 years, the great universities and scientific laboratories of Europe, Britain and the United States, have been educating and training thousands of China's young men and women in the pure and applied sciences, in the social sciences, in the humanities and in the arts. It is these men and women that have been the leaders in the recent transformation and modernization of Chinese thoughts, ideals and institutions.（中国社科院近代史所藏"胡适档案"，卷号 E-52，分号 129）

按，胡适的演讲，被视为当日最好的两三个发言之一。（《赵元任年谱》，282 页）

同日　朱经农致电胡适，告朱家骅因公务繁忙，不能赴英。若需朱家骅亲自前去，请直接电商行政院长宋子文。（《胡适遗稿及秘藏书信》第 25 册，730 页）

11月3日　胡适应邀为 The Office of War Information of U. S. A. 作广播演说。胡适说道：

The object of the United Nations Educational and Cultural Conference now being held in London is to draw up the constitution of an international organization for educational, scientific and cultural cooperation, —an organization which will ultimately become a part of the Social and Economic Council of the United Nations.（中国社科院近代史所藏"胡适档案"，卷号 E-52，分号 131）

同日　胡适函谢 John R. Temple 之 11 月 1 日来函（中国社科院近代史所藏"胡适档案"，卷号 E-356，分号 3）以及赠送的礼物——《圣经》。自己是《圣经》的收藏者，收藏多在北大，去年从图书馆得到大约60卷的早期中国和日本的《圣经》翻译本，期望有机会能在伦敦书店搜寻《圣经》的中译本，特别是以地方方言翻译的。(中国社科院近代史所藏"胡适档案"，卷号E-111，分号3)

同日　朱家骅复电胡适，出国手续已经来不及办，请胡适代为致意；代商之事，请胡适全权办理。(《胡适遗稿及秘藏书信》第25册，444页)

11月4日　陈梦家致函胡适，自述在芝加哥大学教学、研究之计划，希望拜谒胡适时，能得到胡对其研究计划的意见等。(《胡适遗稿及秘藏书信》第35册，521页)

同日　朱经农致函胡适，云：

> 今日在报纸上得读兄在联合国会议席上之演说，至为钦佩。此次代表团由兄领导，为国家增光不少。中国当选为副主席之一，亦须有一了解英美人心理如兄者为发言人，方能得体。此次代表团中除瞿菊农兄外，颇少专研教育之人。兄如需用关于本国教育概况之资料，则菊农所供给者较为可靠。(《胡适遗稿及秘藏书信》第25册，731～734页)

11月5日　联合国教育文化会议开始分组讨论，胡适被分配在第二组，讨论组织问题。(《赵元任年谱》，282页)

同日　胡适函谢Rajkumari Amrit Kaur来函邀请2位中国代表团的女性成员参加1945年12月底在印度举行的妇女会议。然遗憾由于吴贻芳博士生病，所以代表团没有女性成员参加，会将此邀约传达给适合的中国团体。(中国社科院近代史所藏"胡适档案"，卷号E-99，分号2)

同日　江泽涵致函胡适，云：

> ……[傅斯年]来昆后，极力表扬蒋校长对北大的贡献。我觉得蒋校长这次离开北大，也许反能使他在北大的地位增高。这确是北大之福。

孟真兄第一次召集教授会时（十月廿三日），就出其不意的提出：（一）他离校时，请锡予师代表他；（二）树人师未到校时，要我做树人师的代表。我最怕事务，从前就费了很大的事辞去联大算学系主任。但这次做树人师的代表，对北大与对树人师都是义不容辞，所以我并未坚辞，只表示我的意思只不过做到一个书记的地位而已。……

算学系因加院需要增聘教授。现时在校的只有申又枨兄同我。在国内而离校的有赵淞兄。在美的有许宝騄、程毓淮、樊畿三位。许将来主持统计系。仅算学教授，估计需七八人。我已写信给树人师，提议聘请 Witold Hurewicz，在般雪而尼亚大学的黄用谡先生。最好是省身能来北大。另有信询宝騄、毓淮二兄意见。我们对于聘请 Hurewicz 先生非常热心。廿七年请了他，因战事发生，他未能来平。他在算学上的贡献很大。特别是他的工作，我们的教授中如申、程、樊同我都极感觉兴趣，我们的讲师助教中如王湘浩、孙树本、廖山涛、冷生明等都能从他研究。物色外国教授，最难得的是我们自己能懂得他的工作，对于他的工作有兴趣，能接受，而且立即可以从他研究。他是很合于这些条件的人。省身三个月前来信说，他现时在 M. I. T. 做战时工作，似乎还没有很好的位置。但是现在最困难的是待遇问题。国币的价值未定。孟真兄说，薪俸只能与国内的教授同，但须有外籍教授的特别外汇，津贴，然后才有聘请来外籍教授的希望。他到重庆后要与教育部接洽。他要我写信问你，你是否有法子能捐得一笔外汇，先聘请来几位。故能否聘请 Hurewicz，请你斟酌后告诉树人师，请他与省身进行。省身与黄用谡两位，已请树人师与你商量进行。统计系须请宝騄兄主持，便中请劝他与毓淮兄明年回国。（《胡适遗稿及秘藏书信》第 25 册，192 页）

同日　College of the Sea 的住民顾问 William Hornell 函邀胡适出席 11 月 14 日 The China Institute 举行的茶会，以及将在 16 日至 18 日某个合适的时间为胡适举办的晚宴。（中国社科院近代史所藏"胡适档案"，卷号 E-231，

分号 3）

11 月 6 日　受 Sir Richard Livingstone 之托，Alfred Simmons 代为函邀胡适于 11 月 17 日在 The Occasion of the Oxford Visit at Corpus Christi College 共进午餐。若胡适不觉得麻烦，也可直接回复 Sir Richard Livingstone。（中国社科院近代史所藏"胡适档案"，卷号 E-395，分号 1）

11 月 7 日　陈潜将其《王充著作的检讨》寄示胡适，请胡适指正。（中国社科院近代史所藏"胡适档案"，卷号 1269，分号 2）

11 月 10 日　Mrs. Vyvyan Adams 函告胡适：与您一同参加 11 月 12 日 The British Broadcasting Corporation 的广播讨论的将有 Archibald MacLeish、Nils Hjelmtveit、Frederick Mander 等人。若您想知道相关讯息，请来电话。（中国社科院近代史所藏"胡适档案"，卷号 E-119，分号 9）

同日　Roy Dunlop 向胡适函介致力于增进中加关系的"China-Canada"，期望能建立 Branches of China-Canada。恭贺胡适担任北大校长。（中国社科院近代史所藏"胡适档案"，卷号 E-182，分号 5）

11 月 12 日　晚 8 点，胡适应邀出席中国驻英大使馆举办的晚宴，参加人员还有程天放、罗家伦、赵元任、William Hornell、Noel Slater、Alfred Zimmern、Archibald MacLeish、René Cassin 等人。（中国社科院近代史所藏"胡适档案"，卷号 E-472，分号 1）

同日　Frederick Mander 致函胡适：战争在 1939 年爆发，International Federation of Teachers' Associations 被限制为欧洲国家。（中国社科院近代史所藏"胡适档案"，卷号 E-286，分号 1）

同日　James P. Scott 致函胡适，为胡适代表中国到伦敦参加教育会议致上祝福。（中国社科院近代史所藏"胡适档案"，卷号 E-338，分号 3）

同日　薛琴访致函胡适，希望继续留在北大工作。（中国社科院近代史所藏"胡适档案"，卷号 1939，分号 7）

11 月 14 日　胡适应邀出席 E. M. Gull 为其举办的晚宴。（中国社科院近代史所藏"胡适档案"，卷号 E-95，分号 16）

同日　联合国教科文组织首次会议中国代表团代胡适函谢 C. B. Cundy

11月13日来函邀请胡适为 The Chung Hua Club 演说,只是胡适只在牛津停留一天,且官方安排的行程已占满,遗憾无法接受此邀约。(中国社科院近代史所藏"胡适档案",卷号 E-395,分号 1)

同日　经叶公超推荐,Vladimir Rogoff 致函胡适:请教将现代中国文学介绍给俄国人的几个问题。又谈到自己过去10年一直期望有机会与胡适会面,之后秘书会打电话给胡适安排会面时间,附寄叶公超的介函。(中国社科院近代史所藏"胡适档案",卷号 E-329,分号 7)

11月15日　胡适出席 F. R. Cowell 与 Berkeley Gage 在 The P. E. P.(Political and Economic Planning)Club 为其举办的午宴。(中国社科院近代史所藏"胡适档案",卷号 E-164,分号 10)

11月16日　Jean Herbert 致函胡适云,自己正从事有关东西方文明如何克服差异的研究,认同罗曼·罗兰提出的应以"elite"将世界文明的成员相连结的观点。拜托胡适推荐能够对自己的研究有帮助的中国人。(中国社科院近代史所藏"胡适档案",卷号 E-224,分号 12)

11月17日　胡适接受牛津大学授予的民法学荣誉博士学位。(中国社科院近代史所藏"胡适档案",卷号 E-311,分号 4;卷号 E-364,分号 8;卷号 E-485,分号 1)

同日　徐大春致函胡适,谈自己匆匆回国情形及行程等。谈及:

> 在这几年中,要谢您的地方实在是太多了,不是笔墨可以写得下的,至少不是我如今可以一一写下的。我有时在想,这几年在美国,不知从大学学得多,还是从您那里学得多。

又谈到同船的一位金山领事馆的郭东元先生,云:

> 他告诉我他有您的一篇序的原稿,他说那是无价之宝,将来也许会值几十万的。我问他可愿将来送还给您,或送图书馆,他笑而不肯,好像真预备靠您的稿子发财似的。(中国社科院近代史所藏"胡适档案",卷号 1713,分号 9)

1945年　乙酉　民国三十四年　54岁

11月19日　胡适复函董作宾，云：

你的《殷历谱》，除去最后邮寄的一部分之外，都收到了。我曾细细读过，十分佩服！

这真是一部绝大的著作，我这一年中已传观了许多朋友。……

我曾托德效骞（Dr. Homer H. Dubs）先生……代你考定1311 B.C.十一月廿四日的月食。最近我到英国来开世界教育会议，前几天忽然收到他给你的长信，说他不但考定了1311十一月廿四的月食，并且列举了1341至1284 B.C.之间的月食表，供你参考。(《胡适中文书信集》第3册，505～506页）

按，7月24日，董作宾致函胡适，拜托胡适请美国的天文学家以日蚀回溯来检定其《殷历谱》。又谈到希望史语所能扩充甲骨文研究等，董函还提及傅斯年、李济、梁思永、林徽因、蒋梦麟、赵元任等友人。(《胡适遗稿及秘藏书信》第37册，697～698页）

同日　江泽涵致函胡适，谈托人带款与胡适请胡适代买物品事，请胡适代垫陈省身代购之书款，得知胡适获牛津大学所赠博士学位。(《胡适遗稿及秘藏书信》第25册，196页）

同日　中国基督教大学促进会秘书Noel B. Slater函谢胡适和同事们来出席晚宴，并云：谨转达Paul Sturge主席以及Lord Luke对您和您的同事们的祝福，并祝福中国有个美好的未来。(中国社科院近代史所藏"胡适档案"，卷号E-344，分号2）

11月21日　胡适、赵元任自伦敦同机飞返纽约。(《赵元任年谱》，283页）

11月24日　胡适有《洛水篇校增的"山海经曰"（跋赵一清朱墨校的朱谋㙔〈水经注笺〉)》一文。(《胡适遗稿及秘藏书信》第4册，93～98页）

11月27日　竹垚生致函胡适，谈及"满以为战后可以稍稍透气，岂知不如意事反较战时为甚，老百姓因失望而灰心者到处皆是，失地虽经收复，

而人心丧失……"又谈到江冬秀于春间回皖，又拜托胡适接济陈陶遗之子陈修向，又谈及徐大春、高宗武等人。(《胡适遗稿及秘藏书信》第26册，92页)

11月28日 胡适致函王重民，谈及：

前论杨惺吾时，曾说，相同是问题，而不是证据。错误相同与正确相同，同是相同，皆是问题，而不是证据。昨夜见一例，甚感兴趣。……

我要托你一查晚明与清初雍、乾间通行的《淮南子》版本，看看有何种版本的《地形训》(卷四)此句作"三尺六寸"。

此问题虽小，可以喻大。故敢以奉烦。(《胡适遗稿及秘藏书信》第18册，535～537页)

同日 教育部长朱家骅致函胡适："……年来我国在美文化事业多承协助，良用佩慰，顷由部汇奉交通费美金三千元……"(《胡适遗稿及秘藏书信》第25册，445页)

同日 哥伦比亚大学向胡适寄奉本年7月至11月的薪资1999.97元。(中国社科院近代史所藏"胡适档案"，卷号E-486，分号1)

11月29日 教育部长朱家骅签署聘书，聘请胡适为国立北平故宫博物院理事会第六届理事。(中国社科院近代史所藏"胡适档案"，卷号2304，分号4)

11月 胡适有 Achievements of "UNESCO"，全文如下：

The "UNESCO" Conference, which opened on November 1st and closed on November 16th, has been a success.

It was summoned to establish an "International Educational and Cultural Organization". After 14 days of earnest deliberation the delegates of 43 nations passed unanimously the Constitution of the United Nations Educational, Scientific and Cultural Organization, and an instrument to create a Preparatory

1945年　乙酉　民国三十四年　54岁

Commission to carry on the work of preparing for the first General Conference. This will be called when the Constitution has been accepted by 20 of the signatory states.

The Preparatory Commission has already held two sessions and has appointed a technical sub-committee to study the needs of those states whose educational, scientific and cultural institutions have been devastated by the war.

But the Conference was a success in a wider sense. By adding the word "Scientific" to the name of the new organization, it has greatly broadened the original conception and has paved the way for the day when the influence of men trained and disciplined by exact methodology and bold experimentation may be more and more felt in the fields of education and culture.

Moreover, all of us who have taken part in the work of the separate Commissions and of the Executive Committee, realize that the success of the Conference has been mainly due to the spirit of compromise and give and take on the part of all the delegations.

The fact that the Conference received little or no notice in the British Press, sometimes made some of us wonder whether we were not wasting our time and effort in doing something that may be of no account at all!

But as we signed the Final Act and the Constitution last Friday, my friend, Mr. James Marshall of New York, came and asked me to give him as a souvenir one of the pens used by the delegates in signing. It suddenly dawned on me that perhaps we were putting our signatures to a document whose historic significance may be far greater than we ourselves could realize at this moment.（中国社科院近代史所藏"胡适档案"，卷号 E-52，分号 128）

385

12月

12月5日 胡适复函王重民夫妇,云:

我竟不知道你们对吴承恩的一生用了这许久的功夫,制成了一部合作的传记!这是中国近代文学史上的一件大贡献,岂但是你们给我的一件最贵重的寿礼而已!

……………

关于那个"二尺六寸"与"三尺六寸"的问题,我并不感觉失望。将来此问题自会解答,也许很不值一笑。其解答不外两式:一则当时风行的一种《淮南子》是我们今日学者所不注意的。一则是这两位学者也许都依赖一种通俗的常识类书,如《子史精华》,甚至于如《事类赋》之类!今日学者收书之易,检书之易,皆是二百年前学者所不曾梦见。故我们今日甚鄙夷的类书,在二百年前也许是学者们手头工具书咧。(《胡适中文书信集》第3册,507~508页)

同日 李国钦函邀胡适出席12月24日在纽约 The Lawyers Club 举行的第三十二届年度圣诞午宴。(中国社科院近代史所藏"胡适档案",卷号 E-269,分号1)

12月6日 胡适复函王重民,云:

昨又得手书,说《淮南子》一条也许是出于胡、顾之书或谭刻本。此似不然。

此条乃记昆仑之高,胡、顾二书都不谈昆仑,故都不会有此条。

昨书里我说此谜解答不出二途:一为《淮南子》俗本,在雍、乾时代甚流行,而我们今日都不措意的;一为今日学者所鄙薄的类书,如《子史精华》之类。

今日思之,也许还有第三类,即古类书,如《太平御览》之类……

> 你若检《淮南子》以外之书，请试检"昆仑山"一目，特别注重"昆仑之高"，或可有发见。(《胡适遗稿及秘藏书信》第18册，538～539页)

12月10日 孙洪芬致函胡适，中国在日本投降之后，社会受经济之压迫，有加无已。自己受周诒春之召，至农部工作，恐能力不足有损周诒春之名等。(《胡适遗稿及秘藏书信》第32册，462页)

12月12日 蒋明谦致函胡适，谈道：

> 先生不久即将返国主持北大，闻信后高兴与热望，难以形容。我相信今后北大在先生主持之下，不但可以复兴发展，而且自由独立的北大学风，一定也可以从新培养起来。二十多年来的科学文化运动，在先生这次领导之下，大有希望可以完全成功了。

蒋函又谈及自己将回北大化学系服务，以及为北大购买化学图书设备事，又转上薛琴访致胡适函，力荐薛回北大。(《胡适遗稿及秘藏书信》第39册，380～383页)

同日 胡刚复致函胡适，请胡适为其女胡璞写推荐信，以申请密歇根大学东方女子奖学金。(《胡适遗稿及秘藏书信》第30册，462页)

12月13日 胡适收到罗尔纲寄来的《师门辱教记》(桂林建设书店，1944年)并题记：

> 今早我在床上被邮差惊醒，他给我一件贴着一千一百元中华邮票的包裹，即是尔纲这部小册子！一九四五，十二月十三日，在我生日之前四日。(《胡适藏书目录》第1册，333页)

同日 胡适有《孟森先生与戴赵两家水经注》，共五部分：

> 一、正谊的火气。二、"一"字的冤狱。三、相同是问题，不是证据。四、孟森先生武断赵氏书刻版时未改库本一字。五、论赵氏书刻本确有极少的几处是用戴震校本修改的。(《胡适遗稿及秘藏书信》第3册，483～590页)

同日　胡适又有《跋岑氏惧盈斋钞〈四库〉本赵一清〈水经注释〉（葛思德藏书库藏本）》。(《胡适遗稿及秘藏书信》第 3 册，43～49 页；《胡适手稿》第 4 集卷 2，369～370 页）

同日　胡适又有《跋章寿康刻本赵一清〈水经注释〉（葛思德藏书库藏本）》。(《胡适遗稿及秘藏书信》第 3 册，50～52 页；《胡适手稿》第 4 集卷 2，370 页）

同日　许宝骤致胡适一明信片，贺胡适荣获牛津大学荣誉博士学位。又谈及自己须 2 月初始抵纽约，一到就上课等。(《胡适遗稿及秘藏书信》第 33 册，141 页）

12 月 17 日　胡思杜送给胡适 Arthur M. Schlesinger, Jr. 著 The Age of Jackson 一部作为生日礼物。(《胡适藏书目录》第 3 册，2135 页）

同日　王毓铨致函胡适，请胡适审阅其文章和硕士论文大纲。(《胡适遗稿及秘藏书信》第 24 册，486 页）

12 月 18 日　丁声树致函胡适，简述读《世说新语》所得。(《胡适遗稿及秘藏书信》第 23 册，336 页）

12 月 23 日　胡适有《范巨卿冢上的"名件"》一文。(《胡适遗稿及秘藏书信》第 4 册，126～128 页）

同日　胡适有《跋哥伦比亚大学所藏朱谋㙔〈水经注笺〉》一文。(《胡适遗稿及秘藏书信》第 4 册，126～128 页）

同日　王重民致函胡适云，葛思德图书馆所藏经部之明朝刻本，80% 与北平图书馆收藏者不相重复。经部除小学外，多是嘉、万间举业课本，殊使人惊讶那时候编纂教科书风气之盛。(《胡适遗稿及秘藏书信》第 24 册，53～54 页）

12 月 25 日　胡适有《孙潜校〈水经注〉本的跋语》。(《胡适手稿》第 4 集卷 1，213～226 页）

同日　胡适有《孙潜校本的残本十六卷》《赵一清最早过录孙潜校本》《赵一清过录孙潜校本四十卷》三篇笔记。(《胡适手稿》第 4 集卷 1，209～212 页）

1945年　乙酉　民国三十四年　54岁

同日　邓嗣禹将 Chang Hsi and the Treaty of Nanking 一书题赠胡适。(《胡适藏书目录》第3册，2190页)

同日　罗常培致函胡适，希望能到耶鲁大学做研究，又希望能得到胡适复函，并希望胡适回国前能有一谈，"因为关于北大复校的事有许多话非面谈不可"。(《胡适遗稿及秘藏书信》第41册，272页)

12月28日　袁同礼致函胡适，谈在国内购买古书用钱甚费事，希望美方之援助，请胡适"相机进行"。(《胡适遗稿及秘藏书信》第31册，640～641页)

同日　俞平伯致函胡适，谈周作人事，希望胡适援助周：

……当芦沟启衅未久，先生曾有一新诗致之，嘱其远引，语重心长，对症发药，如其惠纳嘉诤，见几而作，茗盏未寒，翩然南去，则无今日之患也。此诗平曾在伊寓中见及，钦迟无极，又自愧各也。以其初被伪命，平同在一城，不能出切直之谏言，尼其沾裳濡足之厄于万一，深愧友直，心疚如何。人之不相及亦远矣，然往者不必提，请言今日事。夫国家纲纪不可以不明，士民气节不可以不重，而人才亦不可以不惜，若知堂之学问文章与其平居之性情行止，先生知之最深，固无待平言矣。为国爱才，当有同感，亦无须赘请矣。兹就此间情形为远道所未及知或知而未审者，略陈大凡，或见有可原宥者欤？其躬膺伪府显要，非违已明，曲为之讳者固非，若谓其中毫无委曲困难，殆亦未是也。对敌人屡有消极之支撑，此间人士多有能确言之者，但平杜门闲居，过从稀减，未与共事，不能详耳。若今所言大学实情，乃其最显然者也。当日知堂不出，觊觎文教首班者，以平所闻，即有二三人，皆奸伪也。设令此等小人遂其企图，则北平大学之情形当必有异于今，惜史事不能重演耳。今日之"教育部特设北平大学临时补习班"，其范围略当于昔日国立八校，师生犹仍伪组织之旧，名为改弦更张，实则换汤不换药。党国要人来此，辄慰勉有加。如张溥泉君，宣慰使也，其言曰："不问伪不伪，只问奸不奸。"若知堂之受职，伪

则有之矣,可即谓奸乎?伪北大之师生班行未改,无罪且若有功,而谓主持此全局之人独有罪乎?饮水忘其所自,于人情为不圆,同罪异罚,未为平允也。

先生他日重莅故都,领袖太学,睹图书仪器之无恙,闻师生弦歌之依然,眷念旧雨,想像前尘,宁不为之怅然乎?抑犹有进者:以六旬之高年身幽缧绁,恐不能支,其可虑一也。名为显宦,实犹书生,声气罕通,交游寡援,将来宣判未必有利,其可虑二也。左翼作家久嫉苦茶,今日更当有词可藉,而诸文士亦以知堂之名高而降敌也,复群起而攻之,虽人情之常态,而受者难堪,其可虑三也。在昔日为北平教界挡箭之牌,而今日翻成清议集矢之的,窃私心痛之。夫被伪命者膺国法,诚不得谓之冤;如今日之赏罚,岂为至当?以一书生而荷重咎,亦不得谓之不冤。平初无意于哓哓为人辩护。特欲其得一公直之待遇,为法治民治国中之人民所应有者,所必须有者,则峻法虽加,亦心平无憾也,如是而已……(《胡适遗稿及秘藏书信》第31册,34〜36页)

同日 美国医药助华会出具一张胡适捐款100美元的收据与胡适。(中国社科院近代史所藏"胡适档案",卷号E-486,分号1)

12月31日 哥伦比亚大学向胡适支付399.99元(到12月31日的收入)。(中国社科院近代史所藏"胡适档案",卷号E-486,分号1)

同日 饶毓泰致函胡适,云:昨晚遇到von Kármán先生,曾和他叙说北大开办工学院之目的与计划,他极感兴趣,并允向钱学森先生详谈,请其开始规划,虽则一年内不能回国。von Kármán为当代工程学一大师,自己很愉快地和他会面并得领教,他说遇有机会要来拜访胡适。又谈到赵广增处自己不日即写信请他回北大物理系,并请他早返北平。赵为北大物理系毕业生,曾任助教多年。胡适在此函上批:请聘钱学森为工学院长。请约定物理系及工学院人才。(《胡适遗稿及秘藏书信》第42册,523〜524页)

是年,胡适有"Foreword to Buwei Yang Chao, How to Cook and Eat in

Chinese"。其中说道：

> The essence of Chinese cooking lies in the traditional insistence that food must have taste or flavor even though the materials used may be the most common and inexpensive kind of fish or vegetable. It is taste which gives joy in eating. And it is the art of the housewife, the cook, or the gourmet to work out the ways and means to give taste to food.（《胡适全集》第39卷，216～217页）

1946年　丙戌　民国三十五年　55岁

> 上半年，胡适仍专注于《水经注》考证。
> 2月，胡适为康奈尔大学"The Messenger Lectures"讲演6次，题目是"Intellectual Renaissance in Modern China"。
> 7月，胡适结束为期9年的使美、研究生涯，回到祖国。旋就任北京大学校长。公余，仍考证《水经注》。
> 11月11日，胡适飞抵南京出席"制宪国民大会"。
> 12月24日，两美军士兵在北平奸污北京大学先修班女生沈崇。

1月

1月1日　国立中央研究院代院长朱家骅签署聘书，聘胡适为历史语言研究所通信研究员。（中国社科院近代史所藏"胡适档案"，卷号2304，分号5）

1月2日　胡适得钱学森复函。钱函云：现在加省理工航空系任事，与校方约定一两年后回国。故北大如定明春开办工学院，则自己无参加可能。（据《日记》）

> 按，本年引用胡适日记，均据《胡适的日记》手稿本第15册，以下不再特别注明。

1月4日　胡适作有《何义门校〈水经注〉本》一文。此文抄录全祖望的两条跋文，认为全氏所说"然先生所取以校此本者，亦不出胡氏《资治通鉴注》及《隶释》二种，则尚失之隘"，"此论似太刻薄，也不是事实"。(《胡适手稿》第4集卷3，229～231页)

同日 合众社好莱坞电讯：美制片商柯温声称，将摄制孙中山传记影片。协助柯温进行此项工作者，有拉铁摩（Owen Lattimore）、胡适与参议员汤姆斯等专家。(次日之《申报》《和平日报》《民国日报》)

1月5日 胡适与哈特曼夫人、胡祖望同去看戏，戏名 State of the Union。又到华美协进社，出席"中国学生战时计划委员会"的最后一次会议，与赵元任一同回寓。(据《日记》)

1月6日 胡适作短文《野母惊抃——跋赵氏朱墨校本〈水经注笺〉》。(据《日记》；《胡适手稿》第3集卷5，583～586页)

同日 胡适复函王重民，请他托北平友人收买《水经注》旧本，并雇人抄文津阁本赵一清书。又云：

> 顷重检《水经注》戴本《提要》，颇疑我当日认为官样文章的颂扬《御制滦源考》一段也是四库馆争执之一点。杨守敬《要删》十四，叶六下，说：
>
> ……若汉之要阳在承德府西，汉之白檀在承德西南。重修《一统志》已考得之。《畿辅通志》亦云，二县在密云东北塞外。此则与《水经注》无不合。郦氏持节筹宜六镇，往来上都，故于此水言之甚悉。若必谓要阳在密云之南，亦考其地有要水否？戴氏何不思之甚耶？
>
> 此一条实是驳清高宗，而戴氏受其累害！戴氏并未说"要阳在密云之南"也。
>
> 及今回想，清高宗题《水经注》诗的年月日（三十九年二月十六七）实最关重要。此一诗一序二注，说的太分明，而都是大错的！因此之故，《提要》必须"另办"，而"另办"者决不是东原也。此诗序与注中，大错三事：
>
> （1）说《大典》的《水经注》是"散入各韵，分析破碎"的。

（2）说郦道元"足迹未尝一至塞外"。

（3）明说"濡水之源流分合，及所经郡县多有讹舛"。

"另办"的《提要》即是要想出法子来替皇帝圆此三点之误。我从前只以为《提要》的困难在《大典》本割裂的问题，今始知其不止此一点，乃有三点也。（《胡适遗稿及秘藏书信》第18册，540～544页）

1月7日　丁声树致函胡适，谈"名件"等。（《胡适遗稿及秘藏书信》第4册，280～281页）

1月9日　朱经农致函胡适，略谈国内政情，又谈到梅光迪去世以及任鸿隽等老友，又拜托胡适为其子去美留学争取奖学金事帮忙。（《胡适遗稿及秘藏书信》第25册，735～738页）

同日　严文郁致函胡适，向胡提出关于北大图书馆的10条建议，包括图书馆应直隶校长，勿庸改隶教务处；图书馆长得出席教务会议；图书馆长应兼教授名义，享受同等待遇等，请胡适参考。（《胡适遗稿及秘藏书信》第41册，584～585页）

同日　曾世英函寄中国图书出版股份有限公司认股书、发起书等文件与胡适。（中国社科院近代史所藏"胡适档案"，卷号2310，分号2）

1月10日　胡适、胡祖望与哈特曼夫人去看G. B. S.的 *Pygmalion*。（据《日记》）

同日　胡适撰成《清高宗误驳郦道元〈濡水〉篇——官本〈水经注〉"另办"的一个原因》。（《胡适遗稿及秘藏书信》第1册，445～472页）

同日　政治协商会议于重庆开幕。

1月12日　P. P. Demiéville 向胡适函荐其学生 Robert Ruhlmann 来北大服务。（中国社科院近代史所藏"胡适档案"，卷号E-174，分号5）

1月14日　胡适致函张元济，谈近年研究《水经注》之所得：

……张石州、杨惺吾、王静安、孟心史诸公皆为成见所误，不曾从版本比勘上做工夫，故不免大动火气，厚诬古人。适在此邦借得黄省曾、吴琯、朱谋㙔、项纲诸刻本，又得先生影印之《永乐大典》本，又得甘泉岑氏抄出的《四库》本赵东潜书，又得东潜书的初刻本（乾隆五十一年），修改本（乾隆五十九年），与戴东原两本对勘，又与薛刻《全氏七校水经注》对勘，并参考明、清四百年的郦学成绩，始知前辈诸公都不曾用充分时间比勘这五六百万字的主要案卷，所以都不免"以理杀人"。适所得结论，其主要之点如下：

（1）薛刻"全氏七校"，完全是伪造的书；其"五校题词"亦全是伪作。

（2）赵东潜之书，《四库》本与初刻本有大差异，与乾隆五十九年刻本有更大的差异……魏源自言曾比勘文汇、文宗两阁之赵书，实是诳语。孟心史先生检校《库》本，仅校五条而止，故谓赵书"校刻时未动《库》本一字"，亦是大疏忽。梁氏兄弟校刻赵书，确曾大有改动，有几处确是用戴本改赵本……

（3）赵东潜书所有改动，都不关经注之更定。赵书确是一部重要贡献，其更定经注，与戴本相同至百分之九十八九，皆是独立得来……其校订字句，则往往因藏书丰富之故，优于戴本。

（4）戴东原确未见赵氏校本，其证据甚多，绝无可疑。

（5）官本《水经注》之《提要》乃是乾隆三十九年七月以后"另办"……《水经注》初校上在三十九年二月，高宗《题水经注六韵》诗作于三十九年二月十六日或十七日。御题之诗有自注与自序，皆咬定《水经注》之《大典》本是割裂分列各韵的，又斥郦道元记濡水源流与所经郡县之误。此皆皇帝之大错，而四库馆大臣不敢正其非。故此事至是年七月尚有争论，后来决定交别人"另办"……

（6）杨惺吾与孟心史、王静安皆为成见所误，其论断此案，无一条不误。（《胡适全集》第25册，179～181页）

同日 饶毓泰复函胡适，告已收到胡转来之钱学森来信。后又接郭永怀信说，钱学森一二年内不能归国，故此时不肯立即负起责任。郭永怀、林家翘诸君都望钱学森出来领导，钱如不加入北大，他们也就不肯加入，

故仍望钱肯答应负责,即使他自己一时不能归国。饶一方面等 von Kármán 的进一步的态度,同时函请郭永怀向钱学森转述:

> 自适之先生长北大命令发表后,士气为之一振,今方作深远之计划,我愿凡关心中国大学教育前途者多来帮助适之先生。中国工程教育向未上轨道,北大开办工科,无传统的负累,有布新的勇气,凡关心中国工程科学前途者不应该错过这个机会,适之先生与北大同人对钱先生具有无穷希望,亦欲藉此使钱先生和他同志与国内无数向上的青年有更深造之机会。为表示万分诚意,北大开办工学院可迟至1947年秋,以待钱先生之归,但钱先生此时应立即答应负责规划,郭永怀、林家翘两君如能于今秋归国则更善。

又谈及马仕俊已到普林斯顿,Pauli 先生对他的工作大加赞赏,等等。(《胡适遗稿及秘藏书信》第42册,525~526页)

同日 陈源致函胡适,谈近一个月联合国教科文组织开会情形。又谈:请胡适、赵元任提出一个对于教育、科学工艺的提纲挈领、简括详尽的议案。附寄复袁家骅信稿及 Empson 来信抄本,并谈北京大学聘请英文教员事。(《胡适遗稿及秘藏书信》第35册,129~131页)

同日 江泽涵致函胡适,谈及北京大学何时搬回北平还未确定,但暑假时必可搬回。北大之文、理、法三学院教授缺少很多,新添之工学院似宜速定院长人选。希望胡与饶毓泰能为北大多聘请教授和添购书籍、设备。又提醒胡归国前必须处理之琐事。又谈及国内亲人之情况。(《胡适遗稿及秘藏书信》第25册,193页)

1月15日 全汉昇将容庚给北京大学代理校长傅斯年公开信、何永佶论文(主张胡适及梅贻琦、张伯苓作全国军事领袖,俾军队不再给任何党派利用,以免老百姓遭殃)函寄胡适。(《胡适来往书信选》下册,81页)

1月16日 胡适在日记中抄录《列子·说符·人有亡铁者》。

同日 朱家骅复函胡适,感谢胡出席联合国教育会议。又谈及:西南联大余款32000美金及昆明药物研究所之购料费4000美金,均可拨归北大应用，朱汝华留美研究之一年经费与回国旅费亦可照拨；战事结束后，国内教育复员工作，甚为艰巨，沦陷区内各伪立学校之处理员生资格问题等，均大费周章；昆明去冬学潮，傅斯年出力尤多；因交通未复，学校搬迁非易，等等。(《胡适遗稿及秘藏书信》第25册，446～448页)

1月18日　李书华致函胡适，谈及：对饶毓泰所谈北大与北平研究院在研究方面合作问题，极为赞同。李本人曾在北大执教八年，算是老北大人，合作问题自然易于商量等。(《胡适遗稿及秘藏书信》第28册，242页)

同日　国立北平图书馆复函胡适，谢赠《中国艺术辞典》(英文稿本)。(中国社科院近代史所藏"胡适档案"，卷号2310，分号4)

1月20日　游国恩致函胡适，述自己近年来之教学与研究，热望胡适归国执掌北大之心意等。(《胡适遗稿及秘藏书信》第36册，446页)

1月21日　胡适作有《杨守敬推论〈水经注〉的宋本与大典本》一文，指出杨守敬说的"若谓《大典》本是宋刊善本，故多与赵订相同，此亦不然"，是杨之根本错误。又说，"杨氏未见《大典》，又未见孙潜本，单靠悬空猜想，所以开口便错"。(《胡适遗稿及秘藏书信》第3册，472～473页)

1月22日　姚子介致函胡适，自述学历、经历及对胡仰慕之意，希望能帮胡适做些整理国故的事等。(中国社科院近代史所藏"胡适档案"，卷号1582，分号6)

1月25日　胡适在哥伦比亚大学作最后一次讲演。全班学生送一册 The Columbia Encyclopedia 作纪念。(据《日记》)

同日　胡适致函康奈尔大学秘书 Edward K. Graham，云：须修改在1945年9月30日致其函中提及的主题。修改后的新主题较原先的主题要好，也会加入历史背景的部分，期望修正后的主题能为委员会所赞同。拟于2月3日去绮色佳，倘若大学期望更早抵达，请告知。1月26日至30日，将出席太平洋国际学会的会议，并担任中国代表团的团长。(中国社科院近代史所藏"胡适档案"，卷号E-95，分号11)

同日　张元济致函胡适，简述抗战期间经历，请胡适帮忙为其子申请奖学金。(《胡适遗稿及秘藏书信》第34册，119～122页)

同日　唐兰致函胡适，谈拟编《北大字典》的想法：

……字典不须大，只须常用字三四千，主要目的是在每字解释是活的。由本意而引申，必使其前后系联，凡文法上或修辞上的意义，必尽量指出，即每释一字，如作一篇小论文。当然，此类新型字典，一时是做不好的。不过我想先不希望它好，而是希望它有，有了以后，才可慢慢地求好。（《胡适遗稿及秘藏书信》第31册，435页）

同日　徐大春致函胡适，告胡夫人仍在绩溪老家，不久前曾有信来说，在那边一切都好，生活费用也比较低些，而且各方面都安定，有意过了阴历年再回上海，等日子定了再通知徐。想必胡祖望已启程归来？胡适托徐带来的100元，江冬秀嘱暂存徐处。带给丁文江夫人的100元已交去，丁文江夫人现住苏州。章希吕先生还在寻觅中。又谈及《大华晚报》复刊之事颇复杂，希望胡思杜来等。（中国社科院近代史所藏"胡适档案"，卷号1711，分号3）

1月26日　作为中国代表团团长，胡适到大西洋城出席太平洋学会年会。（据《日记》；次日之天津《大公报》、《中央日报》）

1月29日　陈家芷致函胡适，自述抗战以来自己教学情状，希望回北京大学服务等。（中国社科院近代史所藏"胡适档案"，卷号1304，分号3）

同日　高君珊致函胡适，谈及杨月卿欲自费留美，请胡适帮忙等。（中国社科院近代史所藏"胡适档案"，卷号1603，分号10）

1月30日　胡适日记有记：伤风了三天，今天始得休息。

同日　周鲠生致函胡适，谈及：

……这抗战八年时期，一半也是因为教员生活太苦，多数人的精神都消磨在家计私事，很不容易提起急公有为的精神，学术的消沉更不待说。……［你］决不能想到这几年大学制度变到这步田地！我们在北大时候，尽管在军阀政府之肘腋下，可是学校内部行政及教育工作完全是独立的，自由的；大学有学府的尊严，学术有不可以物质标准计度之价值,教授先生们在社会有不可侵犯之无形的权威,更有自尊心。现在呢,学校已经衙门化,校长简直是待同属吏,法令重重的束缚,部中司科人员的吹求,奉公守法的人弄得一筹莫展。……我很希望你能回来领导大学校长们,合力向政府建议作一彻底改革;这不但是为学术维持尊严,抑且是为学术教育的进展,有绝对的必要。在过去数年中,一则因为战时统制政策之自然结果,一则因为大多数校长先生们太无所主张,以致演成现在的制度和风气。……

……我们很幸运的渡过了抗战的难关,中国的问题中国人自己有机会去解决,总是值得大家积极的努力一番。现在当局显然求治甚切,只可惜缺少你所谓"诤臣",而敢言者又无机会进言。(《胡适遗稿及秘藏书信》第30册,123～125页)

1月31日 胡适翻看《通鉴》,作札记。得陈垣女儿Josephine寄来陈垣二文:《通鉴胡注表微小引》《南宋初河北新道教考目录后记》。(据《日记》)

1月 王宠惠、盛升颐联名致函胡适,聘胡适任宣怀经济研究所董事。(《胡适遗稿及秘藏书信》第24册,548～550页)

2月

2月1日 胡适在日记中记道:

中国理学时代认"物"(气质)为恶,或认为不善,在文字上虽可上溯《乐记》,但似与印度宗教思想更有关系……

佛教禅观中之"不净观",大概有很大的影响,以其浅近人人可懂也。

2月2日 王重民复函胡适,云:

先生说:"我知道守和对你的多年爱护,他决不会不许你到北大做

教授，而同时帮他的忙。"那是我日夜祈祷的一个结果。

先生"想毫无问题"，我一定"放心"了。(《胡适遗稿及秘藏书信》第 24 册，55 页)

2 月 3 日　晨，胡适乘火车去康奈尔大学作"Messenger Lectures"（共 6 次）。"Messenger Lectures"的总题目为"文化史"，胡适选的题目是"Intellectual Renaissance in Modern China"。火车上遇着康奈尔大学校长 E. E. Day 夫妇。(据《日记》；台北胡适纪念馆藏档，档号：HS-NK05-332-042)

2 月 4 日　胡适作"Messenger Lectures"的第一讲："A Thousand Years of Indianization of Chinese Thought and Life"。(据《日记》；台北胡适纪念馆藏档，档号：HS-NK05-332-037)

2 月 5 日　中央社电讯：假太平洋城举行之太平洋学会年会，已于最近闭幕。该会秘书长卡德辞职，由贺兰继任。卡德自 1933 年以还，即任此职，贺兰前任美战时情报局中国分局主任。蒋梦麟任行政院秘书长后，已请辞该学会中国分会主席职务，由胡适博士继任。胡适任分会主席后，将代表中国参加该学会之国际委员会，李国钦已被任为该学会司库，渠前任该学会财政委员会主席。(《申报》，1946 年 2 月 7 日)

2 月 6 日　胡适作"Messenger Lectures"的第二讲："Revival of Secular Chinese Learning and Philosophy after a Thousand Years of Indianization"。(据《日记》；台北胡适纪念馆藏档，档号：HS-NK05-332-038)

2 月 7 日　朱家骅致函胡适，谈中国出席联合国教育文化会议经费事。(《胡适遗稿及秘藏书信》第 25 册，450～452 页)

2 月 8 日　胡适作"Messenger Lectures"的第三讲："The Philosophical Rebels of the 17th Century"，举费密、顾炎武、颜元 3 人为例。演讲毕，Edward K. Graham 送胡适回寓，谈至深夜。胡适分别与胡思杜、哈德门夫人通电话。(据《日记》)

2 月 9 日　罗常培致函胡适，云：汤用彤请其与陈受颐回国并为北大史学系、东方语言学系请人，自己因为耶鲁大学方面尚无消息而没有答复汤

1946 年　丙戌　民国三十五年　55 岁

若胡适有所闻，请及时告知。附寄容庚致傅斯年公开信。(《胡适遗稿及秘藏书信》第 41 册，276 页）

2 月 10 日　胡适在同班同学 Emerson Hindliff 家，见着同年的 Morris Bishop，H. C. Stephenson。(据次日《日记》）

同日　胡适读 Prof. Walter F. Willcox："A Message from '84 "。(据《日记》）

同日　胡适致电陈源：Suggest we present no proposal except that Commission should urge early acceptance of Constitution and should plan organization of first Conference on basis of UNESCO functions. Ministry proposals seem too vague. Number two lacks data. Translation and library projects seem premature at this time. Please feel free to make proposals. Have sent joint recommendation about Waley.（中国社科院近代史所藏"胡适档案"，卷号 E-91，分号 12）

同日　杨联陞致函胡适，谈及：博士论文《晋书食货志译注》在 1 月里赶着打字装订，冬季可得学位。近来一直帮赵元任校对合编之《汉英小字典》。打算五六月间回国，先回北平省亲。听说梅光迪病故，张其昀任文学院长。询胡适是否 3 月回国，又告邓嗣禹已结婚，等等。(《胡适遗稿及秘藏书信》第 38 册，302～303 页）

2 月 11 日　胡适收到 Willcox 寄来的几篇文章，他在信上说：

> Here they will interest you as showing what one who was once your teacher and is how your scholar has been doing of recent years, and how he has come to look on human life. In that view perhaps we are not far apart.

这令胡适很感动。(据《日记》）

同日　胡适作 "Messenger Lectures" 的第四讲："The Age of Objective Scholarship and Patient Research"。(据《日记》；台北胡适纪念馆藏档，档号：HS-NK05-332-039）

2 月 12 日　胡适在 Bertrand Willcox 家吃茶，得见 Willcox 夫妇、Merritt 夫妇、Julia Sampson、Prof. William Strunk 诸老友。(据《日记》）

2 月 13 日　胡适作 "Messenger Lectures" 的第五讲："The Age of Con-

flict: China Faces a New World and Is Defeated"。在物理学家 Prof. Ernest Merritt 家午饭，见着 Dr. L. H. Bailey 之女。（据《日记》；台北胡适纪念馆藏档，档号：HS-NK05-332-040）

2月14日　Prof. Willcox 邀胡适午餐。同席的有 Prof. D. C. Kimball、Dean B. S. Stevens。（据《日记》）

同日　王重民致函胡适，谈及：听 Brown 说，胡适将任命自己为北大图书馆主任，"真想不到竟蒙我公重视到这班地步，能不叫我感激零涕！先生的计划没肯向重民说，想或因碍于守和先生方面……"又向胡适建议：美国各大学的校务报告、说明书，以及小史、同学录之类，应为北大搜集一份，特在图书馆辟一专室收藏。若先从美国做起，渐及于欧洲，均萃于一室，必极有用。（《胡适遗稿及秘藏书信》第24册，56～57页）

2月15日　胡适作"Messenger Lectures"的第六讲："Contemporary Chinese Thought"（用吴稚晖作代表）。胡适与韦莲司小姐、Julia Sampson、Mrs. E. Atwood 同坐 Donald Kerr 夫妇的车到 Kerr 家中小坐。（据《日记》；台北胡适纪念馆藏档，档号：HS-NK05-332-041）

2月16日　陈之迈致函胡适，询胡适是否会来华盛顿小住。拟于3月2日来纽约拜谒；向胡适求字；又转寄储安平的信。（《胡适遗稿及秘藏书信》第35册，156页）

2月17日　周鲠生致函胡适，感谢胡适为武汉大学办了李氏基金会的捐赠；告知将赴重庆参加政协会议；感谢胡适为其带回日记等。（《胡适遗稿及秘藏书信》第30册，126页）

同日　刘修业函寄《吴承恩评传》与胡适，请胡适指正。（《胡适遗稿及秘藏书信》第40册，92页）

2月18日　胡适作有《〈四库全书〉的〈夏侯阳算经〉三卷提要》，并有跋文。次年1月21日，胡适又注道："此跋误。"（《胡适遗稿及秘藏书信》第4册，160～167页）

2月19日　杨联陞致函胡适，谈：浙大虽有意聘自己，但迟迟未寄来聘书。现甚希望在北平从事教学，不过"一时还不能作确定的回答"，重要原因是："第一，傅先生虽有电报，您的意见不知道怎么样？第二，北大对我有什么期望？要我教的课我能否胜任？是否能与文史方面全部阵容配合？这两个是大问题。您知我最深，想可替我作周密考虑。"同日，杨有另一函致胡适，亦谈北大教职事。(《胡适遗稿及秘藏书信》第38册，304～305、309～311页)

2月25日　午后，王岷源来畅谈，胡适邀其到北大执教。(《胡适遗稿及秘藏书信》第23册，646页)

2月28日　张景钺致函胡适，告芝加哥Fuller教授捐赠70册书与北京大学，暂存此地，希望胡适能向其写一致谢函。又询胡适何时返国等。(《胡适遗稿及秘藏书信》第34册，331页)

同日　王岷源致长函与胡适，谈到若浙大与北大同时聘王担任教职，自然会舍浙大，就北大；又重点谈了国内英文教学以及如何在北大建设一个好的英文系的问题。(《胡适遗稿及秘藏书信》第23册，646～654页)

按，4月8日，王岷源再致函胡适，言浙大颇消极，"如您还要我的话，我决定来北大"。(《胡适遗稿及秘藏书信》第23册，655页)

同日　丁声树致函胡适，询胡适何时归国；又抄示陆游《谒凌云大像》，指出此佛像诗描述的大佛在四川嘉定县城对岸，等等。(《胡适遗稿及秘藏书信》第23册，337页)

3月

3月1日　王重民复函胡适，谈北大成立图书馆学科事，重点谈办理此事涉及袁同礼、蒋复璁及傅斯年等人的种种复杂人事关系。(《胡适遗稿及秘藏书信》第24册，58～60页)

3月2日　胡适致函刘修业，云：

关于《花草新编》的案子，我反对用"偷"字，确是有鉴于《水经注》案的研究，想到许多古人受诬的明训，故有戒心。

第一，是后人编集前人文集，往往不甚细心，往往贪多，不免有误收文件，而后来竟引起争端……

第二，从陈耀文编刻大部分"类书"的能力看来……他似是有财力可以雇请文人襄助编书的人。吴承恩、吴岫也许都是他平日送钱周济的文人朋友，他们先后帮他编一部词选，吴承恩先替他拟了一篇序，后来此书改定后，序也改了，书名也改了一个字。而邱震冈诸人编集时，把原拟的序收入，又不注明是代人作的，故三四百年后引起贤伉俪的考证。改定之要点似在"以世次为后先"一点。但《存稿》此序中"以大小差后先，以短长为小大"二句，实不好懂。岂淮安吴氏所见原书体例略如后来的《白香词谱》、万红友《词律》之例，不依世次，但依短长为先后耶？若果如此，则后来改依世次为后先，是一大改动，亦是一大进步。此案情形，我猜想不过如此。《花间》《草堂》都不是大书，明人习气好用新奇名字，故取《花草》之名。原名《新编》，后改《粹编》，似甚可能。无论如何，此种选本不值得"偷"，故"偷"字太严重……陈氏刻书时自序特别提及"素友"二吴之名，其用意亦决非"偷"也。

总而言之，古人已死，不能起而对质，故我们若非有十分证据，决不可轻下刑事罪名的判断。"罪疑惟轻"，亦是此意……

关于尊稿的名字，前函说"评传"不如"传略"。我后来想了，或可称《吴承恩事迹交游考证》。此名重在"考证"，较可指出大作最用气力的主要点……

此中"简谱"（不如改称"年谱"，因原无详谱，而尊作实系最详的年谱也）部分，或尚可加详，把一切有关传记的材料，如《先府宾墓志》《禹鼎志序》……之类，都摘出收入年谱。你看如何？

如《禹鼎志》序中说"余幼年即好奇闻，在童子社学时，每偷市野言稗史……"此最关紧要，最可以描写这个《西游记》作者幼年时所受民间俗文学的大影响，故不可不摘入传记部分。《先府宾墓志》《射阳文存》作"宾"不误，尊稿作"先府君"，似当改作"宾"字？此文中的家庭史料，似亦当分载年谱中。

又"简谱"中每年之下似可加一句"先生约□岁"，使读者得一个约略的传记次序。你以为如何？

吴承恩的文集里很少佳文，故我只圈出他的《禹鼎志序》。……吴承恩很像蒲松龄，他们都作古文，又都曾试用古文作小说，又都最后用白话做小说而大成功。《禹鼎志》的诸篇，等于《聊斋志异》的古文小说，都属于这个"试验"时代……蒲氏先用古文作"江城"诸篇，次用套曲写《禳妒咒》剧本（《江城》），最后才用白话小说写《醒世姻缘》长篇。若两公皆止于古文传奇小说，而不进一步作白话小说，则两公皆不能有不朽大成绩。故我论中国文学史，特别注重"文学的工具"一个问题。工具不良，文学成绩亦必不大也。

我妄猜：《禹鼎志》的短篇，或其中一部分，将来也许能在晚明的各种文学丛刻里发见出来……（马蹄疾：《新发现胡适的两封书信》，《新文学史料》1991年第4期，56～57页）

3月3日　胡适函谢P. T. Sharples赠送北京大学实验仪器。（中国社科院近代史所藏"胡适档案"，卷号E-109，分号12）

同日　饶毓泰致函胡适云，其于Karl Compton来函对自己之鼓励及对于中国科学教育事业之热心，极感动。今转呈渠函。Karl Compton所示诸点，值得胡适深长考虑。倘因胡适拜谒杜鲁门总统而事得以成，其有益于中国科学教育，较任何其他计划为大。此事万不能托诸大使馆，只有胡适亲自去办才有成事之可能。又就北大物理系从事雷达研究和核物理研究谈自己的看法。（《胡适遗稿及秘藏书信》第42册，527页）

3月7日　胡适复函刘修业，云：

关于"以世次为后先，以短长为小大"，你的解释最明白。吴序不能表出"每调之下，以世次为先后"之意。陈序也不能表出"以短长为先后"之意。两本各有得失，似不能说是陈氏"没有明白吴氏原意"，

因为吴氏原意并不难懂。全书以短长为次序，开卷便可了了。故改序文时重在"每调之下，以世次为后先"。一个意思，而文字不够清楚。

《搜山图》是写二郎神搜山除妖的事，二郎神即灌口二郎，《西游记》把他当作玉帝的外甥，《封神榜》里把他当作玉鼎真人的弟子杨戬。两书里都有二郎神除梅山七怪的神话。这都是搜山除妖的故事的一部分。吴射阳《搜山图歌》里的清源公即是二郎。

明人有《二郎宝卷》，宣演二郎故事。

吴氏此歌里有"轩辕铸镜禹铸鼎"之句，可与《禹鼎志》题名参看。

二郎神的演变，我曾有意搜集材料，作一研究。但终不得暇作此事！如二郎本是灌口筑堤兴水利的李冰之子，本是一个"地方的神"，后来居然变为全国的大神。后来怎样成为杨戬呢？

我曾提一假设：宋时祀二郎神，必须撮土一块，此犹是灌口筑堤有功的神迹的遗痕。徽宗的诸佞臣之中，杨戬有刮地皮的本领，民间大概曾给他起绰号为"二郎神"，即指此撮土祭祀的遗风，后来就认二郎神姓杨名戬了！这个假设很好玩，可惜现在我全不记得我的根据了！

《先府宾墓志》似是故宫编者一时误改为"府君"。将来可查原刻本。（马蹄疾：《新发现胡适的两封书信》，《新文学史料》1991年第4期，57、16页）

3月8日　胡适致函福梅龄，云：

The Peita is handicapped by the lack of funds. What appeared to be a large sum of money at the beginning of its reorganization, which we thought would be sufficient to maintain the livelihood of the staff members, is now hardly sufficient for such a purpose. Our Executive Committee meetings have during the past few weeks devoted most of the time not on educational matters, but on financial problems, such as salaries, food allowance, rationing, etc., etc.

The part-time system has now shown its disadvantages. Now we know that this system is useful only when there is sufficient number of well trained full-time junior staff as their support. At present, the number of such junior staff is too small, hence the senior staff can not function at their highest efficiency. I must say, however, that under present circumstances, the part-time men are doing their best and with enthusiasm. A better group, more sincere to their profession, can not be found elsewhere in China, I am sure. Several members have turned in a large part of their pay to their respective juniors, so that the latter can stay on. I must also mention that in spite of great difficulties, Dr.'s. Ma and Li Tao are exerting their utmost for the good of the School.

We are much concerned with the future of the School. With the cost of living rising daily and with the limited funds available for salaries and expenses, it will be impossible to make this School into a first-class institution. Although I am neither authorized nor requested to solicit for funds for the School. I am intensely interested in seeing that it gets more financial aid from elsewhere, since the Ministry of Education will be unable to meet all the demands of the School. If you know of any organization prepared to help this School, please let me know, so that I may inform the School authorities accordingly. (《胡适全集》第41卷，542～543页）

3月11日　胡适作有《跋北平图书馆藏的朱墨校本〈水经注笺〉》一文，同意王重民考定的"这部朱墨校本是赵一清的校本"的结论。但又稍有修正：1.这部校本的内容确是赵一清历年校勘《水经注》的成绩，确是赵氏的两部大书的一个稿本，毫无可疑。2.这部校本大概是赵一清雇人抄写的一个清本，其中绝大部分的朱墨笔校记都是两三个抄手的笔迹。3.这部校本里也许有极小部分是赵一清自己的笔迹。(《胡适手稿》第3集卷5，561～581页）

3月13日　胡适作有《试论朱墨校本〈朱笺〉里保存的全祖望、赵一

清两家改定经注的记录》一文。(《胡适手稿》第3集卷5,505～547页)

按,1948年5月20日、1950年1月14日、1951年5月29日,胡适又在此文上有校注。

同日 王重民致函胡适,谈及与朱士嘉等人将在周日为胡适饯行。拟在纽约住两三天,帮胡适把不用之书先装箱。又谈及北大设图书馆系的工作想法。(《胡适遗稿及秘藏书信》第24册,61页)

3月15日 夜半,胡适写完《补记朱墨校本二事》。所谓二事指:曹子丹碑、襄锴。(《胡适手稿》第3集卷5,549～554页)

同日 杨联陞致函胡适,云:希望在北方工作;假如能到北大,教的东西可由胡适随便指定,中国史方面,可教秦汉到宋的断代史,通史也可勉强教;专史可教美术史、文化史、史学史;明治以前的日本史也可以教,也可以教英国史。又谈用英文写的关于二十四史题目的短稿大意,请胡适指教。又讨论《汉书》里《食货志》的"亿万"等。(《胡适遗稿及秘藏书信》第38册,307～308页)

3月18日 王重民致函胡适,感谢胡适允代请归国路费,感谢胡聘王为北大教授,押运百箱善本书及北大木简11箱回国。善本书运费、保险费,请胡适与袁同礼商酌;北大木简之运费、保险费,不知拟直接请教育部或由北大请教育部汇出?(《胡适遗稿及秘藏书信》第24册,65～67页)

同日 王重民又致胡适一函,谈吴琯。(《胡适遗稿及秘藏书信》第24册,62～64页)

3月19日 夜,胡适写成《论赵一清的〈水经注释〉稿本的最后状态》一文。此文又于3月23日夜大改,3月24日又改写一部分。(《胡适手稿》第3集卷5,465～503页)

同日 刘修业致函胡适,感谢胡审阅、修改吴承恩的传稿。其子黎敦感谢哈德门夫人给其讲故事,等等。(《胡适遗稿及秘藏书信》第40册,84页)

同日 周泽春将其评论中苏条约文章的剪报函寄胡适。(中国社科院近

代史所藏"胡适档案",卷号 1464,分号 1)

3月20日　丁声树复函胡适,探讨"尝试"之内涵,似乎为"没把握而冒然轻试"之义。又谈及希望4月到纽约看望胡适,自己预备到耶鲁大学住一二学期,因那里语言学风气较好。(《胡适遗稿及秘藏书信》第23册,338～339页)

3月21日　陈源函托胡适:陈寅恪在英医目疾,并无治愈希望,故决计返国。所乘船经过美国。陈寅恪深惧美国海关检查不讲理,因其病目,便以为有沙眼,予以拘留或隔离等处分。所以请胡适托纽约领事馆派人前往照料。朱家骅汇来陈寅恪医药费用美金1000元,不幸中央银行将汇款改为英镑。陈寅恪不愿带英金,但英金在美无法换为美金。可否请胡适在UNESCO款项下取出千元,分打成不记名汇票3张或4张,亦托领馆方面的人送给陈寅恪,请电示是否可行。关于UNESCO的款项,望胡适回国前筹一适当处置。如赵元任一时不回国,请交赵。(《胡适遗稿及秘藏书信》第35册,132～135页)

3月27日　胡适参加协和医学校董事会年会。胡适的报告稿作为Committee report 被通过,把校长问题暂缓决定,俟洛克菲勒基金会的专家考察团到中国去了回来,再交下次董事会决定。董事会选举胡适为本年度主席。(据《日记》)

同日　胡适致函赵元任,退还杨步伟赠送的100美金(为胡适审读其《自传》所付酬劳)。又谈到近来为协和医院董事会年会事费了整整8个下午,昨晚出席美国医药助华会年会,又费6小时。(《鲁迅研究月刊》2020年第2期,62～63页)

同日　一位素不相识的青年人蒋天峰致函胡适,希望能在北大谋职或半工半读。(中国社科院近代史所藏"胡适档案",卷号409,分号2)

按,是年向胡适请求谋职、介绍工作,或寻求生活帮助的还有:储皖峰遗孀陈潄琴、Harold Scott Quigley、M. J. Meyer、刘荫仁、刘学浚、周庆基、胡传楷、王辑五、纪庆恩、杨东泽、杨宪之、马力勋、黄谷仙、

黄有振、傅庚生。（据中国社科院近代所藏"胡适档案"不完全统计）

3月28日　王重民复函胡适云，已读胡适的《论赵一清的〈水经注释〉到他死时还没有完全写定》一文，认为"我公论此事之公平，一如审判戴、赵、全三案之公平"。(《胡适遗稿及秘藏书信》第24册，68～69页）

3月31日　罗敦伟复函胡适，谈及：中国民主党之组织，已由他人进行。近拟发起一超党派大团结之民本运动，拟先办一《民本周报》，"如公愿意出而为最高之领导，固所欢迎。倘我公尚待考虑，则请先以名流地位常赐短文"。又请教：1. 胡适上次劝中共放弃武装斗争，现已达协商阶段，可否再发表数言，以资敦促？ 2. 各党协商，不合民主政治的正轨，今后党派应以何种方式合作？ 3. 胡适对中国民主政治前途观察如何？以及胡适的健康状况、研究兴趣，等等。(《胡适遗稿及秘藏书信》第41册，317～318页）

4月

4月1日　胡适致函美国国会图书馆的恒慕义，授权该馆将胡传的著作、日记以及胡适本人的日记制成缩微胶片。胡传著作的缩微胶片可以向学生和学者开放，胡适的日记，在胡适对原件进行浏览之前，不应开放给学生使用。感谢恒慕义及国会图书馆在收藏和保护"汉简"以及北平国家图书馆珍稀图书方面对中国作出的巨大贡献。(《胡适日记全集》第8册，219～220页）

按，4月5日，恒慕义复函胡适，感谢胡适同意将胡家父子的文件制作成缩微胶卷。国会图书馆将尊重胡适要求，不将胡的日记公开供人查阅。又感谢胡允许将国立北平图书馆的100箱珍贵书籍制作成缩微胶卷等。（此函被胡适粘贴在4月6日日记里）

同日　胡适致函Archie Lochhead，托其为北大购买图书、设备。（中国社科院近代史所藏"胡适档案"，卷号E-101，分号2）

1946年　丙戌　民国三十五年　55岁

4月2日　胡适日记有记：

Virginia Davis Hartman 说，他小时，家庭教育最注重一句话："A place for everything, and everything in its place"。他一生得力不少。

我也喜欢此语，试译为白话：

> 每件东西有一定地方。
> 件件东西各归原地方。

此种教育最有用。

> 每物有定处。
> 每物归原处。（六月十七改译）

同日　胡适有《跋芝加哥大学藏的赵一清〈水经注释〉》。（《胡适遗稿及秘藏书信》第3册，53～68页；《胡适手稿》第4集卷2，370～372页）

4月3日　Richard J. Walsh 致函胡适，提醒胡适记得在回国前为 *Asia and the Americas* 撰写一篇 "Au Revoir to America" 的文章。（中国社科院近代史所藏"胡适档案"，卷号 E-366，分号4）

按，是年向胡适邀稿的还有谢溥谦等。（据中国社科院近代史所藏"胡适档案"不完全统计）

同日　Homer H. Dubs 致函胡适，云：

Your letter arrived this afternoon, and I hasten to repair my oversight in not thanking you previously for your kindness in sending me Mr. Dung's《殷历谱》. It arrived in excellent condition, due to its having been well packed. I am beginning to read it, and find it very interesting.

The other day I wrote to Mr. Dung, giving him the《月食之图》he desired, concerning this eclipse of 1311 B. C. I also wrote him that the proof that a lunar eclipse did occur on a geng-shen day in the winter, does not prove that this eclipse was actually that of 1311, and that the only way to establish a chronology of Yin times from astronomical data, would be to make a collection of all the eclipses recorded for that period, together with what is said about each of them, and then to calculate what eclipses were visible in Anyang that might have been the ones referred to. I offered to make the necessary astronomical calculations, if he would send me the necessary data.

I have the copy of Mr. Dung's《殷历谱·后记》, and shall be glad to send it to you for your perusal, if you care to see it. I shall be glad to take care of your copy of the《殷历谱》and to return it to Mr. Wang Yü-tsüan.（中国社科院近代史所藏"胡适档案", 卷号 E-181, 分号 8）

4月4日　胡适有《跋国会图书馆藏的乾隆五十九年重刻本赵一清〈水经注释〉》。(《胡适遗稿及秘藏书信》第 3 册, 69～85 页;《胡适手稿》第 4 集卷 2, 372～375 页)

4月5日　胡适在《三水梁燕孙先生年谱》(凤冈及门弟子编) 之题名页有题记:

> 我在《四十自述》的自序里, 曾提到我劝梁士诒先生写自传的事。我在海外得见此谱, 觉得这是一部很新式的年谱, 是一部很重要的传记。这虽然不是自传, 我们应该把他当作一部自传看。胡适　卅五, 四, 五。(《胡适藏书目录》第 1 册, 315 页)

同日　杨联陞致函胡适, 告: 已经辞谢浙大, 寄上个人履历, 希望胡适能与傅斯年讨论一下有无驻平而在中研院兼事的可能。(《胡适遗稿及秘藏书信》第 38 册, 309～310 页)

同日　高宗武致函胡适, 云: 近日与蒋廷黻天天见面, 总谈及胡适; 崔存璘以资历言当可接徐公肃辞职后之遗缺, 故此间友人拟请胡适向王世杰进言。(《胡适遗稿及秘藏书信》第 31 册, 258 页)

4月6日　王重民把胡适寄存国会图书馆的胡传遗稿、日记、年谱和

胡适的日记一箱,带回胡府。邓嗣禹来听胡适谈《梁燕孙年谱》。(据《日记》)

4月11日　邓嗣禹致函胡适,谈及:对胡适在忙迫之公私事务中仍能博览群籍并作考据文章,深受鼓励与感动;希望回国在北大教学时,能在胡适领导下结结实实做点研究工作。(《胡适遗稿及秘藏书信》第40册,202页)

4月12日　傅斯年致电胡适:考虑任命刘瑞恒为医学院院长,工学院的任命则待您回来讨论,请电告离美日期。(中国社科院近代史所藏"胡适档案",卷号E-205,分号7)

4月15日　胡适将陈寅恪在英国治眼的最后意见书托人交Dr. McNie,请其与院中同人相商。但他们都认为无法补救。胡适乃将此结果写信告知陈。(据《日记》)

> 按,胡适曾建议在英国治眼的陈寅恪来美小住,请Columbia的眼科专家一验。陈氏乃将Sir Steward Duke-Elder给其出具的意见书寄胡。(据《日记》)

同日　戴闻达作《别胡适先生回国》:

> 知有前期在,难分此夜中。
>
> 无将故人酒,不及石尤风。(中国社科院近代史所藏"胡适档案",卷号1944,分号6)

4月16日　胡适将一张1000美金的支票托全汉昇带给陈寅恪,又在日记中评论道:"寅恪遗传甚厚,读书甚细心,工力甚精,为我国史学界一大重镇。今两目都废,真是学术界一大损失。"

同日　Mr. Grenville Clark来谈他的同志们主张修改"U. N. Charter"的事。(据《日记》)

4月17日　杨联陞来访,答应就北大之聘。(《胡适之先生年谱长编初稿》第五册,1923页)

同日　胡适退掉原定24日由西雅图回国的船票,因为很多事情没有料理完。(据《日记》)

同日　下午4点，胡适主持召开协和医学校董事会议，听取 Miss Mary Ferguson 的报告书。（据《日记》；中国社科院近代史所藏"胡适档案"，卷号 E-473，分号1）

同日　晚，丁声树来访。（《胡适遗稿及秘藏书信》第23册，340页）

4月18日　杨联陞来访，赵元任夫妇、周一良都在座。（《胡适之先生年谱长编初稿》第五册，1923页）

同日　丁声树致函胡适，云：昨晚拜访见胡适劳动过度，睡眠不足，希望胡适能好好休息一下。（《胡适遗稿及秘藏书信》第23册，340页）

4月19日　赵元任夫妇、周一良、杨联陞、王岷源、张培合请胡适午饭，哈特曼夫人、全汉昇应邀作陪。（《胡适之先生年谱长编初稿》第五册，1923页）

同日　胡适写定去年在康桥的一篇旧稿《范缜、萧琛、范云的年岁》，提出范缜生年约在450年，萧琛生年约在458年，范云生年约在451年。（《胡适遗稿及秘藏书信》第5册，140～147页）

4月20日　国民政府公布依法选出之"国民大会"自由职业团体代表，胡适大名在列。（《申报》，1946年4月24日）

4月21日　胡适写定去年在康桥的一篇旧稿《考范缜发表〈神灭论〉在梁天监六年》。此文于1947年8月13日在上海《大公报·文史周刊》发表时，又有修改。（《胡适遗稿及秘藏书信》第5册，154～164页）

4月22日　陈受颐致函胡适，告：因妻子病，无法回国，请原谅。（《胡适遗稿及秘藏书信》第35册，395～396页）

4月24日　胡适读 Kravchenko's *I Chose Freedom*，认为"描写苏俄的内部惨酷情形，甚有力量"。（据《日记》）

同日　罗常培致长函与胡适，谈北大事，希望胡适恢复北大的自由主义色彩：

国内的政治情形既然闹得这样糟糕，教育当然跟着难办，尤其是让一班青年裹入党的漩涡，根本失去了教育的意义。所以您回国后开宗明义的第一章应该把北大恢复到当年蔡先生的自由主义的色彩。……

关于过去七年来北大人事方面，罗认为：国文系的语言文字组虽然稍有成绩，但文学组始终没上路子。膺中不宜担任国文系主任，希望胡适自兼国文系主任，如胡不能自兼，可由杨振声兼管。游国恩对于宋诗尚有工夫，只是"酸佉"气甚重。后进分子推荐周祖谟、吴晓铃两人。成立东方语言系，时机尚早。史学系的成绩以陈受颐在职时最好，今已不如以前，姚从吾愚而滑。外语系请陈源、孟实、谢文通返校自然很好，近20年来北大考不上官费留学，实由我们和清华的教法不同。清华的陈福田根本谈不上学问，可是他是好的外国语教员。哲学系由汤用彤领导，"我无间言"。但郑秉璧在滇与小姨同居，闹得满城风雨，倘不在还平前办清离婚手续，似应考虑其续聘问题。理学院，数学系最强，生物也好，物理系须请饶公振作，且请一些他自己兴趣以外的人，譬如声学，我们校内连一个也没有。化学系曾昭抡政治兴趣过浓，须换人领导。法学院法律系最差，燕树棠本身已感过时，非彻底整顿不可。至于新增的农、医、工三院，更非吸收新进分子不可。

至于国际学术的联络如交换教授学生，交换出版品，募集图书及研究出版基金，也应积极进行。希望胡适设法为北大筹集基金。（《胡适遗稿及秘藏书信》第41册，278～283页）

同日 王重民致函胡适，告：九包书已收到，检对后，发现丢了一本《老子》，余均对。孙楷第来信，告依照胡适的"水经目"，他得到七八种，唯商务影印《大典》本找不到，又提到为冯承钧遗孤捐款等。（《胡适遗稿及秘藏书信》第24册，71～72页）

同日 胡祖望禀胡适：中国现在的情势，正处在很糟糕的状态。在上海，腐败和投机无处不在。自己与徐大春为近日的出版事务涉入工人纠纷感到沮丧。接到母亲来信，她仍留在绩溪，并修了祖坟。目前财政窘迫，期望父亲能寄钱。（中国社科院近代史所藏"胡适档案"，卷号E-117，分号2）

4月26日 胡适复函陈受颐，盼陈能在半年或一年之后回国。胡适先

自述心境：去国 8 年半，心中常感觉不安；尤其是最近 3 年半，专做自己的工作，谢绝一切公开讲话，所做的研究，既无补于抗战，也无补于升平，真成了象牙塔里的生活了，所以更感觉不安。"兄去国比我更多一年，内心不安，必不下于我。国内工作需人，文史界更需人，故我们不能不回去做点工。"陈寅恪之眼疾已不可补救，文史界失此一员大将，更感觉工作人员之单薄。又盼陈能写一册英文的《中国小史》，此事于英美民族对中国的了解甚有关。自己归心甚切，而兴致颇不佳。1916 年曾有"葫芦里也有些微物，试与君猜"的诗语。"今又当归国，而葫芦里空空如也！奈何奈何！"北大史学系，现时人手甚缺，已约杨联陞、邓嗣禹、王毓铨回去。自己的《中国思想史》英文稿大部分有哈佛讲稿，但未能写定。拟回去把殷商至东周一个时代的新材料补充好，然后写定英文小书，年内付印。费了两年工夫重审《水经注》一案，写了 20 万字的文字，始知两百年来的学人做考证的方法太不自觉，故多错误，拟作一部专论历史考证方法的书。除此一事外，别无学术上的成绩可说，言之甚愧。归国后，仍想不抛弃教书与研究，但恐未必有此闲暇。（《胡适中文书信集》第 3 册，520～522 页）

同日　国内各大报纸刊出胡适"日内可抵沪"之消息。

4 月 27 日　高宗武致函胡适，请胡签赠一本《中国文艺复兴》给其友人 H. Serkowich。又谈及国内政情：

国内的情形坏到极点，尤其是国民经济的困难，政府的腐败与无能为最值得担忧。许多人皆说，这样无用的政府，早迟要崩溃的。久已忘情于政治的我，但在这种情形之下，的确免不了忧时之感。（《胡适遗稿及秘藏书信》第 31 册，259 页）

4 月 28—30 日　胡适作有读《释氏要览》的札记。（据《日记》）

4 月 30 日　丁声树致函胡适，谈：长途旅行宁选安适的船位；劝胡适减少应酬与操劳。（《胡适遗稿及秘藏书信》第 23 册，341～342 页）

同日　王重民复函胡适，感谢胡适为冯承钧遗孤捐款 50 金等。（《胡适遗稿及秘藏书信》第 24 册，73 页）

1946年　丙戌　民国三十五年　55岁

同日　陈受荣致函胡适，告斯坦福大学在1946—1947年秋季学期需要有人开设有关中国研究的课程，一为讨论中国文明，另一是讨论中国哲学或艺术，望胡适能推荐合适人选。（中国社科院近代史所藏"胡适档案"，卷号E-149，分号3）

5月

5月1日　罗常培致函胡适，劝胡适"千万不要动气冒火"；关于培养后进，应四面八方地收罗人才，"只问是人材非人材，不应管是北大非北大"；希望胡适教书并著成几部大书；自认无法边做研究边兼顾政治；告知胡适其目前打算。（《胡适遗稿及秘藏书信》第41册，284～288页）

5月2日　胡适收拾行李。心脏发生预警，幸有哈特曼夫人在旁给予紧急处置。下午医生来。自此，卧床休息五日。（据《日记》；5月7日胡适致赵元任夫妇函，《鲁迅研究月刊》2020年第2期，63页）

同日　胡适得张紫常电，被告知回国船票已订，为5月28日由纽约启行的Pres. Taft。收拾行李。（据《日记》）

同日　高宗武致函胡适，谈及：中国今日的局面，似乎尚远不及1937年，这胜利声中的亡国现象，令人忧心如焚；又盼望胡适在动身之前，能和几位美国老朋友交换一点政治上的意见，盼望胡适于必要时领导一班人作一番最有效的新政运动，等等。（《胡适遗稿及秘藏书信》第31册，260页）

5月3日　Dr. Scott Johnson来诊看，做了一个Electric Cardiogram，取走血样。（据《日记》）

5月4日　Dr. Johnson & Dr. Robert L. Levy同来诊看。他们都觉得此次是"heart attack"，但已无危险，只须多休息即可。（据《日记》）

同日　罗常培复函胡适，谈及近期的就职规划问题；又提出：希望胡适能为其募一笔款，或由北大请教育部资助，以拿一个哲学博士学位。（《胡适遗稿及秘藏书信》第41册，289～291页）

5月7日　胡适在病榻上读《无量寿经》与《观无量寿经》，深感净土

417

一派经典在当时的动人力量。(据《日记》)

  同日 罗常培致函胡适,主要谈为北大购买仪器之资金事。(《胡适遗稿及秘藏书信》第41册,292页)

  5月8日 胡适在日记中记道:想把一部大藏的诸经典,依翻译的时代割开,依时代先后重行装订,或可表现佛教发展的史迹。

  同日 丁声树致函胡适:得悉胡适患心脏病,特意致候,劝胡适延期归国,在美找地方静养。又谈到得到耶鲁大学进修机会,但时间不长。(《胡适遗稿及秘藏书信》第23册,343~344页)

  5月9日 胡适在《大唐西域记》十二卷(唐代释玄奘述、释辩机撰,日本1653年刻本)内封上有题记:

    此本错误甚多,但据卷二与卷八首叶的题记,此本源出于宋崇宁二年(1103)的福州等觉禅院普明雕版,故应该有可以参校的用处。

(《胡适藏书目录》第2册,1162页)

  同日 胡适在日记中粘贴 Phyllis M. Knight 致胡适一封信(无写信日期),此人代表哥伦比亚大学中国委员会将一张支票转交胡适,由胡支配使用,供北京大学教职员工或学生急需之资金。

  同日 侯德榜致函胡适云,很遗憾得知胡适生病,期望胡适能在养好病之后再回国。(中国社科院近代史所藏"胡适档案",卷号 E-232,分号2)

  5月10日 胡适在日记中记道:《华严经》的善财童子故事,定影响了《西游记》故事。

  5月11日 耶鲁大学哲学系主任 Brand Blanshard 函询胡适对 Mortimer Graves 推荐的耶鲁大学哲学系教授中国思想的两位候选人的意见。(中国社科院近代史所藏"胡适档案",卷号 E-132,分号7)

  5月14日 饶毓泰复函胡适,谈为北大聘请陈新民、汪德熙等担任教职事。又谈及:

    善后救济总署曾捐给一笔巨款,由教部购置大批书籍仪器分赠各校，现各系正重开单送部，国内同人深感将来外汇不易得，拟不动用存美的34000元款，我觉得是对的。现时教学必需的书籍若能由我们亲自带回去，开学时即用得到……(《胡适遗稿及秘藏书信》第42册，528页)

5月15日　胡适到Dr. Robert L. Levy处体检，告知胡适此次没有新的伤痕，只是一种最好的警告，又劝胡适节劳，不要吸纸烟。(据《日记》；5月16日胡适致赵元任夫妇函，《鲁迅研究月刊》2020年第2期，64页)

5月16日　饶毓泰致函胡适，谈哥伦比亚大学物理教授H. W. Farwell拟将所藏物理杂志捐赠北大事，一切均托吴健雄照料，又谈北大物理系聘请教授事，云："我们最困难的关头是在今年，我是预备，凡请不到人来授的物理课程，我都来教。"(《胡适遗稿及秘藏书信》第42册，529页)

5月17日　胡适日记有记：

> 王梓材伪造《全氏七校〈水经注〉》的"附录"文件中，有吴传锴手钞的〔全氏〕《双韭山房书目》的《水经》目录。向来人都不疑此目的存在，我前年也不疑心。
>
> 此次病床上忽然想起此目也是王梓材弄的把戏，故写信给王重民，请他代查吴传锴有无可考？此《双韭山房书目》有无著录？有无传本？
>
> 按，5月22日王重民复函胡适云：《鄞县志》里没有吴传锴的传。县志的《艺文志》里也没有《双韭山房书目》。又查几个公私书目，也没有《双韭山房书目》。(《胡适遗稿及秘藏书信》第24册，74页)

5月20日　胡适得朱家骅、王世杰南京来电：闻胡适旧疾复发，虽已就痊，但尚不宜远行。北大校务已有傅斯年代为主持，杨振声协助。胡迟至秋间返国，并无不便。(此电被胡适粘贴于日记中)胡适仍决定如期回国。(据《日记》)

5月21日　郭泰祺来电报，劝胡适不要亟亟回国，但胡适仍决定如期归国。(据《日记》)

5月23日　胡适复函王重民，奉劝王氏夫妇不要为房子事生气。又告大部分行李已经搬到船上，但船期又有改动。又云：

> 近日检点三四年来你们的通信，深感兴趣。这些信使我得不少益处。例如昨夜偶重读你卅二年（？）四月十八日的长信，论及两个问题，一为我托你代校《周礼·小祝注》引的《檀弓》一条的各古本异同，一为你为马国翰伸冤的长考。……
>
> 你考得《玉函山房辑佚书》里并没有"家实斋"，而只有"家宛斯"一语……此与百余年来许多大学者攻击东原窃书一案甚相似。尤其像石州、默深、静安诸君所讥"东原背师"一例！我附寄《列子》"亡鈇"一则，请你们留作小纪念品。马国翰与戴震都是"邻之子"！老兄既曾详考章逢之与马玉函一案，我很盼望你把全案材料理出来，早日发表。
>
> 原函问我，此长文"用的方法对不对"。我不记得我当时如何回答了。今重读此案，觉得吾兄所用方法大致不错。但其中论章氏遗稿的下落，仍多小小不同之处。盖因孙渊如、阮芸台、黄爽诸君所记，多举约数，本不求确数，故不容易用严格数字去作考证。又兄引章宗源致孙渊如书，只能考见他想替孙渊如编纂书稿"只要多得钱"，但不够证明，"他生前已把十之一二卖给孙氏"。
>
> 我把此函一部分寄还，乞兄便中整理发表。鄙见似宜先提出"家实斋"一条伪证，然后举出"家宛斯"的实证。次为详列马氏軼[辑]佚与刻书的年月、地点。次为光绪十三年马氏后人卖出国翰手稿与蒋式惺校理的结论。最后可列举前人所记章氏辑佚稿的下落……
>
> 我前曾为诸友说："相同是问题，不是证据。"近来觉得此说尚有未当。在校勘与辑佚两种工作上，相同是当然的现状，本不成问题。两人各不相谋，同校一部书——例如《水经注》——若结果没有百分之九十八九的相同，岂不成了大怪事了吗？校勘学还有科学的，客观的真实性吗？

1946年　丙戌　民国三十五年　55岁

辑佚与此同理。

故赵、戴《水经注》案，章、马辑佚书案，本不成问题。所以成为问题者，都是疑心作怪，都是成见作怪，都是"亡铁"故事的实例。（《胡适遗稿及秘藏书信》第18册，547～554页）

同日　王重民致函胡适，抄示《双韭山房书目》中的《水经注》。又谈及自己归期问题。又谈及陈垣来信说世界史学中心问题，认为将来的世界史学中心，只有北平。希望将来在陈垣、胡适领导下，"我们要精纯，要为史学而作史学。要结束巴黎，并希望西京能和我们来合作，以建设这个永久中心点"。希望胡适回国前能再见一二次。又谈及江苏第一图书馆所藏三《水经》，皆来自钱塘丁氏等。（《胡适遗稿及秘藏书信》第24册，78～81页）

5月26日　杨联陞来访，请胡适为赵元任夫妇银婚纪念册题字，郭泰祺在座。（《胡适之先生年谱长编初稿》第五册，1923页）

5月27日　Cornell Alumni Fund Council 给胡适出具捐款100元的收据。（中国社科院近代史所藏"胡适档案"，卷号E-486，分号1）

5月28日　杨联陞致函胡适，告：Serge Elisséeff 有意请其在这里教一年或半年书，"您许我自己决定"，现在还未最后决定。希望胡适回北大后就把旅费津贴办好。聘陈新民、汪德熙事，已转达。等等。（《胡适遗稿及秘藏书信》第38册，311页）

5月29日　胡适作"江苏第一图书馆（国学图书馆）复校善本书目"的札记：

1.《水经注释》四十卷，附录二卷，刊误十二卷。赵一清录，钞刊配合本。振绮堂藏书，版心有"振绮堂钞本"五字。

2.《水经注释》四十卷。同上，旧钞本。版心有"小山堂"三字。

3.《水经注》四十卷。清乾隆刊本。董小钝藏书。有"双韭山房""董秉纯""抑儒字小钝"三印。又"小韭山房"一印。刊配卷一至四。余均朱笔校过。

此三本都值得细校一过。3乃是谢山校本，最值得细校。1、2则

421

是东潜书写本。(据《日记》)

同日 胡适复函王重民,云:

我不曾轻疑吴传锴的《书目》,此兄所知。但近日重看此目(即王梓材所引的《水经》部分),实很可疑。最大可疑之点是此目把全校本三种,赵校本两种,清常道人校本一种,沈炳巽校本一种,各看作单独自成一部专书。此七种校本之外,另有旧刻本三种:李长庚刻本,又《山海》《水经》合刻两种。

试看原目:
…………

单看这一点——把七种校本与三部刻本对列——就可以推想吴传锴的书目全是捏造的,决不是谢山自定的书目。
…………

……我不能不假定这一张《水经注》书目是王梓材伪造的;又不能不假定那"双韭山房书目抄本"也是王梓材伪造的名目,其实并没有这件东西。吴传锴是嘉庆二十四年(1819)的举人,到王梓材伪造四十卷"全氏七校《水经注》"的时候(道光廿八年,1848),这位孝廉公大概已成了古人,所以王梓材敢说这个书目是吴传锴从全谢山的手稿本转录来的。

这都是一些假设。我写出来,预备我到上海时去寻找材料来证实,或推翻这些假设。(《胡适遗稿及秘藏书信》第18册,555～569页)

5月30日 胡适在日记中有记:到上海时当访问张寿镛:

①借观屠康侯(?)藏的王梓材原本伪"全校"。能购买归北大否?
②查问吴传锴的《双韭山房书目》有无传本?有无记录?
③查问慈溪林颐山的遗著的下落,尤其是他指摘伪"全校"之文。
④访求卢镐卢杰家谱牒。
⑤买《四明丛书》全份。

1946年　丙戌　民国三十五年　55岁

薛刻本应买一部。《鄞县志》也应买一部，《慈溪志》也可买一部。访问谢山稿本有无存在。

5月31日　胡适在日记中记到上海时应办的事：

①向张元济借看《永乐大典·水经注》原本。
②托张买一部《大典·水经注》影本。
③买全《安徽丛书》，尤其程瑶田与戴东原两集。
④访问许承尧先生一谈。
⑤访问陈桂尊先生，问《东原手札》的下落。
⑥访问乃乾，觅取《东潜文稿》二册。
⑦访求一册史语所《集刊》第三本第三分册。
⑧买蒋天枢《全谢山年谱》一册。

6月

6月3日　樊弘将其所著《工资理论之发展》一册赠与胡适。(《胡适藏书目录》第1册，98页)

6月4日　胡适致函赵元任，告明日将登船回国，希望赵氏夫妇保重身体。(《鲁迅研究月刊》2020年第2期，64页)

6月5日　胡适自纽约搭轮返国，前来送行的有 Florence Smith、哈特曼夫人、游建文夫人、元龙、李国钦、胡敦元、韩寿萱等。船开后，胡适即因劳累和紧张剧烈晕船。(据《日记》；《不思量自难忘：胡适给韦莲司的信》，255～256页；6月9日胡适致赵元任夫妇函，《鲁迅研究月刊》2020年第2期，64页)

同日　中央社电讯：胡适今日离美归国。7日之国内各大报纸均刊登此消息。

6月10日　北京大学毕业生傅庚生致函胡适，自述履历，请胡适指正

其著作。(中国社科院近代史所藏"胡适档案",卷号1870,分号1)

按,是年请求胡适指正著作、请教问题的还有:李维明、陈元德、黎先耀、杜修礼、金之杰、林松、朱师辙、朱裔榘、崔龙文、神田喜一郎等。(据中国社科院近代史所藏"胡适档案"不完全统计)

6月11日　胡适途经巴拿马,下船与涂允檀公使、名誉领事李友恕会面。见到华侨领袖陈应堃、方煦周等。与李、涂等同游览风景,看运河北闸。次日,驶离巴拿马。(据《日记》)

6月12日　胡适致函韦莲司小姐,谈及行前忙乱情形及对回国后的想法:

自从2月16日离开绮色佳以来,我一直忙于整理行装,并结束8年又8个月的琐事。除了待在纽约,处理变更无定的行期及"整理装箱"以外,我那儿也没去。

…………

许多装箱整理都需要我亲自料理。就好比我必须先送还向5个图书馆借来上千册的书,才可以开始装自己的书。

…………

……在将近9年的居留之后,我又离开美国了。至于我将来能做什么,目前还不很确定。中国的情形如何,现在也不很清楚。在飞往北平之前,我会在上海待1周,在南京几天。5月初的病使我对接受一个教学、研究和行政合在一起的工作有些犹豫,所以,我必须在三者之中作一选择。

我会从中国写信给你。怀着爱,一如既往。(《不思量自难忘:胡适给韦莲司的信》,255~256页)

6月16日　胡适在船上想起今日乃胡思杜毕业日,且又是美国人的"Father's Day",因感慨很惭愧自己对两个儿子,一个女儿,都没有善尽责任! 故写一电报给思杜: Congratulation! Whatever happens today, my love.

Father。读 Martin Gumpert's *You Are Younger Than You Think*。(据《日记》)

6月17日　胡适在海轮上作有《〈水经注〉版本目录》,包括《在海外所用〈水经注〉本子简目》及《待访查的〈水经注〉版本》。(《胡适遗稿及秘藏书信》第4册,464～473页)

同日　赵元任、杨步伟致函胡适,感谢胡适为赵向洛克菲勒基金会的友人说项,但此事终未成。目下经费已解决。哈佛已经决定要帮赵元任出书。谈到洪煨莲来,为给周一良讲师名义事。又谈到杨步伟的自传由东亚书局出版等。(《胡适遗稿及秘藏书信》第38册,455页)

6月19日　开始重写《全校〈水经注〉辨伪》。(据《日记》)

6月24日　夜,写成《〈全氏七校水经注〉四十卷的作伪证据十项》,约15000字。1949年1月17日,胡适在目次首页上自注:"此篇是错误的。"(《胡适手稿》第2集卷1,9～82、3页)

6月30日　胡适写成《全校〈水经注〉的"题辞"是伪造的》。但又表示:有些问题,材料还不够用。如"全氏的真校本究竟在那儿?"要到上海、南京之后,做进一步侦查。后来,胡适曾在此文标题页上另有朱笔批语:在1936年已开始承认"序目"是真的了。在1937年以后始承认"题辞"是真的。此篇主题是错了的。但此文还值得保存。(据《日记》;《胡适手稿》第2集卷1,91～141页)

7月

7月2日　胡适复函王重民,寄还《群书集事渊海》。谈及自己在所谓"戴震作伪"上,起初也觉无可疑,但后来稍稍细看王国维、孟森诸公文字,始觉他们"漏洞"甚多而"火气"太大。倘非王重民重提此案,倘非王力劝自己担任此案的复审,决不会费五年工夫作此事。(《胡适中文书信集》第3册,528页)

7月4日　胡适搭乘的轮船抵达吴淞口外,但须次日方可进港。(据《日记》)

同日　胡适复函王重民夫妇，告在船上已将《全校水经注辨伪》重行写过，改为两篇：《〈全校水经注〉四十卷作伪的证据十项》《〈全校水经注〉的"题辞"也是伪造的》。待到南京、北京，见到董秉纯原藏的谢山校本、傅沅叔所藏谢山"五校本"后，要写一篇《全谢山的〈水经注〉校本的真本》。到上海后，要访查：(1) 王梓材的原稿（屠康侯藏），(2) 林颐山的遗著，(3) 全谢山的遗稿，(4) 卢镐、卢杰家谱，(5) 吴传锴的《双韭山房书目》有无消息。(《胡适遗稿及秘藏书信》第 18 册，545～546 页）

　　7月5日　傍晚，张景文（福运）、胡祖望、顾毓琇以及报馆记者乘坐一小船来接胡适，乃先行离船，到 Broadway Mansions，受上海市长吴国桢的招待。夜 11 点，始见夫人江冬秀。（据《日记》）次日之《申报》报道胡适对记者谈话如下：

　　　　胡氏笑语记者称：最近三年半来，足鲜出户，日惟埋头研究历史考据之学，再集其在哈佛及哥伦比亚两大学讲学资料，纂成《中国思想史》一巨帙，故平素鲜闻外事，又因与祖国睽违多年，对国内各情，亦感隔膜。

　　　　胡氏称：美国朝野人士，对我期望甚大，深望战后我国，前程远大。记者当询胡氏对祖国之怀念。胡氏答称：我国经此次国难之空前打击，亦深望我国有光明之前途！

　　　　最近国府发表，任命胡氏为国立北京大学校长，记者以此询之胡氏，胡氏则称未知详情。惟剀切告记者称："将来最好能多教书，不问行政的事。"

　　7月6日　胡适水泻，肚痛不可忍。（据《日记》；7日、8日国内各报）
　　同日　李庸鲁致函胡适，述学校检定先修考试之不合理，希望胡适能给予他们再一年大一试读生的机会。（中国社科院近代史所藏"胡适档案"，卷号 1174，分号 8）

　　　　按，胡适回国后，向胡要求进入北大就读的青年人颇多，中国社科院近代史所藏"胡适档案"中，这样的来函颇多。另有青年远征军士兵焦宏美、许衍济、邓初（为其女）、邵淑文等。

7月9日　张元济致函胡适，请胡定下方便的时间以便邀宴。又谈及合众图书馆有旧抄全祖望《水经注》校稿以及他本，"有便可偕往一看"。（《胡适遗稿及秘藏书信》第34册，123页）

同日　周炳琳致函胡适，谈及目下政情：

> 武人只知武力足恃，不惜诉诸战争以解决内政纠纷。在此局势中，号称主人翁之人民呼吁无灵，而智识分子尤可怜。若干时下所称为社会贤达者，良心应尚未泯，而竟偏阿成了御用的宝贝，滋可叹也。吾人今日于内战虽不能挽回劫运，然是非须分明，至少应持超然的态度。教育在今日难办，而亦愈见其重要。

又云，胡适主持北大，于振奋人心实有重大关系。又谈及复校过程中，傅斯年、汤用彤、郑天挺、杨振声艰苦卓绝、劳苦备尝。又谈及法学院内部亦亟待调整：自己不愿再任法学院长，而专力教学、研究，燕树棠不宜主持法律系，钱端升应留任政治学系，赵廉澄主持经济学系，亦非理想人选。法学院院务，可延张忠绂返校主持，等等。（《胡适遗稿及秘藏书信》第30册，17～23页）

同日　吴啸亚致函胡适，请胡为士兵生活作品展览会题字。（中国社科院近代史所藏"胡适档案"，卷号1348，分号1）

> 按，是年，向胡适求字的人还有王汉、叶中梓、严学窘、吴烈等。（据中国社科院近代史所藏"胡适档案"不完全统计）

7月10日　室伏高信之女室伏ケララ致函胡适，叙及胡适与室伏高信在战前的交往，室伏高信因反战而遭受的苦难，对胡适的崇拜以及对日本发动对华侵略战争的痛恨，等等。（《胡适遗稿及秘藏书信》第42册，718～720页）

7月11日 《申报》及重庆的《中央日报》《大公报》《益世报》等国内各大报均报道：胡适否认组党。

7月12日 上午10时，胡适自上海飞抵南京。次日之《申报》报道：朱家骅、王世杰、蒋梦麟、杭立武、刘锴等均赴机场迎接。胡氏出国九年，今番归来，发已斑白，然精神仍极健旺。记者询以旅美印象，胡氏称：余旅居美国，先后20余年，觉美国立国基础之稳固，经济工业之突飞猛进，社会组织力量之雄伟，每出人意外。继称：战时美国政府因作战关系，各大学训练学生学习中国、日本及缅甸等国家文字语言，全国学习中文者为数数千，一部分人或将继续深造，使成新的人才。记者询以政见，胡氏以本人赴美九年，对国内情形不甚熟悉，不愿表示意见，并称愿以5个月时间作一个学生学习。述及其本人在美从事研究工作情况，谓曾以4年多时间，置身于整理"中国思想史"，旧日著作，一部业经修订，另外并著专论若干，此项整理工作，仍待完成。关于中外文化合作及战后文化建设，胡氏称：交换教授及遣送留学生受外汇影响甚大，学生外国语文程度亦待商榷，国内文化工作者生活无法维持，影响研究工作至巨，至文化建树，仍将以国内文化机关自我势力为主，有待长期努力，并应着重基本科学。

胡适回国之初，备极繁忙，一份成稿于16日的报道记述如下：

> 胡适博士回到南京来已经有四天了……中央研究院，现在成了他临时的住所……他忙于赴宴会，访朋友……
>
> 因为大家所要知道的他归国的观感，和对时局的意见，他都避免着说："我出国，又有九年了。对于国内的情形非常隔膜。还是先让我作一两个月的学生，然后再发表意见吧？"
>
> "不谈国事"的胡先生，四天来，没有作任何政治的活动，也没有走访各党派。在王世杰的鸡尾酒会上，他会见了同是旧金山会议代表的董必武。两人寒暄了一会，就各自分开。记者在人群中挤上去问他："胡先生！见过马歇尔没有？打算去拜会司徒雷登吗？"他笑着说："恐怕没有时间，而且他们是忙人。"

……每天上下午，他都在中央研究院接见宾客。十三日中午，蒋主席邀见，并请午饭。下午和傅斯年到政部，交涉现留重庆的北大教授赴平的飞机问题。晚上萨本栋请吃饭，席上都是学术界的人士。饭后，谈到半夜十二点，才回去就寝。十四日……下午朱部长邀集了教育文化学术界的人士欢迎他。十五日中午，应朱院长宴。下午，出席王世杰部长的鸡尾酒宴。朱氏的会，集学术界人士一堂。王氏的会，请到了各国使节和政府首长。

记者接着问他办北大的态度，他于感谢了傅斯年的努力后又说："我一定本着蔡先生和蒋先生（梦麟）的精神，继续着他们的作风办下去。"接着又补充说："蒋先生被政府拉走了，我希望他能早些回来，我好专任教授。"

邵先生告诉傅斯年说，十五日中午要请胡吃饭。傅先生马上代胡回答：已有宋子文预先邀请。王云五在王世杰酒会上，问胡何时有空？胡先生回答是："星期三以前的日程，都已排定了。"

四天来，胡先生还没有作过一次演讲。王世杰请他于十五日上午九点，到外交部演讲，他已谢绝。

……记者请求他经过本报对华北青年说几句话，也写了"要怎么收获，先怎么栽"九个字……（北平《世界日报》，1946年7月21日）

同日　顾颉刚访胡适于中央研究院。（《顾颉刚日记》第五卷，685页）

7月13日　陈布雷访胡适于中央研究院。（《陈布雷从政日记（1946）》，108页）

同日　中午，蒋介石宴请胡适，朱家骅、傅斯年及陶孟和等作陪。（次日之《申报》《中央日报》等国内各大报；《陈布雷从政日记（1946）》，108页）

7月14日　晨，胡适应邀到蒋梦麟宅，与蒋共进早餐。（次日之《申报》）

同日　教育部在国际联欢社举行茶话会，欢迎胡适、王云五、傅斯年等参加此次茶话会。（《顾颉刚日记》第五卷，685页）

同日　晚5时至7时，外交部长王世杰在国际联欢社举行鸡尾酒会，

欢迎胡适。(次日之《民国日报》等各大报)

7月16日　中午,邵力子、雷震在"国民大会堂"欢宴胡适。(次日《中央日报》等国内各大报)

同日　下午3时,北大同学会举行茶话会,欢迎胡适。出席的有顾颉刚、段锡朋、罗家伦、傅斯年、朱家骅、卢逮曾等。(《顾颉刚日记》第五卷,687页)

同日　容肇祖致函胡适,谈自己抗战以来的教学经历,欲完成旧日之研究工作,非回北平不可,希望胡适到平后代为留意机会。(《胡适遗稿及秘藏书信》第31册,127～128页)

> 按,8月3日,容肇祖再函胡适,所述内容与此函大体相同,又云:胡适执掌北大,机会正多,希望介绍职业以资糊口。(《胡适遗稿及秘藏书信》第31册,129～131页)

7月17日　上午10时,中国史学会为胡适举行欢迎会,胡适演讲考证《水经注》的经过。出席的有顾颉刚、缪凤林、蒋复璁、黎东方等共20人。(《顾颉刚日记》第五卷,687页)

次日之《申报》:

> 中国史学会十七日上午十时假都城饭店茶会,欢迎该会理事胡适博士,胡氏报告在美九年生活情形,并谓:曾费时两年,审查水经注二十九种版本,结清一百五十余年之考据官司。胡氏认为:(一)全祖望并未作荒谬之水经注,而系王子[梓]才所作;(二)赵一清继全氏努力所作水经注最好;(三)戴东原未看到赵氏之本,与赵氏殊途同归,绝无偷窃之罪。胡氏报告毕,以事先退,该会继讨论会务而散。

同日　胡适到美国驻华大使馆祝贺司徒雷登荣任美国驻中国大使。(《司徒校务长荣任美驻华大使抵京后来宾录》,载司徒雷登著,陈礼颂译,傅泾波校订:《司徒雷登日记》,黄山书社,2009年,书前照片)

同日　下午,王世杰在国际联欢社招待胡适,来宾甚众。(《王世杰日

记》上册，801页）

同日 晚，傅斯年宴请胡适、顾颉刚、梁思成。(《顾颉刚日记》第五卷，687页）

同日 晚，胡适夜车赴沪。

同日 陈布雷日记有记：又致傅孟真函，询胡适之行期。(《陈布雷从政日记（1946）》，110页）

7月18日 晨，胡适抵沪。次日之《申报》报道胡适对记者谈话：

> 就世界各国趋势观察，中国自应向民主方向走……抗战胜利，人民从黑暗中重见天明，不意最近战事仍未终止。……并说明政治问题系建筑在经济及社会问题的基础上，中国现状之改善，非仅解决政治问题所能奏效，当前唯一期望，即在停止军事冲突，减少军费支出，使经济回复正常途径，再言其他。最后谈及北大复员计划，胡氏说明战时北大图书机器，尚无重大损失，惟昆校教授学生，何日能到平开课，在交通如此困难下，尚不能预定。胡氏现正在沪接洽交通工具，短期内即偕夫人赴平接事。又北大代理校长傅斯年，日内亦由京飞平。

7月20日 下午，上海文教界在国际饭店举行茶话会，欢迎胡适。出席茶会的有吴国桢、何德奎、顾毓琇、吴保丰、李寿雍、朱恒璧、董洗凡、程沧波、胡健中、潘公展、颜惠庆等40余人。胡适即席讲话，回顾了9年来的外交与学术工作，又有感于所接触之友人多对现状不满，劝大家不要悲观。次日之《申报》报道如下：

> 九年来一向留在外国，好久没有穿中国衣服，好久没有说中国话，这次说话，也许要带出外国字来了，请大家不要见怪。承蒙诸君招待，非常感谢，只是因为回国十小时以内，就闹腹泻，非常狼狈，所以两次定期，都不能到，先向诸位道歉。
>
> 这九年之中，诸位在沦陷区，在后方，所作的许多抗战工作，我都没有参加；所受各种苦痛，也没有受到。好像是国家放了我九年假，

现在回国，真有一种假期终了的感觉。

刚出去的时候，完全是考察性质，奉政府非正式的使命，去看看美国对我们抗战的舆论和态度。后来，奉中央研究院历史语言研究所之命，出席在瑞士举行的国际历史科学会议，那时是一九三八年，这个会议，我国还是第一次参加。自欧洲回美，就奉命回到外交方面工作了。

我在一九三八到一九四二这整整四年之中，担任着外交工作，责任实在是非常轻松的。每天不过换几套衣服，出席几次茶会或者Cocktail party，没有订过一次条约，没有接洽过一次借款，没有捐过一笔钱。而且，我对他们说老实话，不讲究外交词令，我们有困难，就老老实实告诉他们；我要他们知道中国是一个文明的国家，中国人是老老实实的人。

…………

一九四二年秋天，本来想回国，但是我有心脏病，医生说不适宜于高飞，而在重庆，常常要跑很多石级，昆明又是海拔六七千尺高的地方，有心脏病的人都不相宜，于是，又在美国耽搁了几年，当时想回国从事文化工作的愿望，也不能达到了。

出国的最初五年，从未从事学术研究，一篇文章不写，一点考据和研究的工作也没有作，即使讲演，也从没有什么心得。虽然得了三十一个荣誉学位，却并不是用功拿来的。于是下了一个决心，在一九四二到一九四四这几年中，努力于"无声无臭"，"无声"是不说话，"无臭"是"不招摇"，专心读书研究，利用这个国家给我的假期，训练自己，预备回国来做一个教书匠。

去年九月，政府发表我做北大校长。事前，教育部和我没有一个字的联络。因为他们晓得我有一个弱点：国家在艰难的时候，政府发表我什么事，我是从不迟疑，从不否认的。北大的职务是一种光荣，但也是很艰巨的工作。我愿做一个教书匠，一个史学家，这一点就算是我这余年中的一些"野心"罢。

1946年　丙戌　民国三十五年　55岁

主人要我就一个新从外国回来的人看法，对国内情形说些话，题目太大了，不容易交卷。在国外的人，常常看见大处，不见小的地方，因此有时就看到了整个的一面，不挑小眼儿。但是回国之后，才知道和国外所闻，的确有许多不同的地方，十个月前所乐观的，十个月后也许就有可以悲观之处。我从本月五日到上海，至今才两个礼拜，晤见朋友不少，上海的名片有两寸高，南京的名片也有两寸高，听到的话，悲观的居多，对将来并且很有抱失望的。但是我虽去国九年，并没有和国内隔离，更从没有减少对国内的关怀。我以为，用研究历史的态度看起来，我们是用不着太悲观的。

九年以前，或者十五年以前九一八事变的时候，我们都曾仔细考虑过局势，我也从不主张轻易作战。为什么呢？就因为我们经济、文化、工业等等的基础，都有些不敢接受这种挑战，打这空前大仗。到庐山会谈的时候，我们认为忍受得已经够了，正像一个患盲肠炎的人，明知开刀可以有性命危险，但是为了保全自己的生命，也不能再怕冒险。所以，我们就接受了挑战，参加了战争，一打就打了八年。

用研究历史的眼光看起来，我们现在所受的痛苦，一部份固然或者还是由于我们的努力不够，但大部份或者还是因为历史上的必然。以美国之富强，胜利以后，至今也还没有恢复常态。所以，我们现在虽然已经胜利，却决不是已到了休息或者"写意"的时候。存了这样的想法，我们也许就不至于太悲观了。

我们应当研究我们的缺点究竟在什么地方，是人才吗？学问吗？然后努力加以克服。也许我们要再吃五年或者十年苦，但是如果只吃苦而不作探讨和研究，那么吃苦的时间只会更延长。我们文化界，教育界，应当在这五年十年之间，咬紧牙关，尽力挽救和改善目前的局面，如果我们自己先就悲观，觉得世事不可为，那末国事真更将令人悲观，令人觉得不可为了。

同日　北京大学代理校长傅斯年电呈教育部：

……胡校长业于本月到校，斯年即于来月卸职。更代各事，因本校秘书长多年一贯为郑天挺教授，斯年就职时亦未办此手续，应由胡校长责成郑教授一并办理……（《胡适研究通讯》2015年第4期，2015年12月25日，33页）

7月21日　胡适族人胡洪开、胡福庭、胡仲寅、胡洪发、胡洪钊、胡选之等10余人，于大鸿运酒楼公宴胡适。（次日之《申报》）

7月22日　丁绪贤致函胡适，问候胡适一家人，并将遣子丁普生登门拜望。（《胡适遗稿及秘藏书信》第23册，303页）

7月24日　方柏容、刘小蕙致函胡适，询胡适是否接受其兄以国币偿还借款。（中国社科院近代史所藏"胡适档案"，卷号746，分号7）

7月27日　张元济致函胡适，为不能送行感到歉然。寄奉汪憬吾《棕窗杂记》。又谈及侄孙女张祥保"如其成绩尚可胜贵校助教之任者，得有位置，务祈早日示及……"（《胡适遗稿及秘藏书信》第34册，125页）

7月29日　胡适偕胡祖望自上海飞抵北平。送行者有：顾毓琇、贺师俊、张彼得、竹垚生、徐大春等。抵平时，到机场欢迎者众多：李宗仁、萧一山、吴铸人及族弟胡成之，北大同人有傅斯年、郑天挺、汤用彤、燕树棠、郑华炽、吴素萱等。（据《日记》）

同日　下午5时，胡适举行记者招待会。

7月30日　胡适就任北京大学校长，傅斯年卸任"代理校长"一职。（《北京大学史料 第四卷 1946—1948》，101～102页）

同日　杨东泽致函胡适，希望到北平追随胡适。（中国社科院近代史所藏"胡适档案"，卷号1182，分号8）

7月31日　俞平伯致函胡适，建议胡适延揽冯文炳（废名）入北大教书。（《胡适遗稿及秘藏书信》第31册，37页）

1946年　丙戌　民国三十五年　55岁

8月

8月1日　周炳琳复函胡适，谈北归行期：

　　……行政上办事效率亟宜求其提高。人事部署自不是易事，高级人员如一时不获其选，似不宜在急遽中即作某种决定。教务长过去人选不当，未能发挥其作用，此时选任，允宜特别注意。报载先生到后，对记者谈话，谓将保持自由作风，信仰言论自由，容忍他人之自由。此诚为适时之表示。日前晤李仲揆先生，他要我们注意防备在党争下内部意见不一致，驯至不能互容，以致不但不能矫正时弊，反为外力所乘。

　　琳照料法学院，无何建树，向即自劾，极希望能变动一下。在责任未脱卸前，自当尽其棉薄，勉事维持并略求改进。原希望先生能自美约几位治社会科学的中国青年学者同回，不知有洽有成议者否？何时能回？目前法律、政治两系尤显得短人。法律系主任琳仍主易人，尽管孟真不甚赞成。政治系仍盼端升能继续照顾。(《胡适遗稿及秘藏书信》第30册，24～27页)

8月2日　李孤帆致函胡适：遵嘱办理西南联大同学北上船位事，已获解决。经与燃料管理委员会主任徐乐天接洽，自下周起，有较大煤船回驶秦皇岛时，即可搭运学生，运价极廉，抵达秦皇岛后可托开滦矿务局代订火车票。江冬秀夫人与胡祖望回平时，请先行告知行期，以便预定高级船员铺位等。(《北京大学史料　第三卷　1937—1945》，462页)

8月3日　上午9时，胡适在北平东厂胡同一号主持召开国立北京大学医学院临时行政委员会第一次会议，会议讨论了"医学院对于大学之关系案"等提案。(中国社科院近代史所藏"胡适档案"，卷号2309，分号1)

　　同日　胡适在日记中记录了孙楷第为其购买的《水经注》15种目录：永乐大典本，吴琯本，朱谋㙔本（南昌本），谭元春刻朱笺，项纲本，黄晟本，

沈炳巽本，赵一清书（初刻本），赵一清书（修改本），赵一清书（张寿荣本），赵一清书（章寿康本），抄本明人《〈水经注〉摘》，杨希闵汇校，《全校〈水经注〉》，戴震自刻本《水经注》。

同日　顾颉刚函候胡适，又剪寄孟森在《禹贡》上发表的两篇研究《水经注》的文章。(《胡适遗稿及秘藏书信》第 42 册，455 页）

8 月 5 日　杨向奎赠其所撰《西汉经学与政治讲义》一卷（石印本）与胡适。(《胡适藏书目录》第 3 册，1609 页）

8 月 6 日　钱端升致电胡适：不愿意担任系主任。（中国社科院近代史所藏"胡适档案"，卷号 1702，分号 15）

同日　张景钺致函胡适，为胡适列出动物学教授名单。又告回国后计划。请胡适代催教育部发放回国旅费。(《胡适遗稿及秘藏书信》第 34 册，332 页）

8 月 7 日　下午 4 时，胡适在北平东厂胡同一号主持召开国立北京大学医学院临时行政委员会第二次会议，会议讨论了"从速聘请教员案"等提案。讨论了"万宅要求腾房案"，议决："由胡校长傅代校长接洽。"（中国社科院近代史所藏"胡适档案"，卷号 2309，分号 1）

同日　李孤帆复函胡适，告：已经会晤胡祖望，又报告燃料管理委员会所属煤船搭运西南联大同学北返事。(《北京大学史料　第三卷　1937—1945》，462～463 页）

同日　王力致函胡适，对胡适的回国表示热烈欢迎。希望胡适不要坐视民主一天一天趋向于死亡，希望胡适不要看着中国学术走向下坡路而不加以挽救。如果胡适再办刊，请不要忘了王力。又报告自己近几年的学术研究情形。(《胡适研究丛刊》第三辑，360 页）

同日　陈布雷呈文蒋介石，拟具邀约社会贤达、各大学校长等名册，以及建议暂缓邀约党派代表以征询战后复员、地方病痛、教育复员等意见，并以分批约谈为原则等。名单中有胡适。（台北"国史馆"藏"蒋中正'总统'文物"，典藏号：002-080114-00021-010-001、002、003、004、005）

8 月 8 日　北京大学哲学系毕业生王宪之致函胡适，谈及：自己现任西安仪祉农职教务主任；10年前上海创办的《生存月刊》，胜利后在西安复刊，孔祥熙、宋子文的私人曹仲植来函要求能写些文章骂傅斯年（愿帮助经费），已复函谢绝了。请胡适介绍在西北大学的兼课机会，等等。（中国社科院近代史所藏"胡适档案"，卷号794，分号2）

同日 沈范恩致函胡适：书籍已经在往北平运送的途中；沈宝基在临大时品学兼优，闻家驷与朱光潜可为证明，请保留其教授位置；傅斯年处由孙楷第关说。（中国社科院近代史所藏"胡适档案"，卷号1098，分号3）

8月9日 上午10时，胡适在北平东厂胡同一号主持召开国立北京大学医学院临时行政委员会第三次会议，会议讨论了"组织医院委员会案"等提案。（中国社科院近代史所藏"胡适档案"，卷号2309，分号1）

同日 汤中致函胡适，希望到北京大学做旁听生。希望胡适为蔡元培编写年谱。（《胡适遗稿及秘藏书信》第36册，447～448页）

同日 孙连仲函请胡适破格录取庐霁光之子庐泉毅。（《胡适研究丛刊》第三辑，361页）

8月12日 《申报》电讯：记者请胡适发表对马歇尔与司徒雷登联合声明之见解，胡氏称：希望看见该声明原文，因中央社未发稿，而各报所译不同，故尚未看懂，但余（胡自称）一贯主张共产党应有决心放弃武力，以在野第一大党之地位，则其前途无限，盖以一民治国家绝不许有二个拥有武力的政党相对抗争政权，现在执政之英国工党，50年前大选仅得5万票，去年大选则获9200万票之支持。（《申报》，1946年8月14日）

8月14日 胡适复函陈乃乾，告：若需要1873年后的上海照片，很愿意借与选用。又托陈代购《东潜文录》。又询陈：是否有法购求《戴东原手札》十四通的原札？能否一询收藏过此札的安钟祥的住址？戴震手札现归谁手？其家中有无他种戴、段二公遗稿？等等。

> 按，陈乃乾复胡适后，胡又复陈云："所谓全氏七校水经注"乃是道光时王梓材捏造的伪书，又经光绪时董沛妄加窜改，伪上加伪，但与全谢山无干；陈氏来函中所云所谓全谢山"第五次稿本"与"第六

次稿本",必是伪书。又托陈代访戴震手札。(虞坤林:《胡适给陈乃乾的两封信》,俞子林主编《那时文坛》,上海书店,2008年,160～162页)

同日　胡适将为"广西石刻展览特刊"的"题辞"函寄黄旭初,并致函黄云:

> 去国九年,归来远承盛意欢迎,十分感谢。今夜又得读七月廿五日航空函,知省府有搜集全省石刻展览之盛举,承远道征文,并嘱题签。因期限已迫,不及作文,敬题特刊签字,久不执毛笔作字,愧不能惬意,姑且奉寄,敬答厚意。昔年遍游桂林、阳朔、柳州诸岩洞,最萦念于元祐党籍两碑,与张孝祥、张栻、范成大诸公题字,与狄青平蛮碑。甚盼省府能利用今日摄影新法,早日编印成书,以饷全国学者……(《广西石刻展览特刊》,广西省政府秘书处编译室编印,1946年10月,69页)

8月15日　汪敬熙复函胡适云:8月底9月初,未必能到平,因设备还没寄到而无法工作。(《胡适遗稿及秘藏书信》第27册,627页)

同日　汪敬熙另函胡适,谈对于北大医预科、动物学教员以及心理研究所的意见。(中国社科院近代史所藏"胡适档案",卷号1122,分号9)

同日　陆侃如、冯沅君致函胡适,谈抗战以来转徙西南之教学、科研情形等。(《胡适遗稿及秘藏书信》第34册,643～645页)

8月16日　中午12时,胡适在松公府子民堂主持召开北京大学第一次行政会议,决议通过:在正式校务会议成立以前,本校行政事务由行政会议讨论执行之;关于立法问题,或遇有关系全校之重要问题,由校长召集教授会议审议之。北京大学行政会议暂行组织办法。设置校址校舍设计委员会,请杨振声教授为主任委员,并请杨教授提出委员名单于下次行政会议决议。(《北京大学史料　第四卷　1946—1948》,10页)

同日　晚,8时30分,胡适在北平东厂胡同一号主持召开国立北京大学医学院临时行政委员会第四次会议,会议讨论了"后孙公园迁移事项"

等案。(中国社科院近代史所藏"胡适档案",卷号2313,分号1)

同日　黄家器函请胡适为其父黄际遇的著作写序。(中国社科院近代史所藏"胡适档案",卷号1789,分号3)

8月17日　晚,贺昌群来访不遇,乃致函胡适云:

……念寇乱初平,国事反不可收拾,人民重陷于水深火热之中,吾人虽欲闭户自逃于故纸堆而不可得。今日无仲连可蹈之海,无夷齐可饿死之山,盖政治不宁,学术又将寄托于何所?历史学为入世之学,风雨如晦,鸡鸣不已,此群近年治魏晋史事之余,所以困心衡虑于古今内外之事而不能自己者,先生将有以教之乎?

二十年来,国共之争已成血海冤仇,殆难以理喻,且彼此又皆有庞大之武力,舍美国经济压力与国内学术界开导之力而外,似无有望之良法……此吾国学术界居今日所以不宜妄自菲薄,责无旁贷之事……先生既完成五四对中国文化之破坏(或重新估价)使命,愿先生更能负起今日之另一类乎建设之使命,此事尤难,其意亦甚复杂,非函札所能尽。(《胡适来往书信选》下册,121～122页)

8月18日　周炳琳致长函与胡适,告拟于9月中以前抵平。在胡适觅到合适的法学院长以前,仍尽所能作应有之布置。详述重振北大法学院的计划,包括扩充法律系为法律学院、各系延聘教授,等等。(《胡适遗稿及秘藏书信》第30册,28～39页)

8月19日　下午5时,胡适主持召开北京大学第二次行政会议,议决文学院设立东方语文学系等事项。(《北京大学史料　第四卷　1946—1948》,11页)

同日　汤用彤送呈北大文学院所属各系本年度聘任人员总单,请胡适审核批定。(《北京大学史料　第四卷　1946—1948》,102～104页)

8月20日　燕树棠致函胡适,请辞北大法律学系主任。(《胡适来往书信选》下册,122页)

8月21日　胡适、傅斯年联名致电俞大维、谭伯羽、凌鸿勋:北大、

清华、南开三校复员，多蒙鼎力，拨派专机，三校同人至深感激。目下滞渝同人又达150人，仍恳电令重庆中航公司指拨专机运送。(《胡适研究通讯》2015年第4期，2015年12月25日，36页)

同日　胡适、傅斯年联名致电周至柔：北大、清华、南开三校同人北来，承蒙指派专机运送，全体同仁至极感激。目下滞渝同人又达150人以上，仍恳电重庆中航公司指拨专机北送。(《胡适研究通讯》2015年第4期，2015年12月25日，36页)

同日　胡适在《经世日报·读书周刊》发表《戴东原〈书水经注后〉全文的发现》。

8月22日　下午5时，胡适主持召开北京大学第三次行政会议，决议设立工学院等事项。(《北京大学史料　第四卷　1946—1948》，11页)

8月23日　《申报》《益世报（天津版）》等大报均报道，联合国教育科学文化组织筹委会，拟在华设一世界数学中心，教部曾电北大数学系主任江泽涵，请就近咨商其他数学专家，其设位置地点以何处为宜，此间教育界与数学专家以及胡适、李书华、袁敦礼、傅斯年等21人，已拟就意见书，送交教部，内列举5项意见，主张以设于北平为最宜。据江泽涵称：世界数学中心，极可能设北平。北大方面，曾表示愿设法准备房舍。

同日　胡适作有《跋戴震自定水经的"附考"》。此文10月7日改正，10月23日发表于天津《大公报·文史周刊》。

8月24日　胡适函辞杜佐周：不能撰写《我与何柏丞先生》一文。(《胡适中文书信集》第3册，532页)

8月25日　严既澄致函胡适，希望能在北京大学工作。(《胡适遗稿及秘藏书信》第41册，594～596页)

8月26日　下午5时，胡适主持召开北京大学第四次行政会议，决议通过法学院教员名单等事项。(《北京大学史料　第四卷　1946—1948》，12页)

8月27日　孔诞兼教师节。上海各教育团体举行隆重祀孔典礼及教师节庆祝大会。督学陈东原演讲时说道：

1946年　丙戌　民国三十五年　55岁

孔子诞生于纪元前五五一年……则大后年为孔子二五〇〇年之伟大诞辰纪念，当胡适之等前在美国时，已在筹备盛大纪念会，谅必届时定有一番盛况，在这三年之中，吾人应当为教育而加倍努力。（次日之《申报》）

同日　郑昕致函胡适，谈及：9年来变化极大，就国内政治说，某方面人已放弃阶级理论，而变成地道的实验主义者了……连这20年的说法，也是实验主义的精神，而不是从"八股""公式"所得出的假设。最近两年的阅历，使自己深知中国的病根是在"五鬼"，而不是"帝国主义"之类……先生从前常唱"低调"，当日少年气盛，期期以为不可，现在进步的人都学会唱低调了；唱高调、说空话的人却渐渐没落了，这是这9年来一大进步。又谈到自己近几年来对康德哲学的研究。关于北大的政策，想必胡适一定继续蔡元培的自由教育作风，等等。（《胡适遗稿及秘藏书信》第39册，67～72页）

8月29日　下午5时，胡适主持召开北京大学第五次行政会议，决议接受本会第四次会议记录等事项。（《北京大学史料　第四卷　1946—1948》，13页）

同日　胡适在清赵一清撰《水经注释》四十卷（附录二卷卷首一卷勘误十二卷）之护页上有题记：

> 这部沈大成校本，过录在乾隆五十一年初刻的赵一清《水经注释》之上，可说是双璧。赵氏书初本已很难得了；沈大成用季沧苇、何义门两本校勘，又钞录戴震早年校本，加上沈氏自己后来的校记，都可供考证资料。何义门校本，现存者以沈大成过录本为最完备。此是聊城杨氏海源阁过录本。

其前护页亦有胡适题记：

> 这部《水经注释》是乾隆五十一年赵家初刻成后初次修改本。此书刻成后即有挖改之处。例如卷三，叶十六下"盂或作明"下小注"后

之读者",四库本作"有妄男者";"只闻",库本作"窃闻";"遂谓字得通用",库本作"自矜所见为博";"元文",库本作"作伪"。此皆初刻成后,校刻者发见此条可以开罪于毕沅,故挖改了。又如卷三十八,叶二上"县故昭陵也"下小注一百廿三字,初刻本与四库本全同;此本挖改此注第四行"汉表作洛阳"为"一本作洛阳"。至乾隆五十九年修改重刻本,此句又改回作"汉表",而完全改了"今湖南"以下二十四字。赵氏书刻本有三种小异的本子,大致如此。(《胡适藏书目录》第2册,1523页)

同日 周炳琳复长函与胡适(胡原函作于19日),谈北大法学院事:周一家至快恐须到9月中始能飞平;感谢胡答应将来有相当的人可以继任法学院长时不再勉强其任此职,最近将来,得留意物色这样的人;周提出法律系易主任事,本是忍痛为之,但不蒙傅斯年代校长见谅,并加以"否决",今后将不再多言;法律系教授太少,乃周最焦虑之事,希望王克勤确能来,认为胡适欲荐冀贡泉来校任教"此意极好",对胡适主张的"有专任教授,外面不兼营业,而内则对本校法学前途实具热心者"之说深表同意,但现在法学界中十九都是有营业关系的。目前中年人大都沾了坏习气,容纳一两位老辈在内,或可收稳定澄清之效,值得尝试。而尤重要的,应置希望于青年学者。另选法律系主任,在目前情况与需要之下,戴君亮最为合宜。又谈到政治系聘请教授等事。(《胡适遗稿及秘藏书信》第30册,40~52页)

8月31日 胡适复函徐端甫,再度恳请徐及所在医院董事会能同意邓家栋来北大医学院执教。(《胡适研究丛刊》第三辑,361~362页)

9月

9月2日 下午5时,胡适主持召开北京大学第六次行政会议,决议接受本会第五次会议记录等事项。(《北京大学史料 第四卷 1946—1948》,15页)

同日 张篁溪致函胡适，谈及昔年孟森曾告张，胡适曾赞赏张著《袁督师传》。近为生计，向《读书周刊》《文艺周刊》投稿二篇。4日，张又函胡适并赠诗。(《胡适遗稿及秘藏书信》第34册，449～451页)

9月3日 北平《世界日报》刊登一丁《胡适之谈种竹》一文，颇有不少胡适的传记材料，摘录如下：

……有人忽然间问起胡先生，抗战前所住米粮库的房子，现在怎样了？胡先生笑着答覆："这房子本是租的，所以沦陷八年，我并没有受到那敌人强夺强占的损失。不过我很爱这所房子，现在住在里面的，是画家陈半丁先生，我曾问过他，那院子一大丛芍药，是否还每年开得茂盛？陈先生说，他根本没有看到芍药，只有几棵树，却长得比八年前格外高大。因此，我想到那些可爱的芍药，因为没有照养，大约早已枯死了。"

…………

……民国六年，我二十六岁，从美国回来，在未到北大以前，先回安徽故乡，探视我的老母……一天傍晚，母亲忽然给我一个钥匙，她说：适之，到园子里去看你栽的竹子吧！我那时很愕然，我并没有栽过竹子。等我打开门看，只见一片青竹，足有半亩大小。母亲提醒我，原来当我十六岁时，有一天，站在门口，一位本家叔叔，从山上捆了一大捆竹子，背在肩上，由我面前走过，他抽了一根，丢给我。适之，你拿去做烟斗抽。我那时并不抽烟，很好玩的，就把这根竹子，插在花园里。不料一别十年，由这一根竹子，滋生出半亩大一个竹林。母亲怕蔓延太广，占地太多，把四周刨一浅沟，砌成石栏，但这些竹子，竟从墙下，穿进别人的园子，又长成很大一片。我听了母亲这些话，使我惊异到这偶一种竹的意外收获……这一次，我的太太，从老家到上海来找我。她带了不少笋干，我吃着又香又甜……原来这些笋干，都是从我四十年前种的一根竹子所长成的竹林中采来的。

9月5日 下午5时，胡适主持召开北京大学第七次行政会议，决议文、

理、法等研究所本年不招研究生等事项。(《北京大学史料 第四卷 1946—1948》,16 页)

9月6日　胡适复函浙江大学余坤珊,代为说明谢文通愿意执教北大而不愿南下的理由:

[来电]谓谢文通先生已应贵校之聘,要我们放行。我已将来电转给谢先生看过,请他自己决定。他今天来看我,说有几个原因使他很难到南方去。一,他家人口很多,现时交通工具不易找,费用也很大;二,他来平以后已经购置了一些厨房用具,因此他本人很愿意留在北平。他要我写信给先生说明他的情形,请求谅解。(《胡适研究丛刊》第三辑,362 页)

同日　胡适、傅斯年联名致电行政院会计长胡铁崖:

北大员额前曾示及946人,今示知850人,查弟在京办此事时未料医院用人之多,中央大学并无医院,情形不同,拟恳本年度仍照946人,明年再请追加,务恳鼎力。敝校屡开会议,院系太多,加以医院、农场,照核减之数,实无法办理;工人情形相同,亦请仍照原数,敬祈补救,至荷。(《胡适研究通讯》2015 年第 4 期,2015 年 12 月 25 日,35 页)

同日　胡适、傅斯年联名致电朱家骅:

敝校员工名额前在京时不知医院用人之多,仅列员946人,工632人,相差本钜;顷闻行政院复加核减,敝校院系太多,加以医院、农场,尚恳呈院本年照原列数核准,明年再请追加。如行政院一时不能更动,务请大部于全部名额中挹注员额100人,工额200人,不胜盼切。(《胡适研究通讯》2015 年第 4 期,2015 年 12 月 25 日,35～36 页)

同日　为北大工学院9月25日至26日在南京招生事,胡适函请中研院借与试场。(《胡适中文书信集》第3册,534 页)

同日　杨联陞致函胡适,谈:受张隆延之邀,暂就联合国总秘书处研究组事,昨日给胡寄 Divinity School Bulletin 一册,以及"Ingersoll Lectures on the Immortality of Man"单印本 40 册。谈及邓嗣禹、周一良、王岷源、陈新民、王重民、尤桐等人近况。又谈及:《道藏》之中,贼赃固多,土货也还有一点。披沙得金,也许还值得细检。(《胡适遗稿及秘藏书信》第 38 册, 312～314 页)

同日　靳云鹏函请胡适准张允仁投考北大法律系,准郭绢霞投考北大医学院。(《胡适研究丛刊》第三辑,362～363 页)

9 月 7 日　胡适为北大农学院迁出驻军并停止破坏校舍事函请李宗仁尽快出具布告,迁出驻军、停止破坏。(《胡适全集》第 25 卷,208～209 页)

9 月 9 日　下午 5 时,胡适主持召开北京大学第八次行政会议,决议接受本会第六、七次会议记录等事项。(《北京大学史料　第四卷　1946—1948》,16～17 页)

9 月 10 日　北京大学为医学院学制事,以校长胡适名义致电教育部:本校医学院学生修业期间拟定为 7 年,计医预科 2 年,基本学科 2 年,临床科目 2 年,实习 1 年。七年制自本新招学生起实行。是否有当,理合呈请核夺示遵。(《北京大学史料　第四卷　1946—1948》,683 页)

9 月 12 日　胡适偕同孙楷第访傅增湘,借来傅藏孙潜校本《水经注》。(据《日记》)

同日　下午 5 时,胡适主持召开北京大学第九次行政会议,决议接受本会第八次会议记录等事项。(《北京大学史料　第四卷　1946—1948》,18 页)

9 月 14 日　胡适回国后第一次写信给章希吕,问候章。(《胡适家书手迹》,194 页)

按,章希吕接到此函后,曾于 10 月 8 日复函胡适,谈自己身体状况及子女情形;又谈三事:

(一)你的书籍共装成七十木箱,编有目录一册,目录里页并粘有白纸一张,记了一些零碎。此外尚有皮箱四只(是否四只,现记不清,请一查目录里页所记），存浙江兴业，其中一软胎皮箱全装了你的稿子，其余三只都是装了你书房中的东西。这三箱装的很散乱，因那时谣言怪多，有说倭子已在按户搜查，故匆匆中遂先把你书房所有片纸只字，不管有用无用，都塞入箱里，其中一箱还只装成半箱就送去了。

（二）独立社存浙江兴业只有木箱一只，风扇一架，并全部账簿等等。存款约四千元之谱（确数现亦记不清）。其余十余万册《独立评论》，统为当时伪公安局长潘毓桂扫数运走。留下桌凳、书架等等，出卖也无人要，只得托由老宋保管。现在事隔十年，想必那些物件也一无所有了。此事我二十六年回家后曾有信将经过情形报告南京竹先生，但未得他的回信。

（三）二十三年近仁先生曾在你处借有《绩溪县志》三部，自他作古后，志馆负责无人，《万历志》与《康熙续志》竟不知被何人偷去，迄今尚查不出。《乾隆志》两函又于二十九年冬敌机轰炸绩溪时，下函亦付劫灰，上函后来在泥土中挖出，尚无损坏，现存我处。（《胡适遗稿及秘藏书信》第33册，208～209页）

9月15日　过北平的陈诚曾拜访胡适、傅斯年。（《申报》，1946年9月17日）

9月16日　下午5时，胡适主持召开北京大学第十次行政会议，决议10月10日开学等事项。（《北京大学史料　第四卷　1946—1948》，19页）

9月18日　胡适自傅增湘家里借来孙潜校本《水经注》，当日与次日均有札记。（据《日记》）

同日　Eiesen Soauen 函邀胡适成为 The Peking Club 的荣誉会员，并期望胡适能接受此邀约。（中国社科院近代史所藏"胡适档案"，卷号E-479，分号1）

9月19日　下午5时，胡适主持召开北京大学第十一次行政会议，决议本年设立先修班等事项。（《北京大学史料　第四卷　1946—1948》，20页）

9月20日　丁声树致函胡适，谈自己已结婚以及课业情形，又谈及王岷源、周一良、黄培云三夫妇已启程归国，赵元任已回到剑桥，又听说傅斯年将来美养病，李方桂、梁思成也将来美等。(《胡适遗稿及秘藏书信》第23册，345～346页)

同日　天津《大公报》、《申报》均报道：北平各大学校长及各院系主任胡适、梅贻琦等数十人，对教育部决定世界数学中心设在南京，至表失望，均以就大学数目及气候、设备、房舍而论，北平远胜南京，电教部请加考虑。

9月21日　胡适在清吕珮芬撰《湘轺日记》一卷书衣上有题记：

> 这是最末一次乡试的记载，最有历史材料的价值。我所见的科举制度的记载，没有一部比这日记更详细的。(《胡适藏书目录》第3册，1623页)

9月23日　下午5时，胡适主持召开北京大学第十二次行政会议，决议接受本会第九、十、十一这三次会议记录等事项。(《北京大学史料　第四卷　1946—1948》，21页)

9月24日　中午，梅贻琦在北平宫门口傅斯年寓所宴请胡适夫妇、傅斯年夫妇、张伯驹、徐炳昶、袁志仁等。(《梅贻琦日记(1941—1946)》，251页)

9月26日　下午5时，胡适主持召开北京大学第十三次行政会议，决议规定校址校舍设计委员会职权等事项。(《北京大学史料　第四卷　1946—1948》，21页)

同日　马文昭致函胡适，详述不愿答应就任医学院院长之理由。"个人方面"，自己的组织学研究工作，垂20年，不欲中途废置；鸦片烟瘾原理之研究，已获有相当效果，尤不愿功亏一篑。"学校方面"，行政非自己所长，且年届六旬，精力已不能贯注，深恐偾事，转增罪戾；本院医学人才甚多。故请胡适收回原议。(《胡适遗稿及秘藏书信》第31册，560～563页)

同日　程士范致函胡适，述抗战期间的生活以及之后的打算。(中国社科院近代史所藏"胡适档案"，卷号1853，分号5)

9月28日　胡适在日记中又记本月收到的《水经注》:《海源阁》过录

沈大成校录何焯、季沧苇、戴震校本（底本为赵一清初刻），《全校〈水经注〉》（初刻校改本），王先谦合校《水经注》，杨守敬《水经注疏要删》，杨守敬《水经注疏要删补遗》。

同日　中午，傅斯年夫妇出席清华同学会的邀宴，客有梅贻琦、胡适夫妇、陈雪屏夫妇、郑天挺、陈岱孙等。（黄延复、王小宁整理：《梅贻琦日记（1941—1946）》，清华大学出版社，2001年，252页）

9月30日　下午5时，胡适主持召开北京大学第十四次行政会议，决议分配中老胡同、东四十条两宿舍剩余房屋等事项。（《北京大学史料　第四卷　1946—1948》，22页）

10月

10月3日　下午5时，胡适主持召开北京大学第十五次行政会议，决议通过美金设备费分配办法等事项。（《北京大学史料　第四卷　1946—1948》，23～24页）

10月4日　胡适为他主编的天津《大公报·文史周刊》作一"引子"，说道：

> 文史副刊是我们几个爱读书的朋友们凑合的一个"读书俱乐部"。我们想在这里提出我们自己研究文史的一些小问题，一些小成绩，我们欢迎各地研究文史的朋友借这个小刊物发表他们的心得。我们盼望各地的朋友——认识的或不认识的——批评我们的结论，指摘我们的方法，矫正我们的错误。
>
> 我们用的"文史"一个名词，可以说是泛指文化史的各个方面。我们当然不想在这个小刊物里讨论文化史的大问题。我们只想就各人平日的兴趣，提出一些范围比较狭小的问题，做一点缜密的考究，寻求一些我们认为值得讨论的结论。
>
> 文化是一点一滴的造成的。文化史的研究，依我们的愚见，总免

不了无数细小问题所解答。高明的思想家尽可以提出各种大假设来做文化史的概括见解。但文史学者的主要工作还只是寻求无数细小问题的细密解答。文化史的写定终得倚靠这种一点一滴的努力。

我们没有什么共同的历史观。但我们颇盼望我们自己能够努力做到一条方法上的共同戒律："有几分证据,说几分话。"有五分证据,只可说五分的话。有十分证据,才可说十分的话。(天津《大公报·文史周刊》,1946年10月16日)

同日 刘荫仁致函胡适：承蒙胡适向其索取论文,欲在一个月内写二三篇寄出。(中国社科院近代史所藏"胡适档案",卷号938,分号2)

10月6日 胡适作有《考据学的责任与方法》一文,大要是：

历史的考据是用证据来考定过去的史事。史学家用证据考定事实的有无、真伪、是非,与侦探访案,法官断狱,责任的严重相同,方法的谨严也应该相同……朱子曾说："看文字须如法家深刻,方穷究得尽。"……

在朱子的时代,有一位有名的考证学者,同时也是有名的判断疑狱的好手,他就是《云谷杂记》的作者张淏,字清源。《云谷杂记》有杨楫的一篇跋……

朱子的话和杨楫的跋都可以表示十二三世纪的中国学术界里颇有人把考证书传伪谬和判断疑难狱讼看作同一样的本领,同样的用证据来断定一件过去的事实的是非真伪。

唐宋的进士登第后,大多数分发到各县去做主簿县尉,使他们都可以得着判断狱讼的训练……聪明的人,心思细密人,往往可以从这种簿书狱讼的经验里得着读书治学的方法,也往往可以用读书治学的经验来帮助听讼折狱。因为两种工作都得用证据来判断事情。

读书穷理方法论是小程子建立的,是朱子极力提倡的。……

中国考证学的风气的发生,远在实验科学发达之前……两汉以下文人出身做亲民之官,必须料理民间诉讼,这种听讼折狱的经验是养

成考证方法的最好训练。试看考证学者常用的名词，如"证据""左证""左验""勘验""推勘""比勘""质证""断案""案验"，都是法官听讼常用的名词，都可以指示考证学与刑名狱讼的历史关系。所以我相信文人审判狱讼的经验大概是考证学的一个比较最重要的来源。

无论这般历史渊源是否正确，我相信考证学在今日还应该充分参考法庭判案的证据法……

我读乾隆嘉庆时期有名的法律家汪辉祖的遗书，看他一生办理诉讼，真能存十分敬慎的态度。他说："办案之法，不惟入罪宜慎，即出罪亦宜慎。"他一生做幕做官，都尽力做到这"慎"字。

但是文人做历史考据，往往没有这种谨慎的态度，往往不肯把是非真伪的考证看作朱子说的"系人性命处，须吃紧思量"。因为文人看轻考据的责任，所以他们往往不能严格的审查证据，也往往不能谨慎的运用证据。证据不经过严格的审查，则证据往往够不上作证据。证据不能谨慎的使用，则结论往往和证据不相干。这种考据，尽管堆上百十条所谓"证据"，只是全无价值的考据。

近百年中，号称考证学风气流行的时代，文人轻谈考据，不存谨慎的态度，往往轻用考证的工具，造成诬枉古人的流言。有人说，戴东原偷窃赵东潜（一清）的水经注释。又有人说，戴东原偷窃全谢山的校本。有人说，马国翰的玉函山房辑佚书是偷窃章宗源的原稿。又有人说，严可均的全上古三代秦汉三国两晋六朝文是攘夺孙星衍的原稿。

说某人作贼，是一件很严重的刑事诉讼。为什么这些文人会这样轻率的对于已死不能答辩的古人提出这样严重的控诉呢？我想来想去，只有一个答案：根本原因在于中国考证学还缺乏自觉的任务与自觉的方法。任务不自觉，所以考证学者不感觉他考订史实是一件最严重的任务，是为千秋百世考定历史是非真伪的大责任。方法不自觉，所以考证学者不能发觉自己的错误，也不能评判自己的错误。

做考证的人，至少要明白他的任务有法官断狱同样的严重，他的方法也必须有法官断狱同样的谨严，同样的审慎。

近代国家"证据法"的发达，大致都是由于允许两造辩护人各有权可以驳斥对方提出的证据。因为有对方的驳斥，故假证据与不相干的证据都不容易成立。

考证学者闭门做历史考据，没有一个对方辩护人站在面前驳斥他提出的证据，所以他往往不肯严格的审查他的证据是否可靠，也往往不肯谨慎的考问他的证据是否关切，是否相干。考证方法所以远不如法官判案的谨严，主要原因正在缺乏一个自觉的驳斥自己的标准。

所以我提议：凡做考证的人，必须建立两个驳问自己的标准：第一要问，我提出的证人证物本身可靠吗？这个证人有作证人的资格吗？这件证物本身没有问题吗？第二要问，我提出这个证据的目的是要证明本题的那一点？这个证据足够证明那一点吗？

第一个驳问是要审查某种证据的真实性。第二个驳问是要扣紧证据对本题的相干性。

我试举一例。这一百年来，控诉戴东原偷窃赵东潜水经注校本的许多考证学者，从张穆、魏源到我们平日敬爱的王国维、孟森，总爱提出戴东原"背师"的罪状，作为一个证据。例如魏源说：

戴为婺源江永门人，凡六书三礼九数之学，无一不受诸江氏。及戴名既盛，凡己书中称引师说，但称为同里老儒江慎修，而不称师说，亦不称先生。

…………

我曾遍检现存的戴东原遗著……见他每次引江慎修的话，必称江先生……

总计东原引江慎修，凡称"先生"二十三次……

故魏源、王国维提出的证据，一经审查，都是无根据的谣言，都没有作证据的资格。既没有作证据的资格，我们当然不必再问这件证据足够证明水经注疑案的那一点了。

我再举一个例子。杨守敬在他的水经注疏要删里，曾举出十几条戴氏袭赵氏的"确证"……

　　杨守敬所见水经注的版本太少了，他没有看见朱谋㙔以前的各种古本，脑子里先存了"戴袭赵"的成见，正如朱子说的"先有主张乙底意思，便只寻甲底不是"。他完全不懂得水经注问题本来是个校勘学的问题，两个学者分头校勘同一部书，结果当然有百分之九十九以上的相同。相同是最平常的事，本不成问题，更不成证据。

　　杨守敬在他的"凡例"里曾说：

　　若以赵氏所见之书，戴氏皆能读之，冥符合契，情理宜然。余谓事同道合，容有一二。岂有盈千累百，如出一口？

　　这句话最可以表示杨守敬完全不懂得校勘学的性质。校勘学是机械的工作。只有极少数问题没有古本古书可供比勘故须用推理。绝大多数的校勘总是依据古本与原书所引的古书。如果赵戴两公校订一部三十多万字的水经注而没有"盈千累万"的相同，那才是最可惊异的怪事哩！

　　我举出这两个例子来表示一班有名学者怎样轻视考证学的任务，怎样滥用考证学的方法。……

　　用证据考定一件过去的事情，是历史考证。用证据判断某人有罪无罪，是法家断狱。杨守敬号称考证学者，号称"妙悟若百诗，笃实若竹汀，博辨若大可"，却这样滥用考证学的方法，用全无根据的"证据"来诬枉古人作贼。考证学堕落到这地步，岂不可叹！

　　我们试看中国旧式法家汪辉祖自述他办理讼案如何敬慎……

　　被告自己的供状，尚且未可据供定罪，有疑必覆讯，不敢惮烦。我们做历史考证的人，必须学这种敬慎不苟且的精神，才配担负为千秋百世考定史实的是非真伪的大责任。（天津《大公报·文史周刊》，1946年10月16日）

同日　顾颉刚致函胡适，介绍研究经济学及经济史的王毓瑚到北大执教。又谈自己近况。（《胡适遗稿及秘藏书信》第42册，456～457页）

1946年　丙戌　民国三十五年　55岁

　　同日　罗常培致函胡适,关心胡适健康,函谢胡适为其女证婚。又谈自己在耶鲁大学的教学、研究情形。请辞北大国文系主任一职。又谈及弗吉尼亚大学拟聘汤用彤来讲学事。又谈及耶鲁大学久不得梁思成消息,若知其行踪,"盼为促驾"。(《胡适研究丛刊》第三辑,363～365页)

　　10月7日　下午5时,胡适主持召开北京大学第十六次行政会议,胡适报告:聘马文昭为医学院院长,聘汪敬熙为医预科主任;文科研究所委员会由文学院各系主任及研究所各研究室主持人组织之。又决议10月10日举行开学典礼等事项。(《北京大学史料　第四卷　1946—1948》,26～27页)

　　10月9日　下午3时,胡适出席由教务长郑华炽主持召开的北京大学本年度第一次教务会议,会议讨论了大一课程等问题。胡适提议:(甲)部定课程应作为基本的参考资料,本校应有试验修改的自由。(乙)一年级课程应减少科目,而注重基本工具与技能的训练。决议:交大一课程委员会参照办理。(《北京大学史料　第四卷　1946—1948》,533～535页)

　　10月10日　上午10时,北京大学在国会街该校第四院举行抗战复员后首次开学典礼,胡适主席并致辞。胡适将北大48年校史分为6个时期:第一阶段,是"开办时期",从创办到1916年,还叫京师大学堂,曾被讽为"官僚养成所";第二阶段,是"革新时期",从1916年蔡元培长校到国民革命为止,当时的五四运动、思想革新、文学革命,都是北大领导的;第三阶段,是"过渡时期",自1928年到1931年,北大成为北平大学区的一个学院;第四阶段,是"中兴时期",从1931年蒋梦麟长校到抗战全面爆发;第五阶段,从抗战全面爆发到西南联大时期,是"流亡时期";第六阶段,是抗战胜利后的新时期,今日的北大比"联大"大了一倍,比旧北大大了三倍。胡适希望教授、同学都能在学术思想、文化上尽最大的努力作最大的贡献,把北大作成一个像样的大学。胡适强调了两个方向:提倡独立的、创造的学术研究;对于学生,要培养利用工具的本领,作一个独立研究、独立思想的人。胡适说:"我们有精神上的财产,有蔡先生三十年的遗风,独立研究,自由创造,再加上八年来的吃苦耐劳。"故,把北大办成一个像样的大学的梦想一定能实现的。胡适还表彰了抗战时期在北平代管校产的钱

453

玄同、孟森等教授。（据次日之北平《经世日报》）

同日 傅斯年致电胡适：北大、南开两校录取先修班榜至今南方报上未登，可否查明速登，若仅在北方登报，此间人不知道。又北大在南方录取新生经过上海北上者，似当由本校派教授或高级职员在沪照料，如托他校代理，颇有不便。（《傅斯年遗札》第三卷，1713页）

同日 徐大春复胡适9月4日来函，感谢胡适为徐的事分心，又谈到目下在陈光甫手下做事等详情。（中国社科院近代史所藏"胡适档案"，卷号1713，分号5）

10月11日 北京大学以校长胡适名义呈文教育部：北大文学院院长汤用彤教授，近接美国加州大学副校长函约，自明年2月起往该校教课一年，全年薪津共计6500美元，汤教授已作有条件之接受。理合代为呈报，并祈教育部代领出国护照。（《北京大学史料 第四卷 1946—1948》，882页）

10月12日 傅斯年致函胡适，谈到自己虽病，但"仍满脑装着北大的事"；曾打电话与杭立武，争取ABMAC资助北大医学院事；蒋廷黻"奉命辞职"后，曾请其来北大执教；又谈到扩大北大校舍事："房子若不稍多一点，要想改动，便无办法。此房乃百年之计，同人决不可取败北主义，有以前之旧案，不患不得之（决不放弃一半），只是又蒙一次损失耳。"又谈及，胡适关于周作人之谈话，上海左派、此间小报均加以歪曲（附寄剪报一则：迪吉《胡适之和周作人的藤葛》）。（《胡适遗稿及秘藏书信》第37册，482～488页）

10月13日 上午10时，胡适在艺文中学出席北平中等学校及文化界为其举行的欢迎会，胡适致辞大意：自己不懂教育，更不懂中学教育。以外行人来讲教育，总觉得这几年的教育太趋向整齐一致，缺乏新的试验以达到新途径的精神。胡适认为中学的课程太繁重，太注重书本，太注重灌输和按部就班。继谓：全国中等教育缺乏工具的训练，即国、英、算3科的成绩太差。并强调称：中学教育应该采前进教授法，应用活的语言，活的文字，来表情达意。应用全副力量，转换国文目标。大中学应打倒一切守旧分子等。（次日之天津《大公报》）

1946年　丙戌　民国三十五年　55岁

10月14日　下午5时，胡适主持召开北京大学第十七次行政会议，胡适报告：请各学院院长训导暨白雄远、李仲三、管玉珊三先生为本校体育委员会委员，由训导长召集，并请训导长暨李仲三、管玉珊两先生为常务委员。又报告请各学院院长、各处处长、医院院长、公共卫生学科主任教授为本校卫生委员会委员，由公共卫生学科主任教授林宗扬先生召集并请训导长、医院院长、公共卫生学科主任教授为常务委员。请决议通过处理教师及学生宿舍办法等事项。（《北京大学史料　第四卷　1946—1948》，27页）

同日　胡适应李仲三之邀，为其题华佗的话："人体欲得劳动，劳动则谷气得消，血脉流通，病不得生，譬犹户枢不朽是也。"（《中华体育》第1卷第1期，1946年12月1日）

10月15日　罗敦伟致函胡适：请胡适将北大发展方针在其主持之《和平日报》发表；询问胡适是否愿意再度有促进国共和平之举。（《胡适遗稿及秘藏书信》第41册，319～320页）

同日　张元侪致《申报》：

> 阅十五日贵报教育新闻栏"本报北平十三日电：胡适今日在平市中等学校校长及文化界欢迎会上致辞称：近年来中学教育方面，太趋向整齐一致，缺乏新的试验和精神。中学课程太繁重，太注重书本，缺乏工具的训练，国算成绩太差。渠强调中学教育，该采前进一些的新教授法，运用活的语言文字，表情达意，以全副力量转换国文目标。不论大学中学，都要打倒一切守旧份子"云云。胡君既名满全国，又现任国立大学校长，且在平市文化界欢迎会上公开演讲，虽非一言重于九鼎，当为全国教育界人士所瞩目。元侪修名不立，末由奉教于胡君；然承乏大中学校国文教师亦既二十三年矣。窃以为教育之道，宜随时推进；教授之法，宜因势利导；温故知新，可以为师，新者无失其为新，故者无失其为故。诚不解胡君"运用活的语言文字表情达意"之词，作何解释？假谓古人书本上之文字皆是"死的"，则"活的"文字，究竟何在？其在《胡适文存》乎？其在《中国哲学史大纲》乎？

其在胡君所发表之一切著述文字乎？假谓"死的"文字不足表情达意，则姬公、孔、孟、周秦诸子往矣，汉、唐、宋、元、明、清之文人学者亦往矣，今日之大中学生皆可屏弃不读而专读现代人之"活的语言文字"矣。时代前进，教育前进，思想前进，即国文教师之研究教授亦何尝不随之而前进，而重烦胡君"打倒一切守旧份子"耶？昔蔡子民先生长北大，新旧互容，广大宽博，为全国学者所钦敬。今日之胡君，任蔡先生往年之所任，当非胡乱写作《中国哲学史大纲》之胡君矣，当非为中学生写《最低限度国学书目》之胡君矣。以其人之位，当其人之任，致辞吐语，似不可以姑妄言之。元信敢以万分诚意请教胡君，如何谓之"活的语言文字"？如何谓之"守旧份子"？希望胡君确切解释，使以教大学国文为职之下走，得有遵循，庶不为胡君所打倒。因我知有胡君，胡君不知有我，私人移书，未必见复，敢借贵报读者意见栏内一寸纸角，质之胡君。若夫舞弄文笔，掉闹口舌，决非五十以后人所为，还祈胡君谅之，不胜恳款之至。至于中学教育，如何不宜趋向整齐？中学课程，如何不宜注重书本？则有全国中等教育家在，元信未敢越俎尽言。抑胡君于抗战期中，荣仕国外，或不知近年国内中等教育之零乱，中学课程之低落，而以胡君之高名大位，发言盈庭，谁敢执其咎，实可为太息也……（《胡适遗稿及秘藏书信》第39册，43～45页）

按，10月26日潘公展致函胡适：顷准本报读者张元信君来函，对教育趋向一事有所陈述。本报为恐民情容有壅蔽，疏导责无旁贷，虽因篇幅关系未予登载，为慎重计，仍予密封转寄尊处，藉当参考，或于澄清庶政不无裨补也。并希对原投函人及其关系人予以适当合理之保护为盼。（《胡适遗稿及秘藏书信》第39册，46页）

10月17日 胡适在第十一战区长官部作了题为"美国的外交政策"之讲演，主要内容有三：美国百五十年以来的外交基本信条；近三十年来外交政策之变化；现在的外交政策的路向。摘记如下：

1946年　丙戌　民国三十五年　55岁

美国外交政策传统的基本信条，第一是和平主义，即孤立主义。美国开国之初，华盛顿统帅之乞丐军队……几经艰苦……脱离英国而独立组织成第一个民主的新生国家。根据民主宪法组织国会，选举领袖，与欧陆诸古老国家皆不相同。当时美人称欧洲为旧世界，美国为新世界，截然割分为二。极力避免受欧洲旧势力的控制，以免卷入欧洲战争漩涡，而维持美洲的和平。

独立战争时期，美国漫无组织的十三个小联邦下的乞丐军队艰苦奋斗，自力不足，曾与法订立攻守条约，接受法国经济以及武力的援助，而美政界仍力主嗣后避免与欧陆发生关系，订立任何攻守同盟。及至法拿破仑之战起，根据法美条约，美应援助法国。但美以远隔重洋，实力不及，法亦未强求美国援助。一八〇〇年美法攻守同盟满期废止，美遂采取绝对孤立政策，独处一隅保守新大陆之和平。知此则易了解百五十［年］后美国外交政策动向之枢纽所在。

第一次世界大战，美参战后，威尔逊总统称系合作，而讳言同盟，并再三申述此点意义。其意即在避免违反孤立的和平政策。第二次世界大战，罗斯福倡联合国之名，亦在躲避人民之指责与舆论的评击。

第二为门罗主义：一八二〇年，欧洲诸国交战方殷，不暇顾及美洲大陆，美乃以收买政策，取得若干岛屿与土地，战争结束，中南美洲之西班牙、葡萄牙等国殖民地纷纷独立，欧洲诸国有意干涉美洲情势。一八二三年门罗大总统遂宣布，反对欧洲国家干涉新大陆，不得以西半球土地视为殖民地，倘对美洲施以压迫则美国将不惜以武力与之对抗，并发通牒于各国家。

第三门户开放主义……欧洲各国为保障所属殖民地通商自由，而严禁他国入口。美为求商业之发展，因倡门户开放主义，订立通商的机会均等原则，并经欧洲国家承认，惟条约中有最惠国之增订。这个原则，最初是以欧洲诸国家为对象。至十九世纪末，二十世纪初始应用到我国。……门户开放主义移用到东方，成一重要原则，与我国以极大裨益，盖因我国将某地划属为某国势力圈或租借地，则他国无权

通商，无异我国丧失该地［自主］权与政权。门户开放，我国必先保有该地之自主权与政权而后始可以言开放。庚子前，光绪二十四五年间英占威海卫，德据青岛，法开广州湾，一八九八年诸列强瓜分中国之议已嚣尘上，美国因主张中国门户开放，最后更经九国公约，对"门户开放"原则被以政治色彩。美以门户开放非徒托空言，门户谁开放？惟愿所有地之主国为之——即中国。如是非维持中国领土及行政权之完整，而后始能实施。否则，权在外国人掌握，虽欲开放而未能。我国因得免除被瓜分之危机。该条约中曾规定，九国中我国除外，其余八国对中国应给予充分自由，不受限制之发展，期以形成强有力之政府，而据有领土主权之完整，以施行门户开放主义。

美国为维持新大陆的和平而施行孤立的和平主义。进而主张绝对孤立的门罗主义，更因发展商业之经济关系，而倡门户开放主义。第四个信条，是海上自由，与第三个原则有联带关系，可称为海上自由的开放主义。其原则是，无论平时与战时，美国舰船不受任何交战国在国际法以外的非法干涉。

第一次美国参战，其主因即在争取海上的自由权……

百余年来美国外交政策从未脱离这四项原则，威尔逊参战，除在事实上对德断绝外交关系，发动军事对抗；并在思想上，因独立战争时法国援德之影响，美应援法，英与美为同文国家，比利时小国竟全力抗德，而寄予同情并利用最刺激人民之海上自由受到威胁而参战，战争胜负遂分。

民七年十一月十一日欧洲停战消息传来，举世欢欣，盛扬威尔逊之理想世界即将实现，我国也以为得以择机复兴。而美国舆论界却起了极大反感，认为参战结果，劳民伤财，一无所得，且违背了传统的孤立和平主义。此大反响又促使美国依据前述四项原则，恢复了孤立的门罗主义的形态。

……威尔逊的理想世界及所在威尔逊的主张咸予否认，一返孤立……于一九三五——三七年间，改变其政策，成立中立法案六条。

此法案中主要之原则如下：

1. 任何地区发生战事，美即下命该区为交战区，禁止美国客货船只前往。

2. 美国对交战国之任何一方，均不得给予经济援助。

3. 在交战期间，允许对交战国商业交易，惟须现款自运，美船不得代运。

……一九三六年（民二十五年）五月一日扩大中立法，应用于任何国家内乱，一夜之间两院同时通过，至是美孤立政策达于高潮，引起世界各国的重视，尤其是德、意、日等国家，且视为发展的机会。

扩大中立法宣布后两个月另七天——一九三七年七月七日中日之战即起，缘日以美国中立法案扩大，中国之海军、远航商业亦不发达，无能力利用商业形式向美购置武器，而日本可充分利用此项条约给予的方便，一方面美受孤立政策的约束不致援助我国，一方面可向美购置大批武器，从事战争，乃对中国遽然发动战争。此美国中立法的影响，在西班牙内战及中日问题上事实的表现。

一九三九年九月一日欧洲战起。美罗斯福总统已感到中立法影响之不但不能维护世界和平，且易造成侵略国对外的战争，于九月中遂毅然废止该法案，一变孤立政策为援助被侵略国家，美在废止中立法案之前，曾普遍举行民意测验，全国泰半主张援助英法对德抗战。美罗斯福废止中立法案后成立租借法案，"给"为此项新法案之原则，意即尽量租借而不言偿还之代价与期限，对日则废止钢铁、煤油输与日本，冻结日本在美资金。珍珠港事件发生，美遂直接参战，战火弥漫整个世界。

…………

美仍继续罗斯福的理想世界，一九四四年十一月举行橡园四强会议，英、美、中、苏参加起草世界联合国组织方案；到一九四五年旧金山会议，正式组织成立，美国担当起世界和平组织的领导。

在一九四四年橡园会议，四国起草的联合声明里，美已查觉俄国

开始与其他国走着不同的路向，俄国力争一票否决权。美以苏俄在列宁格勒、莫斯科诸役，独力苦支，足御德兵，促使欧战转危为安而尊重之，极力退让……

但自今年二月起，东欧、近东、远东都发生问题，美国才第一次对俄转变强硬，因知退让终难满足苏俄的欲望……

……自二月以迄现在，美对俄已取监视、礼争的外交方式……（第十一战区长官部政治部编印：《学术讲演集》，1947年1月）

10月18日 北京大学研究所前研究生严学宭致函胡适，述抗战军兴后景况，并多年来在治学、教学上一直追随胡适等情。并向胡适索取近照以及墨宝。（中国社科院近代史所藏"胡适档案"，卷号1142，分号7）

10月19日 胡适飞赴南京（与陈垣、钱端升同行），参加中央研究院评议会。胡适对记者谈话云：

沈兼士、俞平伯、孙楷第诸先生在敌伪时代清苦自守，现在也重回北大。蒋廷黻先生是否回北大教书，现在还不能十分决定。陈寅恪先生的目疾依旧没有痊可，使他的研究工作不能继续，真是中国学术界的莫大损失。（据胡适当日《日记》；次日天津《大公报》）

10月20日 上午9时30分，胡适出席中央研究院第二届第三次评议会。出席的其他评议员还有：王世杰、张云、吕炯、林可胜、罗宗洛、陈垣、竺可桢、周仁、吴学周、傅斯年、吴有训、秉志、王家楫、胡先骕、李书华、茅以升、钱崇澍等。会议由议长朱家骅主席并致开会辞。次由吴鼎昌宣读蒋介石训辞，周钟岳、于右任、吴铁城（洪兰友代表）、白崇禧、陈立夫相继致辞。评议员公推胡适致答辞。胡适在答辞中首先缅怀蔡元培、丁文江对中研院的特殊贡献，感谢党政军有关负责首长支持科学的讲话。抗战期间，中国科学家对于国家的贡献不算是很多，最大的原因是经费的匮乏与生活的困难。抗战胜利后迎头赶上世界的科学不是不可能的。又以近三十年来美国科学发展的例子说明：只要有做研究工作的环境，在十年二十年里也可以迎头赶上世界各先进国家。今后只要政府给我们生活安定，并给予研究上所需要的财力，十年二十年后，中央研究院可以成为世界有地位的研究院，而迎头赶上世界各先进国家。(《胡适遗稿及秘藏书信》第12册，180～187页)

10月21日 上午，中研院二届三次评议会举行第一次大会。到胡适等23人，由议长朱家骅主席。10时起秘书翁文灏报告三年来工作情形，及上次决议案执行情形，以经济方面的报告最为详细。继由总干事、科学纪录编辑、学术汇刊编辑以及数学、天文等十四研究所报告，并通过向蒋介石致敬电文。(次日之《申报》、天津《大公报》)

同日 晚，故宫博物院六届二次理事会在中央研究院举行，到理事张继、王世杰、胡适等20余人，由理事长朱家骅主席，通过议决案多项，并由院长报告本年度工作概况、下年度之工作计划及经费预算等。(次日之《申报》)

同日 云南蒙自一位16岁的青年林松致函胡适，请教胡适如何成为一个作者。又询问林语堂被批评的原因等。(中国社科院近代史所藏"胡适档案"，卷号1405，分号2)

10月22日 中研院评议会二届三次年会在该院大礼堂举行第二次全体大会，到评议员朱家骅、王世杰、翁文灏、秉志、胡适、傅斯年等28人，由议长朱家骅主席，讨论一般工作方针与经费之分配。吴有训、胡适、傅斯年认为中研院在人才之集中方面，尚未臻理想。胡适建议将性质相近之研究所予以合并，减少单位，集中人力，易有工作表现。休息后继续开会，开始检讨各研究所工作报告。下午3时开会讨论，"请规定Member of Acadimia Sinica之名称设置，选举及有关事项案"。对于Member of Academia Sinica之名称问题，各评议员纷纷发表意见，计有"院士""院儒""院侣""院正""院员""会员"等，种种不一，结果"院士"一名获得通过。另一重要提案："请设置中央研究院院士及修正评议会组织与任务案"。决议院士之名额，第一期定80人至100人，以后每年至多选出10人，将来评议会之产生，即由院士中推选出评议员而组织之。此一决议，已由胡适、傅斯年、

李书华、吴有训、萨本栋、秉志、陈垣组织审查委员会，并推胡适为召集人。（次日之《申报》、天津《大公报》）

同日 正午，莫德惠、胡适、傅斯年、钱新之、缪嘉铭、郭沫若、王云五邀请各党派代表在交通银行午宴，边吃边谈，计到孙科、吴铁城、邵力子、陈布雷、陈立夫、雷震、周恩来、邓颖超、董必武、利瓦伊汉、曾琦、余家菊、陈启天、张君劢、梁漱溟、罗隆基、黄炎培、章伯钧、沈钧儒、蒋匀田等，至下午3时政府代表先退，第三方面人士即与共产党代表谈至5时许始散，8时第三方面人士再应政府代表之邀往孙科寓邸出席茶会。（次日之《申报》）

10月23日 上午9时30分，中研院评议会二届三次年会在中研院大礼堂举行院士审查委员会会议，出席者傅斯年、胡适等10人，胡适主席。因院士问题牵涉组织法甚大，故此问题之具体事项为修改组织法，讨论结果，列举审查意见，提交下午第五次大会讨论。下午3时开全体大会，由议长朱家骅主席，宣布讨论院士及研究院组织法，审查委员会审查意见修正通过，即在原有中研院组织法第四条后共加入6条：（一）中研院设置院士；（二）今后评议员须院士选举，再经国府聘任；（三）院士之职权，中研院院士由后列三组所包括之各科学中产生：一、数学科学组（包括数学、天文学、物理学、化学、气象学、地质学、古生物学、矿物岩石学、地理学、海洋学、工程学）；二、生物科学组（包括动物学、植物学、人类学、生理学、心理学、微生物学、医学、药物学、农学）；三、人文社会科学组（包括哲学、史学、语言学、考古学、法律学、经济学、政治学、民族学）。会议讨论第二中心问题为博士学位之考试规则与授予方法，各评议员均踊跃发言，结果因问题重大，经推定胡适、周鲠生（代表大陆派）、秉志、罗宗洛、何康、钱雨农、王仲济、吴化予、陈垣、翁文灏为小组审查委员会委员，加以审查。继讨论评议会与教部学术审议会事权之划分及其他关系、奖金等4案，推定周仁、凌鸿勋、林可胜、张云、唐钺、谢家荣、吕炯、吴定良8人为小组审查委员会。关于各所工作报告及其他法规条例事项，交昨日推出之工作审查委员会小组审查。（次日之《申报》、天津《大公报》）

同日 胡适接受记者访问,对世界及国内局势,连称"我一点不悲观!"胡适认为世界情势"不错":盖此次战争为人类历史空前未有之大战,敌人投降迄今,为时仅一年余,欲于此短时期内,一切咸复旧观,事有所难能。各国战后情形有好有坏,然余对世界局势,并不悲观,且认不应悲观。一般而论,目前局势较上次大战结束后为佳,时至今日,几无一国再愿作战,同时第二次大战结束后,已有新国际组织产生,大国间诚龃龉不已,然此为好现象。谈及国内情势时,胡适谓:因忙于北大复员工作,最近又因忙于开会,无暇仔细读报,故并不顶熟。胡适称:我国情势亦较过去有进步,余在北平时,该地共产党代表可自由行动,不受干涉,在京遇董必武,其行动亦不受干涉,此皆为新气象,好现象;即就言论而言,亦较过去自由,如《新华日报》在重庆出版,即其例证。胡氏并郑重指称:自由为一种习惯,须渐渐养成,容忍亦是一种习惯,亦须逐渐养成,现在大家说愿说的话,都是好事。对我国学术前途,胡适亦抱乐观态度,并重申其在中研院评议会开幕日之演词称:政府若能给予10年安定,学术必可大有进展,大学教育情形亦属如此。胡适对渠本人今后著述、计划,略谓:一俟开学,一切上轨道后,可少揽些行政事务,从事著述。记者询以《中国哲学史》下册何时可杀青?胡氏先谓材料已搜齐,何时续写,尚难定;其后又谓,该书将整个不要,拟重新写过,并将改名《中国思想史》,且表示最近对专题研究较感兴趣;至《白话文学史》亦拟重写,并将改名为《中国活文学史》。最后,胡适对蒋廷黻去职一事表示:"此为一最可惋惜之事。"(《申报》,1946年10月25日)

10月25日 胡适在中央图书馆阅何焯校《水经注》原本。蒋复璁与尹石公邀胡适在中央图书馆吃中饭。胡适曾嘱朱希祖之子朱偰检录其父遗著以备在《国学季刊》发表。朱偰邀胡适去看其父朱希祖所藏明抄宋本《水经注》。(据《日记》;又《胡适遗稿及秘藏书信》第25册,227~228页)

> 按,11月11日,朱偰将朱希祖关于《水经注》的笔记、言论辑录若干条函寄胡适,以备在《国学季刊》发表。25日,朱偰再函胡适,

愿将朱希祖遗留之《水经注》借与胡适供校勘之用；此本已有章太炎、王国维题跋，甚望得到胡适的题跋；乃父希望所藏此《水经注》能作为《郿亭丛书》第一种影印流行，希望胡适接洽商务印书馆朱经农玉成此事。(《胡适遗稿及秘藏书信》第 25 册，229～232 页)

同日　丁普生致函胡适夫妇，谈及造访二次皆不遇，拟择期拜访。(中国社科院近代史所藏"胡适档案"，卷号 E-722，分号 9)

同日　缪启悟致函胡适，希望胡适倡议在中央研究院设立一算学教材研究部等。(中国社科院近代史所藏"胡适档案"，卷号 1911，分号 4)

10 月 26 日　胡适、梅贻琦联名急电教育部长朱家骅：本校员生众多，每月生活基数加成及学生公费为数过巨，请赐拨预发数各若干亿，以便按期发放。名册续报。(《北京大学史料　第四卷　1946—1948》，725 页)

同日　胡适到江苏省立国学图书馆，见柳诒徵，借观三部《水经注》。有《札记》。(据《日记》)

同日　胡适到中央医院诊看喉病，即被院中医生留住两日夜。(《胡适中文书信集》第 3 册，539 页)

同日　陈布雷致函胡适，拜托胡诲导其现就读于北大文学院一年级的幼子陈远，并加以照拂。(《胡适遗稿及秘藏书信》第 35 册，329 页；《陈布雷从政日记（1946）》，164 页)

10 月 28 日　胡适致函王世杰，将一位不认识的郑英有先生的长函（谈意大利人 G. Ros 事）转王，希望王能约郑一谈。又感谢此次来南京期间外交部借用汽车。(《胡适中文书信集》第 3 册，539 页)

同日　蔡指南致函胡适，述仰慕之意，希望胡适"特殊的例外的准我做你的学生！"(中国社科院近代史所藏"胡适档案"，卷号 1900，分号 7)

10 月 30 日　胡适飞返北平。(据《日记》)

同日　朱家骅复函胡适，表示当陆续拨发北大校款。极赞同北大办地理系，原推荐孙宕越任系主任，无奈陈伯庄不肯放，只好遵嘱请林超来帮忙。(《胡适研究丛刊》第三辑，365～366 页)

同日　傅斯年致长函与胡适，谈北大医学院院长的人选问题，详细列述、分析马文昭、杨济时、卢致德3人的优点、短处，请胡适采择。(《胡适遗稿及秘藏书信》第37册，489～496页)

　　10月31日　午间，北平教育局长王季高宴请裴斐教授及富路特教授，邀请胡适、梅贻琦、王捷三、袁敦礼等国立和私立大学院校长作陪。6时北京大学等七院校假东城萃华楼欢宴裴斐，席间交换中美文化教育合作等问题意见。(次日之天津《大公报》)

　　同日　周丰一致函胡适，请胡适帮忙介绍职业。(中国社科院近代史所藏"胡适档案"，卷号1453，分号8)

　　同日　赵士卿致函胡适，感谢胡指出其《水经注疏》的谬误，其著在出版之前将再行校勘。(《胡适遗稿及秘藏书信》第38册，409页)

　　同日　黄朝琴致电胡适，希望胡适能来台东一游。(中国社科院近代史所藏"胡适档案"，卷号1790，分号12)

11月

　　11月1日　西南联大成立9周年纪念日。三校师生上午在国会街举行集会、纪念会，梅贻琦、黄子坚、胡适先后致辞。午后有诗歌朗诵会。晚间举行游艺会。(次日之天津《大公报》、北平《益世报》)

　　11月4日　下午5时，胡适主持召开北京大学第二十次行政会议，决议通过训导处学生宿舍分配办法等事项。(《北京大学史料 第四卷 1946—1948》，29～30页)

　　同日　胡适复函柯莘麓，谈及：杨桃岭的修理，如款项不敷，当加捐；又请教"家乡是否有'名件'一个名词？"又谈及柯所作七言诗：

> 你用的土音，故四个韵脚在四个韵部，实不押韵。旧诗各体都不易作，非有多年苦功，不易成诗。律诗大不易作。既作律诗不可不知诗韵。也不能不讲对仗。大概旧体之中绝句尚可使用，但也不容易作

的好。(《胡适研究丛录》，236 页）

按，12 月 13 日，柯莘麓复函胡适，告"名件"一词，已由梦飞先生写出数条函寄；其母过世时有用胡适的名义挂挽联；寄奉在其父遗物中检出的胡传佚诗；为胡适担任国大主席感到欢悦。(《胡适遗稿及秘藏书信》第 30 册，610～611 页）

同日　郑英有函谢胡适为罗斯事帮忙。(《胡适研究丛刊》第三辑，366～367 页）

同日　李光信致函胡适，请胡适发给他在北京大学研究院受业的证明件，以便出国留学，请胡适帮忙写介绍信。(中国社科院近代史所藏"胡适档案"，卷号 1158，分号 3）

11 月 5 日　胡适复函陈监先，感谢陈寄来章实斋的两篇遗文，又说：

实斋上钱晓征书，大概是被曹慕堂留下了，始终没有寄达。此信是从安徽太平府试院发出的，也许那时钱辛楣已南归，故此信留在北方。尊论我完全同意。

曹学闵是甲戌进士……故有"甲戌同年手迹"一册。戴东原集中有与曹给事学闵书，其原札也许在先生所见三册之中。

我曾嘱邓恭三兄请先生把这三册手迹买下，如先生不愿自己收藏，我颇想备价收买。

……《水经注》案，已审了三年，案情已大白，但判决本全文还没有写成，惭愧之。(据高增德：《关于胡适致陈监先的三通书信》，载《书屋》1997 年第 3 期，37 页）

同日　胡适在明代人周容著、戴震于乾隆十六年（1751）抄之《春酒堂诗集》书末有题记：

吕伯威丈赠此旧藏戴东原钞本周容《春酒堂诗集》两册。原题辛未暮春，是乾隆十六年，东原方廿九岁，是年才补休宁县学生。程瑶田《五友记》说他始识东原在乾隆十四年己巳，"当是时，东原方颖于小试，而学已粗成"。我们看此钞本，可知他在那时，不但治经学，还有此心力用工笔抄一个遗民的诗集，故此两册甚可宝贵。据全谢山的《周徵君墓幢铭》，周容生于万历己未，死于康熙十八年己未（1619—1679），有《春酒堂诗集》十卷，《文集》四卷，《诗话》一卷。谢山又有《春酒堂诗集序》，说"董户部次公谓其诗一，画二，书三，文四"。谢山又说，"吾闻先生之诗，其有关名节者，多以被焚不存，则今所存亦非其至者"。《墓幢铭》说："先生少即工诗，钱牧斋称之，谓如独鸟呼春，九钟鸣霜，所见诗人无及之者，录其诗于《吾炙集》。"周容的诗确是很工。如《玉皇阁上作》，"天在阁中看世乱，民皆地上作人难"；如《于忠肃墓》，"暗泉鸣壤道，干叶走空亭"，都是好句。民国卅五年十一月五日，东原钞书后一百九十五年，绩溪胡适记于北平东厂胡同一号。(《胡适藏书目录》第2册，1147～1148页)

同日 胡敦元致函胡适：以不能回国追随胡适左右而内疚，现正研究美国租税问题等。(《胡适遗稿及秘藏书信》第30册，480页)

同日 芮沐致函胡适，希望北京大学能补助其由美返国之路费。(中国社科院近代史所藏"胡适档案"，卷号1139，分号1)

11月6日 燕树棠致函胡适，坚辞北京大学法律学系主任一职。(《胡适遗稿及秘藏书信》第40册，524～525页)

同日 孙立人函请西南联大从军学生林化龙就学北大。(《胡适研究丛刊》第三辑，367页)

11月7日 胡适函请袁可嘉加入中国红十字会：

敬启者，红十字会系国际慈善团体，在抗战中对教育界供献甚多，中国红十字会会长蒋梦麟先生又系本校前任校长。本年该会征求会员，特请本校积极赞助。谨此奉达，务恳加入该会为普通会员，会费全年国币贰仟元拟由学校交费代办入会手续。如先生早经入会或无意参加，即请于十一日前来函复知，以便统计为荷。(《红十字月刊》，1946年第

11期）

  同日　蒋介石致电胡适："国民大会"准于12日开会，"先生为当选代表，德望允孚，举国景仰，务希即日命驾，莅京出席，藉慰众望，并盼电复"。（《胡适遗稿及秘藏书信》第39册，349页）

  11月9日　朱家骅复电胡适：希望胡能来参加"国民大会"；北京大学分得复员追加费5亿元。（中国社科院近代史所藏"胡适档案"，卷号1039，分号1）

  同日　周炳琳致函胡适，认为胡将赴南京出席"国民代表大会"之举，是否贤智，尚值得考虑。校务方面，此时可以说尚未正式上课，事甚繁乱，局面未趋稳定。希望校长在此坐镇，事来重心有托。希望胡适考虑推迟两周，俟会真能开成再去。（《胡适遗稿及秘藏书信》第30册，53～55页）

  按，其时，北平名流尤其是北大同人多反对胡适赴南京出席此次会议。周炳琳反对胡适南下赴会事，又可参考阮毅成《"制宪"日记》，台北台湾商务印书馆，1970年，5页。

  同日　周作人在高等法院受审，其律师为其辩护四点，其第一点是：七七后留平及出任伪职，全系因完成保存北大校产任务，蒋梦麟、胡适均有函证。（次日之《申报》）

  11月10日　胡适写成《记沈炳巽水经注最后校本的过录本》。此后，胡适又屡屡修改此文，不止一次作有后记。（《胡适手稿》第2集卷1，159～210页）

  同日　胡文华致函胡适，请求胡适帮助其上北大。（中国社科院近代史所藏"胡适档案"，卷号1511，分号2）

  同日　陈监先在天津《大公报》发表《章实斋年谱的新资料》一文，根据他新发现的章学诚手札，指出胡适《章实斋年谱》的错误及新证材料：乾隆三十七年（1772）条下，胡适将"辛楣先生候牍"判为"上辛楣宫詹书"，事实上应该是陈氏发现的"上晓征学士书"；乾隆三十八年（1773）条下，"与严冬友侍读书"引"为文史通义一书,草创未多,颇用自赏。曾录内篇三首,似慕堂光禄,乞就观之",而陈氏新发现的这上慕堂光禄书,正是"录内篇三首似慕堂光禄就观"时的原书。

11月11日 胡适乘空军专机飞南京,参加"国民大会",同行者还有贺麟、童冠贤、王大桢等人。当日抵达后即到报到处报到。(据《日记》,次日之《申报》)

11月12日 胡适整理了《水经注》里郦道元提到自己之处。(据《日记》)

同日 刘荫仁致函胡适:承蒙胡适向其索取论文,今寄上《说文中象形字管窥》一文。(中国社科院近代史所藏"胡适档案",卷号938,分号2)

11月13日 王世杰日记有记:晚间胡适之、周鲠生、傅孟真来谈。适之对"国民大会"及政府在大体上采维护态度。(《王世杰日记》上册,830页)

11月14日 胡适与缪凤林、董作宾、劳榦三位同去国学图书馆,重检馆中所藏三部《水经注》,有札记,要点是:双韭山房校本,确是谢山的一个校本;汪氏振绮堂原藏《水经注释》稿本,是三个本子配合成的。(据《日记》)

同日 Robert J. Kerner 赠送 Harley Farnsworth MacNair 著 China 与胡适,并题记:

> To my good friend Hu Shih, scholar, philosopher, statesman, with sincere personal greetings. Robert J. Kerner. November 14, 1946. (《胡适藏书目录》第3册,2194页)

11月15日 胡适出席"国民大会"开幕典礼。(据《日记》)

同日 罗尔纲致函胡适,询近年所寄信函、著作是否都收到。又报告近年患疟疾颇为严重,现因异地疗养已大有好转。又述近年研究情况,甚愿回北大工作。"至学生回北大研究计划,为完成《太平天国全史》及《胡适之先生考证学》两书,自信以锲而不舍的精神,十年的岁月,必可附吾师大名得留微名于不朽。伏乞吾师俯念生为人勤朴诚笃,为学孳孳不倦,

尚有寸长足录，准回北大研究，则不胜朝夕祈祷之至的了"。又述在社会学所工作及人事关系。又云：

> 学生窃念志在研究，欲有所传于后世，出任教授则对研究有碍；欲仍留社会所，则研究环境未尽适合，且有人事问题；惟忆昔年吴晗兄在清华方升讲师时，云南大学聘为教授，生陪渠往请示吾师，师曾有往云大得资格回清华亦不错之谕。生若仰蒙吾师赐准回北大，则先至中正大学一两年，取一资格，并得先在小大学历练，再回名大学服务，事又似可行。学生徘徊歧途，未知适从，所以特地敬肃此函，伏乞吾师赐予裁决……学生拜别吾师转瞬九年，孺慕之思，非言可喻。（《胡适遗稿及秘藏书信》第41册，435～446页）

11月16日　胡适在南京夫子庙购得江苏省立图书馆藏的双韭山房校本《水经》四十卷（桑钦撰，郦道元注，乾隆十八年（1753）新安黄晟槐荫草堂刻，同治二年长沙余氏补修），缺前四卷，只存三十六卷。（《胡适藏书目录》第2册，1519～1520页）

11月18日　顾颉刚访胡适于中研院。（《顾颉刚日记》第五卷，747页）

11月19日　下午2时，胡适接待记者，并发表谈话称：中国的国都，不管定于南京，或定于北平，都可以。历史上各朝代建都的成败，并没有什么参考价值；最主要的还是应该重视现在，比方假使政府自南京迁北平，物质经济条件是不是够，这是应该顾虑的。五五宪草与现在"宪草"审议会订正稿比较起来，后者比前者显然合理得多。根据五五宪草，没有国会，仅有一个三年举行一次的国民大会，这是太近于理想，而忽略了实际。修订稿以立法院代替了议会，这是比五五宪草中没有议会要更切实际的。胡适认同张君劢在"政协宪草"中设计的行政院复议权：第五章第五十六条第二、三款，都明白规定行政院对于立法院之决议，得经总统之核可移请立法院复议。同时，复议时须出席立法委员三分之二维持原决议，该决议才具有强迫行政院长接受的权力。民主政治大半依赖信任，立法院所具有的议会管制力量，行政负责者是应该谅解而尊重的。这样一来，当总统推荐内阁的时候，也就会慎重地选贤与能了。胡适又说：中国当前最需要的是民主政治，也就是议会政治的训练。我们应该赶紧完成一部宪法，不管它是内阁制、总统制，实行几年之后，总可以发现优点与缺点的，好在宪法并不是绝对不可以修改，到那个时候，根据我们的经验，优点保存并发扬，缺点补救并改正。（次日之《中央日报》）

按，关于此次访问，其他各报也有报道。次日之天津《大公报》除报道建都问题，还谈及"宪草"问题：渠对政协将五五宪草教育章取消，而于基本国策章中列入有关教育条文，并无定见。盖宪法贵在能行，如仅为具文，殊少意义。现在"宪草修正案"中，对于教育经费在政府预算中占有固定百分比之硬性规定已取消。余希望将来政府能在事实上特别重视教育。经费开支，大略可分中央省县三级。中央以高等教育为主，百分比可略小；省以中等教育为主，百分比可略高；县以国民教育为主，百分比百分之五十。教育之功能，就国内言，在灌输人民智识、增加社会生产力。就国际间言，促进彼此的认识与了解，亦即巩固世界和平的基础。"宪草"第一四二条"教育科学艺术文化工作者之生产及其他工作条件，国家应保护之"。胡氏希望将来能切实做到。因目前中国公教人员生活实太清苦。

次日之北平《华北日报》的报道中，则有这样的内容：自民元以来，因为袁世凯及其他大小军阀的阻挠，中国始终没有走入民主政治的轨道。假若没有袁世凯辈对宪政的阻挠，在民主波澜中，中国不知要训练出多少政治人才。

同日　竺可桢致函胡适："前承惠允为迪生兄作传，俾资流传，谨附奉参考资料一包，切恳拨冗挥就……"（中国社科院近代史所藏"胡适档案"，卷号333，分号1）

11月21日　北大校长胡适签就的北大志愿函授报名之名册电呈教育部。（《北京大学史料　第四卷　1946—1948》，117页）

同日　"国民大会"选举主席团，共选出46人（总名额55人，另9人

系为中共及民盟保留之名额），胡适以 1099 票当选（有效票 1399 张）。（次日国内各大报纸；另据台北"国史馆"藏档，全宗号"国民政府"，卷名"国民大会会议记录"，档号：001011143005060）

11月22日　"国民大会"第四次预备会议最后确定"国大"主席团46人名单如下：蒋介石、孙科、白崇禧、于右任、曾琦、胡适、吴铁城、陈果夫、李璜、左舜生、程潜、白云梯、邹鲁、张厉生、于斌、莫德惠、孔庚、谷正纲、陈启天、李宗仁、张群、吴稚晖、图丹桑格、朱经农、阿哈买提江、胡庶华、孔祥熙、朱家骅、林庆年、何成浚、黄国书、张继、梁寒操、郭仲隗、黄芸苏、曾扩情、段锡朋、孙蔚如、刘蘅静、王云五、贺衷寒、王德溥、余井塘、丁惟汾、田炯锦、周雍能。（次日国内各大报纸）

同日　胡适读史语所藏的冯云濠原抄本《宋元儒学案》78 卷。有记全祖望的札记，颇详。（据《日记》）

同日　午后，胡适在傅斯年办公室第一次见到夏鼐。（《夏鼐日记〔1946—1852〕》卷四，80 页）

同日　胡适复函张元济，谈及在南京之行期，又谈及张祥保"此时想已上课了。回北京后，盼望他能常到舍间来玩玩"。又谈及在南京曾见五种《水经注》：全谢山校本真本；赵东潜最后校本；赵东潜家清抄本；朱逷先藏"明抄本"；何义门校本原本。又谈及在北平曾见四种珍本：残宋本；孙潜本；戴东原自定《水经》一卷及附考稿本；沈炳巽校本最后稿本。谈道："三年前的论断，今日所得证据之多远超过我的梦想，真是十分快活。"又谈到将来《水经注》案中写定的文字，其稍长者，或可送请《东方杂志》发表。全谢山的两个校本，更可证薛刻本之为王梓材、董沛伪造了。（《胡适全集》第 25 卷，206～207 页）

按，张元济致胡适原函作于 11 月 16 日。（《胡适遗稿及秘藏书信》第 34 册，126 页）

11月23日　上午 9 时 30 分，"国民大会"主席团第二次会议在"国民大会堂"举行，胡适等 37 人出席。（次日之天津《大公报》）

同日　晚，胡适与王世杰、傅斯年长谈。王世杰日记有记：

> 适之对于国民党过去之贡献，本历史学者之眼光予以同情。值此中外是非混淆之时，适之之态度颇为国民党之一个助力。(《王世杰日记》上册，833页)

同日　李春昱致函胡适，希望北京大学能担任丁文江遗稿印刷费用300万或400万元(因丁曾执教北大)，如蒙赐允，请将款项拨交黄汲清收。(《胡适遗稿及秘藏书信》第41册，229～230页)

11月24日　胡适、王世杰、傅斯年、杨振声以及史语所的夏鼐等同游紫金山，访天文研究所，登天堡城，游明孝陵及中山陵后，返中央博物院。(《夏鼐日记〔1946—1852〕》卷四，81页)

同日　王重民复函胡适，告美国西海岸海员工潮已达成协议并签字，明年1月15日至2月1日之间，可以买到回上海的船票，又谈到回北大后所教功课等。(《胡适遗稿及秘藏书信》第24册，82～83页)

同日　"国民大会"主席团分组名单排定，胡适被分在第一组。(次日国内各大报纸)

11月25日　上午10时，胡适出席"国民大会"第一次会议。在下午的会议上，胡适代表主席团报告：关于组织审查委员会审查议事规则草案之研究结果，原拟以主席团全体与对本案请求发言之代表，以及各单位推定一人共同组织审查委员会，但认为范围仍不普遍，且由各单位推选一人辗转需时，爰拟将议事规则草案由大会分章审查，此项意见是否可行仍请公决。议决：通过。(中国社科院近代史所藏"胡适档案"，卷号2373，分号1；次日之国内各大报纸)

11月27日　陈布雷日记有记：

> 今日委座约主席团，适之、云五、雯掀诸先生午餐。(《陈布雷从政日记(1946)》，183页)

11月28日　上午9时，"国民大会"举行第三次会议，会议由胡适主

席。上午9时45分，蒋介石将"中华民国宪法草案"递交大会主席胡适手中。蒋介石报告草案制定经过，孙科报告起草修正之经过。为讨论"中华民国宪法草案"，会议分设9个审查委员会，胡适为第一、第二审查委员会委员，及综合审查委员会委员。（中国社科院近代史所藏"胡适档案"，卷号2374，分号1；阮毅成：《"制宪"日记》，26页；次日之《申报》；《胡适之先生年谱长编初稿》第五册，1944页）

同日　陈布雷日记有记：

> 九时到"国民大会"出席第三次大会，到一千三百六十九人，胡适之主席，委座以国府主席身份亲提"宪法草案"，交胡适之君接受。（《陈布雷从政日记（1946）》，183～184页）

同日　郑天挺致胡适函，告：二通催促北还的电报是给胡适脱身之用；对昆明学生被害纪念会，陈雪屏已预有布置，不致有大规模举动；部款已到5亿，将欠款还后仅余1亿，又报告冬煤之事；北大需要事务人才极为迫切，请胡适与傅斯年全力敦促余又荪三人早日北来；史学系教员已聘定；请胡适便中催促教育部尽早拨付自8月以来的每月生活补助费2亿元；等等。（《胡适遗稿及秘藏书信》第39册，74～75页）

同日　宗遇九致函胡适，谈自己遭受诬陷事，拜托胡适将其冤情代为登报。（中国社科院近代史所藏"胡适档案"，卷号1385，分号4）

11月29日　上午9时，"国民大会"举行第四次会议，胡适出席。（《"国民大会"第四次会议记录》）

同日　马步芳函请胡适指导青海省修志事业，并介绍修志参考书。（《胡适研究丛刊》第三辑，368页）

同日　刘修业、王重民致函胡适，寄赠手制饭巾一双以祝胡适与夫人久别重圆并同进寿筵之乐。

按，函末又有王重民12月5日附笔：可订到次年1月24日回国船票。（《胡适遗稿及秘藏书信》第40册，93页）

11月30日　上午9时,"国民大会"举行第五次会议,胡适出席。(《"国民大会"第五次会议记录》)

同日　晚,傅斯年邀宴胡适及史语所同人。胡适谈及:在美时,美国新闻记者或谓胡大使为名誉博士收集者,洋火盒之收集者,实不知胡为怕太太故事之收集者,各国除德、日外,皆有此种故事,盖此为民主之表现。(《夏鼐日记〔1946—1852〕》卷四,83页)

12月

12月1日　胡适致电郑天挺:来京后竟无法脱身,恐尚须勾留10日,乞将校中、家中私函飞寄南京。(《胡适中文书信集》第3册,544页)

12月2日　上午10时,"国民大会"举行第六次会议,胡适出席。(《"国民大会"第六次会议记录》)

12月3日　上午9时,"国民大会"举行第七次会议,胡适出席。(《"国民大会"第七次会议记录》)

同日　邓广铭致函胡适,谈为胡适处理信件事,又谈及邓著《辛稼轩年谱》及《辛稼轩词注》于1940年交商务印书馆至今无下文,请胡适便中代询朱经农。(《胡适遗稿及秘藏书信》第40册,213～215页)

同日　陈源、赵元任致电胡适:联合国教科文组织秘书长一职,不止一国提名胡适担任。若胡担任,有两好处:"(一)此职西名为指挥总裁,权威甚高;我国得此,不但使国家地位作空前之猛跃,且可得实际利益甚多。(二)英美之争为此会目前一大危机,兄出解决亦可成一大贡献。"故陈、赵等极赞成胡适接受,望胡速予考虑电复。胡适得电后即复一电:"此事弟绝对不能考虑,乞谅。"(《胡适来往书信选》下册,151页)

12月4日　上午9时,"国民大会"举行第八次会议,胡适出席。(《"国民大会"第八次会议记录》)

同日　《申报》报道,联合国教育科学文化执行委员会讨论总干事人选,胡适亦列名为候选人之一。

同日　胡运中致函胡适，解答"名件"一词，又请胡适帮忙呼吁在绩溪筹设公立医院等。(《胡适遗稿及秘藏书信》第30册，487～489页)

同日　西南联大毕业生何国杰致函胡适，述其妹何芳玲在湖北省立二女师就读时因证件不齐而被开除学籍，何芳玲乃悲愤自杀。希望胡适能将此信发表，并提出由"国民大会"讨论。(中国社科院近代史所藏"胡适档案"，卷号1376，分号4)

按，此类问题在当时似颇为普遍，中国社科院近代史所藏"胡适档案"中有一通汪成宪写给胡适的信，也谈的是这个问题，并援引报载何芳玲自杀之事。(中国社科院近代史所藏"胡适档案"，卷号1107，分号5)

12月5日　上午9时，"国民大会"举行第九次会议，胡适出席。(《"国民大会"第九次会议记录》)

同日　下午，胡适应国民党中宣部的邀请，于公谊联欢社出席中外记者招待会，就"国民大会"的结束日期、定都、"宪法草案"等问题回答了记者提问。胡适称"宪法草案"可顺利通过。对于国都问题，胡认为在此空中堡垒与原子弹时期，任何地点皆可作为国都，亦皆不宜作为国都，历史看法已不复适用于今日。胡适明确说，"对组党问题真是连想都没敢想过"，自己的兴趣是在学术方面；因为需要资金也不会办报。(次日之《申报》、《华北日报》)

12月6日　郭步陶致函胡适，谈论国文教学等问题。(中国社科院近代史所藏"胡适档案"，卷号1591，分号12)

12月8日　下午4时30分，"国大"主席团在"国民大会堂"举行茶会，约集"宪法草案"各组审查委员会召集人会谈，商讨加速"宪法草案"审查工作，到孙科、吴铁城、白崇禧、张厉生、胡适、傅斯年、程潜、王宠惠、邹鲁、白云梯、陈启天、左舜生、黄子清、于斌、洪兰友、雷震等68人。首由孙科致辞，谓此次茶会之目的，乃在商讨会议进行之程序，继并报告十三次主席团会议之决定事项。孙氏辞毕，洪兰友、邹鲁、任卓宣

等相继发言。(次日之《申报》、天津《大公报》)

12月9日　中午，蒋介石在官邸邀宴胡适、傅斯年、蒋孟朴等。(次日国内各大报纸)

同日　下午2时，胡适出席"国民大会宪法草案"审查委员会的会议。会议由林彬主席，孔庚、唐国桢等171人出席。(次日之《申报》)

同日　由中国科学社、中华自然科学社合组的中国科学促进会召开筹备会，杭立武主席，决定本月21日开成立会。该会以促进科学研究及设施人民生活科学化为宗旨，首都设总会，各省市设分会，委员有竺可桢、任鸿隽等21人，并决议聘宋子文、司徒雷登、翁文灏、史帝文、胡适、陈立夫、朱家骅、陈诚、蒋梦麟、王世杰、俞大维、钱昌照、罗士培、周诒春等14人为名誉会员。(次日之《申报》)

同日　朱裔棨致函胡适，请胡批评其诗集《当我要死的一刹那》。(中国社科院近代史所藏"胡适档案"，卷号1040，分号9)

12月10日　汪协如致函胡适，述自己从事蚕种推广事业情形，拜托胡适能致函中蚕公司葛副经理，请其对于岭北蚕种场予以合理推进等。(《胡适遗稿及秘藏书信》第27册，239～242页)

同日　广西省政府秘书处寄赠胡适《广西石刻展览特刊》一册。(中国社科院近代史所藏"胡适档案"，卷号2353，分号5)

12月12日　《申报》、天津《大公报》等刊登胡适等204名文化教育界代表所提"教育文化应列为'宪法'专章案"(提案号：222)，此案经文字修正后获通过，成为1946年"中华民国宪法"第十三章"基本国策"第五节"教育文化"第158至167条。(《"国民大会"实录》，572～573页)

同日　胡适复函江冬秀，告无法赶回北平过双生日，又告在南京的情况，又谈及柯莘麓来函谈及绩溪杨桃岭工程等事。(《胡适遗稿及秘藏书信》第21册，568～571页)

12月13日　胡适复电郑天挺：朱家骅告，凡部中应汇款，均已汇出；国库应汇款亦已代催。请电告一月内收到各款，以便查催。"国大"闭幕前，不能北返。并祝校庆。(《胡适中文书信集》第3册，546页)

按，12月13日，朱家骅致函胡适云：

顷奉抄交天挺先生来电，得悉贵校需款迫切。惟查本部应发各费如：一，学生膳费因不悉有人数几何，无法估计，自本年九月份到三十六年度一月份止，已各垫贰千万元，共一亿元，已先后交汇。请电饬主办人迅报公费生人数，以凭加垫。二，各次分配复员费贰拾捌亿元已全数汇发，昆明联大不在内。三，追加生活补助费每月二四〇、七六八、〇〇〇元已迭催国库迅拨。四，煤炭已发肆百五拾万元，本不敷用，惟追加尚未奉准，本部正在统筹交涉中。此外本部并无应发未发之款，兹为救急起见，先由部勉筹垫一个月生活补助费贰亿肆千万元，即日电汇北平。（《胡适研究丛刊》第三辑，369页）

12月15日　下午，"宪法草案"综合审查委员会举行第二次会议，胡适出席。（次日国内各大报纸）

同日　程士范复函胡适，谈及新通过的"宪法"与现实的关系，又谈及对战后建设的设想，等等。（中国社科院近代史所藏"胡适档案"，卷号1853，分号6）

同日　阎子俊、张绍良致电胡适，请胡尽速为二人写致哥伦比亚大学的介绍信。（中国社科院近代史所藏"胡适档案"，卷号1752，分号1）

12月16日　晚，陈绍贤、王启江、孔德成在励志社宴请胡适、傅斯年、周鲠生、朱家骅、于斌等学术、教育、文化界人士。胡适、朱家骅、周鲠生、傅斯年被邀发言。胡适首谓，渠对此次中国实验民主政治认为一大成功。又对国民党表示敬意。（《顾颉刚日记》第五卷，759页；次日之《申报》、天津《大公报》）

同日　王毓铨、胡先晋致函胡适，推荐王冠儒到北京大学工作。（《胡适遗稿及秘藏书信》第24册，488页）

12月17日　下午，"国大"主席团举行第十次会议。首由洪兰友、胡适等报告综合会议讨论经过情形，复由陈诚报告。（次日之《申报》）

同日　傅斯年、胡适、蒋梦麟、朱家骅等200余人于国际联欢社出席

北大校庆会。(《顾颉刚日记》第五卷,759页)

同日　王世杰日记有记:

> 胡适之对于此次"制宪"工作甚热心,对国民党及蒋先生亦尽力维护,均出自公忠体国之诚,诚为难得。(《王世杰日记》上册,838页)

12月18日　晚,钱新之、章士钊、陈孝威、胡适宴请孔德成、张其昀、童一平、顾颉刚等。(《顾颉刚日记》第五卷,759页)

12月19日　"国大"综合审查会于本日午后完成全部工作。次日天津《大公报》报道:会中胡适等19位代表提请以1、3、7条复议,其条文修正为"中华民国之外交应本独立自主之精神,平等互惠之原则,敦睦邦交,尊重条约及联合国宪章,以保护侨民权益,促进国际合作,提倡国际正义,确保世界和平",较第七审委会所通过之条文增加"及联合国宪章"6字。胡适说明理由,谓"宪章"中原有遵守联合国宪章字样,今若取消,将起国际误会。且若增加尊重联合国宪章字样,则在各大国间尚为创举,我国"宪法"将必获国际之重视。主席当付表决,多数通过。会议于6时30分结束。

12月20日　晚间,夏鼐来谈:

> 晚餐后去胡适之先生处闲谈,并请其写字。胡先生询及西北考察情形,余取出照相、绘图及拓本,胡先生对之颇加赞赏。又谈北大考古学系拟设一博物馆,古物方面由裴文中及向觉明君负责。谈及中国考古学前途希望很大,谓夏朝一代自为实在史实,而非虚构,然考古学方面竟未发现其遗迹,似应从古地理入手,择定几处有为夏代城邑之可能者,加以发掘,或可对此问题加以解决。又推《水经注》一书价值,谓对于考古之帮助很大,以其去古未远,对于故城之记载较为可靠,如能按图就地考查,或可获得大发现。约谈话一小时许,始辞去。(《夏鼐日记〔1946—1852〕》卷四,89页)

同日　葛又华致函胡适,详叙寻访许怡荪遗稿的经过,并谈及发现胡平的遗稿,其中有《寄赠适之于美》。(《胡适遗稿及秘藏书信》第37册,

667～677页）

12月21日 "国民大会"第十三次全体会议，上午的会议由胡适担任主席，主持"宪草"一读会。会议之初，胡适提议全体代表为逝世的辽宁代表王秉谦起立致哀。经过讨论，胡适宣告："宪草"一读工作全部完成，关于过渡条款之提案数件，已由秘书处交达主席团，一俟整理就绪，即提出大会报告讨论。（《"国民大会"实录》，616页；次日之《申报》、天津《大公报》）

同日 陈布雷日记有记：

九时参加"国民大会"第十三次会，将"宪草"一读通过。胡适之主席，进行殊顺利。（《陈布雷从政日记（1946）》，196页）

同日 邓广铭致函胡适，谈处理信件事，又报告请山西陈监先购买乾嘉学人手迹之事。（《胡适遗稿及秘藏书信》第40册，217～218页）

同日 章士钊为祝胡适56岁生日，作有《念奴娇》等诗词：

念奴娇

适之以文学知名始于《巴黎最后一夕》小说，得充北京大学教授始于《毛诗言字解》一文，二事皆与余有关。昨夜与适之同宴客，彼对众称述如此。余采其意，以词写之，还奉适之一粲。

交情依旧，记巴黎何夕，毛诗何字。温卷无闻投赘绝，却道鸡鸣不已。神蠹知书，干萤恋案，千古文章事。后来居上，坫坛还是如此。

堪叹牢落平生。瞭孤自误，日月交如驶。赢得而今双鬓秃，填个小词游戏。朴学东南，事功西北，概付川流逝。世人欲杀，挹谦独见君子。

适之作六言诗云，偶有数茎白发，性情还近中年，既做过河卒子，只好拼命向前。闻之技痒，分六载调之。

安仁早岁二毛分，君遇中年白乍闻。
闲把精神严抖擞，重来鬓发定如云。
谢公哀乐异于人，吾亦东山过去身。

1946年　丙戌　民国三十五年　55岁

学问后人毛发笑，十年前已白如银。
苏公樗放有传诗，双鬓曾教四海知。
他满怎如君未满，数茎名过郑成丝。
（杂用杜诗"郑公樗散鬓成丝"及苏诗"四海定知双鬓满"两句）

任昉饶他有美石，齐台不闲反为兵。
绩溪大帝缘何事，爱侣河东率子行。
（吾曩与适之论文，有后生以适之为大帝，绩溪为上京两语）

樗蒲格五事犹赞，卒子窥河径向前。
行近将军毋太迫，将军正自就归田。
六言诗峻我无门，此地重来事有原。
分甫当年祗祠禄，先生何必更争墩。
（六言诗以荆公"今日重来此地"一首为绝唱，此地即南京）

右词与诗，丙戌冬在南京"国民代表大会"与适之同席，走笔戏成。陈孝威来沪，传适之濒行，语须吾写定邮去。谊不可却，敢辨字之妍丑。吾两人文字因缘中，固未可遗此一段也。成都李恁生见此颇称美，并谓《柏林之围》原记巴黎最后一夕事，小说名称虽误可不必改。

长沙章士钊

（据肖伊绯先生提供拍卖胡适手迹照片）

12月23日　胡适出席"国民大会"第十七次会议。大会主席团根据议事规则推定胡适等12人为"决议案整理委员会委员"。有代表不同意将联合国宪章列入"宪法"，胡适表示反对。他认为，世界各国唯中国将联合国宪章列入宪法，实为创举，曾博得全世界好感。主张大会维持原案。胡适发言结束后，大会即付表决，结果照原草案通过。（12月25日之《申报》）

同日　王世杰日记有记：予与胡适之、孙哲生、王云五等参加二读后"宪法"条文文字之整理。予注意用新式标点……众赞同……（《王世杰日记》上册，839页）

同日　晚，康心如、江庸、胡子昂、蒋碧薇、刘真如、刘揆一、孔德成等宴请胡适、顾颉刚、吴贻芳、成舍我、王云五。(《顾颉刚日记》第五卷，762页)

同日　许江耀致函胡适，告其新发明新式拼音打字机一种，欲申请专利，若胡有兴趣，当将打字机图式及说明书送呈等。(中国社科院近代史所藏"胡适档案"，卷号955，分号1)

12月24日　下午3时，"国民大会"举行第十九次会议，胡适出席。会议的主要内容是讨论"宪法草案"。胡适领衔联合800多名代表在二读会中提出一项修正案："现任官吏不得于任所所在地之选举区，当选为'国民大会代表'。"当时在场代表1303人，胡适的修正案以921票多数通过，写入1946年"宪法"第28条中。在此次会议上，"中华民国宪法草案"二读通过。(次日之《申报》)

同日　晚，两美军士兵在北平东单奸污北京大学先修班女生沈崇。

12月25日　上午9时50分，"制宪国大"第二十次会议开幕，胡适作为"决议案整理委员会"的代表报告"宪法草案"文字整理结果，"中华民国宪法"制定完成。宣布1947年12月25日为施行日期。(次日国内各大报纸)

12月26日　下午2时，国际文化协会假公余联欢社举行成立大会，到邵力子、彭学沛、潘公展、张道藩、梁寒操、杭立武等百余人。张道藩主席，选举杭立武等31人为理事，彭学沛等7人为监事。大会通过聘请王宠惠、于斌、陈立夫、邵力子、李石曾、朱家骅、吴铁城、张伯苓、蒋梦麟、王世杰、戴季陶、宋美龄、翁文灏、孙科、吴稚晖、陈布雷、胡适、吴有训为名誉理事。5时许散会。(次日之《申报》、天津《大公报》)

同日　晚，蒋介石宴请傅斯年、胡适、于右任、吴稚晖等60余人。(《顾颉刚日记》第五卷，763页)

12月27日　上午10时，"国民大会"主席团举行最后一次会议，程潜主席。胡适提议：大会此次圆满闭幕，秘书长洪兰友，副秘书长雷震暨秘书处全体工作人员，辛劳备致，应由主席团表示谢意。当经全体鼓掌通过。(次日国内各大报纸)

同日　胡适作《记海盐朱氏家藏明抄本水经注》，后又有校改。(《胡适手稿》第4集卷1，89～105页)

12月28日　学术审议委员会举行第二届第四次全体会议，胡适列席了此次会议。(《申报》，1946年12月30日)

12月29日　胡适复函朱偰，云：前天托梁子范送还朱希祖旧藏明抄宋本《水经注》20册。顷写成一跋，蒙王崇武代抄一份，先送上。俟到北平后，当亲写一本送呈。(《胡适研究通讯》2017年第1期，封三，2017年3月25日)

> 按，12月26日，朱偰致函胡适云，"国民大会"即将结束，胡适亦将北返，希望早日赐下为其父所藏明抄宋本《水经注》跋文与原书。(《胡适遗稿及秘藏书信》第25册，233～234页)

12月30日　胡适飞返北平。傅斯年、杨亮功等到机场送行。抵平时，萧一山往迎。胡行前对记者谈话称：因校务诸待处理，返平后暂不南来。北平美兵案尚未悉详情，自当依法处理。记者询以皖人请更易省主席事，胡答本人希望能换文治派前去主持。胡适到北平后对记者谈沈崇案：

> 此次美军强奸女生事，学生教授及我自己，都非常愤慨。同学们开会游行，都无不可，但罢课要耽误求学的光阴，都不妥当。此次不幸事件，为一法律问题，而美军退出中国，则为一政治问题，不可并为一谈。美军对此所提善后解决办法，大概尚好，但应从速解决，绝不可拖。美军不懂得东方道德的特性，所以他们也许还不理解中国人民的愤慨。

又谈及自己将任行政院长或教育部长的传闻均不确，因自己正致力于《水经注》之研究。又谈到此次"国民大会"顺利完成"制宪"工作，"实为最大之成功"，是一个初步的好训练。(次日之《申报》)

同日　北大校长胡适与清华大学校长、北洋大学校长等联名致函四行联合办事处北平分处，请补发本年12月份员工薪金差额。(《北京大学史料 第四卷 1946—1948》，125～133页)

12月31日　胡适复函陈监先,感谢其寄赠章实斋手迹册页。又谈到所以想收买乾嘉学人手迹3册,"正因为其中也许有关系传记的材料,如冯廷丞即系和实斋、东原都有往来的人,实斋与东原在宁波相见,章氏甚讥评戴氏的议论,不知冯氏曾提及此会否?"又谈及:此3册倘可收买,一定备价寄还。(高增德:《关于胡适致陈监先的三通书信》,载《书屋》1997年第3期,38页)

同日　教育部致电胡适、梅贻琦等:平市美军污辱女生之事系违警刑事案件,自应听由法律解决。现闻有人假此鼓动风潮,未免太无意识,贻笑中外,应速设法劝阻,并整饬风纪为要。(《胡适来往书信选》下册,156页)

同日　王世杰致电胡适,询:奸污中国女生案究竟真相如何?有无强奸情形?(《胡适遗稿及秘藏书信》第23册,607页)